# RELACIÓN DE LA NUEVA ESPAÑA
# II

CIEN DE MÉXICO

Cien textos fundamentales para
el mejor conocimiento de México

# RELACIÓN DE LA NUEVA ESPAÑA
# II

## Alonso de Zorita

Relación de algunas de las muchas
cosas notables que hay en la Nueva España
y de su conquista y pacificación y de la
conversión de los naturales de ella

Edición, versión paleográfica,
estudio preliminar e índice onomástico
Ethelia Ruiz Medrano
José Mariano Leyva

Introducción y bibliografía
Wiebke Ahrndt

**CONACULTA**

Primera edición en Cien de México: 1999

Producción: CONSEJO NACIONAL PARA LA CULTURA
Y LAS ARTES
Dirección General de Publicaciones

Portada: Códice de Tlatelolco, lám. VIII, siglo XVI, año 1562.
Fondo: Biblioteca Nacional de Antropología e Historia; núm.
de clasificación: 35-39; factura: indígena. (Alonso de Zorita aparece en el extremo izquierdo de la imagen.)

D.R. © De la presente edición
Dirección General de Publicaciones
Calz. México Coyoacán 371
Xoco, CP 03330
México, D.F.

Las características gráficas y tipográficas
de esta edición son propiedad de la Dirección
General de Publicaciones del CONACULTA

ISBN 970-18-3890-4 (Obra general)
ISBN 970-18-3289-2

Impreso y hecho en México

# TERCERA PARTE

/261/ De la Relaçion de la Nueva España en que se trata de su conquista y pacificación

# PROEMIO AL CRISTIANO LECTOR

Porque una de las cosas en que más gusto se suele tomar es en leer libros que tratan de guerras aunque sean fabulosas y muy ajenas de toda verdad como lo son tanta multitud de libros de caballería que cada día se fingen y se imprimen será bien cristiano lector pues en la primera y segunda parte de esta Relaçion se ha tratado de las cosas notables de Nueva España y de los señores que en ella hubo en tiempo de su gentilidad con otras cosas a este propósito para daros algún gusto y contento tratar en esta tercera parte de su conquista y pacificación aunque sumaria y brevemente porque lo han tratado muy largo Gonçalo Hernandez de Oviedo en su *Historia general de Yndias* y Francisco Lopez de Gomara en la suya que andan impresas, y Juan Cano en la *Relaçion de la Nueva España* que yo he visto de mano, y antes de ellos Hernando Cortes que fue quien la conquistó en las *Cartas* que de ello escribió al emperador Carlos quinto, de este nombre de gloriosa memoria en que como a su rey y señor natural le dio larga cuenta de su conquista y del sitio, calidad y grandeza de la tierra como lo hizo el gran Alejandro en una *Epistola* que escribió a su maestro Aristotiles en que le dio cuenta del sitio, calidad y grandeza de la Yndia que conquistó y Julio Çesar en sus *Comentarios* /261 v./ donde trata de sus guerras, y sucesos de ellas y porque la vida y linaje de Cortes lo escribió largamente Gomara en su *Historia* lo escribiré yo en suma a imitación de Juan Monacho que escribió *La vida de Alexandro Magno* en un compendio que de ella hizo y porque la comparación que se hace de los varones ilustres a otros tales aunque los hechos y victorias de Hernando Cortes fueron grandes y dignos de admiración y fama perpetua para más gloria suya lo compararé a algunos valerosos emperadores y reyes y también algunos famosos capitanes como lo hizo Tulio en la *Oracion pro lege Manilia* que comparó las virtudes del gran Pompeyo a las virtudes de otros emperadores antecesores suyos y porque ninguna cosa hay que mejor y más claramente nos enseñe a que consideremos la virtud y fuerza de cada cosa que la comparación como lo dice Alardo doctísimo varón en las *Anotaçiones in progymnasmata Aphtonii sophiste* sobre el capítulo X donde trata de la comparación y refiere muchos autores y ejemplos de ello y cita lo que Rrodolpho Agricola dice en otras partes y así Eusibio obispo de Çesarea en Palestina varón muy erudito y de gran autoridad en el capítulo tercero del libro primero de la *Vida de Constantino Magno* lo compara al rey Syro de Persia y dice que fue más excelente y más señalado que todos los reyes: sus antepasados y al gran Alexandro y aun dice que en algunas cosas les hizo /262/ ventaja y como lo hizo Pomponio Leto en *El compendio de las historias rromanas en la vida de Juliano emperador* y Amiano Marcelino al principio del libro dieciséis que lo comparan en la prudencia a Tito hijo de Vespasiano en los gloriosos sucesos de las guerras a Trajano en la demencia a Antonino, en la moderación y templanza a Marco Aurelio, en el estudio de las letras a los grandes filósofos, y Plutarco y otros graves autores en lo que escribieron de algunos reyes y emperadores y capitanes valerosos comparan los unos a los otros y Michael Burclingero dice en su *Historia ecclesiastica* en la vida de Ynnoçençio octavo que Cristobal Colon que descubrió las Yndias era hombre de admirable ingenio y muy erudito y bien enseñado y lo compara a Hercules griego en gloria y fama y aun dice que algunos les parece que fue más ilustre y señalado que Hercules y que tres españoles a imitación suya y con esperanza de provecho y ganancia fueron muy señalados y que el más señalado de ellos fue Hernando Cortes que sujetó y ganó la ciudad de Mexico como dice que lo trata Pedro Saborgano y los otros dice que fueron Vasco Nuñez de Balboa que descubrió la Mar del Sur, y Hernando de Magallanes que descubrió el estrecho llamado de su nombre y Pedro Bizarro en la *Historia de Genova* trata largamente de Colon /262 v./ y Paulo Jovio obispo de Noçera en sus *Elogios* dice algo de Hernando Cortes, y Luçio Marineo Syculo dice que conoció en Rroma un doctísimo varón llamado Paulo Cortes muy noble y de la antigua generación de los cortesios ciudadanos romanos de quien podría ser que vienen los corteses de España lo cual dice que no lo hace extraño por sus maravillosas obras que de su ingenio y virtud militar habemos visto de don Hernando Cortes marqués del Valle primero conquistador y famoso gobernador de la Nueva España e investigador de los últimos fines del mundo el cual por su admirable industria y muy grande esfuerzo ha hecho que casi en toda la redondez de la tierra suene el nombre de Jesucristo y la grandeza de su rey y valor de su persona y que si a Julio Çesar le fue tenido en mucho haber navegado por el un mar hasta Yngalaterra y por el otro hasta Alexandria de Egipto no sabe por qué a Cortes no le es muy magnificado haber con su esfuerzo y saber ceñido toda la tierra y mar que Dios creó y después que con tanto trabajo de ánimo y peligro de su persona hizo tanto provecho a la república cristiana, rendir como leal y fidelísimo vasallo su persona, ganancia, y caudal en poder de su príncipe más de este tan noble varón dice porque me obliga /263/ y convida la razón, y su gran virtud lo merece en otra parte tengo escrito más largo / esto dice Siculo al principio del libro cuarto de *Las cosas memorables de España* y el maestro Francisco Çervantes de Salazar en el prólogo de un *Libro que dirigió a Hernando Cortes* pretende asimismo probar que los corteses descienden de los cortesios de Rroma.

Algunos de los que fueron con Hernando Cortes a la conquista de Nueva España oí decir en Mexico siendo allí oidor que naturalmente era codicioso avaro, y tímido y con algo de esto conforma lo que dice Gomara al fin de su *Historia* que gastaba liberalísimamente en la guerra, y con mujeres y por amigos, mostrando escasez en otras cosas a cuya causa lo llamaban río de avenida y su madre dice el mismo Gomara al principio de su vida que era escasa por manera que en esto supo a la madre y dice que en la residencia le acusaron por la muerte de Guatemuca que sucedió a Moctençumaçim y que lo hizo de cruel y de avaro y los que decían que era avaro y tímido no lo decían en menosprecio suyo sino en loor y alabanza porque con su prudencia y su valor y virtud domó su natural inclinación pues fue tan largo y magnífico en sus obras y gastos /263 v./ como consta de lo que Gomara y otros escriben de él y es digno de gran loor y gloria como claramente parece por lo que refiere Tulio en el libro *De Fato* y en el cuarto de las *Tosculanas questiones* de Stylbon Megarense muy gran filósofo y muy estimado en su tiempo que sus familiares y amigos escribieron que era inclinado al vino y a la lujuria pero que con su virtud venció aquella su inclinación viciosa en tanta manera que nunca bebió vino ni se vio en él muestra alguna de lujuria y que habiendo visto a Socrates Zopiro que juzgaba por las señales del rostro de cada uno su natural inclinación dijo que era tardo de ingenio y lujurioso e inclinado a vicios y que como burlasen de Zopiro Alçibiades y otros discípulos de Socrates que se hallaron presentes y sabían que ninguna cosa de aquéllas había en su maestro dijo él que Zopiro decía verdad porque en él había señales de aquellos vicios pero que con la razón los desechaba de sí y que el estudio de la filosofía lo había hecho ingenioso, casto y abstinente, lo mismo se escribe de otros doctos varones de donde nota Tulio UBI SUPRA y Eusebio *De preparaçione evangelica* libro seis y Alberto Magno libro segundo *De animalibus* que los vicios pueden nacer por algunas causas naturales pero que los podemos /264/ desarraigar de nosotros con la razón y buena doctrina como más largamente lo tratamos en los *Discursos de la vida humana*.

Otra virtud digna de gran loor contaban de Hernando Cortes los religiosos que lo conocieron y trataron en aquella tierra y lo refiere fray Torivio en lo que escribió de ella y es que los favoreció mucho en la doctrina y conversión de los naturales y que los honraba y estimaba en mucho en público y en secreto de donde dice fray Torivio que quedó a los indios estimar y reverenciar los religiosos y a los que entendían en su doctrina aunque ya se ha perdido esta buena costumbre que no ha sido poco daño para su cristiandad como se ha dicho en otra parte / podemos comparar en esto a Cortes al emperador Theodosio del cual dice Socrates a Costantino Politano en el capítulo veintidós libro siete de la *Historia ecclesiastica* que honraba todos los sacerdotes y principalmente los buenos y también dice Gomara al fin de su *Historia* que era devoto y rezador y que sabía muchas oraciones y salmos de coro y que era grandísimo limosnero y que al tiempo de su muerte encargó mucho a su hijo la limosna y que de ordinario daba cada año mil ducados por Dios y que algunas veces tomaba dineros a cambio para ello /264 v./ y que decía que con aquel interés rescataba sus pecados como Daniel capítulo cuarto lo aconsejó al rey Nabuchodonosor y el emperador Tiberio segundo de este nombre como lo refiere Clitoveo al fin del capítulo catorce *De vera nobilitate* decía que ninguna cosa mejor ni más loable podemos hacer que instituir a Jesucristo por heredero de nuestros bienes pero esto se ha de entender conforme a lo que se dijo en la *Suma de los tributos* y en los *Discursos de la vida humana*.

No creo será salir de nuestro intento tratar antes que pasemos adelante si el Evangelio fue predicado en las Yndias en tiempo de los apóstoles o por alguno de los sucesores de ellos antes que Colon las descubriese y para ello referiré lo que he leído en los autores que he podido haber y para probar que fue predicado en aquellas partes por los apóstoles se trae lo que San Marcos dice en el capítulo último de su Evangelio que Jesucristo dijo a sus apóstoles id por todo el mundo y predicad el Evangelio a toda criatura y que ellos fueron y predicaron en todo lugar y lo que San Pablo dice en la epístola Ad Rromanos capítulo primero que su fe se denunciaba en todo el mundo y en el capítulo décimo refiere lo que decía David en el salmo dieciocho /265/ en toda la tierra ha salido su sonido y sus palabras en los fines de la tierra a donde dice la Glosa ynterlineal que sonó por fama aunque no por presencia y en los Actos de los apóstoles capítulo segundo se dice que después que vino el Espíritu Santo sobre los apóstoles hablaban en diversas lenguas según el Espíritu Santo se lo mostraba y que a la sazón estaban en Jerusalem varones religiosos de toda nación que está debajo del cielo y San Pablo Ad Colossenses capítulo primero dice que el Evangelio se había divulgado así a ellos como en el universo mundo y más adelante dice que se había predicado a toda criatura que está debajo del cielo y San Chrisostomo en la *Homelia* 75 sobre el capítulo 24 de San Matheo dice que dentro de veinte años o a lo más largo de treinta corrió el Evangelio hasta todos los fines de la redondez de la tierra y en otras partes dice lo mismo y San Basilio sobre el capítulo octavo de *Esayas* columna tercera dice que la doctrina del Evangelio corrió hasta los fines de la tierra habitable más ligeramente que corre la luz del relámpago y San Agustin dice en la *Epistola 79* que fue predicado en todo el mundo y San Hieronimo sobre el salmo /265 v./ dieciocho NON SUNT lo que le ETA dice NON FUERUNT ULLE LINGUIE QUE SERMONES APOSTOLORUM NON AUDISSENT, DUM DICIT: IN OMNEM TERRAM EXIUIT SONUS EORUM, ET IN FINES ORBIS TERRA VERBA EORUM, HOC EST, IN OMNES INSULAS VEL FINES MUNDI y sobre el capítulo 24 de San Matheo dice SIGNUN DOMIÇI ADVENTUS, EST EVANGELIUM IN TOTE ORBE PREDICARI: UT NULLUS SIT EXCUSABILIS: QUOD AUT IAM COMPLETUM, AUT IN BREBI CERNIMUS ESSE COMPLENDUM NON ENIM PUTO ALIQUAM REMANSISSE GENTEM QUE CHRISTI NOMEN IGNORET, ET QUANQUAM NON HABUERIT PREDICATOREM: TAMEN EX VICINIS NATIONIBUS OPINIONEM FIDEI NON POTEST IGNORARE y en la primera lectura sobre el capítulo primero Ad galatos sobre lo que dice San Pablo que cuando fue a Jerusalem a ver a San Pedro solamente vio a él y a Santia-

go. Dice San Geronimo que no vio a los demás porque DISPERSI
FUERANT AD PREDICANDUM TOTO ORBE y San Anselmo sobre el capítulo
primero Ad Colossenses dice NON EST ENIM ULLA NATIO GENTIUM, IN
QUA PREDICATUM NON FUERIT EVANGELIUM y San Bernardo libro segundo
*De consideratione ad Euginum* dice que los apóstoles no fueron
por todo el mundo personalmente sino que proveyeron /266/ en
ello lo que convenía CUIAS VERBA SUNT NEQNE ENIM IPSI QUI JUSSI SUNT
IRE IN ORBEM UNIVERSUM, ORBEM CIRCUERUNT PRESENTIA CORPORIS, SED
MENTIS PROVIDENTIA y el Abulense *Sobre San Matheo* tomo V folio
179 CUM SEQUENTIBUS trata esto largamente donde dice que en las
principales provincias fue predicado el Evangelio y que ningún
hombre sabio habrá que ose afirmar que hay algunas gentes a quien
el Evangelio no se haya predicado por algún discípulo de Jesucristo y Juan Driedon en la tercera parte del capítulo segundo del libro
cuarto *De dogmatibus extra canonem* folio 221 tomo 1 refiere algunas autoridades para probar que fue predicado en toda la tierra y
que así parece que lo siente San Ambrosio sobre el capítulo X *Ad
romanos* pero que lo contrario tienen Origenes y San Agustin que
dicen que en su tiempo había algunas gentes que no habían oído
palabra del Evangelio y ninguna cosa cierta afirma en ello y no señala dónde lo dicen Origenes ni San Agustin; véase empero Origenes sobre el capítulo I y X *Ad romanos* y no se refieren sus palabras
porque /266 v./ es necesario decir mucho para declarar su intento
y San Ambrosio al fin del capítulo sexto del libro segundo de *Vocaçione gentium* dice que en las extremas partes del mundo hay
algunas naciones de gentes a quien la gracia del Salvador aún no
los ha alumbrado y que no duda sino que por oculto juicio de Dios
está dispuesto el tiempo de su vocación en el cual oirán y recibirán
el Evangelio que aún no han visto / donde parece que siente que aún
no se había predicado el Evangelio en todo el mundo, aunque si nos
atenemos al verbo de que allí usa que es LLUCEO que quiere decir
mucho lucir parece que siente lo contrario que es haber algunas
gentes que han sido industriadas aunque no bien ni cumplidamente alumbrados en la doctrina de Jesucristo y que está dispuesto el
tiempo de su vocación más cumplida y podemos decir que se
ha ya cumplido lo que allí dice en nuestros tiempos en lo que se ha
descubierto y traído al conocimiento de la doctrina evangélica en
las Yndias que en gran parte de ellas se han muy bien doctrinado e
industriado en las cosas de la fe los naturales de ellas.

/267/ Francisco Sonyo en el libro tercero *Demostrationun Religionys Christiani* en el tratado 8 capítulo 3 página 431 y fray Thomas Bauxamys *De fide et simbolo* libro 3 NOTABILI 3 ECCLESIE CATHOLICE folio 24 sin par VISITATION de ello y el maestro fray Domingo de Soto doctísimo varón libro 2 *De justia et jure* questione 7 ar. 4 columna pe. versículo AT SECUNDUM ET IN capítulo X AD ROMA in 4 parte capítulo página 12 cuestión 6 donde dice PROFECTO NIHIL EGO DE RE HAC DIFINIRE AUSERIM y lo declara singularmente y para lo que San Basilio dice que la doctrina evangélica llegó a los fines de la tierra habitable se note lo que sólo dice HABITABILIS PARS IN SACRA ETIAM SCRIPTURA SOLET APPELLARI UNIVERSUS ORBIS UBI ENIM AIT LUCAS EXISSE EDICTUM A CESARE AUGUSTO, UT DESCRIBERETUR UNIVERSUS ORBIS NON COMPREHENDIT NEU ABDITISSIMOS INSULARES NEU EXTREMOS ANTIPODAS, UT QUORUM NOMEM IGNOTUM TUNC ERAT ROMANIS, en que parece que siente que el Evangelio no había sido predicado en las Yndias pues los que las habitan se llaman antípodos como lo dice Gomara en el capítulo cuarto y quinto en la primera parte de su *Historia general de Yndias* y fray Antonio de Cordova en el *Tratado de ignorançia* questione 4 página 24 /267 v./ columna 1 versículo tres propositio ET página 25 columna 1 versículo EST ETIAM AD SUPRADICTA ALIA RATIO donde dice que el Evangelio fue predicado en las principales partes de nuestro orbe por los apóstoles y por sus sucesores y ahí dice algo sobre lo de Yndias donde en lo que dice en nuestro orbe parece que concuerda con lo que luego se dirá por autoridad de Luis Vives y fray Estevan de Salazar en el capítulo tercero del *Discurso* dieciséis sobre el Credo dice que tiene duda en su determinación y que siente lo que San Geronimo *sobre el psalmo diez y ocho* que de golpe o recudida pocas gentes debieron quedar sin noticia del Evangelio en tiempo de los apóstoles lo mismo siente Nicolao de Lyra *Sobre el capítulo* X *Ad Roma* y dice fray Estevan que esta materia pedía averiguar si los antiguos tuvieron noticia del nuevo mundo y que algunos dieron algún asomo a ello y que por esto tiene duda y tanta que no se atreve a definirla, ni es cosa que toca a la fe ni de mucha importancia como también lo dice Juan Driedon en el lugar alegado.

Gomara en el capítulo cincuenta y dos de la primera parte de la *Historia general de Yndias* dice que en un pueblo que /268/ llamaron los españoles Yucatan se hallaron cruces de latón y de palo sobre muertos de donde dice que arguyen algunos que muchos

419

españoles se fueron a esta tierra cuando la destrucción de España hecha por los moros en tiempo del rey don Rrodrigo mas que no lo cree pues no las hay en las otras islas que ha nombrado y que en algunas de ellas es necesario y aun forzoso tocar antes de llegar allí yendo de acá y en el capítulo cincuenta y tres dice que eran grandes los santuarios en Acuçamil y Xicalanco y que cada pueblo tenía allí su templo o su altar donde iban adorar sus dioses y que entre ellos tenían muchas cruces de palo y de latón y dice lo mismo que en el capítulo cincuenta y dos y en el capítulo ochenta y dos dice que los de Cumana adoran al sol y a la luna y que los tienen por marido y por mujer y por grandes dioses y que temen mucho al sol, cuando truena y relampaguea y dicen que está de ellos airado y que ayunan los eclipses en especial las mujeres y que las casadas se mesan y arañan y las doncellas se sangran de los brazos con espinas de peces y que piensan que la luna está herida del sol por algún enojo y que en tiempo /268 v./ de algún cometa hacen grandísimo ruido con bocinas, y atabales, y grita, creyendo que así huye o se consume y creen que los cometas denotan grandes males y que entre los muchos ídolos que adoraban por dioses tenían un aspa como la de San Andres y un signo como de escribano cuadrado, y cerrado y de esquina a esquina atravesado en cruz y que muchos frailes y españoles decían ser cruz y que con esto se defendían de los fantasmas de noche y que lo ponían a los niños en naciendo y en el capítulo quince de la segunda parte torna a tratar de Acuçamil y de su religión y dice que en aquella isla había al pie de una torre un cercado de piedra y de cal muy enlucido y almenado y que en medio de él había una cruz de cal de diez palmos en alto que la tenían y adoraban por dios de la lluvia y que cuando faltaba el agua iban a ella en procesión y muy devotos y le ofrecían codornices y que no se pudo saber de dónde ni cómo tomaron aquella devoción con la cruz que tenían por Dios porque no hay rastro ni señal en aquella isla y en las demás sus comarcanas ni en ninguna parte de Yndias que se haya en ellas predicado el Evangelio hasta nuestros tiempos como más largamente /269/ dice que lo dirá en otra parte y el que fundó la ciudad de Cholullam dice en el capítulo sesenta y uno que fue virgen y de gran penitencia y que instituyó el ayuno y el sacar sangre de la lengua y de las orejas y que no sacrificasen sino codornices, y palomas y cosas de caza y que nunca se vistió sino una ropa de algodón blanca estrecha y larga y encima una manta sembrada de cruces coloradas y Julian del Castillo en el discurso primero libro primero de la *Historia de los rreyes godos* dice que en la ciudad de Canta que es en la China adoran ídolos y a Mahoma y aunque por caso incierto veneran la cruz que es indicio de seguir a Jesucristo, Pero Mexia en el capítulo tercero de la primera parte de la *Silva de varia leçion* trata de la cruz y de su antigüedad y fray Geronimo Roman en el capítulo séptimo columna catorce del libro cuarto de la *Rrepublica cristiana* y ambos citan a Marsilio Fiçino en el libro *De vita* y es en el libro tercero capítulo octavo y fray Estevan de Salazar en capítulo tercero del *Discurso* 16 sobre el Credo donde también dice por autoridad del obispo don fray Bartolome de las Casas que en la provincia de Chiapa tenían los nobles y caballeros noticia /269 v./ del misterio de la Santísima Trinidad y de la Encarnación del Verbo, y que al padre llamaban Ycona, y al hijo Bacab, y al Espíritu Santo Estruah. Y que el hijo nació de una doncella siempre virgen llamada Chibirias, y que su madre de esta sagrada virgen se llamaba Ischen, y que este hijo se hizo hombre y fue muerto, y azotado, y coronado de espinas y tendido en un palo donde murió y que resucitó al tercero día y subió a los cielos y envió al Espíritu Santo y que esto dice el obispo de Chiapa y que algunos miran en los vocablos y les parece que son hebreo y que ciertamente van allá a lo menos el nombre del Espíritu Santo Estruah porque RUACH en hebreo es espíritu y también dicen que este nombre MESSICO es hebreo como a la verdad dice que lo es y que se pone en el salmo segundo y que quiere decir CHRISTUS EJUS SU CHRISTO y que es verdad que *icona* es griego y que quiere decir imagen. De cualquier manera que esto sea y dice que de lo que él vio dará testimonio aunque no sabe cuán bastante para probar la noticia del Evangelio en aquel mundo y es que en una punta de una altísima sierra en un lugar muy señalado que de la antigüedad y escultura /270/ que tiene en aquel pico tajado de la montaña tomó nombre él y todas unas pobladísimas y anchísimas montañas que se llaman de Meztitlan porque MEZTLI en lengua nahual o mexicana quiere decir luna y TETL piedra o risco o peña, y TITLAN sobre la peña de manera que Meztitlan quiere decir la luna sobre la peña y dice que está en aquella peña tajada en lugar altísimo y casi inaccesible relevada a la mano derecha del risco una cruz a manera de TAU que es esta 'T' labrada a cuadros como tablero de ajedrez; un cuadro del color de la peña que es blanquizca, y otro de un muy perfecto azul, de un codo el alto a lo que juzgaba la vista de gran distancia y enfrente de ella una media luna del mismo tamaño a la mano izquierda de la peña relevada bien en ella y labrada de los mismos cuadros y colores y que no hay entre aquella gente quien tenga noticia cuándo o de qué manera, o por quién fueron cortadas y grabadas aquellas figuras en aquel risco ni a qué fin ni quien sepa decir qué significan y que haciendo él gran diligencia en aquel propio lugar aunque halló hombres /270 v./ de mucha edad y entre ellos uno que a la menor suma que pudo averiguar pasaba de ciento cuarenta años y que no se pudo saber ni sacar en limpio más de que aquello estaba allí de tiempo inmemorial y que vencía su memoria y la de sus padres y abuelos y progenitores y que supo que el corte del cabello de aquella gente era notable y peregrino porque se hacían coronas semejantes a las de los religiosos y que por estos y otros rastros se colige que pudo ser que en el tiempo de los apóstoles pasase alguna como breve nube de la predicación del Evangelio por el nuevo mundo arrebatando algún ángel alguno o algunos de los apóstoles o discípulos y dando con él o con ellos allá como llevó en otro tiempo el ángel a Abacuc a Babilonia y a San Phelipe a Samaria y que por secreto justo y oculto juicio de Dios se hubiese dejado el asiento del Evangelio y de las cosas de la fe para este tiempo esto dice fray Estevan y fray Geronimo Roman en el capítulo segundo al fin de la columna octava libro primero de la *Rrepublica de las Yndias occidentales* se refiere también lo de la cruz que se halló en Acuçamil y lo que dice el obispo don fray Bartolome de las Casas /271/ de lo que sentían los de Chiapa y dice que los de Acuçamil tenían por memorias antiguas que pasando por aquella tierra un hombre muy hermoso les dejó aquella señal de la cruz para que se acordasen perpetuamente de él y que otros dicen que les fue dicho que había muerto en ella uno más resplandeciente que el sol como lo refiere Pedro Martyr en sus *Decadas* y dice que si esto es verdad que sin duda nuestra santa fe y religión fue predicada y publicada por aquella tierra y que hace algo esto ser verdad por hallarse en aquella provincia de Chiapa algunos edificios y letras o caracteres más particulares que en otras partes y dice algunas cosas de uno que tenían por dios en la provincia de la Vera Paz y aunque dice fray Estevan de Salazar que el corte del cabello de aquella gente de Meztitlan era cosa notable y peregrina en otras partes de Yndias también se han hallado algunos indios con coronas y Gomara en el capítulo 108 de la primera parte de su *Historia general* dice que Piçarro y Almagro andando en el descubrimiento del Peru tomaron tierra en una costa anegada llena de ríos y manglares y que la gente de allí traen coronas como frailes sino que cortan el cabello por /271 v./ delante y por detrás y dejan crecer los lados lo mismo dice Agustin de Çarate en el capítulo cuarto del libro primero de la *Historia del Peru* y yo vi en algunas partes de lo que anduve en Yndias gentes que traían coronas de esta misma manera y esto era para se diferenciar unas naciones de otras y así no hay para qué hacer caso de que son coronas ni para que se infiera o se tome de ello algún argumento para ningún otro efecto.

Dice fray Estevan de Salazar que deseando saber para lo poner en una *Historia* que escribía de aquel nuevo mundo si aquellas gentes habían tenido alguna noticia o quedaba entre ellos algún rastro por el cual se pudiese entender que habían tenido noticia del Evangelio informándose de todas las provincias de aquel anchísimo imperio por medio de los religiosos que los doctrinaban y de hombres nobles y de buen entendimiento que habían estado en diversas partes del otro vastísimo imperio del Peru y que no halló cosa cierta ni averiguada ni que pueda vender en este precio y que solamente le dijeron que un indio de Cholollam afirmaba ser cosa auténtica por sus historias que ellos escribían /272/ como los etíopes y los sacerdotes egipcios en gamuzas con pinturas y figuras de diversas cosas, que en tiempos antiquísimos había venido a la Nueva España un hombre blanco y con barbas y enseñado cierta doctrina que ya estaba olvidada con el tiempo y que lo mataron en Cholullam porque prohibía la idolatría y que edificaron sobre su cuerpo un gran templo y que esto podía hacer alguna fe si los cholultecas moradores de aquella provincia fueron indígenas y naturales de ella y no advenedizos y extranjeros como comúnmente se cree y que también cuentan que en la casa del sol en el Cuzco hallaron los españoles una estatua humana de oro con barba larga y que los indios afirmaban que entre ellos se decía que en tiempo muy antiguo había venido un hombre de aquella figura y talle navegando sobre su manto por la mar y enseñándoles cierta doctrina olvidada ya y enterrada con el tiempo y que les dijo que después de muchos años habiéndola olvidado vendría del Oriente gente blanca y barbada como él, que se la tornaría a enseñar y que conservaban su estatua como de hombre divino entre sus dioses y esto y lo demás que se ha dicho dice fray Estevan en lugar allegado.

/272 v./ Fray Toribio Motolinea tratando de los mercados y de su manera de contratar y de lo que usaba aquella gente en lugar de moneda dice que en algunas partes usaban de una moneda de cobre de hechura de TAU que es en esta forma ⊤⊤ de la anchura de tres dedos unas más largas que otras y en otras partes según me dijo Gonçalo de las Casas de quien ya se ha hecho mención usaban otra moneda de esta forma ⊤⌒ que era como hoz morisca para podar por manera que aquella figura que dice fray Estevan que estaba en la peña no debió ponerse por cruz o semejanza de ella sino que como pintan y dibujan otras cosas a su voluntad pusieron aquella figura del TAU y de la media luna, o por ventura se puso por ser aquella insignia de armas de algún señor de aquella tierra, o porque allí se usaba aquella moneda que dice fray Toribio o la otra que dijo Gonçalo de las Casas que parece figura de TAU y de media luna que todo estaba en una pieza y la dividieron en la peña en dos.

A lo del psalmo dieciocho que cita San Pablo en el capítulo diez Ad romanos dice fray Estevan que se podrá responder que habla de lo futuro como de lo pasado por la verdad y certeza de la profecía /273/ como allí lo dice la glosa ordinaria y dice fray Estevan que San Marcos y el apóstol hablan de lo que se comenzaba a poner por obra y en ejecución y efecto por una manera de hablar conocida en las letras sagradas y profanas que llaman hipérbole o crecimiento de palabras y en la *Suma de tributos* que escribí en romance y en latín donde se trata si el emperador es señor de todo el mundo respondiendo a las autoridades que para esto se suelen allegar se dijo que la figura que llaman hipérbole es encarecimiento de que usamos también en nuestra lengua castellana, que cuando tenemos alguna cosa por notoria decimos que todo el mundo lo sabe y citamos para ello algunos lugares de la Sagrada Escriptura y profana donde también dijimos que se llama el emperador ser de todo el mundo por una manera de hablar en todas lenguas muy usadas que llaman sinécdoque que es cuando se pone el todo por la parte como cuando sigue a un predicador mucha gente decimos que le sigue todo el pueblo o todo el mundo y para su prueba asimismo citamos muchos lugares así de Sagrada Escriptura como profana.

De la figura sinécdoque usa San Matheo /273 v./ en el capítulo 27 y San Marcos en el 15 y San Lucas en el 23 donde se dice A SEXTA AUTEM HORA TENEBRE FACTE SUNT SUPER UNIVERSAM TERRAM, USQUE AD HORAM NONAM donde dice Nicolao de Lyra: SUPER UNIVERSAM TERRAM HIC ACCIPITUR PARS PRO TOTO ECLIPSIS ENIM: SOLIS NON POTEST ESSE UNIVERSALIS ET PROPTER HOC QUANDO DICITUR SUPER UNIVERSAM TERRAM INTELLIGENDUM EST DE TERRA JUDEE donde Origenes dice ARBITROR ERGO: SICUT CETERA SIGNA QUE FACTA SUNT IN PASSIONE IPSIUS, IN HIERUSALEM, TANTUM MODO FACTA SUNT SIC ET TENBRE TANTUM MODO SUPER OMNEM TERRAM JUDEAM SUNT FACTE, USQUE AD HORAM NONAM, y más adelante dice SUPER OMNEM TERRAM, INTELLIGEM QUOD SUPER OMNEM TERRAM JUDEAM SUNT FACTE AUT CERTE SUPER HIERUSALEM TANTUM. Aunque Pero Mexia en el capítulo treinta y tres de la segunda parte de *Silva de varia leçion* lo extiende más y dice que aquel eclipse y oscuridad del sol se vio en Greçia que no era comarca de Judea y que por esto cree que aquel oscurecimiento del sol se vio en toda la mitad de la tierra donde el sol en aquel tiempo se podía ver porque en todo el otro hemisferio era de noche y no se pudo ver el eclipse pues /274/ no se podía ver el sol porque nunca él puede alumbrar más que la mitad de la tierra para la sombra que ella propia se hace y que aquel eclipse fue milagroso y no natural como también lo dice y lo prueba Alexo Venegas al fin del capítulo cuarenta y dos del libro natural que es el segundo del tratado que intituló *De la diferencia de libros*.

A lo que dice San Pablo que la fe de los romanos se había divulgado en todo el mundo me parece que se satisface con lo que se ha dicho y con lo que dice el maestro fray Domingo de Soto en el mismo capítulo primero y diez *Ad romanos* y se ha de entender de lo que poseía el imperio romano pues hablaba con los romanos que lo poseían y para esto hace lo que dice Luys Vives en sus *Scholios* sobre el capítulo veinticinco del libro quinto *De çivitate Dei* que orbe romano se entiende de lo que poseían los romanos y el orbe hispano lo que poseen los españoles y orbe cristiano lo que poseen los cristianos y hablando allí con los romanos y siendo para ellos aquella *Epistola* en decir que su fe se anuncia en todo el mundo se entiende de lo que ellos poseían y entonces no era todo el mundo cristiano ni aun toda la ciudad ni lo era el emperador ni el Senado lo mismo parece que quiso /274 v./ sentir Tertulliano orador cuando acusó a San Pablo ante Felix presidente de Judea por los romanos donde dice que San Pablo había sido causa de alboroto entre los judíos IN UNIVERSO ORBE como se dice en el capítulo segundo de los Actos de los apostoles y entonces había predicado San Pablo en pocas partes como consta de sus *Epistolas* y de los Actos de los apostoles y orbe y mundo es una misma cosa y así dice Plinio en el proemio del libro tercero de la *Natural historia* que el orbe universo de la tierra se divide en tres partes Europa, Assia, y Africa que es lo que entonces se sabía del mundo y así parece que los declara David en el psalmo dieciocho donde dice que en toda la tierra salió su sonido y para más declaración añadió y en los fines del orbe de la tierra sus palabras / que se entiende como ya se ha dicho y como allí lo entienden los doctores y es una manera de hablar muy usada en la Sagrada Escriptura geminar las palabras y declarar unas por otras y como dice Gomara en el capítulo primero de la primera parte de la *Historia general de Yndias* San Clemente discípulo de los apóstoles en una su *Epistola* según Origenes lo toca en el PERI ARCHON no es /275/ navegable el mar océano y aquellos mundos que detrás de él están se gobiernan por la providencia del mismo Dios y que San Geronimo alega esta misma autoridad *sobre la Epistola a los de Epheso* sobre lo que dice todo el mundo está puesto en maldad y lo que dice Origenes es en el capítulo tercero libro segundo PERI ARCHON donde también cita a Baruch profeta que habla de siete mundos y lo declaró Origenes y dice Gomara que aquellos que dice San Clemente se han de entender y tomar por orbes y partes de la tierra y que así llamó Plinio y otros escritores a Scandinavia y a la isla Taprobana y que Epicuro como lo refiere Plutarcho tenía por mundos semejantes orbes y bolas de tierras apartadas de la tierra firme como islas y que por ventura estos tales pedazos de tierra son en el orbe que la Scriptura llama de tierras / y la que llama de tierra ser todo el mundo terrenal y Plinio dice lo de Scandinavia en el capítulo trece libro cuarto donde dice SCANDINAVIA EST INCOMPARATE MAGNITUDINIS PORTIONEM TANTUM EJUS QUOD SIT NOTUM y lo de Taprobana en el capítulo veintidós libro sexto donde dice TAPROBANEM ALTERUM ORBEM TERRARUM ESSE DIVE EXISTIMATUM EST y Solino en el capítulo sesenta y cinco dice lo mismo.

/275 v./ Gonçalo Hernandez de Oviedo en su *Historia general de Yndias* dice que en la Ysla Española se halló en una mina de plata una moneda del tiempo de Jullio Çesar donde prueba que las Yndias fueron descubiertas por los romanos y antes que ellos por los cartagineses y Alexo Venegas en el capítulo veintidós del libro natural que es el segundo del tratado que intituló de la *Diferençia de libros* dice por autoridad de Aristotiles en un libro que escribió de las cosas maravillosas que en la naturaleza se hallan aunque algunos quieren decir que aquel libro es de Theophrasto que tiene tanta autoridad como Aristotiles que dice que los fenicios navegaron cuatro días hacia el occidente con el viento a peliotes que es el solano y que aportaron a unos lugares ocultos que estaban en continuo movimiento y que el mar los cubría y descubría y dejaba en seco muy gran copia de atunes mayores que los que hay por acá y que se hallan hoy en la Ysla de la Madera y en la del Fayal o de la Nueva Flandria y que dice que unos mercaderes cartagineses navegaron desde las columnas de Hercules y que a cabo de muchos días hallaron una isla que distaba de tierra firme por espacio /276/ de muchos días de navegación y que en ella no había moradores aunque era abundante de todas las cosas necesarias para la vida humana y que en ella había muchos ríos navegables y que se quedaron allí y poblaron la isla y que como vino a noticia de los cartagineses mandaron so pena de muerte que ninguno navegase para allá y si pudiesen haber a los que allá habían poblado muriesen por ello y que esto se mandó porque si la fama de la riqueza de aquella isla venía a noticia de otras naciones irían a ella con la codicia de su riqueza y la harían propunáculo y defensa en que se retrajesen para enseñorearse de todos por donde su libertad podría venir en detrimento y que de esta autoridad de Aristotiles es manifiesto que las islas que descubrió don Cristobal Colon y Vespuçio Americo ya habían sido halladas antes más de dos mil años y que de aquellos cartagineses que poblaron por firmes señales se cree que es La Española y que de ellos se multiplicaron los hombres que poblaron las otras islas y la tierra firme y que los cartagineses tomaron la manera de escribir que usan los indios por pinturas como eran las pinturas en que /276 v./ leyó Eneas la destrucción de Troya en el templo de Carthago como lo dice Virgilio primero *Eneydos* como vemos acá historias pintadas en retablos, paños, y sayas y que de estas letras usan hoy día los indios y que de ellas dirá en el libro primero de la segunda parte y que allí se verá el secreto que los antiguos encubrían debajo de la forma de estas letras reales esto es en suma lo que dice Alexo Venegas.

Agustin de Çarate en el prólogo de su *Historia del Peru* y Francisco Lopez de Gomara en el capítulo 220 y 221 en la primera parte de su *Historia general de Yndias* dicen que en tiempo muy antiguo se tuvo noticia de las Yndias y citan para ello a Platon en los *Dialogos Timeo y Cricia* y a Seneca en *La tragedia Medea* y Luçio Marineo Siculo en el libro diecinueve *De las cosas memorables de España* a fojas 161 dice que las Yndias fueron descubiertas por los romanos porque en tierra firme se halló una moneda con la imagen y nombre de Çesar Augusto por los que andaban en las minas a sacar oro y estando yo en el Nuevo Rreino de Granada tomando residencia al gobernador de aquella tierra oí decir algunos que habían estado en el Peru /277/ que en cierta parte de aquel reino hallaron los españoles un Breviario pero pudo ser como lo que dice fray Estevan de Salazar en el fin del capítulo segundo del *Discurso* octavo sobre el Credo de la Imagen del Niño Jesus de bulto y que se halló en la isla de Zubu que lo vieron de algún navío que dio por aquella costa al través y así se han hallado espadas y otras armas y ropas de España en poder de indios al tiempo que los sujetaron españoles y Gomara en el capítulo 214 de la primera parte de la *Historia general de Yndias* dice que los españoles que fueron a la conquista de Çibola estando en un pueblo llamado Tiguez tuvieron nueva de Axa y Quiuyra donde decían que estaba un rey que se llamaba Tatarrax barbado, cano, y rico que ceñía un bracamarte y que rezaba en horas y adoraba una cruz de oro y una imagen de mujer señora del cielo aunque algunos lo tuvieron por falso y que así pareció después porque llegaron a Quiuyra y hallaron al Tatarrax ya cano y desnudo y con una joya de cobre al cuello que era toda su riqueza sin ver cruz ni rastro de cristiandad.

/277 v./ De lo dicho consta que se tiene duda si el Evangelio fue predicado en todo el mundo en tiempo de los Apóstoles aunque no se da respuesta bastante a lo de San Pablo capítulo primero Ad Colossen. que dice que fue predicado a toda criatura que está debajo del cielo ni a lo de San Lucas capítulo segundo Actum apostol. que dice que al tiempo que el Espíritu Santo vino sobre los Apóstoles hablaban en diversas lenguas según el Espíritu Santo se lo enseñaba y que a la sazón estaban en Jerusalem varones religiosos de toda nación que está debajo del cielo y que cada uno oía que hablaban en su lengua y todos los doctores declaran lo que se dice en el *Simbolo de los Apostoles* Iglesia Católica que quiere decir universal lo mismo dicen los canonistas y legistas en los títulos y rúbricas de SUMA TRINITATE ET FIDE CATHOLICA y la misma exposición hace Quintiliano en el capítulo trece libro segundo *Institutionum oratoriarum* donde dice PRECEPTA CATHOLICA, ID EST UNIVERSALIA VEL PERPETUALIA por manera que teólogos y juristas y humanistas lo declaran de una misma manera y en el catecismo que se ordenó por decreto del sacro Concilio Tridentino /278/ y se publicó por mandado del papa Pio quinto se dice que la primera propiedad de la Iglesia es que sea una, la segunda que sea santa la tercera que sea católica que es llamarse universal esto dice sobre la exposición de lo que se dice en el *Simbolo de los Apostoles* CREDO SANCTAM ECCLESIAM CATHOLICAM página 111 y 114 y 115 y que le cuadra este apellido muy bien como lo afirma San Agustin que dice que desde Oriente a Poniente se dilata con el resplandor de una fe y en un sínodo provincial intitulado *Confesco catholice fidei christiane* que se tuvo en una ciudad de Polonia en el capítulo veintidós página 54 se dice ALTERA NOTA EST IN EODEM SYMBOLO APOSTOLIÇI EXPRESSA QUOD VOCTUR CATHOLICA QUOD NOMEN EXPLICANS AGUSTINUS IN *SERMONE 131 ET 181 DE TEMPORE CATHOLICAM* / INQUIT / DICIT TOTO ORBEM DIFUSSAN A SOLIS ORTU USQUE AD OCCASUM UNIUS FIDEI SPLENDORE DIFFUNDITUR y en el capítulo 92 página 734 dice DE QUA SIC CYRILLUS HIERSOLYMITANUS CATHOLICA VOCATUR / INQUIT / QUOD PER ANONEM DIFFUSA SIT ORBEM HABITABILEM, A FINIBUS TERRE USQUE AD FINES TERRE. Esto es lo que se he hallado escrito /278 v./ por los autores alegados que son los que he podido haber y pues en mí no hay suficiencia para más remito la determinación de ello a quien mejor que yo lo entienda y principalmente a la determinación de la Santa Madre Iglesia a quien en esto y en todo con muy grande y libre voluntad me someto como miembro suyo y he oído decir que fray Juan Arboreo fraile franciscano trata esto muy largo y no lo he podido haber aunque he puesto diligencia en buscarlo.

Y porque Gomara en el capítulo dieciocho de la primera parte de su *Historia de Yndias* refiere algunas razones por qué se llaman Yndias las tierras del mar océano y otros las llaman Nuevo Mundo será bien decir los motivos que hay o puede haber para ello y se ha ya tratado al fin del capítulo dieciséis número 40* de la primera parte, folio 116 y Gomara en el capítulo primero de la primera parte de su *Historia* y Genophanes y Zenon y Diogenes y otros

---

* En esta edición se han omitido los números de párrafo; para localizar el que alude el autor, bastará remitirse al número de folio mencionado. [N. del e.]

dijeron que había infinitos mundos como lo dice Diogenes Laerçio libro nueve y Tulio en el primero *De natura Deorum* y en el *De divinaçione* y en otras partes refiere /279/ estas opiniones y Plinio en el capítulo primero libro doce de la *Natural historia* y Latançio en el capítulo diez del libro *De yra Dei* y el glorioso San Agustin en el capítulo segundo del libro octavo *De civitate Dei* dice que Tales Milesio uno de los siete sabios de Greçia fue de opinión que había innumerables mundos y en el capítulo once libro doce y San Geronimo en la *Epistola sesenta y nueve* que comienza ANTE ANNOS ÇIRÇITER DECEM dice que ésta fue opinión de Epicureo y Plinio en el libro sexto capítulo veintidós dice que la isla Taprobana fue mucho tiempo tenida por otro mundo y Solino en el capítulo treinta y cuatro dice lo mismo de Bretaña y Virgilio en la primera *Egloga* dice que los britanos estaban apartados de todo punto del orbe y al fin del libro octavo de la *Eneyda* dice que los marinos eran los últimos y extremos de los hombres y Mariano Victorio en los *Scholios* a la epístola once de San Geronimo página 303 en el fin dice que cuando se descubrió esta isla la llamaron Nuevo Mundo / y Origenes como lo refiere San Geronimo en la *Epistola sesenta y nueve* dijo que habría muchos mundos no todos juntos /279 v./ sino uno tras otro y extendióse tanto esta opinión que como Alexandro oyese decir a Anaxarco que había innumerables mundos según la opinión de su maestro Democrito dijo oh miserable de mí que aún no he ganado el uno como lo refiere Valerio Maximo en el capítulo quince libro octavo *Particula Alexandri pectus* y porque Xenophanes dijo que en la luna había tierra de muchas ciudades y montes dice Tullio en el libro cuarto de las *Academicas questiones* página veintisiete que ni el que lo dijo lo podrá jurar ni él tampoco empero Platon y Plutarcho dicen que no puede haber más que un mundo y Jacobo Carpentario refiere las razones de ellos en sus *Scholios* sobre el capítulo diez de Alcinoo platónico página 287 tomo primero / por manera que de lo dicho y de lo demás que se ha referido se debió tomar ocasión para llamar a las Yndias otro mundo o Nuevo Mundo.

# CAPÍTULO PRIMERO

En que brevemente se trata de la vida de Hernando Cortes.

Gomara en el capítulo primero de la *Historia* /280/ *de la conquista de Mexico y de Nueva España* dice que nació Hernando Cortes en la villa de Medellim año de mil cuatrocientos ochenta y cinco que su padre se llamó Martin Cortes de Monrroy y su madre doña Catalina Piçarro Altamirano ambos personas nobles e hijosdalgo aunque no ricos criose muy enfermo en su niñez y muchas veces llegó a punto de muerte y que entrado algo en edad vivió sano era bien dispuesto y de gran fuerza y mucho ánimo y destreza en armas y que dicen que siendo muchacho le dijeron que había de ganar muchas tierras y que había de ser muy gran señor y siendo de edad de catorce años lo enviaron sus padres a Salamanca donde estuvo dos años estudiando gramática y que de edad de diecinueve años pasó a Yndias el año de mil quinientos cuatro y desembarcó en Sancto Domingo de la Ysla Española y que fray Nicolas de Ovando comendador de Lares que era allí gobernador lo recibió bien porque lo conoció en España y le dio ciertos indios ý pasados algunos días fue con Diego Velazquez contra unos indios que aún no estaban de paz y que después de esto el almirante don Diego Colon que gobernaba las Yndias envió a Diego Velazquez /280 v./ a conquistar la isla de Cuba el año de mil quinientos once y le dio gente y armas y lo demás necesario para ello y fue con él Hernando Cortes por teniente del tesorero Miguel de Pasamonte para tener cuenta con los quintos y hacienda del rey y conquistada la isla le dio Diego Velazquez unos indios y con ellos sacó cantidad de oro y crio cantidad de ovejas, y de vacas, y de yeguas y fue el primero que tuvo hato y cabaña en aquella isla y en breve llegó a ser muy rico y puso dos mil ducados en compañía de un mercader, y tuvo gracia y autoridad con Diego Velazquez, y casó con doña Catalina Xuarez hermana de Juan Xuarez naturales de Granada y siendo

431

ella doncella solía decir que había de ser gran señora como lo fue aunque lo gozó poco tiempo, tuvo Hernando Cortes algunos ému- los que nunca suelen faltar a los que privan y tienen cabida con los que gobiernan y con envidia que le tenían que es siempre enemiga de buenos y de los ánimos valerosos decían mal de él a Diego Velazquez y por esto y por algunas otras ocasiones que para ello hubo cayó en su desgracia y lo tuvo preso y quebrantó el cepo y la cárcel y se fue a la iglesia y un día estándose paseando fuera de ella lo prendieron y lo metieron en un navío temió Cortes que lo enviaran a Sancto /281/ Domingo o a España y probó muchas ve- ces a sacar el pie de la cadena y en fin lo sacó aunque con gran dolor y aquella noche sin ser sentido se salió del navío y tomó el esquife que estaba a bordo y se fue en él y por que no lo siguiesen soltó el barco de otro navío que estaba allí junto y como era gran- de la corriente de un río por donde había de salir a tierra no supo ni pudo tomarlo y como remaba solo iba muy cansado y temiendo ahogarse si trabucaba el barco se desnudó y en un tocador se ató sobre la cabeza ciertas escrituras que tenía como escribano del Ayuntamiento y teniente del tesorero y echóse a la mar y a nado salió a tierra y fue a su casa y tomó armas y fuese a la iglesia y como lo supo Diego Velazquez le envió a decir que fuesen ami- gos como primero y Hernando Cortes no le quiso hallar en mu- chos días y se estuvo en la iglesia y Diego Velazquez fue contra unos indios que se habían alzado y Cortes dijo a su cuñado Juan Xuarez que le sacase al camino una lanza y una ballesta y en ano- checiendo salió de la iglesia y él y su cuñado se fueron a una gran- ja donde estaba Diego Velazquez con sus criados solamente porque los demás estaban aposentados /281 v./ en un pueblo de indios y llegó Cortes tarde y llamó a la puerta y dijo al que respondió que dijese al gobernador cómo estaba allí Cortes y luego se entró den- tro porque estaba la puerta abierta y como Diego Velazquez lo vio armado y a tal hora tuvo algún recelo y Cortes le dijo que iba a saber las quejas que tenía de él y a le satisfacer y a ser su amigo y servidor y sobre esto pasaron algunas pláticas y durmió allí Cortes aquella noche y tornó a la amistad con Diego Velazquez y fue con él y pasada la guerra fue a ver sus pastores y los indios que traía en las minas y la canoa en que iba como era de noche se trastornó media legua de tierra con tempestad y salió a nado a tiro de una lumbre de unos pastores que estaban cenando junto a la mar estas y otras desgracias e infortunios sufrió Hernando Cortes sin que en él se sintiese falta de ánimo porque de varones esforzados y animosos es no desmayar en las adversidades, esto es en suma lo que dice Gomara y también lo trata Oviedo en su *Historia general de las Yndias*.

# CAPÍTULO SEGUNDO

En que se dice cuándo y por quién y a cuya costa se descubrió la costa de Nueva España y de la compañía que Diego Velazquez hizo con Hernando Cortes para proseguir este descubrimiento y lo que sobre ello hizo Cortes.

/282/ Gonçalo Hernandez de Oviedo y Valdes regidor de la ciudad de Sancto Domingo de la Ysla Española y alcalde de la fortaleza que allí hay en su *Historia general de las Yndias* y Francisco Lopez de Gomara en la suya y el obispo de Chiapa don fray Bartolome de las Casas en lo que escribió de los descubrimientos *De Yndias* dicen que el año de mil quinientos diecisiete se descubrió la Nueva España aunque no toda Francisco Hernandez de Cordova y según dice Gomara él y Cristobal Morante y Lope Ochoa de Cayzedo armaron tres navíos a su costa, aunque Juan Cano dice que Diego Velazquez los envió a ello y les dio navíos y fueron desde la isla de Cuba a descubrir y a rescatar y Francisco Hernandez por capitán con ciento diez hombres y por piloto mayor Antonio de Alaminos y fueron a una tierra no sabida antes, que llamaron de las Mujeres porque había allí una torre de piedras con sus gradas y capillas cubiertas con madera y paja y por muy buen orden puestos muchos ídolos que parecían mujeres fue cosa muy de ver edificios de piedra y la gente rica y lucidamente vestida de allí fueron a otra punta que llamó de Cotoche porque como los vieron unos pescadores decían COTOCHE, COTOCHE que quiere decir casa creyendo que les preguntaban por el pueblo para ir a él y de aquí se le quedó /282 v./ este nombre aquella tierra, y algo más adelante hallaron ciertos hombres y preguntáronles cómo se llamaba un gran pueblo que estaba allí cerca dijeron TECTETAM que quiere decir no te entiendo, los españoles pensaron que se llamaba así y corrompiendo el vocablo lo llamaron y llaman Yucatam como se dijo en el capítulo dieciséis de la primera parte de esta Relaçion y aquí hallaron cruces de latón y de palo sobre los sepulcros de los muertos como ya se ha dicho / este reino como dice el obispo de Chiapa en un libro que intituló *Brevissima rrelaçion de la destruiçion de las Yndias* estaba lleno de infinitas gentes porque es tierra muy sana y abundante de comida y que tiene cerca de trescientas leguas de bojo o en contorno del reino y que la gente era señalada entre todas las de las Yndias así en prudencia y pulicía como en carecer de vicios y pecados y muy aparejada y digna de ser traída al conocimiento de Dios y que persuadidos por los religiosos hicieron lo que nunca en las Yndias hasta entonces se había hecho que doce o quince señores de muchos vasallos y tierras cada uno por sí juntando sus pueblos, tomando sus votos y consentimiento se sujetaron de su propia voluntad al señorío de los reyes de Castilla y recibieron al emperador como rey de /283/ Castilla por señor supremo y universal y que hicieron ciertas señales como firmas las cuales dice el obispo que tiene en su poder con los testimonios de los frailes como ya se ha dicho en otra parte.

De Yucatam fue Francisco Hernandez a Campeche y lo nombraron Lazaro porque llegó allí domingo de Lazaro saltó en tierra y tomó amistad con el señor y rescató mantas y plumas y algunas joyas de oro y comida y de allí fueron a Champoton pueblo muy grande llamábase el señor Mochocoboc hombre guerrero y esforzado y no los dejó rescatar ni saltar en tierra para tomar agua y mandaron soltar la artillería de los navíos y los indios se admiraron de ver el fuego y el humo mas no huyeron y con buen orden y gran grita arremetieron a los españoles tirándoles piedras y varas y saetas, los españoles movieron para ellos a paso contado y en siendo cerca dispararon las ballestas y con ellas y a estocadas mataron muchos indios y como estaban sin armas defensivas y desnudos cortábanles brazos y piernas y a otros hendían por medio y aunque nunca habían visto tan fieras heridas duraron en la pelea viendo la presencia y ánimo de su capitán y señor / tanto vale el esfuerzo y valor y también la buena vida de los que mandan y gobiernan y los españoles se retiraron a los navíos y al /283 v./ embarcar mataron veinte de ellos e hirieron más de cincuenta y prendieron dos y después los sacrificaron a sus ídolos y Francisco Hernandez quedó con treinta y tres heridas y a gran prisa se embarcaron, y toda diligencia y prisa se les hacía muy tardía y con gran tristeza y destruidos llegaron a Santiago de Cuba con buenas nuevas de la tierra y después pidió al rey la gobernación de ella Francisco de Montejo y la conquistó y fue a ella a su costa con tres navíos y con más de quinientos españoles el año de mil quinientos veintiséis y tenía un buen repartimiento de indios en Mexico esto dice Gomara pero Juan Cano como testigo de vista en lo que escribió *De la conquista de Nueva España* lo cuenta de otra manera como luego se dirá.

Llegado Francisco Hernandez a Cuba dijo que aquella tierra era rica de oro y de plata y la gente vestida y el año de dieciocho envió Diego Velazquez a Juan de Grijalva su sobrino con doscientos españoles en cuatro navíos y fue a Yucatam y peleó con los de Champoton y salió herido y entró en el río de Tabasco que ahora llaman de Grijalva donde rescató mucho oro y ropa de algodón y muy ricas cosas de pluma estuvo en Sanct Juan de Ulhua y tomó posesión de aquella tierra por el rey en nombre /284/ de Diego Velazquez donde rescató oro y mantas de algodón y plumajes y aunque le rogaron sus compañeros que poblase no quiso diciendo que no llevaba comisión para ello sino para rescatar y para ver si aquella tierra de Yucatam era isla de allí corrió la costa hasta Panuco y tardó ocho meses desde que salió hasta que volvió a Sanctiago de Cuba y no lo quiso ver Diego Velazquez que como dice Gomara fue su merecido y como dice Gonçalo Hernandez de Oviedo en su *Historia* llamaba la fortuna a su puerta, y llamaba, y porfiaba, y no le quiso abrir porque como dice Gomara no conoció la tierra ni su buena dicha porque no era tanto bien para quien no lo conocía y que también lo dejó por miedo de la mucha gente y gran tierra viendo que no era isla porque entonces huían de entrar en tierra firme y que asimismo había muchos que deseaban a Cuba y porque no estaba guardado para él tan gran presa.

Antes que Juan de Grijalva tornase a Cuba viendo Diego Velazquez que tardaba más que tardó Francisco Hernandez en volver o enviar aviso de lo que hacía envió a Cristobal de Olid en un navío en su busca y socorro y anduvo poco por la costa de Yucatam y sin /284 v./ hallar a Grijalva se tornó a Cuba y después que se hizo a la vela Cristobal de Olid llegó a Cuba Pedro de Alvarado que lo envió Juan de Grijalva con relación del descubrimiento y con muchas cosas de oro y de pluma y de algodón y con esto y con lo que dijo Pedro de Alvarado de palabra recibió contento Diego Velazquez y todos los españoles y porque decían todos los que vinieron con Alvarado que Grijalva no tenía gana de poblar y que la tierra y gente era mucha y guerrera determinó Diego Velazquez enviar otros navíos con gente y armas y mucho rescate y rogó a Baltasar Bermudez que fuese a ello y no se concertaron, trató con Hernando Cortes que armasen ambos a medias porque era hombre diligente y discreto y esforzado y como Hernando Cortes tenía grande ánimo y deseo aceptó la compañía y el gasto y la ida y enviaron a Juan de Sauzedo que había venido con Alvarado a Sancto Domingo a pedir licencia a los frailes jerónimos que gobernaban las Yndias para poder ir a rescatar porque sin su licencia no se podía hacer y fray Luis de Figueroa, y fray Alonso de Santo Domingo y fray Bernardino Mançanedo que eran los gobernadores dieron la licencia para Hernando Cortes /285/ como capitán y armador con Diego Velazquez y mandaron que fuesen con él un tesorero y un veedor como era costumbre para tener cuenta con los quintos y hacienda del rey esto dice Gomara.

Juan Cano que como se ha dicho fue testigo de vista en lo que se hizo y proveyó para el descubrimiento de Nueva España en la *Rrelaçion* que de ello escribió dice que el adelantado Diego Velazquez gobernador de la isla de Cuba envió a Francisco Hernandez de Cordova a descubrir y que desde algunos días volvió a Cuba a comunicar con el adelantado lo que había descubierto y hallado en la costa de la Nueva España que fue Champoton y Lazaro que ahora llaman Yucatam frontero de la isla de Coçumel y que luego el adelantado envió a Juan de Grijalva su capitán a descubrir con tres navíos y que llegó al puerto de Sanct Juan de Ulhua y a Panuco puerto de la Nueva España y allí llegaron muchos indios de paz a rescatar oro, y piedras y plumas y bastimentos de los de la tierra a trueque de cuentas y de otras cosas con que quedaban muy contentos y que muchas veces iban a los navíos en canoas y que porque Juan de Grijalva no llevó /285 v./ comisión para poblar no pobló aunque halló muy buen aparejo para ello y buena tierra y que se volvió a Cuba con lo que había rescatado y que le pesó al adelantado porque no había poblado y que hizo otra armada en que gastó mucho de su hacienda y de lo que tomó prestado de amigos suyos y que después lo pagó y que quiso enviar por capitán a Vasco Porcalla natural de Caçeres y que algunos amigos del adelantado le aconsejaron que no lo enviase y que quiso enviar a Garçia Holguin natural de la misma villa y que también le aconsejaron que no lo enviase y que se creyó que fue porque enviase a Hernando Cortes a quien el adelantado había hecho mucha honra y casádolo con doña Catalina Xuarez y por haber ganado crédito en cosas que le había encomendado y que lo tenían por hombre hábil como lo era y que le había dado unos indios y que como hacía en todo lo que el adelantado quería determinó enviarlo a la Nueva España que tenía descubierta con muchos gastos y que aún no era venido Juan de Grijalva sino un navío de los suyos y que le dio quinientos hombres y diez o doce navíos y mucho rescate y bastimentos y que lo nombró por su capitán /286/ general y que si hallase a Juan de Grijalva le diese socorro y que fueron con él Francisco de Montejo, y Puerto Carrero, y Juan Velazquez, y Alonso de Avila, y Pedro de Alvarado y sus hermanos y Alonso de Grado, y Francisco Alvarez Chico y su hermano, y Gonçalo de Sandoval y Cristobal de Olid y otros muchos caballeros y que llegado a la punta de la isla de Cuba decía que Diego Velazquez no era para ser gobernador de Nueva España porque cada día le daban mejores nuevas los que habían venido de la gente de Grijalva que iban con él esto dice Juan Cano y casi lo mismo dice Oviedo en su *Historia*.

Entre tanto que venía la licencia de los gobernadores dice Gomara que Hernando Cortes comenzó a se aprestar para la jornada y que habló a sus amigos y a otros para que fuesen con él que se ofrecieron a ello trescientos hombres y que compró una carabela y un bergantín para con la carabela que trajo Pedro de Alvarado y otro bergantín de Diego Velazquez y que los proveyó de armas y artillería y munición y de vino, y aceite, habas y garbanzos y de otras cosas y que tomó fiada una tienda de buhonería en setecientos pesos de oro y que Diego Velazquez le dio mil castellanos y dio a muchos soldados /286 v./ que iban con él dineros y que se le obligaron con el además común a la paga y capitularon lo que cada uno había de hacer.

Juan de Grijalva dice Gomara que volvió a Cuba a la sazón que entendía Hernando Cortes en se aprestar para la jornada y que con su venida hubo mudanza en Diego Velazquez y que no quiso gastar más en la flota que armaba Cortes ni quisiera que la acabara de armar por enviar por sí solo los navíos que había traído Grijalva y que en ver el gasto de Cortes y el ánimo con que gastaba pensó que se le alzaría como él lo había hecho con el almirante don Diego Collon y porque le decía Bermudez y otros que no se fiase de Cortes que era mañoso y altivo, y amador de honras y hombre que se vengaría de lo pasado, porque nunca faltan razones y colores fingidos a los émulos y envidiosos para abatir y deshacer a otros que se les adelantan, y que estaba Bermudez muy arrepentido por no haber aceptado aquella empresa cuando se la ofrecieron viendo el gran rescate que Grijalva había traído y sabiendo cuán rica tierra era aquélla y que creyó Diego Velazquez que aflojando él dejaría Cortes la demanda y que le echó rogadores para ello y que se /287/ ofrecía a pagarle lo que había gastado y que respondió Cortes que en ninguna manera dejaría la jornada porque sería vergüenza para él ni apartaría la compañía y que si Diego Velazquez quería enviar otra armada por sí que la enviase y que él tenía licencia de los gobernadores y que habló a sus amigos y a otras personas principales para que se apercibiesen para la jornada por ver si le seguirían y que como sintió voluntad para le ayudar y seguirle comenzó a buscar dineros y que le prestaron cuatro mil pesos de oro y compró dos navíos y seis caballos y muchos vestidos y socorrió a muchos y tomó casa e hizo mesa y comenzó andar con armas y mucha gente de que algunos murmuraban de que tenía estado sin señorío y que pesaba a Diego Velazquez de verlo andar tan pujante y que no pudo estorbarle la ida porque todos los que con él estaban y los que vinieron con Grijalva le seguían y si lo intentara no saliera con ello a cuya causa disimuló y mandó según se dijo que no le diesen vituallas y que Cortes procuró salir luego de allí y publicó que iba por sí pues era vuelto Grijalva y decía a los soldados que no habían de tener quehacer con Diego Velazquez /287 v./ y que se embarcasen con la comida que pudiesen y que se partió de Sanctiago de Cuba a dieciocho de *noviembre de mil* * quinientos dieciocho años con poco bastimento para tanta gente como llevaba y envió a Jamayaca una carabela por bastimentos y le mandó ir con lo que comprase al Cabo de Corrientes o Punta de Sanct Anton que es lo postrero de la isla de Cuba hacia poniente y con los demás se fue a Maçaça donde compró algunos bastimentos y en la Ysla de la Trinidad compró un navío y tres caballos y bastimentos y recogió casi doscientos hombres de los de Grijalva que vivían allí y en Matanças y que envió los navíos delante y que él se fue con la gente por tierra a la Havana que estaba entonces poblada a la parte del sur donde abasteció sus navíos razonablemente y repartió por ellos la gente y comida y que estando allí recibió cartas

---

* Subrayado en el original, como otros casos que aparecen adelante y en cursivas.

de Diego Velazquez en que le rogaba que le aguardase porque quería ir a le hablar y comunicar con él algunas cosas que convenían a ambos y que escribió a otros rogándoles que prendiesen a Cortes y que lo convidó Diego de Ordas a comer en la carabela que llevaba a su cargo pensando llevarlo con ella a Sanctiago donde estaba /288/ Diego Velazquez y que como Cortes lo entendió fingió a la hora de ir a comer que le dolía el estómago y no fue y porque no hubiese algún motín se entró en su navío e hizo señal de recoger y mandó que todos fuesen tras él a Sanct Anton donde todos llegaron con buen tiempo.

# CAPÍTULO TERCERO

Cómo llegado Cortes a la punta de Sanct Anton hizo luego alarde, y nombró capitanes y repartió la gente en once compañías y lo que más allí hizo y proveyó para su jornada y se refieren algunas cosas en su loor.

Luego como llegó Cortes a Sanct Anton hizo alarde y se hallaron quinientos cincuenta españoles y los cincuenta eran marineros repartiólos en once compañías y diolos a los capitanes que nombró, que fueron Alonso Davila, y Alonso Fernandez Puerto Carrero, Diego de Ordas, y Francisco de Montejo y Francisco de Morla, Francisco de Salzeda, Juan de Escalante, Juan Velazquez de Leon, Cristobal de Olid, y Escobar, y él como general tomó una compañía e hizo tantos capitanes porque eran otros tantos los navíos para que cada uno de ellos tuviese cargo de la gente de cada navío y nombró /288 v./ por piloto mayor a Antonio de Alaminos que había ido con Francisco Hernandez de Cordova y con Juan de Grijalva y había doscientos indios de Cuba para carga y servicio y algunas indias, y negros, y dieciséis caballos, y yeguas, y cinco mil tocinos y seis mil cargas de maíz y de yuca, y ajes, que son ciertas raíces para comer y cada carga es de dos arrobas que es lo que un indio lleva a cuestas, y muchas gallinas y azúcar, vino, aceite, vinagre, garbanzos y otras legumbres, y gran cantidad de quincallería para rescate y todo lo repartió para los navíos, la nao capitana era de cien toneles, y otras tres de a setenta y ochenta, y las demás eran pequeñas y sin cubierta / la bandera que llevó era de fuegos blancos y azules con una cruz colorada en medio y alrededor una letra en latín que en romance dice, amigos sigamos la cruz y nos si fe tuviéremos en ésta venceremos, que conforma cuanto a la cruz con la bandera que siempre traía el gran Constantino en sus ejércitos como lo dice Eusebio Çesariense en el capítulo 25 libro primero de la *Vida de Constantino* y en la *Oraçion que hizo en su alabança* / éste fue el aparato con que Cortes hizo su jornada /289/ y con tan poco caudal y con tan pequeña flota, y con tan poca gente venció innumerables indios y como dice Gomara nunca jamás hizo capitán con tan pequeño ejército tales hazañas, ni alcanzó tantas victorias ni sujetó tan gran imperio / ningún dinero llevó para pagar aquella gente antes fue muy adeudado ni es menester paga para los españoles que andan en la guerra y conquista de Yndias porque cada uno pretende un estado o grandes riquezas y muy mejor pelean los que pretenden su propio interés y gloria que los que andan en la guerra por sueldo porque si no les acuden con la paga a su voluntad aflojan y aun desamparan a su capitán y a su ejército / habiendo pues concertado su gente Hernando Cortes les hizo un breve razonamiento y plática que como dice Juan Cano lo sabía muy bien hacer con que puso a sus compañeros grande ánimo y esperanza y admiración de su persona y tanta gana de ir con él que les parecía ir a empresa y victoria cierta porque como dice Jullio Çesar libro primero *De bello gallico* la oración del capitán acrecienta el ánimo de sus soldados /289 v./.

## Digresión

Muy gran razón tiene Gomara en decir que nunca capitán alguno con tan pequeño ejército hizo tales hazañas ni alcanzó tantas victorias ni sujetó tan gran imperio en tan poco tiempo como Hernando Cortes y porque como Tullio dice en la *Oracion pro lege Manilia* tratando del gran Pompeyo es de tanta calidad este negocio que a nadie faltará que decir en su loor y será más dificultoso hallar el fin que el principio porque ninguna alabanza hay que llegue a los méritos de este valerosísimo capitán ni al de sus muy valerosos compañeros ni que deje de quedar corto lo que de él y de ellos se dijere por mucho que se diga pues con tan poca gente y tan sin esperanza de socorro humano se atrevieron a entrar en aquellas latísimas tierras, y Nuevo Mundo tan lleno de infinidad de gentes belicosas, en tanta manera que es cierto que para él y para cada uno de los suyos había millares de hombres que aunque no tan bien armados, su multitud suplía la falta que tenían de caballos y de armas y que sin ello con solas piedras, y palos los pudieran matar con se ir remudando sin los dejar reposar de noche ni de día hasta que de cansados y con hambre /290/ y sed los acabaran y teniendo como se tenía noticia de todo esto y haber visto la multitud de gente que a ellos salía no les faltar ánimo para intentar tan gran empresa cierto es digno de gran loor porque la virtud del ánimo valeroso y esforzado por ningún poder ni muchedumbre de contrarios es vencida ni basta para le hacer tornar atrás porque como dijo Jonathas a su paje de lanza Regun 1 capítulo 14 tan fácil es al señor en quien Hernando Cortes tenía puesta su esperanza dar victoria con pocos pues no se alcanza la victoria por el número de la gente sino con el favor de Dios y con la presteza alegre de los que pelean como le sucedió a Gedeon en la guerra que tuvo con la multitud de los madianitas Judicun capítulo 7/ cierto es cosa digna de inmortal memoria y que con gran razón se puede atribuir a milagro la conquista de aquella tierra como lo nota el muy docto y religioso varón fray Estevan de Salazar en el capítulo quinto del *Discurso* dieciséis sobre el Credo pues como se ha dicho con tan poca gente y en muy poco tiempo venció y sujetó tan gran infinidad de gentes y tantos reinos, tantas ciudades y /290 v./ pueblos grandísimos y de muy grandes fuerzas / lo mismo se podrá decir y con muy gran razón de Francisco Piçarro que con muy pocos compañeros descubrió y ganó el Peru cuya constancia y virtud como dice Agustin de Çarate en el capítulo segundo libro primero de la *Historia del Peru* fue causa de su descubrimiento y prendió al gran rey Atabalba estando cercado de gran muchedumbre de gentes como consta de las historias que de ello se han escrito. Y según se dice viniendo contra Hercules unas gentes llamadas los molionidas y que viendo su multitud temió y no los osó esperar y huyó para se salvar de donde dicen que tuvo origen aquel adagio ni Hercules contra dos como lo refiere Erasmo en el adagio 39 CHILIADIS 1 centuria 5 porque ninguno ha de fiar tanto de sus fuerzas que piense que podrá resistir a muchos y solía decir Hernando Cortes que no le sucedió cosa bien cuando ponía su confianza en su poder como fue después que volvió a Mexico habiendo vencido y prendido a Pamphilo de Narvaez y juntándose su gente con la de Cortes que era mucho más que la suya con que él venía tan ufano así por la victoria que suele ser causa de soberbia y altivez, como por hallarse con tanta gente y que nunca le sucedió cosa mal cuando /291/ ponía su confianza en el favor divino como fue en esta victoria que hubo con poca gente siendo más que doblada la de Narvaez y como fue en todas las victorias que antes y después hubo en aquella tierra contra los naturales de ella porque toda su confianza ponía en Dios todo poderoso como lo hacía el gran Constantino como lo dice Eusebio Çesariense en el capítulo catorce libro primero de *Su vida* y Theodosio Junior como lo dice Socrates escolástico al fin del capítulo veintidós libro siete de la *Historia ecclesiastica* que a ejemplo del rey David cuando había de hacer alguna guerra ocurría a se encomendar a Dios y pues como se ha dicho Michael Bucchingero en su *Historia ecclesiatica* dice que algunos les parece que fue Cristobal Collon más ilustre y señalado que Hercules con mucha más razón podemos decir que lo fue Hernando Cortes pues nunca le hicieron huir ni temer la gran multitud de gente que con él peleó de los de Tlaxcallam yendo para Mexico ni las grandezas que oía del gran poder de Moctençuma. Como huyó Hercules con temor que tuvo de los molionidas y aunque Collon merece gran gloria por haber descubierto las Yndias le hizo ventaja Cortes en las guerras que en ellas tuvo y victorias que alcanzó contra más gente y más belicosa sin comparación /291 v./ que la de las islas que Collon descubrió y en la Española se le dieron de paz luego como allí llegó la primera vez y se dio Cortes mejor maña en el tratamiento de sus compañeros y soldados y en la doctrina y conversión de los naturales y en honrar y favorecer a los frailes que entendían en ella y fue grande la constancia que tuvo en las contradicciones que se le hicieron hasta llegar a Mexico y en todo lo demás que allí y en toda aquella tierra hizo sin mostrar flaqueza aunque sabía, conocía, y había visto el gran poder de Moctençuma y los muchos y grandes señores que tenía por vasallos y la muchedumbre de tierras y de gente que le obedecía y que todos habían de ser contra él no dudó de llevar su demanda hasta el cabo y pues en las cosas grandes se tiene en mucho el intentarlas como lo dice Erasmo en el adagio 55 CHILIADIS 2 centuria 8 en cuanto se debe tener haber intentado Hernando Cortes cosas tan grandes y haber salido con ellas y fue tanto su valor y ánimo y el de sus valerosos compañeros que nunca los excesivos trabajos que en ellos pasaron fueron parte para dejar de perseverar en su demanda hasta conseguir el fin que pretendían porque de ánimos valerosos /292/ es no desmayar con los trabajos y cobrar vigor y fuerzas en las adversidades porque aquellas cosas que esforzadamente se han comenzado si valerosamente no se procuran acabar no tienen honroso fin y aun en la adversidad fortuna en los ánimos y esforzados se halla una honrosa generosidad tal que las más veces el temor de la infamia vence cualquier peligro y todo miedo y es flaco el varón a quien en las cosas dificultosas no le crece el ánimo como de todo esto se podrían traer ejemplos de algunos sucesos desastrados que han sucedido en Yndias y en otras partes en cosas que con grande ánimo se intentaron y por haber faltado al mejor tiempo quedaron con gran infamia y pérdida de hacienda y aun de la vida con muy crueles muertes los que las intentaron y aquellos animosos españoles les crecía el ánimo y osadía viendo el valor de su valeroso capitán que en todas las cosas era el delantero y el primero que se oponía a cualquier peligro y trabajo y no solamente hacía el oficio de valeroso capitán pero el de muy valiente soldado como lo hacía aquel grande Alexandro como lo dice Quinto Curçio en el libro tercero de su *Historia* que es lo que /292 v./ suele hacer a los capitanes estimados y amados y aun temidos y en gran parte y aun en todo para que su gente trabaje en lo imitar y hacer lo mismo que a él le ven hacer y si los griegos alaban y engrandecen en tanto al gran Alexandro porque con poca gente ganó y sujetó tan gran infinidad de gentes que como dice Justino en el libro once hay duda si se ha de tener en más haberlas vencido que haberlo intentado con pequeño ejército. Pues qué diremos de Hernando Cortes porque en el ejército de Alexandro había treinta y dos mil soldados de a pie y cuatro mil quinientos de a caballo y ciento ochenta y dos navíos y todos los que consigo llevó eran soldados viejos y muy ejercitados en la guerra y que cada uno de ellos pudiera por sí regir un ejército y que ellos y el mismo Alexandro habían usado la guerra con el rey Philipo su padre que fue muy valeroso y hubo muy grandes victorias y de Hernando Cortes no se sabe que se hubiese hallado en guerras más que las dos veces que se ha dicho que fue con Diego Velazquez y la gente que con él fue era toda bisoña y su ejército mucho menor que el de Alexandro luego muy mejor podemos decir de Cortes lo que Justino dice de Alexandro pues no sólo tuvo /293/ ánimo para intentar una cosa tan grande pero valor y constancia para salir con ella ni fue menos gente ni menos tierra la que venció y ganó ni menos rica y en más breve tiempo que la que venció y ganó Alexandro.

Cuatro cosas dice Tullio que han de concurrir en el buen capitán en la *Oración pro lege Manilia* donde trata del valor, esfuerzo, y felicidad del gran Pompeyo I noticia o ciencia del arte militar, virtud y autoridad, felicidad o buena dicha / que en Hernando Cortes haya habido ciencia o noticia del arte militar antes que fuese a la conquista de Nueva España, no se sabe que para ello se hubiese hallado en guerra alguna más que las dos veces que fue con Diego Velazquez como se ha dicho pero como dice Philo judío doctísimo varón en la *Vida de Moysen* los buenos ingenios no tienen necesidad de la larga experiencia así Hernando Cortes con su buen ingenio y gran habilidad se hizo presto diestro y práctico capitán como dice Nicolao Machiavelo en el capítulo trece del libro tercero de sus *Discursos* sobre Tito Livio que sucedió a Luculo cuando fue enviado por el Senado romano contra Nitidates rey muy poderoso y valerosísimo capitán que había muchos años sustentado la guerra contra el Imperio Romano, estando como estaba /293 v./ Luculo del todo ignorante del arte militar y con su buen juicio se hizo en breve valerosísimo capitán como parece por las grandes cosas que hizo en aquella guerra como lo refieren los que escriben su vida pero llevó un poderoso ejército donde había muchos soldados viejos y muy prácticos y que cada uno podía ser cabeza y esto bastaba para le hacer presto tan buen capitán como lo fue / es digno Hernando Cortes de tanta y más gloria pues con tan pequeño ejército y no usado en guerras venció tanta multitud de gentes muy belicosas y muy ejercitadas en guerras y grandes y poderosos reyes y señores y muy valerosos capitanes y muy diestros en las guerras que eran entre ellos ordinarias.

Que en Hernando Cortes haya habido virtud consta de lo que se ha dicho y también tuvo autoridad entre sus soldados y entre los indios y de los unos y de los otros fue muy estimado y lo mismo de Moctençumaçin gran rey y señor de Mexico y de la mayor parte de aquella tierra, viendo su valeroso ánimo y la buena maña que en todo se daba y la constancia y sufrimiento que tuvo en los trabajos y adversidades y que siempre como se ha dicho /294/ era el primero que se oponía a cualquier peligro en la delantera de todos como dice Quinto Curtio en el libro tercero que lo hacía Alexandro y con esto ganó gran fama que según decía Jullio Çesar vale mucho en la guerra y da gran autoridad y gran reputación y estima / que haya sido Cortes felice se verá por el discurso de esta guerra y relación de ella.

De más de lo dicho dice Tullio que han de concurrir en el buen capitán otras virtudes diligencia y cuidado en los negocios, fortalezas en los peligros, industria en lo que hubiere que hacer, presteza en lo poner por obra, consejo y deliberación en lo que se debe poner, ninguna cosa de éstas faltó Hernando Cortes como constará de lo que adelante se dijere / en mí no hay la suficiencia y habilidad que tan gran negocio como es tratar las hazañas los /294 v./ hechos de Hernando Cortes y de sus compañeros era necesario cuyos nombres merecen eterna gloria y fama y no los nombro por no tener noticia de todos ellos y no es justo nombrar a unos y dejar a otros y pues para referir su valor y esfuerzo no soy bastante sería mejor y más acertado pasarlo en silencio porque como dice su libro en tanto [...] temidos hay [...] que obra en virtud cuanto los claros ingenios de los autores que escribiesen sus vidas les supieron ensalzar y engrandecer y pues las vidas de los varones se escriben para ejemplo de los que las leen y para los atraer /295/ según dice Plutarco a que procuren imitarlos en la virtud será bien que digamos algo pues todo es imposible del gran valor y ánimo de Hernando Cortes y de la constancia que tuvo y trabajos que pasó juntamente con sus pocos e invencibles compañeros.

# CAPÍTULO CUARTO

En que se prosigue y declara lo que Hernando Cortes hizo y proveyó para su viaje a la Nueva España y los sucesos que en él hubo. Y cómo estando en la isla de Acuçamil se vino para él Geronimo de Aguilar que le sirvió de lengua con una india que llamaron Marina.

Tornando a Hernando Cortes dice Gomara que habiendo hecho una breve oración o plática a sus soldados como se ha dicho viendo que su gente estaba muy contenta y ganosa de ir con él aquella jornada recibió muy gran contento y después de haber visto misa y encomendándose a Dios se fue a su nao capitana y mandó que todos se embarcasen y dio nombre a los capitanes y pilotos como es costumbre y se hizo a la *vela a diez y ocho días* de febrero del año de mil quinientos diecinueve y avisó a todos que siempre tuviesen ojo a la capitana en que él iba donde llevaba un gran farol para señal y guía del camino que habían de hacer y sobrevino /295 v./ aquella noche un norte muy recio y se apartaron los navíos y cada uno corrió como mejor pudo y fueron todos aunque no juntos ni a un tiempo excepto uno del cual no supieron muchos días a la isla de Acuçamyl como lo llevaban por instrucción Cortes hizo salir algunos españoles en tierra y fueron a un pueblo que estaba cerca y no hallaron gente en él porque se habían ido al monte cuando vieron los navíos y en algunas casas hallaron alguna ropa de algodón y ciertas joyas de oro y con esto se volvieron a dar cuenta a Cortes de lo que habían visto y le dijeron que había muchos maizales, y prados, y grandes colmenares, y arboledas, y frutales y diéronle la ropa y joyas que trajeron él recibió contento con aquellas nuevas y temió no fuese ardid el haberse alzado los indios para tomarlos descuidados no viendo gente y mandó sacar los caballos a tierra para que se refrescasen y paciesen e hizo desembarcar la gente y envió a buscar la isla y hallaron en un espeso monte cuatro o cinco mujeres con tres niños hijos de la una de ellas que era la señora y lloraba por se ver cautiva /296/ a sí y a sus hijos Cortes la halagó y trató bien y la vistió al modo de Castilla y a las criadas y a los niños dio algunas cosas con que mostraron contento y querían enviar una de ellas a llamar al señor de la isla que se llamaba Calichuni y en esto llegaron unos indios que venían a ver lo que pasaba y a saber de la señora y dioles Cortes algunas cosas de rescate para sí y para el señor y envíolos para que de su parte y de la mujer rogasen a Calichuni viniese a verse con él y con el amor de la mujer y de los hijos y como entendió el buen tratamiento que se les hacía vino otro día con mucha gente al pueblo donde estaban ya muchos españoles aposentados y no consintió que se saliesen de las casas y mandó a su gente que los proveyesen muy bien y así lo hicieron y él habló a Cortes con gran humildad y ceremonias y fue de él bien recibido y tratado amorosamente y a él y a los suyos dio cosas de rescate que las estimaron en mucho aunque entre nosotros son de poco valor y mandó traer toda la ropa y joyas que se había hallado en el pueblo y cada uno conoció lo que era suyo y se les volvió con que todos quedaron muy contentos y con esto se fueron /296 v./ por toda la isla a mostrar lo que les habían dado y a mandarles de parte de Calichuni que se tornasen a sus casas con sus mujeres e hijos seguramente porque aquella gente extranjera era buena y amorosa y con esto se tornaron todos a sus casas y perdieron el miedo que tenían y proveyeron abundantemente al ejército todo el tiempo que allí estuvo y dieron nuevas a Cortes por señas cómo en Yucatan estaban cinco o seis hombres barbados y con estas nuevas holgó mucho Cortes y rogó a Calichuni le diese algunos que llevasen una carta aquellos hombres y no se halló quien quisiese ir a ello porque el que los tenía era gran señor y muy cruel y los mandaría matar Cortes halagó tres isleños que andaban muy serviciales en su aposento y les dio algunas cosas y rogóles que fuesen a llevar su carta y aunque se excusaron mucho en fin por ruegos y dádivas que suelen como se dice quebrantar peñas prometieron de ir y luego escribió Cortes una carta haciendo saber aquellos hombres su venida y de la armada en que traía quinientos hombres y que le habían dado nuevas de ellos que les rogaba que dentro de seis días /297/ se viniesen para él y que todos se lo gratificarían y envió un bergantín en que viniesen y en él fueron los mensajeros y dos naos para su guarda y para que la carta fuese secreta la hizo envolver en los cabellos del uno de los mensajeros que siempre los traen largos al modo que ellos los atan en la guerra y en sus fiestas y con esto se hicieron a la vela con cincuenta españoles para si fuese menester y echaron los mensajeros en tierra en la parte que ellos dijeron y esperaron ocho días aunque les avisaron que no les esperarían más que seis y como tardaron se tornaron Acuçamyl de que pesó mucho a Cortes y a los demás porque tenían falta de lengua porque un indio que llevaban por lengua que había ido con Francisco Hernandez de Cordova era muy simple y parecía que no sabía hablar ni responder y se daba mal a entender.

## Digresión

Porque deseo dar algún gusto en la lectura de esta Relaçion referiré a propósito de lo que Hernando Cortes hizo en atar la carta en los cabellos del indio que la llevó lo que Aulo Gelio dice en el capítulo nueve /297 v./ libro diecisiete que estando Dario que era señor de Assia en Persia un asiático llamado Histeo deseaba escribir secretamente a un su amigo llamado Aristagora y darle noticia de algunas cosas secretas imaginó una nueva manera para ello y fue que un esclavo suyo tenía mal de ojos días había y so color de medicina y cura para ello le hizo rapar la cabeza y en ella le hizo sutilmente escribir lo que quería y habiéndole crecido el cabello le mandó que fuese donde estaba Aristagora y que le dijese que le rapase la cabeza y el esclavo fue y dijo lo que su amo le mandó y Aristagora entendiendo que no sin misterio lo enviaba su amo con aquel mensaje le hizo rapar la cabeza y leyó letras y pone otras maneras de cifras muy delicadas.

Entre tanto que estas cosas pasaban se repararon los navíos del daño que habían recibido con el temporal pasado y como vio Hernando Cortes que los de la isla de Acuçamyl estaban asegurados y muy domésticos y serviciales acordó quitarles los ídolos y darles la cruz y la imagen de nuestra Señora y por ellos les habló mediante /298/ aquel indio que llevaba por lengua aunque muy torpe como se ha dicho y les dijo que les quería dar mejor ley que la que tenían y a conocer al verdadero Dios respondieron que fuese así y llevólos al templo e hizo decir misa y quebrar los ídolos y poner cruces e imágenes de nuestra Señora y las adoraron con devoción *porque el Evangelio* no hace fruto si primero no se destruyen los ídolos como se colige del capítulo treinta de Ysayas y allí San Geronimo como lo hizo el gran Constantino según lo dice Eusebio en el capítulo cincuenta y dos libro tercero de *Su vida* y así lo hizo Cortes en esta isla tomando primero el consentimiento del señor y de los del pueblo como era necesario para evitar el escándalo que pudiera haber haciéndolo de otra manera aunque no lo hizo así en Mexico como parece por lo que él dice en una de las *Cartas que escribió al emperador* y Gomara en su *Historia* como se dirá en su tiempo y lugar y véase el capítulo cuarto de Malachias IBI SI VULTIS REÇIPERE y San Chrisostomo IN capítulo Mathei XI IN homelia treinta y ocho dice muy bien dijo Jesucristo si queréis recibirlo porque no vengo a forzar alguno la voluntad libre es la que quiero.

/298 v./ En llegando al bergantín y las dos naos que habían ido a llevar los indios que llevaron la carta de Cortes como se ha dicho se partió la flota y Calichuni y toda su gente mostraron pesarles mucho de su ida porque se les había hecho muy buen tratamiento, de allí fue la flota hacia Yucatan con buen tiempo y porque una de las naos hacía mucha agua se tornaron Acuçamil y los de la isla acudieron luego a la mar muy alegres a saber si tenían alguna necesidad y les dijeron la causa por la que se habían vuelto y saltaron en tierra y remediaron la nao y comenzándose a embarcar revolvió el tiempo con tan gran viento contrario que no se pudieron acabar de embarcar y otro día salido el sol amansó el viento y era primer domingo de cuaresma y oyeron misa y estando Cortes comiendo le dijeron cómo atravesaba una canoa de Yucatan para la isla y que venía hacia los navíos y tomó tierra cerca de ellos y salieron de ella cuatro hombres y cuando Cortes la vio había enviado unos españoles hacia donde tomaron tierra y como vieron que iban para ellos corriendo con las espadas /299/ desenvainadas huyeron los tres de ellos y el otro les habló en su lengua y los hizo detener y luego dijo a los españoles en castellano señores sois cristianos respondiéronle que sí y que eran españoles alegróse tanto que lloró de placer y púsose de rodillas y alzó las manos y los ojos al cielo y con muchas lágrimas dio gracias a Dios por la merced que le hacía en sacarlo de entre infieles y ponerlo entre cristianos y gente de su nación los españoles llegaron a él y le ayudaron a levantar y lo abrazaron y se vino con ellos donde estaba Cortes y lo recibió muy bien y lo hizo vestir porque venía desnudo como

451

andan los indios dijo que se llamaba Geronimo de Aguilar y que era natural de Eçija y que yendo en una carabela a Sancto Domingo el año de mil quinientos once se perdió en los bajos que llaman de las Biboras y que en el batel se salvaron él y otros veinte y que anduvieron catorce días por la mar y que la corriente que es allí muy recia los echó en aquella tierra y que andando para la mar se murieron los ocho de hambre y que otros cinco sacrificó un cacique a sus ídolos /299 v./ y se los comieron en un banquete que hizo el cacique y que a él y a otros siete los guardaron para el otro banquete y que rompieron la prisión y se fueron al monte y que allí los halló otro cacique y los tomó para servirse de ellos y que después murieron los cinco de ellos, y el otro se casó con una india rica y que tenía en ella hijos y que le envió la carta que Cortes les escribió porque estaba en otra provincia rogándole que se viniese y no quiso y que lo debió de hacer por tener allí mujer e hijos y la cara y manos pintadas y las orejas y narices horadadas como los indios Cortes y los demás dieron gracias a Dios por haberles deparado tan buena lengua y tuvieron por milagro haber hecho agua aquella nao para que tornasen a la isla y reparada la nao haber sobrevenido tiempo contrario por que no pudiesen salir hasta que Aguilar vino a ellos.

Otro día después que Aguilar vino tornó Cortes a hablar a los de Acuçamil para se informar mejor de las cosas de aquella isla y para confirmarlos en la veneración de la cruz y apartarlos de la idolatría y sobre esto les dijo lo que le parecía que convenía /300/ para aquel efecto pues se les podía dar bien a entender teniendo para ello tan buen intérprete y con lo que les dijo holgaron de que se acabasen de derribar sus ídolos y ellos ayudaron a ello y en breve no dejaron ídolo sano y en cada capilla y altar ponían una cruz o la imagen de nuestra Señora a quien los isleños adoraron con gran devoción, y tanta devoción tomaron con la imagen de nuestra Señora que después salían con ella a los navíos que tocaban en la isla diciendo Cortes, Cortes, y cantando Santa Maria, Santa Maria, y al tiempo que se fue la flota pidieron a Cortes que les dejase quien les enseñase cómo habían de creer y servir a Dios y porque iban con él pocos clérigos y frailes no les dejó lo que pedían.

En esta isla dice Juan Cano que dieron a Cortes seis indias esclavas que la una de ellas había estado en Mexico y sabía su lengua y se entendían muy bien ella y Aguilar de que recibió Cortes gran contento aunque Gomara lo cuenta de otra manera como adelante se dirá a esta india pusieron nombre Marina y en ella hubo Hernando Cortes un hijo que se llamó don Martin Cortes a quien el emperador dio el hábito de /300 v./ Santiago y Cortes casó a Marina con Juan Xaramillo después de ganado Mexico y le dio la provincia de Xilotepec que es de lo mejor que hay en la Nueva España y en ella hubo Juan Xaramillo una hija que se llamó doña Maria que fue casada con don Luis de Quesada natural de Ubeda y muerta Marina casó Juan Xaramillo con doña Beatriz de Andrada y no tuvo hijos en ella y muerto Juan Xaramillo se partió la provincia de Xilotepec entre ella y doña Maria hija de Juan Xaramillo y de Marina y casó segunda vez doña Beatriz con don Francisco de Velasco comendador del hábito de Sanctiago hermano de don Luis de Velasco virrey de la Nueva España y murió sin dejar hijos y quedó con la encomienda de la mitad de Xilotepec doña Beatriz y la otra mitad tiene don Pedro de Quesada hijo de don Luis de Quesada y de doña Maria hija de Juan Xaramillo y de Marina su primera mujer y está casado con hija del doctor Vasco de Puga natural de Galizia oidor que fue de la Audiencia Real que reside en Mexico y dicen que valen los tributos a cada una de las partes más de doce mil pesos.

# CAPÍTULO QUINTO

/301/ En que se prosigue el viaje que Hernando Cortes hizo desde la isla Acuçamil y lo que fue descubriendo y conquistando.

En Acuçamil proveyó Cortes su flota de bastimentos y quedaron los naturales de aquella isla por muy amigos de los españoles y de allí fue a Yucatan sin apartarse mucho de tierra por buscar el navío que le faltaba y cuando llegó a la Punta de las Mujeres le calmó el tiempo y estuvo ahí aguardando viento dos días y de allí se partió con buen tiempo y hallaron el navío que les faltaba y a toda la gente de él salva y buena en una isleta y Cortes y todos recibieron gran contento y entre tanto que este navío estuvo en aquella isleta aguardando la flota porque era por allí su derrota dice Gomara que los proveyó una lebrela que hallaron en aquella costa y que cuando vio el navío ladraba y escarbaba y hacia él y salidos en tierra se vino para ellos halagándolos con la cola y saltando de uno en otro y que luego se fue al monte y que desde poco volvió cargada de liebres y conejos y que otro día adelante hizo lo mismo y así conocieron que había mucha caza /301 v./ por aquella tierra y se iban tras la lebrela con sus ballestas y se dieron tan buena maña en cazar que se mantuvieron los días que allí estuvieron de carne fresca y abastecieron el navío de cecina de venados, y de conejos, y liebres, para muchos días y véase lo que dice Plinio al fin del capítulo dieciséis del libro octavo de un león que hizo lo mismo que esta perra / de ahí se partió la flota y todos muy alegres por haber hallado el navío y fueron al río de Grijalva que en aquella lengua se dice Tabasco y a la boca de él surgieron y luego acudieron muchos indios a ver los navíos y gente que en ellos iba y algunos con armas y plumajes y parecía desde la mar gente lucida, a Cortes pareció bien la manera de aquella gente y el asiento de la tierra y dejando buena guarda en los navíos grandes porque no podían entrar en el río metió la demás gente en los bergantines y en los bateles que venían por popa de las naos y ciertas piezas de

454

artillería y entróse con ellos el río arriba contra la corriente aunque era muy grande y a media legua vieron un gran pueblo con las casas de adobes /302/ y cubiertas con paja y cercado de madera y de una pared gruesa y almenada y sus troneras para flechar y tirar piedras y varas y antes que llegasen al pueblo salieron a ellos muchos barquillos llenos de gente armada mostrándose muy fiera y ganosa de pelear adelantóse Cortes haciendo señas de paz y les habló con Geronimo de Aguilar y les dijo que no venían a hacerles mal sino a tomar agua dulce y a comprar comida porque tenían necesidad de ella y que se la pagarían muy a su contento los indios dijeron que lo irían a decir al pueblo y les traerían comida y así fueron y tornaron luego y les trajeron en cinco o seis barquillos pan, y fruta, y ocho gallipavos y no quisieron paga, Cortes les dijo que era poco para la necesidad grande que traían y para tanta gente como venía en aquellos navíos y que les rogaba mucho les trajesen harto o les dejasen entrar al pueblo a abastecerse los indios pidieron aquella noche de término y con esto se fueron al pueblo y Cortes a una isleta que se hace en el río y cada uno /302 v./ de ellos pensó engañar al otro porque los indios tomaron aquel término para alzar su ropa y sus mujeres e hijos en el monte y así lo hicieron y llamaron gente para la defensa del pueblo y Cortes mandó salir a la isleta los escopeteros y ballesteros y otros muchos españoles y envió el río arriba a buscar vado y todo se hizo sin que los unos surtiesen a los otros y a menos de media legua hallaron por donde poder pasar aunque hasta la cinta y había tanta espesura de montes por ambas riberas que pudieron llegar hasta el pueblo sin ser sentidos y tornaron a dar la razón de ello a Cortes y envió dos capitanes con cada uno con cincuenta españoles a meterse en aquellos montes que estaban entre el río y el pueblo para que los indios viesen que no había más gente en la isleta que el día antes y para que en oyendo la señal que concertó diesen en el pueblo por la otra parte de tierra y en siendo de día vinieron ocho barcas de indios armados más que primero y trajeron poca comida y dijeron que /303/ no habían podido haber más porque los del pueblo se habían huido de miedo de ellos y de sus navíos que les rogaban tomasen aquello y se tornasen a la mar y no alborotasen ni desasosegasen la gente de la tierra a esto les dijo la lengua que era inhumanidad dejarlos perecer de hambre y que si le oyesen les diría la razón por que habían venido allí y verían cuánto bien y provecho se le seguiría de ello a esto respondieron que no querían consejo de gente que no conocían ni acogerlos en sus casas porque les parecían hombres soberbios y mandones y que si querían agua que la tomasen del río o hiciesen pozos en tierra que así le hacían ellos cuando la habían menester Cortes les mandó decir que en ninguna manera podía dejar de entrar en el pueblo y ver aquella tierra para dar razón de ella al mayor señor del mundo que allí lo enviaba y que lo tuviesen por bien pues él lo deseaba hacer en paz y si no que se encomendaría a Dios y a sus manos y a las de sus compañeros los indios dijeron que se fuesen y no curasen de bravocear en tierra ajena porque en ninguna manera les consentirían /303 v./ salir a ella ni entrar en su pueblo y que si luego no se iban de allí los matarían a todos / Cortes les tornó a requerir con la paz prometiéndoles buen tratamiento y que les daría noticia de cosas tan provechosas para sus cuerpos y ánimas que se tendrían por bien aventurados después de sabidas y que si todavía porfiasen en no lo acoger ni admitir que los apercibía para la tarde antes del sol puesto porque pensaba con ayuda de su Dios dormir aquella noche en el pueblo a pesar y daño suyo pues rehusaban la paz y su conversación de esto rieron mucho los indios y mofándose fueron al pueblo *a contar las soberbias* y locuras que habían oído.

Idos los indios comieron los españoles y se armaron y se metieron en las barcas y bergantines y allí aguardaron a ver si los indios tornaban con respuesta y visto que tardaban y que era ya tarde avisó Cortes a los que estaban en la celada y embrazó su rodela y llamó a Dios y a Santiago y a San Pedro su abogado y con los españoles que allí estaban que serían doscientos dio en el pueblo /304/ y en llegando a la cerca que tocaba en el agua saltaron a ella todos y les daba hasta el muslo y soltaron los tiros de los bergantines y comenzaron a combatir la cerca y baluartes y a pelear con los indios que había rato que les tiraban saetas y varas y piedras con hondas y a mano y peleaban reciamente desde las almenas a lanzadas y flechando muy a menudo por las saeteras y traviesas del muro e hirieron veinte españoles y aunque el trueno y el fuego y humo de los tiros los espantó y de temor cayeron en tierra embarazados en ver y oír cosa tan temerosa y nunca por ellos vista no desampararon la cerca ni su defensa y resistían muy bien la fuerza y golpes de sus contrarios y no los dejaran entrar si no fueran salteados por las espaldas por los que estaban en la emboscada / en oyendo la artillería que era la señal para acometer ellos por su parte dieron en el pueblo y como toda la gente estaba peleando con los que tenían delante, halláronlo solo y sin resistencia y entraron con grandes voces hiriendo los que topaban los del pueblo conocieron su descuido y quisieron socorrer aquel peligro y aflojaron por /304 v./ donde estaba Cortes peleando y con esto pudo entrar por allí él y los demás sin peligro ni contradicción y unos por su parte y otros por otra llegaron a un tiempo a la plaza yendo siempre peleando con los indios y fueron muchos muertos y algunos presos y los demás se fueron huyendo al monte que estaba cerca donde estaban las mujeres / en las casas hallaron maíz, y gallipavos, y algunas cosas de algodón y poca muestra de oro los que quedaron para defender el pueblo eran cuatrocientos hombres de guerra y otros tantos y aun más fueron los españoles que pelearon con ellos con gran ventaja de armas defensivas y ofensivas y con tiros y arcabuces, y ballestas, y si no fuera por la gente que dio en ellos por las espaldas no les entraran en el pueblo porque peleaban muy valerosamente y morían con grande ánimo en defensa de su patria y de sus personas y de sus mujeres e hijos y de su hacienda que les acrecentaba el ánimo y el coraje aunque tenían pocas y ruines armas y por estar casi desnudos fue grande la mortandad que en ellos se hizo / los heridos y muertos fueron muchos y pocos los que quedaron presos / Cortes /305/ se aposentó en el templo de los ídolos con los españoles y hubo aposento para todos porque había en él muy buenas y grandes salas durmieron aquella noche con buena guarda como en casa de enemigos de esta manera se tomó aquel pueblo llamado Potoncham y fue la primera ciudad que Hernando Cortes ganó por fuerza en aquella jornada y conquista.

# CAPÍTULO SEXTO

En que se trata lo que sucedió otro día después de ganado Potoncham.

Otro día de mañana mandó traer Cortes ante sí los indios heridos y presos y mandóles decir que fuesen donde estaba el señor y los demás vecinos del pueblo y que de su parte le dijesen que del daño que habían recibido ellos tenían la culpa y no él ni sus compañeros pues les habían rogado muchas veces con la paz y que se podían volver a sus casas seguramente que él les prometía por su Dios que no se les haría mal alguno ni se les daría enojo sino buen tratamiento y todo placer y contento y que si no confiaban de su palabra y fe les daría rehenes /305 v./ porque deseaba hablarles y conocerlos e informarse de ellos de algunas cosas que le cumplía saber y darles noticia de otras con que recibirían contento y gran provecho y si no querían venir que los iría a buscar y a procurar bastimentos por sus dineros y con esto los despidió los envió muy contentos y libres y dijeron a los otros sus vecinos lo que les fue mandado pero ninguno volvió con respuesta antes se juntaron para dar en los nuestros de sobresalto creyendo tomarlos descuidados y encerrados donde les pudiesen pegar fuego, despedidos los indios como dicho es envió Cortes ciertos españoles por tres caminos y todos iban a dar según después pareció a las labranzas del pueblo y fueron a dar con gran cantidad de indios que estaban juntos y escaramuzaron con ellos y trajeron algunos presos al capitán y ellos le dijeron cómo todos los de aquella tierra se andaban juntando para pelear con todo su poder y fuerzas con aquellos pocos hombres forasteros y matarlos y comérselos como a enemigos salteadores /306/ y que si por su mala dicha fuesen vencidos tenían concertado de servirlos de allí adelante como esclavos a señores / Cortes los envió libres como a los otros y a decir a la junta y capitanes que no se pusiesen en aquello que era locura pensar vencer y matar aquellos pocos hombres que allí estaban y que si no peleaban y dejaban las armas les prometía tratarlos como a hermanos y buenos amigos y si perseverasen en les dar guerra los castigaría de manera que adelante no se atreviesen a tomar armas para semejante gente que él y sus compañeros idos los indios con esta embajada vinieron otro día veinte personas de autoridad y principales entre los suyos tocaron la tierra con los dedos y alzáronlos al cielo que es la salva y cortesía que acostumbran hacer y dijeron a Cortes que el señor de aquel pueblo y otros señores vecinos y amigos suyos le enviaban a rogar que no quemase el pueblo y que le traerían mantenimientos / Cortes les dijo que no eran hombres él ni sus compañeros que se enojaban con las paredes ni aun con otros hombres sino con muy grande y justa razón dándoseles /306 v./ causa para ello ni eran allí venidos para hacer mal sino para hacer bien y que si viniese su señor conocería le decía verdad en todo aquello y en breve él y todos ellos sabrían grandes misterios y secretos de cosas jamás llegadas a su noticia con que holgarían mucho y con esto se volvieron aquellos embajadores y dijeron que tornarían con la respuesta y otro día trajeron alguna comida y se excusaron porque no traían más a causa de estar la gente derramada y metida en los montes de temor y no quisieron paga y dijeron que su señor se había ido de miedo y de vergüenza a un lugar fuerte lejos de allí y que ninguna manera vendría él sino que enviaría personas de crédito y de confianza con quien podría comunicar lo que quisiese y que él enviase a buscar y comprar comida, Cortes holgó mucho con esta respuesta por tener ocasión para entrar por la tierra y saber el secreto de ella despidió los mensajeros y díjoles que otro día iría con su gente por bastimentos para su ejército y que dijesen a sus naturales que tuviesen proveída comida pues habían de ser bien pagados /307/ lo uno y lo otro era cautela porque Cortes más lo hacía por descubrir oro y los indios andaban contemporizando hasta haberse juntado todos con muchas armas.

Otro día por la mañana ordenó Cortes tres compañías cada una de ochenta españoles y por capitán a Pedro de Alvarado, y Alonso de Avila, y a Gonçalo de Sandoval, y algunos indios de Cuba para servicio y para carga si hallasen maíz o aves que traer y enviólos por diferentes caminos y mandóles que ninguna cosa tomasen por fuerza ni sin paga y que no se alejasen más que hasta dos leguas por que con tiempo pudiesen tornar a dormir al pueblo y él se quedó con los demás españoles en guarda del pueblo y de la artillería / el uno de los capitanes acertó a ir con su gente a una aldea donde estaban infinitos indios con armas guardando sus maizales rogóles que le diesen o trocasen a cosas de rescate de aquel maíz ellos dijeron que no querían que para sí lo habían menester y sobre esto los unos y los otros pusieron mano en las armas y se comenzó una brava cuestión y como los indios eran muchos más que los españoles y descargaban en ellos /307 v./ innumerables saetas y los herían malamente retrajéronse a una casa donde se defendieron muy bien aunque con manifiesto temor y peligro de fuego y sin duda allí pereciaran todos si los otros caminos por donde fueron las otras dos compañías no respondieran aquellas labranzas y plugo a Dios que llegaron casi a una los dos capitanes a la misma aldea y al mayor hervor y grita que los indios tenían en combatir la casa donde estaban cercados los ochenta españoles y con su venida dejaron los indios el combate y se remolinaron a una parte y los cercados salieron y se juntaron con los otros españoles y se fueron hacia el pueblo escaramuzando con los indios que los iban todavía flechando Cortes iba ya con cien españoles y con la artillería a socorrerlos porque dos indios de Cuba habían ido a decirle el peligro en que quedaban aquellos ochenta españoles y topólos una milla del pueblo y porque aún venían los indios haciendo daño en los postreros les hizo tirar dos falconetes y con esto no osaron pasar de allí y él se torno con todos los suyos al pueblo murieron en este día algunos indios y fueron malamente heridos muchos españoles.

# CAPÍTULO SÉPTIMO

/308/ En que se trata lo que Cortes hizo y ordenó aquella noche y la batalla que tuvo otro día con los indios y del milagro que en ella se vio estando a punto de ser vencidos.

Aquella noche hizo Cortes llevar los heridos a las naos y la ropa en barcas e hizo salir a tierra los que guardaban la flota y trece caballos y antes que fuese de día estaba todo hecho y cuando salió el sol había oído misa y tenía en el campo consigo quinientos españoles y trece caballos y seis tiros de fuego, ordenó la gente y puso en concierto la artillería y caminó hacia Cintla que así se llamaba el pueblo donde el día antes fue la cuestión que se ha dicho en el capítulo precedente creyendo hallar ahí los indios y cuando los nuestros llegaron a ellos comenzaban a entrar en camino muy en orden y venían en cinco escuadrones cada uno de ocho mil indios y donde se toparon eran barbechos y entre muchas acequias y ríos hondos y malos de pasar y Hernando Cortes fue con los de a caballo a buscar paso sobre la mano izquierda y a se encubrir con unos árboles y dar por allí como de emboscada por /308 v./ las espaldas o lado en los indios los de pie siguieron su camino derecho pasando muchas acequias y escudándose por las flechas que los contrarios les tiraban y dieron en unas rozas labradas y de mucha agua donde los llegaban a flechar los indios porque como sabían los pasos estaban diestros y sueltos en saltar las acequias y les tiraban varas y piedras con hondas y aunque los nuestros mataban algunos de ellos con las ballestas y escopetas y con la artillería cuando podía jugar no los podían desechar de sobre sí porque tenían amparo en los árboles y vallados y si de industria los de Potoncham esperaron en aquel mal lugar como es de creer no fueron poco entendidos en guerra.

Salidos los españoles de aquel paso entraron en otro mejor porque era algo espacioso y llano y con menos ríos y se aprovecharon más de los tiros que daban siempre en lleno y de las espadas que

461

llegaban a pelear cuerpo a cuerpo pero como eran sin número los indios cargaron tantos sobre los nuestros que los remolinaron en tan poco espacio de /309/ tierra que les fue necesario pelear vueltas las espaldas los unos a los otros y estaban en gran aprieto y peligro porque no tenían lugar de tirar la artillería ni gente de caballo y estando en esto apareció un caballero en un caballo y arremetió a los indios e hízolos retirar algún tanto y entonces los españoles pensando que era Cortes arremetieron a los indios y mataron algunos de ellos y desapareció el de caballo y con su ausencia volvieron los indios sobre los españoles y pusiéronlos en el estrecho que antes estaban tornó el de caballo y corrió a los indios e hizo dar lugar a los nuestros y fueron con ímpetu a los indios y mataron e hirieron muchos de ellos y al mejor tiempo los dejó el de caballo y tornaron los indios sobre los cristianos con gentil denuedo y tratáronlos peor que antes tornó el de caballo tercera vez e hizo huir los indios y los peones arremetieron hiriendo y matando y a esta sazón llegó Cortes con los de caballo cansados de rodear y pasar arroyos y montes dijéronle lo que habían visto hacer a uno de caballo y preguntáronle si era de su compañía y como dijo que no /309 v./ porque ninguno de ellos pudo venir antes creyeron que era el apóstol Sanctiago patrón de España entonces dijo Cortes adelante compañeros que Dios es con nosotros y el glorioso San Pedro de quien él era muy devoto y diciendo esto arremetió a más correr con los de a caballo por medio de los enemigos y echólos fuera de las acequias en parte donde muy a su contento los podían alancear y desbaratados dejaron el campo raso y se metieron por los bosques sin parar uno con otro acudieron los de pie y siguieron el alcance y mataron más de trescientos indios sin otros muchos que quedaron heridos con las ballestas y escopetas y quedaron heridos setenta españoles de flechas y de pedradas.

Con el trabajo de la batalla o por el grande y excesivo calor que ahí hace, o por las aguas que bebieron por los arroyos y balsas les dio un dolor de lomos que cayeron más de ciento en tierra y fue menester llevarlos a cuestas al pueblo pero quiso Dios que se les quitó aquella noche y amanecieron todos buenos y dieron no pocas gracias a Dios los unos y los otros cuando se vieron libres de las flechas y de tan gran muchedumbre de indios de quien nuestro Señor milagrosamente /310/ los quiso librar y todos dijeron que vieron por tres veces al del caballo pelear en su favor con los indios y que era Santiago nuestro patrón Hernando Cortes más quería que fuese San Pedro su especial devoto y abogado pero cualquiera de ellos que fuese tuvo por milagro como de veras que lo fue porque también lo vieron los indios y notaron el estrago que hacía en ellos cada vez que arremetía a su escuadrón y que les parecía que los cegaba y entorpecía y esto se supo de los que prendieron.

# CAPÍTULO OCTAVO

En que se dice cómo Cortes envió a llamar al señor de aquella tierra llamado Tabasco y cómo vino y se dio por amigo de los cristianos y le hizo Cortes ciertas preguntas y quebraron sus ídolos y adoraron la cruz.

Cortes soltó algunos de los presos y con ellos envió a decir al señor y a los demás que le pesaba del daño que se había hecho por ambas partes por la dureza y culpa de ellos y que Dios era buen testigo del comedimiento que había usado con ellos y que sin embargo de esto él les perdonaba su error si venían dentro /310 v./ de dos días a dar su descargo y satisfacción de su malicia y a tratar con él paz y amistad y los otros misterios que le quería declarar con apercibimiento que les hacía que si dentro de los dos días no viniesen entraría por la tierra adentro destruyéndola y quemándola y que mataría cuantos topase chicos y grandes armados o sin armas y con este mensaje los envió y él se fue al pueblo con todos los demás a descansar y curar los heridos / los mensajeros hicieron bien su oficio y otro día vinieron más de cincuenta indios principales a pedir perdón de lo pasado y licencia para enterrar los muertos y para que pudiesen venir los señores y personas principales del pueblo seguramente Cortes les concedió lo que pedían y les dijo que no lo engañasen ni hiciesen otra junta porque sería para mayor mal suyo y de toda la tierra y que si el señor del pueblo y los otros sus amigos y vecinos no viniesen en persona que no los oiría más y con esta rigurosa respuesta se fueron y por se hallar de pocas fuerzas y con armas desiguales para resistir aquellos pocos españoles que tenían por invencibles acordaron los señores y los demás principales de ir /311/ a ver y hablar aquella gente y a su capitán y pasado el término que llevaron vino a Cortes el señor del pueblo y otros cuatro o cinco sus comarcanos con buena compañía de indios y trajeron pan, gallipavos, frutas y otras cosas de comer para el real y hasta cuatrocientos pesos de oro en joyuelas y ciertas piedras turquesas de poco valor y veinte mujeres esclavas para que les hiciesen pan y guisasen de comer / pidieron perdón de lo pasado y rogaron que los recibiesen por amigos y ofreciéronle la tierra y sus haciendas y personas Cortes los recibió muy bien y les dio cosas de rescate con que mostraron holgarse mucho y repartió las veinte esclavas entre los españoles por camaradas / los caballos y yeguas estaban atados en el patio del templo y relinchaban y preguntaron los indios qué decían respondiéronles que reñían porque no los castigaban por haber peleado ellos entonces dábanles rosas, y gallipavos que comiesen rogándoles que los perdonasen y visto que los nuestros no les hacían mal trajeron al pueblo sus mujeres e hijos que fue gran número. Cortes trató con Tabasco /311 v./ mediante la lengua cinco cosas / la primera si había minas en aquella tierra de oro o de plata y de dónde tenían aquello que habían traído / la segunda que fue la causa por que le negaron su amistad y no al otro capitán que vino allí el año pasado con armada, la tercera por qué razón siendo tantos huían de él y de sus compañeros que eran pocos, la cuarta fue darles a entender la grandeza y poder del emperador y rey de Castilla, la quinta fue una plática que les hizo declarándoles la fe y ley de los cristianos / a lo del oro y riquezas de la tierra respondió Tabasco que ellos no curaban de vivir ricos sino contentos y que no sabía qué cosa eran minas y el oro que tenían lo hallaban acaso y que era poco pero que la tierra adentro hacia donde el sol se cubría se hallaba mucho oro y se daban más a ello que él y los suyos y que al capitán pasado como traía pocos navíos y poca gente y eran los primeros que habían visto de aquel talle les habló y les preguntó qué querían y le dijeron que trocar oro y no otra cosa y que así lo hizo y que ahora viendo más navíos y mayores pensó que tornaban a tomar /312/ lo que les quedaba y porque estaba afrentado de que de esta manera le hubiesen burlado lo que no habían hecho a esos otros señores menores que él. Y que ellos se tenían por esforzados y valientes para con los de su tierra y que nadie les llevaba por fuerza la ropa ni las mujeres ni los hijos para los sacrificar y que se había hallado engañado en su corazón después que se había probado con ellos pues ninguno pudieron matar y que los cegaba el resplandor de las espadas y que su golpe y herida era grande y mortal y sin cura que los asombraba el estruendo y fuego de la artillería más que los truenos y relámpagos y más que los rayos del cielo por el destrozo y muertes que hacía donde daba y que los caballos pusieron grande admiración y miedo así con la boca que parecía los iban a tragar como con la presteza con que los alcanzaban siendo ellos ligeros y corredores y que como era animal que nunca habían visto les había puesto gran temor el primero que con ellos peleó aunque no era más que uno y como después acudieron muchos no pudieron sufrir el espanto ni la fuerza y furia de su correr y pensaron que el hombre y el caballo era todo uno.

/312 v./ Habiendo oído Cortes lo que Tavasco dijo y visto que aquella tierra no era para españoles no habiendo en ella oro ni plata ni otra riqueza no cumplía parar allí y habiendo notado las nuevas que le dio de la tierra adentro propuso pasar adelante para descubrir aquella tierra hacia poniente que tenía oro y primero dijo a Tavasco y a los que con él habían venido cómo el señor en cuyo nombre venían él y sus compañeros era rey de España emperador de cristianos y el mayor príncipe del mundo a quien muchos reyes y provincias obedecían cuyo mando y justicia era de Dios justo, y santo, pacífico, y suave y a quien pertenecía la monarquía del universo por lo cual ellos se debían dar por sus vasallos y que haciéndolo así se les seguiría muchos y muy grandes provechos de leyes y pulicía y costumbres, y declaróles la ceguedad que tenían en adorar muchos dioses y en les hacer sacrificios de sangre humana y en pensar que aquellas estatuas les hacían bien o mal, siendo mudas y hechura de sus manos, dioles a entender que había un solo Dios creador del cielo y de la tierra, y de los hombres que adoraban /313/ y servían los cristianos y que todos lo debían adorar y servir y tanto les dijo que quebraron sus ídolos y recibieron la cruz habiéndoles primero declarado los grandes misterios que en ella hizo y pasó el hijo del mismo Dios y así con gran devoción y concurso de indios y con muchas lágrimas de todos se puso una cruz en el templo mayor de Potoncham y de rodillas la besaron y adoraron los nuestros primero y tras ellos los indios y con esto los despidió y se fueron todos a comer. Rogóles Cortes que viniesen de allí a dos días que era domingo de ramos a ver la fiesta y vinieron ellos y los comarcanos en tanta multitud que puso admiración dónde tan presto se pudo juntar tantos millares de hombres y mujeres y todos juntos dieron la obediencia al rey de Castilla y se ofrecieron por sus vasallos en manos de Hernando Cortes y se declararon por amigos de españoles y éstos fueron los primeros vasallos que el emperador tuvo en la Nueva España luego mandó Cortes cortar muchos ramos y ponerlos en un rimero como en mesa en el campo por la mucha gente que había /313 v./ y mandó decir los divinos oficios con los mejores ornamentos que tenían y se hallaron los indios presentes y estuvieron muy atentos a las ceremonias y pompa con que se anduvo la procesión y se celebró la misa y fiesta con que los indios quedaron muy contentos y los nuestros se embarcaron con los ramos en las manos.

No menor alabanza mereció en esto Cortes que en la victoria porque en todo se hubo cuerda y esforzadamente dejó aquellos indios por muy sus amigos no tomó esclavos ni saqueó, ni rescató aunque estuvo allí más de veinte días al pueblo llaman los vecinos Potoncham que quiere decir lugar que hiede y los nuestros la victoria el señor se decía Tavasco y por éste pusieron los primeros españoles al río el río de Tavasco y Juan de Grijalva le nombró de su nombre y así se nombra y llama todavía es gran pueblo son las casas grandes y buenas de ladrillo y cal o de piedra y cal otras hay de adobes y palos y la cubierta de todas es de paja viven en altos por la niebla y humedad del río y por el fuego están apartadas las casas una de otra tiene fuera del pueblo mejores edificios que /314/ los que en él hay para su recreación / de Potoncham fue Cortes al río que los españoles llaman de Alvarado porque el primero que entró en él fue el capitán Alvarado y los indios lo llaman Papaloapan y porque de este río y de otros que entran en él tratamos en la primera parte no se refiere aquí pues se podrá ver allí y por lo que de él asimismo escribe Gomara en la segunda parte de su *Historia*.

# CAPÍTULO NUEVE

En que se trata cómo Hernando Cortes fue con su flota y gente al puerto que ahora llaman de Sanct Juan de Culua y de lo que allí hizo y ordenó y cómo hizo a le ver el gobernador de aquella tierra y cómo se supo que Marina sabía su lengua, y cómo Teudilli avisó a Moctençuma de su venida.

Domingo de Ramos como se ha dicho que se embarcó Cortes y toda su gente en Potoncham y se hicieron a la vela y navegaron hacia poniente no se apartando mucho de tierra por ver si se podía hallar algún puerto para poder surgir y en esto anduvieron hasta el jueves santo que llegaron a la parte que ahora llaman Sanct Juan de Olua corrompiendo el vocablo porque la gente de allí habló con Juan de Grijalva eran de Culua de Moctençuma y así le llamaron Sanct Juan de Culua y ahora como dicho es lo llaman Sanct Juan de Olua allí paró y luego /314 v./ vinieron dos ACALLES que comúnmente llaman los españoles canoas y llegadas a los navíos como vieron las banderas y estandarte de la nao capitana se fueron a ella y preguntaron por el capitán y siéndoles mostrado le hicieron el acatamiento a su usanza y le dijeron que Teudilli gobernador de aquella provincia enviaba a saber qué gente era la que venía en aquellos navíos y de dónde, y qué buscaban Cortes los hizo entrar en su navío y les agradeció su trabajo y venida dioles colación y aunque les supo bien el vino no se osaron desmandar en el comer ni en beber sospechando no se les diese algo en ello que les hiciese mal y díjoles que otro día saldrían en tierra a ver y hablar al gobernador y le envió a rogar no se alborotase con su salida porque no pretendía hacer daño a nadie en aquella tierra sino provecho y con esto los despidió y les dio algunas cosas de rescate y pidieron del vino y de las conservas para el gobernador otro día salió Cortes y su gente en tierra e hizo sacar la artillería y caballos y la gente de servicio que eran doscientos indios de Cuba y asentó su real donde mejor le pareció en aquel arenal y lo fortificó y como hay por allí muchos árboles hicieron presto los indios las chozas

468

que fueron /315/ menester para todos y de algunos pueblos que por allí había vinieron muchos indios al real y trajeron oro para rescatar y viandas guisadas a su modo Cortes les mandó dar por ello cuentas de vidrio, espejos, tijeras, cuchillos, alfileres, y otras cosillas con que fueron muy contentos y lo mostraron a sus vecinos y otro día volvieron ellos y otros muchos cargados de joyas de oro y de gallipavos, y de pan y de fruta, y comida guisada con que abastecieron el real y llevaron por todo ello algunas cosas de rescate y con ello fueron tan contentos que creían haber engañado a los españoles.

Como vio Cortes la mucha cantidad de oro que aquella gente traía y trocaba por cosas de poco valor mandó pregonar que ninguno tomase oro so graves penas y que todos hiciesen que no lo conocían o que no lo querían por que no pareciese que su venida era a sólo aquello y por codicia del oro porque querían con aquella disimulación entender qué era aquella gran muestra de oro y si lo traían aquellos indios para ver si su venida era en busca de ello.

Domingo de pascua por la mañana vino Teudilli al real de un pueblo donde residía llamado Cotosta y está ocho leguas de allí y trajo consigo más de cuatro mil hombres sin armas y algunos muy bien vestidos con ropas de algodón /315 v./ muy ricas y los demás casi desnudos cargados de comida en gran abundancia hizo su acatamiento a Cortes como ellos usan y presentóle lo que traía para comida y diole ciertas joyas de oro ricas y bien labradas y otras cosas de pluma de gran artificio y muy extraño Cortes lo abrazó y lo recibió muy bien y alegremente y habló y saludó a los demás y dio al gobernador un sayo de seda y una medalla y collar de vidrio y muchos sartales de cuentas y espejos, tijeras, agujetas, ceñidores camisas, tocadores, y otras cosas de cuero y de lana y de hierro que son entre nosotros de poco valor y ellos lo estiman mucho.

Geronimo de Aguilar no entendía la lengua de Teudilli y todo lo que se hacía y trataba entre él y Cortes era por señas de que estaba Cortes con gran pena y cuidado porque por falta de lengua no podía entender aquel gobernador ni informarse de aquella tierra y en esto le dijeron cómo una de las veinte mujeres que le dieron en Potoncham hablaba con la gente del gobernador y los entendía muy bien porque era de su propia lengua Cortes la apartó con Aguilar y le prometió libertad si le trataba verdad entre él y aquellos de su tierra y le preguntó quién era y de dónde ella dijo que era

469

de hacia Xalisco de un pueblo llamado Viluta /316/ hija de padres ricos parientes del señor de aquella tierra y que siendo muchacha la habían hurtado unos mercaderes y traídola a vender a la sierra de Xicalanco y de allí vino a poder del señor de Potoncham y después de cristiana se llamó Marina y ella y sus compañeras fueron las primeras cristianas de la Nueva España y ella y Aguilar fueron los intérpretes entre los nuestros y los de aquella tierra / Cortes oyó misa en el campo y puso junto a sí a Teudilli y después comieron juntos y habiendo comido dijo Cortes a Teudilli delante de muchos españoles e indios mediante las dichas lenguas Aguilar y Marina cómo era vasallo de don Carlos de Austria emperador de cristianos rey de España y de la mayor parte del mundo a quien muchos y muy grandes reyes y señores obedecían y los demás príncipes holgaban de ser sus amigos por su bondad y poder y que teniendo noticia de aquella tierra y del señor de ella lo enviaba a visitarle de su parte y decirle algunas cosas en secreto que traía por escrito y que holgaría de saberlas por tanto que le rogaba lo hiciese saber luego a su señor para ver dónde mandaba oír la embajada / respondió /316 v./ Teudilli que él holgaba de oír la grandeza y bondad de aquel señor emperador pero que le hacía saber que su señor Moçteçuma no era menor rey ni menos bueno y que se maravillaba que hubiese otro tan gran príncipe en el mundo como él. Y que él se lo haría saber para ver lo que mandaba hacer del embajador y de la embajada y que él confiaba en la clemencia de su señor que no sólo holgaría con aquellas nuevas sino que también haría mercedes al que las traía.

Acabadas estas pláticas hizo Cortes que los españoles saliesen con sus armas en ordenanza al paso y son del pífano y atambor y que escaramuzasen y corriesen los de caballo y se tirase la artillería todo a fin de que el gobernador lo dijese a su rey. Los indios notaron muy bien el traje, gesto y barbas de los españoles, y se maravillaron de ver comer y correr los caballos y temían el resplandor de las espadas y cayeron en el suelo al estruendo que hizo la artillería y les pareció que se hundía el cielo a truenos y rayos / Pasado esto Teudilli envió a hacer saber a Moctençuma lo que había visto y oído y a le pedir oro para dar al capitán de aquella nueva gente y le /317/ envió pintada la hechura de los caballos en unas mantas de algodón y el caballo y el hombre encima y las armas y manera de ellas y de los tiros de fuego y cuántos eran y

470

cuántos los españoles todo muy al natural / y de los navíos antes de esto le había dado aviso luego como los vio y cuántos y qué tan grandes eran estas nuevas y pinturas llegaron a Mexico en un día y una noche aunque hay más de sesenta leguas de camino porque estaban puestos indios de trecho a trecho para postas y de mano en mano daban los unos a los otros las pinturas y mensaje que llevaban y se corre más de esta manera que con postas de caballo asimismo envió Teudilli a Moctençuma los vestidos y otras cosas que le dio Cortes y después las hallaron en su recámara.

Esta manera de correr hombres a pie la posta es más antigua y más segura que la que se corre a caballo / de esta manera de postas a pie se usó en Persia y llamaban a los que la corrían ANGAROS que quiere decir mensajeros reales que llevan cartas o mandados suyos y estaban puestos para ello en los caminos /317 v./ en ciertas partes y unos las daban a otros y así iban con grandísima presteza según lo refiere Suydas autor grave y Çelio Rodogino en el capítulo octavo libro dieciocho *Lectionum antiquarum*.

El correr la posta a caballo dice Budeo que es muy peligroso y que se llaman postas porque están puestos para aquel efecto en ciertos lugares, Pedro Bizarro al fin del libro diez de la *Historia de Genova* trata de algunas naciones que son muy ligeras y sueltas para caminar y correr la posta y Solino en el capítulo quinto y lo dijimos más largo en otra parte.

Despidióse Teudilli de Cortes y cerca del real hizo hacer más de mil chozas de rama donde dejó dos capitanes con dos mil indios hombres y mujeres para que sirviesen a Cortes y a sus compañeros y los proveían de comida en gran cantidad y las mujeres lo guisaban y hacían el pan de maíz que es menester hacerlo siempre a la hora que se ha de comer para que no se seque y los indios traían leña y agua y hierba para los caballos.

471

# CAPÍTULO DIEZ

En que se trata cómo Teudilli vino otra vez al real a dar /318/ la respuesta de la embajada que se envió a Mocteçuma y un rico presente que le envió y lo que entre ellos pasó y cómo Cortes envió a buscar puerto y entró la tierra adentro por verla.

Pasados siete u ocho días tornó Teudilli al real a dar a Cortes la respuesta que Moctençuma le enviaba de su embajada y un rico presente que le envió de muchas y diferentes ropas de algodón muy ricas y bien labradas así blancas como de color y muy hermosas plumas y penachos y algunas joyas hechas de oro y de pluma muy primamente labradas y cantidad de joyas y piezas de plata y de oro, y dos ruedas una de oro que pesaba cien marcos con la figura del sol y otra de plata de cincuenta y dos marcos con la figura de la luna muy ricamente labradas tenía cada rueda diez palmos de ancho y treinta de ruedo valía este presente más de veinte mil ducados y dice Juan Cano que Moctençuma envió decir a Cortes que holgaba de que lo fuese a ver y que le envió mucha gente para que fuese con él.

Gomara lo refiere de otra manera y conforma con lo que Cortes dice en la /318 v./ segunda epístola que escribió el emperador porque como fue su capellán tuvo todos sus papeles y se aprovechó de ellos en lo que escribió de esta conquista y dice que le envió a decir que holgaba mucho de saber y ser amigo de tan poderoso príncipe como decía que era el rey de España y que en su tiempo aportasen a su tierra gentes nuevas y extrañas para les hacer todo placer y honra y que le avisase lo que había menester el tiempo que allí pensaba estar y se lo mandaría proveer y si en su tierra había alguna cosa que le agradase para llevar aquel su gran emperador se la daría de muy buena voluntad y que hallaba ser imposible el verse y hablarle porque él estaba enfermo y no podría ir a la mar y que ir a donde él estaba era muy difícil y muy trabajoso así por las muchas y ásperas sierras que había en el camino como por los grandes y estériles despoblados que había donde se había de pasar hambre y sed y otras necesidades y que mucha parte de la tierra por donde había de pasar era de enemigos suyos gente cruel y mala y que lo mataría sabiendo que iba a le ver como amigo suyo.

/319/ Estos y otros inconvenientes dijo Teudilli a Cortes de parte de Moctençuma y suya para que no fuese a Mexico creyendo estorbarle el viaje pero cuanto más dificultades se le ponían más le crecía el deseo de ir a Mexico y ver aquel tan gran rey y señor de aquella tierra y descubrir por entero la riqueza de ella porque fuera muestra de falta de ánimo tornar atrás y no proseguir lo que con tanto valor había comenzado.

Recibido el presente que Teudilli le trajo le dio un vestido entero de su persona y muchas cosas de las mejores que llevaba para rescatar para que lo enviase a Moctençumaçin de cuya liberalidad y magnificencia tan grandes loores le decían y díjole que para ver un tan buen señor y tan poderoso era justo ir donde estaba cuanto más que le era forzado por hacer la embajada que llevaba del emperador que era el mayor rey del mundo y no haría lo que era obligado a su oficio y embajada si dejase la ida y caería en desgracia y odio de su rey y señor y que lo enviaba por tanto que le rogaba avisase de nuevo a Moctençuma de esta su determinación porque no serían parte los inconvenientes que le ponían ni otra cosa alguna para que /319 v./ dejase de lo ir a ver y darle su embajada y pues había venido a ello dos mil leguas por mar no había de dejar de ir sesenta por tierra y rogó a Teudilli que luego le enviase a decir esto y respondió que cada día le avisaba de lo que pasaba que no se congojase que presto vendría la resolución de lo que Moctençuma mandaba que se hiciese y que en el entretanto le proveerían muy abundantemente de comer y con esto se fue y estuvo diez días esperando la respuesta de Moctençuma / en este tiempo supo Cortes de ciertos indios que acudieron a ver el real naturales de Çempoallam que estaba una jornada de allí Cortes les dio algunas cosas y como no se trataban con los otros indios preguntó a Marina la causa de ello y le dijo cómo eran de un señor que era sujeto a Moctençuma en cierta manera y por fuerza con esta nueva recibió gran contento Cortes y apartó luego en su tienda tres o cuatro que le parecieron más entendidos y preguntóles con las lenguas qué señores había por aquella tierra ellos respondieron que toda era del gran señor Moctençuma aunque en cada provincia o ciudad había señor por sí /320/ pero que todos les servían y pechaban como vasallos y aun como esclavos y que muchos de ellos de poco tiempo a esta parte le reconocían por fuerza y le daban tributo aunque antes eran libres y no se lo daban como lo era el señor de Çempoallam cuyos vasallos eran ellos y otros sus comarcanos y que siempre andaban en guerras con él por librarse de su tiranía y no podían porque era su gente mucha y muy esforzada, Cortes fue muy alegre en hallar en aquella tierra unos señores diferentes de otros y con guerra para poder mejor efectuar su propósito agradeciéndoles la noticia que le habían dado del estado de la tierra ofrecióles su amistad y ayuda y rogóles que viniesen muchas veces al real y dioles algunas cosas de rescate para ellos y para su señor y con esto los despidió y rogóles diesen sus encomiendas a su señor y que le dijesen que presto lo iría a ver y servir.

Pasados diez días después que Teudilli se fue vino al real y trajo mucha ropa de algodón y algunas cosas de pluma bien hechas y lo dio a Cortes de parte de Moctençuma y le dijo que se fuese con su armada porque por entonces no podía /320 v./ verse con Moctençuma y que se le daría lo que quisiese y que siempre que por allí pasase harían lo mismo / Cortes le dijo que no se iría sin ver ni hablar a Moctençuma el gobernador replicó que no porfiase más en ello y con esto se despidió y aquella noche se fue con toda la gente de servicio que primero había dejado para proveer el real y como otro día vieron las chozas vacías Cortes con recelo que tuvo de guerra se apercibió para ello y como no vino gente y su intento era permanecer allí y conquistar aquella tierra pues había visto en ella grandes muestras de oro y de plata y de otras riquezas procuró ver si había puerto y anduvo más de una legua a la redonda y no lo halló por ser todo arenales que se mudan de una parte a otra con el tiempo y por ser tierra anegadiza y húmeda y de mala vivienda envió a Francisco de Montejo y con él al piloto Antonio de Alaminos en dos bergantines a que siguiese la costa hasta hallar algún puerto y buen asiento para poblar y corrió hasta Panuco sin hallar puerto si no fue un abrigo de un peñol que estaba salido a la mar y con esto se volvió a cabo de tres semanas aunque fue poco /321/ el camino por ser la mar muy mala y haber dado en unas corrientes tan recias que yendo a vela y remo los bergantines tornaban atrás y dijo cómo la gente de la costa les salía de paz pesó a

Cortes en ver que no se hallaba puerto y determinó irse al abrigo que Montejo decía por estar cerca de dos buenos ríos y de grandes montes para leña y madera y mucha piedra para edificar y la tierra llana para labranzas y de muchos pastos.

Ido Teudilli hizo meter en los navíos toda la ropa y con cuatrocientos hombres y con todos los caballos fue Cortes por tierra entre tanto que Montejo fue por la mar como dicho es y a tres leguas que anduvo halló un muy hermoso río aunque no hondo porque se pudo vadear a pie pasado el río halló un pueblo sin gente porque de miedo se había toda ido al monte y entró en una gran casa de adobes y maderos y los suelos sacados a mano un estado en alto y los tejados de paja y de hermosa y extraña madera por lo bajo tenía grandes y muchas piezas donde halló muchos cántaros de miel, y maíz, y frijoles, y otras semillas que los indios guardan para su comida de todo el año y halló ropa /321 v./ de algodón, y plumajes con oro y plata y lo mismo en otras casas y mandó pregonar so pena de muerte que nadie tocase en cosa alguna más que en los bastimentos por cobrar buena fama y gracia con los de la tierra y en un templo se hallaron algunos ídolos de bulto y papeles de los que ellos usaban ensangrentados y mucha sangre de hombres sacrificados y el tajón sobre que ponían los que habían de sacrificar y navajones de pedernal con que los abrían por los pechos y les sacaban el corazón en vida y lo arrojaban al cielo como ofrenda y con la sangre untaban los ídolos y aquellos papeles que ofrecían y quemaban. Grandísima compasión y espanto puso a todos aquella vista / de allí fueron a otros tres o cuatro pueblos pequeños y los hallaron desiertos y con bastimentos y sangre como el primero / de allí se tornó Cortes al real pasados diez días que en esto anduvo.

# CAPÍTULO ONCE

En que se trata cómo Cortes se desistió del cargo que llevaba y para ello nombró primero alcaldes y regidores y ellos lo tornaron a elegir por capitán y alcalde mayor y lo que allí hizo y ordenó y cómo fue a Çempoallam donde fue bien recibido.

/322/ Vuelto Cortes donde los navíos estaban con la gente que en ellos dejó habló a todos juntos y les dijo que ya veían cuánta merced Dios les había hecho en los haber traído con salud a tan buena tierra y tan rica según las muestras habían visto en tan breve tiempo y cuán abundante era de comida y poblada de gente más vestida y de más razón y de mejores edificios y labranzas que hasta entonces se habían visto en lo descubierto de Yndias y que se podía creer ser mucho más lo que no veían que lo que habían visto por que debían dar muchas gracias a Dios en entrar la tierra adentro a gozar las mercedes que el Señor les hacía y que para se hacer mejor les parecía poblar al presente allí o en el mejor sitio o puerto que se pudiese hallar y hacer sus fuertes y cerca para se defender de la gente de aquella tierra si fuese necesario y para desde allí poder con más facilidad tener amistad y contratación con los indios y pueblos comarcanos contrarios y enemigos de Moctençuma y de su gente y que asentando y poblando podrían descargar los navíos y enviarlos luego a las islas y a España por más gente /322 v./ y por armas y caballos y por vestidos y bastimentos y que además de esto era razón enviar a dar noticia al emperador y rey su señor de lo que pasaba con la muestra del oro y plata y cosas ricas que tenían y para que todo se hiciese con más autoridad y consejo él quería como su capitán nombrar alcaldes y regidores y los demás oficios necesarios para el regimiento y buena gobernación que habían de hacer hasta tanto que el emperador proveyese y mandase lo que más fuese servido.

Luego tomó la posesión de aquella tierra con lo que estaba por descubrir en nombre del emperador don Carlos rey de Castilla e hizo sobre ello las demás diligencias y autos necesarios y pidiólo por testimonio a un escribano real que estaba presente / todos dijeron que les parecía muy bien lo que había dicho y lo que quería hacer y que lo hiciese así pues ellos habían venido con él para le seguir y obedecer Cortes nombró alcaldes y regidores y los demás oficios necesarios en nombre del emperador su natural rey y señor y entregó las varas a los alcaldes y nombró la población la Villa de la Vera Cruz porque habían entrado en aquella tierra viernes de la cruz.

/323/ Tras esto hizo Cortes otro auto ante los alcaldes por ante el mismo escribano en que dejó y cedió en manos y poder de ellos como justicia real y ordinaria el mando y cargo de capitán y descubridor que le dieron los frailes jerónimos que estaban por gobernadores en la Ysla Española y que no quería usar del poder que tenía de Diego Velazquez teniente de gobernador en Cuba por el almirante para rescatar y descubrir y buscar a Juan de Grijalva porque ninguno de todos ellos tenía mando ni jurisdicción en aquella tierra que él y ellos habían descubierto y comenzado a poblar en nombre del rey de Castilla como sus naturales y leales vasallos y así lo pidió por testimonio y se lo dieron.

Los alcaldes y regidores se juntaron luego e hicieron cabildo y trataron algunas cosas que convenían al pro común y nombraron por capitán y justicia mayor al mismo Hernando Cortes y le dieron poder para lo tocante a la guerra y a la conquista entre tanto que el emperador mandase otra cosa otro día todos juntos fueron a Cortes y le dijeron lo que habían acordado y le rogaron que lo aceptase y que así se lo requerían porque /323 v./ tenían por cierto que nuestro Señor y el rey serían de ellos servidos y Cortes aceptó el cargo de capitán general y justicia mayor sin ser necesario importunárselo mucho porque esto era lo que él deseaba y dice Juan Cano que todo fue ordenado por el mismo Cortes.

Lo que Cortes hizo en dejar el cargo de justicia y desistirse del oficio de capitán general fue casi conforme a lo que dice Fulgoso en el capítulo siete libro tercero que desde a pocos días que fue electo Antigono por rey entendiendo que los pueblos estaban descontentos de ello en presencia de mucha gente dejó la diadema y cetro real y que confiado de sus virtudes les dijo que si sabían ellos que hubiese otro más digno del reino que él le diesen aquellas insignias y lo tomasen por rey habiéndoles primero referido las cosas que con gran virtud y gloria había hecho y que esta confianza de su ánimo movió a todos los pueblos que de nuevo lo indujeron con grandes ruegos a que se encargase del reino y de su administración y gobierno como fue lo que hizo Hernando Cortes y lo que con él se hizo como se ha dicho.

Los del cabildo le dijeron que ya sabía que /324/ hasta estar de asiento y conocidos en la tierra no tenían de qué se mantener sino de los bastimentos que él traía en los navíos y que tomase para sí y para sus criados lo que hubiese menester y lo que le pareciese y lo demás se tasase y se lo mandase entregar para lo repartir entre la gente y se obligarían todos a la paga y que se apreciasen los navíos y artillería y se le pagaría de común para que sirviesen en ir a las islas por pan, vino, vestidos, y armas, y caballos y lo que fuese menester para el ejército y para la villa y que en esto les haría muy buena obra.

Cortes respondió que cuando en Cuba hizo su matalotaje y abasteció la flota de comida no lo hizo para revendérselo, sino para dárselo aunque en ello había gastado su hacienda y empeñándose que lo tomasen luego todo y que mandaría a los maestres y escribanos de las naos que acudiesen con todos los bastimentos que en ellas había al cabildo para que lo repartiesen igualmente por cabezas sin mejorar a ninguno porque en semejante tiempo tanto ha menester el chico como el grande, el viejo como el mozo y aunque valía más de siete mil ducados se lo daba gracioso y cuanto a los navíos se haría lo que más conviniese a todos y que no dispondría de ellos sin primero hacérselo saber / todo esto hacía Cortes por ganarles /324 v./ la voluntad porque había muchos que no lo querían bien y en los gastos de guerra era largo con sus compañeros.

Porque no era buen sitio aquel donde estaban para fundar la villa acordaron de se pasar al abrigo del peñol que dijo Montejo llamado Aquiahuiztlan y mandó Cortes meter en los navíos gente que los guardase y la artillería y todo lo demás que estaba en tierra y que se fuesen allá y él se fue por tierra con cuatrocientos compañeros y con los caballos y dos falconetes y algunos indios de Cuba / los navíos se fueron costa a costa y él hacia donde le habían dicho que estaba Çempoallam aunque se rodeaba algo para ir al peñol y pasados algunos ríos y malos pasos vieron hasta veinte indios en un cerro y Cortes envió por ellos cuatro de a caballo y se los trajeron y preguntados a qué venían dijeron que a mirar y supo que eran de Çempoallam Cortes les dijo cómo quería ir a ver su señor ellos dijeron que era tarde para llegar allá y los llevaron cerca de allí a un pueblo pequeño donde se aposentaron y cuando allí llegaron le dijeron algunos de aquellos veinte indios que querían ir a decir a su señor cómo quedaba con su gente en aquel pueblo y que otro día tornarían con la respuesta y Cortes holgó de ello y los demás se quedaron para servir a él y a sus compañeros y les dieron bien de cenar.

/325/ Otro día bien de mañana vinieron cien hombres cargados de gallipavos y le dijeron cómo su señor había holgado mucho con su venida y que por ser muy gordo y pesado no lo venía a ver y lo quedaba esperando en su ciudad Cortes y sus españoles almorzaron aquellas aves y luego se fue por donde le guiaron puesto en ordenanza y con los dos tirillos a punto y pasado un río vieron a Çempoallam que estaba una milla de allí y toda de jardines y muy buenas huertas de regadío y lo salieron a recibir muchos hombres y mujeres y con alegre semblante les dieron muchas flores y frutas muy diversas y entraban sin miedo entre el escuadrón y con mucho regocijo entraron en la ciudad que toda era un vergel y con tan grandes y altos árboles que casi cubrían las casas en la entrada saliéronlo a recibir muchas personas de lustre a manera de cabildo y toda la calle por donde fueron estaba llena de gente y pasaron por una muy gran plaza y a la mano derecha vieron un gran cercado de cal y canto con sus almenas y muy blanqueado con yeso de espejuelo y muy bien bruñido y con el sol relucía mucho y parecía plata y así lo pensaron los más y dentro de quel gran cercado había muchos y muy buenos aposentos /325 v./ y al otro lado seis o siete torres cada una por sí las unas más altas que las otras y fueron por donde los guiaron hasta llegar a las casas del señor y a la entrada los salió a recibir muy bien acompañado de personas ancianas bien ataviados y dos de ellos lo traían de brazo y llegando junto a Cortes hizo el uno al otro su acatamiento cada uno a su usanza y con las lenguas se saludaron breves palabras y él se entró en su palacio y señaló algunos de aquellos principales para que aposentasen al capitán y a su gente y los llevaron al patio cercado que estaba en la plaza y en los aposentos que allí había cupieron todos porque eran grandes y muy buenos Cortes hizo poner los tiros a la puerta y fortalecerse como en real y mandó que ninguno saliese fuera sin su licencia so pena de muerte y a todos los proveyeron largamente de cena y camas.

# CAPÍTULO DOCE

De lo que trató Cortes con el señor de Çempoallam y con el de Chiauiztlam y del orden que tuvo para levantar la tierra contra Moctençuma.

El señor de Çempoalam vino otro día de mañana a ver a Cortes acompañado de los principales del pueblo y le trajo /326/ mucha ropa de algodón y algunas joyas de oro que valdrían dos mil ducados díjole que por no le dar pesadumbre no quería por entonces tratar de negocios sino que él y los suyos descansasen y pidiesen lo que hubiesen menester o quisiesen y con esto se despidió luego entraron más indios que eran los españoles con mucha comida guisada y con muchas frutas y ramilletes y de esta manera estuvieron allí quince días proveídos abundantísimamente.

Otro día le envió Cortes alguna ropa y vestidos de España y algunas cosas de rescate y a rogarle que le dejase ir a su casa a lo ver y hablar respondió que holgaba de ello y fue con cincuenta españoles con sus armas y los demás quedaron en el patio con un capitán bien apercibidos / el señor le salió a recibir a la calle y se entraron en una sala baja sentáronse en unos banquillos hechos de una pieza bien labrados y comenzaron a tratar de negocios y Cortes le dijo la razón de su venida y de quien a qué le enviaba como lo hizo en Tavasco y con Teudilli / el cacique no era nada necio le oyó muy atentamente y luego le dijo con un semblante triste cómo /326 v./ sus antepasados habían vivido en gran quietud y libertad y que de pocos años acá estaba su pueblo y tierra tiranizada y perdida porque los señores de Mexico habían usurpado toda la tierra por fuerza de armas sin que nadie se lo pudiese defender y que a los principios entraban por vía de religión y después juntaban con ella las armas y aunque han procurado defenderse de su tiranía no han podido y que por esto les han venido mayores daños porque a los que se ofrecen y dan de paz les imponen un pequeño *tributo* por vía de reconocimiento y los defienden y amparan como amigos y aliados y a los que se les ponen en defensa o se les rebelan

480

después de súbditos los castigan cruelmente y matan muchos y los sacrifican a sus ídolos y después se los comen y de los demás se sirven como de esclavos haciéndolos trabajar desde la mañana hasta la noche y les toman sus haciendas y envían alguaciles a cobrar sus tributos que les hacen grandes molestias y los dejan tales que pasan toda la vida con gran hambre y miseria y siendo esto así como lo es quién no holgara de ser vasallo de tan justo príncipe como /327/ decían que lo era el emperador así por salir de estas y otras molestias fuerzas y agravios como por gozar de los beneficios y mercedes que un tan grande y poderoso señor les quería hacer.

Después de esto le encareció la gran fortaleza de Mexico y su asiento sobre agua y las grandes riquezas y la corte de Moctençuma y su gran poder y asimismo dijo como Tlaxcallam y Huexoçinco y otras provincias y la serranía de los totonaques eran sus contrarios y que tenían noticia de lo que habían pasado en Tavasco y que si Cortes quería trataría una liga con todos que no bastase Moctençuma contra ella.

Cortes holgó mucho con lo que le dijo porque era muy a propósito de lo que pretendía y le dijo que le pesaba del mal tratamiento que se hacía en sus tierras y súbditos y que tuviese por cierto se lo quitaría y vengaría porque su venida era a deshacer agravios y a favorecer a los opresos y a quitar tiranías y que él y los suyos habían recibido en su casa tan buen acogimiento y tan buenas obras que estaban obligados a le hacer todo placer y ayuda contra sus enemigos y lo mismo /327 v./ haría con los demás sus amigos y que les enviase a decir su venida y que por ser de su parcialidad sería su amigo y les ayudaría en todo lo que quisiesen.

Con esto se despidió Cortes y le dijo que había muchos días que estaba allí y tenía necesidad de ver su gente y navíos que le aguardaban en Aquihuiztlam donde pensaba estar algún tiempo el señor de Çempoallan dijo que si quería estar allí que él holgaba de ello y si no que cerca estaban los navíos para tratar lo que acordasen e hizo llamar ocho doncellas muy bien vestidas a su modo y la una de ellas traía mejores ropas y joyas de oro y le dijo que todas aquellas mujeres eran ricas y nobles y que la del oro era señora de vasallos y sobrina suya y la dio a Cortes para que la tomase por mujer y las demás las diese a los que quisiese de su compañía en señal de prenda de amor y amistad perpetua Cortes las recibió alegremente y se partió para sus navíos y llevaron aquellas mujeres en andas y en hombros de indios con otras muchas para su servicio y muchos indios para que los acompañasen hasta la mar y los proveyesen de lo necesario.

/328/ De allí se fue Cortes a Aquihuiztlan y porque aún no eran llegados los navíos fue a un pueblo que estaba allí cerca llamado Chiauiztlan y con él los de Çempoallam y porque estaba sentado sobre un cerro alto los de caballo se quisieron apear porque la subida era agra y áspera y Cortes no lo consintió porque los indios entendiesen que había lugar tan alto y malo donde los caballos no pudiesen subir, llegados a las casas no vieron gente y entrados por el pueblo toparon con unos indios principales y traían consigo uno que sabía la lengua de Culhua y la de aquella tierra que llaman Totonac y le dijeron que había huido la gente porque nunca habían visto hombres de la manera de ellos y como el señor de Çempoallam les había hecho saber que eran gente pacífica se habían asegurado y perdido el miedo y los venían a recibir de parte de su señor y a los aposentar y Cortes fue con ellos hasta una plaza donde estaba el señor bien acompañado y mostró gran placer en verlos y saludó a Cortes con las ceremonias que usan recibir a los señores / Cortes y el señor se sentaron dentro de unos portales que había en la plaza entre tanto que aposentaban la gente y Cortes le dio cuenta /328 v./ de su venida como había hecho con los demás señores por donde había pasado el señor le dijo lo mismo que el de Çempoallam aunque con temor no viniese a noticia de Moctençuma y se enojase por le haber recibido y hospedado sin su licencia y mandado y en esto vieron venir unos hombres por la otra parte de la plaza con unas varas en las manos gordas y cortas y cada uno con su moscador grande de pluma y en viéndolos el señor y los otros temblaban de miedo, Cortes les preguntó la causa de su temor y dijéronle que porque venían aquellos recaudadores de las rentas de Moctençuma y temían que por haber hallado allí a él y a su gente serían castigados y maltratados por ello Cortes les dijo que Moctençuma era su amigo y que holgaría de que los hubiesen recibido en su tierra y si no que él los defendería porque cada uno de los que consigo traía bastaba para pelear con mil de los de Mexico como ya lo sabía Moctençuma por la guerra de Potonchan y con todo esto no se aseguraban el señor ni los demás y se quiso levantar por recibir y aposentar aquellos recau-

482

dadores Cortes lo detuvo y le dijo por que veáis lo que podemos yo y los míos mandad a los vuestros que los prendan y tengan a buen recaudo que yo estaré /329/ aquí con vos y no bastará Moctençuma a os enojar ni aun querra por mi respeto y con esto cobró ánimo y los hizo prender y porque se defendían les dieron de palos y pusieron a cada uno por sí en prisiones y preguntaron a Cortes si los matarían él les rogó que no y que no los maltratasen y puso con las guardas de los indios ciertos españoles y con esto se fue a cenar y fue muy bien proveído él y los suyos.

Cuando pareció a Cortes que los indios estarían durmiendo por ser ya muy noche envió a decir a los españoles que guardaban los presos que procurasen soltar dos de ellos sin que los otros guardas lo sintiesen y se los trajesen ellos lo hicieron así y los trajeron a su aposento e hizo que no los conocía y preguntó quién eran ellos respondieron que eran vasallos de Moctençuma y que tenían cargo de cobrar los tributos de aquel pueblo y de toda aquella provincia para su señor Moctençuma y que no sabían por qué los habían prendido y maltratado y que creían que por estar ellos allí se les habían atrevido y que temían habían de matar a los otros que quedaban presos y que le rogaban que ellos y los otros sus compañeros no muriesen ni quedasen en poder de aquellos sus enemigos /329 v./ que recibiría Moctençuma su señor gran pesar si aquellos sus criados viejos y personas principales y honradas fuesen maltratados por le servir ellos bien y fielmente.

Cortes les dijo que le pesaba mucho que donde él estaba fuese desservido Moctençuma siendo tan gran señor y su amigo y que miraría por sus criados como por los suyos propios y que diesen gracias a Dios y a él que los mandó soltar por la amistad y gracia de Moctençuma para los enviar luego a Mexico con cierto mensaje que comiesen y se esforzasen para caminar no los cogiesen otra vez que sería peor que la primera ellos comieron presto por irse de allí y Cortes los despidió y los hizo sacar del pueblo por donde ellos guiaron y les mandó dar comida para el camino y les encargó que por la buena obra que de él habían recibido dijesen a Moctençuma cómo él lo tenía por amigo y deseaba hacerle todo servicio después que oyó su fama y su bondad y poder y que había holgado hallarse allí para mostrar esta voluntad soltándolos a ellos procurando guardar la honra de tan gran señor como él era y favorecer y amparar los suyos y mirar por sus cosas como por las suyas propias aunque /330/ él mostraba no querer su amistad ni la de los españoles según pareció por lo que Teudilli hizo dejándolo sin despedirse de él y ausentado la gente de la costa no dejaría de procurar por todas las vías posibles su gracia y amistad y con esto les dijo otras cosas para que lo dijesen a Moctençuma para atraerlo a su amistad y que tendría forma como no peligrasen sus criados que quedaban presos y que por le servir los hacía soltar y que no lo haría luego como lo había hecho con ellos por no enojar a los del pueblo que lo habían hospedado y héchole mucha cortesía y no quería que pareciese que no se lo agradecía y que se lo pagaba mal en les ir a la mano en lo que hacían en su casa, los dos indios se fueron con esto muy alegres y contentos y prometieron de hacerle alegremente lo que les mandaba.

Otro día de mañana como echaron menos los presos riñó el señor a las guardas y quiso matar los presos y como lo supo Cortes fue a rogarle que no los mandase matar pues eran mandados de su señor y personas públicas y no tenían culpa de lo que hacían sirviendo a su señor y para que no se fuesen aquéllos como los otros que se los mandase /330 v./ entregar a él y los haría guardar de manera que no se soltasen y así se los entregaron entregaron y él los envió a los navíos amenazándolos y mandó que les echasen cadenas.

El señor y los principales del pueblo se juntaron a tratar sobre lo que debían hacer sobre aquel negocio pues los que se habían huido habían de decir a Moctençuma la afrenta y maltratamiento que se les había hecho y hubo diferentes pareceres y algunos dijeron que echasen la culpa a los españoles diciendo que ellos los habían impuesto en ello y en fin resolvieron en que se rebelasen y desechasen de sí la tiranía y vejación que se les hacía por los de Mexico pues tenían en su favor aquellos invencibles españoles y que no perdiesen tan buena ocasión y rogaron a Cortes que lo tuviese por bien y fuese su capitán y defensor pues por él se habían puesto en aquello y que estaban determinados de romper con Moctençuma y hacerle la guerra aunque él no enviase ejército contra ellos y aunque Cortes se holgaba en oír su determinación les dijo que mirasen muy bien lo que hacían porque Moctençuma era muy poderoso pero que si querían hacer la guerra que /331/ él sería su capitán y los defendería y que quería saber qué gente podrían juntar respondieron que cien mil hombres entre toda la liga que se haría / Cortes dijo que enviasen luego a todos los de su parcialidad y enemigos de Moctençuma a los apercibir y a certificarles de la ayuda que tenían de los españoles para que estuviesen a recaudo si Moctençuma enviase ejército contra ellos no les hiciesen daño tomándolos descuidados y para que si tuviesen necesidad de socorro se lo enviasen con tiempo de los suyos.

Con esta esperanza y ánimo que Cortes les puso sin más lo considerar por ser ellos de suyo orgullosos y con el deseo de verse libres de los de Mexico enviaron luego mensajeros a los pueblos que les pareció que convenía a les hacer saber lo que tenían en su favor y con esto se rebelaron muchos pueblos y señores y toda la serranía y no dejaron cogedor de Mexico en todo ello publicando guerra contra Moctençuma.

Esto todo hizo Cortes para ganar las voluntades a todos y aun las tierras porque vio que de otra manera no pudiera salir con su intento hizo prender los recogedores de los tributos y después soltólos /331 v./ graciosamente para congraciarse con Moctençuma, alteró aquel pueblo y los comarcanos y ofrecióles a la defensa y dejólos rebelados para que tuviesen necesidad de su ayuda y favor.

# CAPÍTULO TRECE

De la fundación de la Villa Rica de la Veracruz y de los mensajeros y presente que le envió Moctençuma a Cortes y cómo ganó un pueblo y fortaleza llamada Tiçapançinca y del socorro de gente y caballos que le vino de Cuba y de los embajadores y presente que envió al emperador.

Entretanto que pasó lo que dicho es llegaron los navíos y se pusieron al reparo y abrigo del peñol que se ha dicho que descubrió Francisco de Montejo, y Hernando Cortes que fue a ellos con su gente y llevó consigo muchos indios de Chiauiztlan y de los otros cercanos y los que trajo de Çempoallam y con todos ellos se cortó mucha rama y madera y se trajo piedras para hacer casas en el lugar que trazó para el pueblo a quien llamó la Villa Rica de la Veracruz como se había acordado cuando se nombró el cabildo de Sanct Juan de Culhua y repartió solares a los vecinos y para la iglesia y plaza /332/ y casas de cabildo y para cárcel y atarazanas y para descargadero y carnicería y otros lugares públicos y necesarios al buen gobierno y pulicía de la villa y sobre el puerto se trazó una fortaleza en el sitio que pareció conveniente y luego se comenzó a labrar ella y los demás edificios de tapiería porque la tierra de allí es buena para tapias.

Estando Cortes entendiendo en la fábrica de esta villa vinieron dos sobrinos de Moctençuma mancebos y con ellos cuatro principales ancianos y muchos indios para su servicio y le dieron de parte de Moctençuma mucha ropa de algodón muy buena y plumajes extrañamente bien labrados y algunas piezas de oro y plata bien labradas y cantidad de oro en grano que todo pesó tres mil castellanos y le dijeron que Moctençuma su señor le enviaba aquel oro por fundir porque era bueno para el mal de corazón que le había enviado a decir que tenía él y los suyos y que le hiciese saber que tal estaba y le dieron de su parte las gracias por haber soltado aquellos dos criados suyos y defendido que no matasen los otros y que le rogaba los hiciese soltar y que por su respeto perdonaba el castigo de quel desacato y atrevimiento y por los servicios /332 v./ y buen acogimiento que le habían hecho en su pueblo y que ellos eran tales que presto harían por donde lo pagasen todo junto y que por estar con poca salud y muy ocupado en guerras y negocios muy importantes no podía al presente decir dónde y cuándo se podrían ver y que andando el tiempo habría oportunidad para ello / Cortes los recibió muy alegremente y los aposentó en unas chozas y en unas tiendas de campo junto al río.

Hecho esto envió a llamar al señor de Chiauiztlan y le dijo que viese cómo le había dicho verdad en que Moctençuma no osaría enviar ejército contra él ni hacerle enojo estando él allí y que de allí en adelante él y todos los confederados podían ya quedar libres de la servidumbre de Mexico y no acudir con los tributos que solían y que le rogaban tuviese por bien que él soltase los presos y que los diese a los embajadores él le respondió que hiciese su voluntad porque en todo habían de hacer lo que mandase todos estos tratos tuvo Cortes entre gente que no entendía el fin para que lo hacía.

Aquel señor se tornó a su pueblo y los embajadores a Mexico con los que estaban presos /333/ muy maravillados de ver los españoles y con muchas cosas que les dio de lino y lana y de vidrio y de hierro y todos quedaron muy contentos y por toda la sierra se publicó el miedo que Moctençuma tenía a los españoles.

Pocos días después de pasado esto envió el señor de Çempoallam a pedir ayuda a Cortes contra la gente de guarnición de Culhua que tenía Moctençuma en Tizapançinca que le hacían mucho daño y quemas, y talas, en su tierra y en sus labranzas y mataban los que las estaban labrando, confina Tizapançinca con los totonaques y con tierra de Çempoallam y es pueblo fuerte y asentado junto a un río y la fortaleza en un peñasco alto y por ser fuerte y estar entre aquella gente que cada día se rebelaban tenía Moctençuma allí mucha gente de guarnición y como vieron revueltos y con armas los rebeldes y que se venían huyendo a se guarecer con ellos los recogedores de los tributos de aquellas comarcas salieron a los remediar y quemaban y destruían cuanto hallaban y habían prendido y muerto mucha gente Cortes fue a Çempoallam y de allí a Tizapançinca con gran cantidad de indios de Çempoallam y salieron al campo los de Culhua y como vieron los de a caballo se volvieron huyendo para se meter en la fortaleza y junto /333 v./ con ellos llegaron los de caballo y Cortes y otros tres o cuatro se apearon y entraron en la fotaleza a vueltas de los indios y llegaron los demás y entregó a los de Çempoallam la fortaleza y el pueblo y rogóles que no hiciesen mal a los vecinos y que dejasen ir libres sin armas y sin banderas a los soldados que allí estaban en guarnición ellos lo hicieron así y él se volvió a la mar.

Ésta fue la primera victoria que Cortes hubo de la gente de Moctençuma y con esto quedó toda la serranía libre del miedo y vejaciones de Mexico y los nuestros con gran fama y reputación con amigos y enemigos y cuando algo se les ofrecía enviaban a pedir a Cortes un español diciendo que uno solo bastaba para su capitán y defensa llegado Cortes a la Vera Cruz halló allí a Francisco de Sauzeda que había dejado en Sanctiago de Cuba dando carena a una carabela y trajo sesenta españoles y nueve caballos y yeguas con que todos recibieron gran esfuerzo y alegría.

Luego trató Cortes de enviar un presente al emperador y le envió las dos ruedas la una de oro y la otra de plata que le envió Moctençuma como se ha dicho y otras piezas de oro y de plata y mucha ropa de algodón muy buena y de diversas maneras y muchos /334/ y muy buenos plumajes y cuatro indios y dos mujeres y él le escribió muy largo dándole cuenta de lo que había hecho en aquella tierra y también escribió el cabildo y señalaron para ir con ello a Alonso Hernandez Puertocarrero y a Francisco de Montejo que eran alcaldes y Anton de Alaminos por piloto y de montón se les dio lo que pareció que convenía para su viaje Cortes les dio su poder e instrucción para lo que habían de hacer y pedir en su nombre en Corte y en Sevilla y en su tierra y envió relación de la tierra y riquezas de ella y de Moctençuma y el cabildo y los demás enviaron a suplicar diese la gobernación a Hernando Cortes y enviaron a pedir y suplicar otras muchas cosas para ellos y para la villa que estaban poblando.

Puertocarrero y Montejo y con ellos Alaminos se hicieron a la vela en una carabela a veintiséis días de julio del año de mil quinientos diecinueve y de camino tocaron en el Marien y pasaron sin se detener y navegaron con buen tiempo hasta España.

Hubo algunos en el real que murmuraron de la elección de Cortes porque se excluía de aquella tierra Diego Velazquez unos porque /334 v./ eran sus criados otros sus deudores y otros sus amigos y decían que había sido por astucia y halagos y por soborno y que todo fue mañeado por Cortes y que el hacerse de rogar para aceptar el cargo había sido fingido y que no se pudo hacer la elección de capitán y justicia mayor ni era válido por se haber hecho sin autoridad de los frailes jerónimos que gobernaban las Yndias y de Diego Velazquez que ya tenía la gobernación de aquella tierra y como lo entendió Cortes informóse quién habían sido los principales de la murmuración y prendiólos y envíólos a una de las naos y luego los soltó por complacer a todos y fue peor porque los mismos se quisieron luego alzar con un bergantín y matar al maestre para se ir a Cuba a dar aviso a Diego Velazquez de lo que pasaba Cortes se enojó de veras y prendió muchos de ellos y tomóles sus dichos y se enojó de veras y prendió muchos de ellos y tomóles sus dichos y condenó los más culpados conforme a sus confesiones y ahorcó a dos y azotó a otros tres o cuatro y disimuló con los demás y con este castigo se hizo temer y tener en más que hasta allí y se tuvo por cierto que si así no lo hiciera se perdiera porque los atrevimientos que nacen y se toma osadía para cometer algún delito o pecado, de la clemencia /335/ de aquéllos contra quien se cometen no se deben perdonar porque procurando ganar honra de mansedumbre dan sin mirar en ello mayor ocasión de pecar y muchas veces vemos que la humildad y clemencia antes daña que aprovecha especialmente cuando se usa de ellas con los hombres que por envidia o por otra causa han concebido odio contra el que tiene algún mando sobre ellos como todo esto se verifica con lo que se ha dicho que sucedió a Hernando Cortes y por esto es necesario el castigo de los que exceden para que ellos se enmienden si quedaren con la vida y otros tomen ejemplo para no caer en semejantes excesos y atrevimientos ni en otros algunos y porque la demasiada humildad suele ser causa de menosprecio y la demasiada clemencia da atrevimiento especialmente entre gente de guerra y que si el que los manda y gobierna disimula algún delito se le atribuye a cobardía y a miedo y se da ocasión para que se atrevan a cometer otros mayores excesos y los que son sus amigos y valedores se resfrían pareciéndoles que es persona de poco ánimo fue tan grande el cuidado que los romanos tuvieron en castigar los delitos en especial los que /335 v./ cometía la gente de guerra que si todo el ejército cometía algún delito o alguna parte de él y no se podía averiguar quién fueron los delincuentes o los principales autores diezmaban la gente del ejército o la de aquella parte que cometió el delito matando de cada diez uno de ellos espantoso y terrible castigo era éste pero con él tomaban ejemplo y gran miedo los demás para no delinquir como lo tratan muchos autores y lo refiere Tiraquellus causa 47 número 4 página 203 en el *Tratado de penis temperandis* y para saber usar de la humildad y de la clemencia o del rigor cuando el tiempo y sazón lo requiere y diere lugar para ello no se puede dar regla cierta ni general y para esto es necesario prudencia en el que gobierna y manda sin la cual ninguna cosa se puede hacer bien y acertadamente.

# CAPÍTULO CATORCE

Cómo Hernando Cortes dio con los navíos de su flota al través y la causa por que lo hizo y del modo que en ello tuvo y se traen muchos ejemplos de otros capitanes que han hecho lo mismo.

Visto por Cortes cómo por las confesiones de los que se ha dicho que hizo ahorcar y a otros /336/ azotar porque se querían alzar con un bergantin y matar al maestre de él para se ir a dar aviso a Diego Velazquez de lo que pasaba con esto haber otros que tenían el mismo intento así por esto como por salir de la tierra por verla tan grande y tan llena de gente y ser ellos pocos como el mismo Cortes lo dice en la *Segunda carta* que escribió al emperador y Gomara y Juan Cano y que pudo él de allí en busca de Moctençuma que era lo que pretendía y deseaba se alzarían los que quedasen en el pueblo y fortaleza que tenían comenzada a labrar acordó de dar con los navíos al través so color de que no estaban para navegar y para esto negoció con los maestres que secretamente barrenasen los navíos de suerte que se hundiesen sin que se pudiese tomar el agua y rogó a los pilotos que echasen fama cómo los navíos estaban muy cascados y roídos de broma y que no estaban para más poder navegar en ellos y que estando con la gente de su campo viniesen a se lo decir y a darle cuenta de ello para que después no se les echase culpa ellos lo hicieron como él lo ordenó todos los creyeron por haber estado allí más de tres meses y habiendo platicado sobre ello mandó Cortes que sacasen de ellos aquello de que se /336 v./ pudiesen aprovechar y los dejasen hundir o dar al través y dieron con los cinco mejores en la costa y él mostró gran sentimiento de tan gran pérdida y falta y desde a poco con otros cuatro aunque con alguna dificultad porque la gente entendió el propósito de Hernando Cortes y decían que los quería llevar al matadero él les dijo que los que no quisiesen seguir la guerra en tan rica tierra ni su compañía se podían volver a Cuba en el otro navío que había dejado para este efecto esto hizo para saber cuántos y cuáles

491

eran los cobardes para no se fiar de ellos ni encomendarles cosa alguna algunos marineros le pidieron licencia descaradamente otros hubo con el mismo deseo pero tuvieron vergüenza de mostrar cobardía en público y como Cortes lo supo mandó quebrar el otro navío y así que quedaron todos sin esperanza de salir de aquella tierra y alabando a Cortes por tal hecho y cierto fue de ánimo valeroso aunque temerario y demasiadamente confiado empero cual convenía para su intento y porque dice Gomara que hay pocos ejemplos semejantes a éste y que aquéllos son de grandes hombres /337/ como fue Omichi Barba Roxa del brazo cortado que pocos años antes de esto quebró siete galeotas y fustas por tomar a Bugia según dice que él lo escribió en las batallas de mar de nuestros tiempos refiere lo que yo he leído de capitanes que antes de comenzar la guerra han quemado los carros en que llevan por tierra el fardaje y hacienda así la suya como la de todo el ejército y otros que han quemado sus ciudades y pueblos y otros los navíos.

El gran Alexandre rey de Maçedonia estando para entrar en la Yndia mandó pegar fuego a los carros en que iba al fardaje y los bastimentos y hacienda de su ejército y primero los suyos y luego los de sus amigos y después los de los lacedemonios como dice Quinto Curçio en el libro sexto de su *Historia* y Juan Monacho en su *Vida*.

El emperador Juliano Apostata en la guerra que tuvo con los persas mandó echar a la mar todo el bastimento que había en sus navíos y que les podía ser impedimento para los pasar de Hesifonte al río Tygris y para que su gente puesta en necesidad procurase pelear varonilmente y después les mandó pegar fuego porque la gente de guerra /337 v./ no se embarcase quedando algunos en su guarda y para que todos tuviesen cuidado de se defender y pelear sin esperanza de salvar en los navíos como lo dice Nicephoro en el capítulo treinta y cuatro libro diez y Theodoreto en el capítulo veinte libro tercero Sozomeno capítulo primero libro sexto / Filguso en el capítulo siete libro tercero dice que Guillermo duque de Normandia mandó quemar los navíos en que fue a Bretaña contra Beraldo rey de aquella isla para que su ejército pusiese toda su esperanza en la virtud y que habían de vencer o morir Poliaen libro quinto dice que Timarcho Artolo habiendo ido a cierta parte de Assia que estaba llena de gente por que su ejército por miedo de tan gran multitud de enemigos no huyese mandó quemar los navíos para que perdida toda la esperanza de la huida peleasen valerosamente y así lo hicieron y alcanzaron la victoria.

Menechates queriendo tomar a Salamina en Capro acometió dos veces a los muros y ambas veces se volvió su gente huyendo a los navíos y tornó tercera vez y mandó a los pilotos de los navíos que cuando hiciese /338/ cierta señal se fuesen a poner secretamente detrás de un promontorio y la gente de guerra acometió a los muros y tornaron a huir y como no viesen los navíos perdida toda esperanza de la fuga volvieron al combate y vencieron sus enemigos y tomaron la ciudad como lo dice Polien libro 5.

Fabio Maximo por que su gente pelease sin tener confianza de se salvar en los navíos los hizo quemar antes que comenzase la guerra como lo dice Frontonio capítulo once libro primero.

Caton cuando vino a gobernar a España hizo echar al través los navíos según Apiano Alexandrino aunque Ambrosio de Morales en la primera parte de su *Historia* capítulo cuarto libro siete dice que los envió a Marsella y Francisco Piçarro envió los navíos desde la Ciudad de los Reyes a Panama por que pelease su gente sin confianza de se salvar en ellos como lo dice Çarate en su *Historia*.

Solino en el capítulo primero dice que después de tomada Troya algunos griegos vinieron por las partes donde ahora está edificada Roma y que a persuasión de Rome que era la más noble de las cautivas que traían pusieron fuego a los navíos y se quedaron en aquella tierra y edificaron /338 v./ a Roma y le dieron este nombre por respeto de Rome.

Luys del Marmol Carvajal en la *Descripçion de Africa* capítulo doce libro segundo dice que en el año del Señor de ochocientos veintisiete un valeroso capitán alárabe llamado Caracax fue desde España con cuarenta navíos cargados de gente sobre la isla de Creta y habiendo salido la gente en tierra envió parte de ella a correr la isla y luego puso fuego a todos los navíos y los quemó y como los alárabes se alborotaron en ver aquel hecho les dijo amigos vosotros me pedisteis una tierra donde poblar que fuese mejor que la que teniades en Valençia veis la aquí tal que produce leche y miel tomadla y pobladla que si hacéis como valerosos ninguna parte hay donde más presto podáis ser ricos con la fertilidad de la tierra y con los despojos de los cristianos.

Juan Sedeño en la *Suma de ilustrisimos varones* en la letra C en la vida de Jullio Çesar dice que los helvecios que ahora se llaman egnizaros yendo a pelar con los jantones y con los de Tolosa en Françia con treinta mil hombres de guerra al tiempo de la partida para que todos perdiesen la esperanza de volver a su tierra y se hiciesen hábiles para /339/ el trabajo y para la guerra quemaron sus ciudades y pueblos y sus haciendas.

Lo mismo que Cortes, hizo Lope de Olano y sus compañeros estando en Veragua como lo dice Gomara en el capítulo cincuenta y seis de la primera parte de su *Historia general* / dejado aparte lo que Piçarro y Olano hicieron pues no trata de ellos esta Relaçion y el intento de ella es tratar de Hernando Cortes digo que los demás que hicieron la quema de los carros y los navíos y de sus pueblos eran muy poderosos y tenían en su ejército gran cantidad de gente y aunque el hecho fue de hombres muy valerosos y de muy grande ánimo empero a mi parecer en más se ha de tener lo que Cortes hizo estando como estaba entre infinidad de enemigos y que se podía creer que los que se le habían dado por amigos mudarían propósito y se harían con los demás en especial viendo que sus compañeros eran tan pocos y no todos de una voluntad ni ánimo como se dirá en el capítulo siguiente atreverse hacer una cosa tan grande como fue echar los navíos al través cierto fue y es cosa digna de admiración y de gran valor aunque temeraria y no bien considerada y en esto siguió la opinión de algunos que dicen ser aviso muy notable y de capitanes prudentes poner sus soldados por todas las vías posibles en tal /339 v./ necesidad que entiendan no poder salvar las vidas por manera alguna sino con las armas peleando fuertemente con los enemigos como lo trata *Nicolao Machiaveli en el capítulo doce del libro tercero de sus discursos**\* porque ninguna arma hay más fuerte que la necesidad en especial donde está la vida en riesgo de se perder como consta de lo que dice Erasmo *Adagio* cuarenta centuria tercera CHILIADIS segunda / Tiraquello *De penis temperandis* causa treinta y tres número sexto aunque esto a mi parecer se ha de entender cuando no está dudosa la defensa por la gran resistencia que puede haber en los contrarios como lo estaba en lo que Cortes hizo pues a él y a toda su gente era notoria la multitud de los enemigos y que era gente belicosa y que sabían bien defender su partido y no es cordura poner todas sus fuerzas y su ejército y fortuna en aventura de se perder

---

\* "ej. hichr condenas de indotum". [Nota al margen.]

494

en especial siendo tan pocos como eran los que Cortes tenía consigo y de su parte en comparación de la gran multitud de los contrarios y que con poca resistencia y con cualquier desmán los podían acabar pues no estaba cierto que permanecerían en su amistad los que se habían ofrecido a le ayudar contra Moctençuma y sabiendo cuán de poca /340/ constancia son los indios y que todos eran naturales de aquella tierra y de una misma religión y costumbres y de una lengua o que diferían en poco y que todos los principales entendían y hablaban la lengua mexicana y es muy poderosa maestra como lo dice Antonio Bonfinio *De rebus ungarie* década tercera libro quinto para atraer a su voluntad a otros la semejanza de la religión y de la lengua y demás de esto les podían quitar fácilmente los alimentos y que ellos no tenían noticia de la tierra ni por dónde ni cómo había de ir el ejército si no les daban quién los guiase y todo esto lo tenían y sabían los contrarios y en cualquier desgracia que les sucediese perdían el crédito que de ellos se tenía de ser invencibles y que esto sería ocasión para que sus aliados se pasasen a la parte de los contrarios para tornar en su gracia y amistad como lo trataron los de Chiauiztlan como lo dice Gomara en el capítulo treinta y seis de la *Conquista de Mexico* que después de haber prendido los recogedores de los tributos de Moctençuma trataron de enviarle el tributo y sus mensajeros con algún presente y a le pedir perdón de su desatino y echar la culpa a los españoles y era de /340 v./ creer que al tiempo de la guerra se tornarían contra ellos y pasándose a la parte de Moctençuma para enmendar por esta vía el error pasado como lo dijeron los sátrapas al rey Achis cuando iba contra Saul y vieron a David que iba en el ejército con su gente y lo hicieron volver y no consintieron que fuese contra ellos como se dice en el capítulo veintinueve REGUM 1 y hay otros muchos ejemplos que se pudieran traer para esto.

# CAPÍTULO QUINCE

Donde se trata cómo Hernando Cortes dejó algunos españoles en la Villa Rica y con los demás se fue a Çempoallam con intento de ir a Mexico y porque tuvo nueva que habían visto ciertos navíos en la costa tornó al puerto y lo que allí hizo y cómo después volvió a Çempoallam e hizo con el señor y los demás que derribasen los ídolos y lo que hizo para seguir su camino para Mexico.

Grande era el deseo que Hernando Cortes tenía de se ir a ver con Moctençuma y publicó su partida y señaló ciento cincuenta españoles con un capitán y dos caballos y dos mosquetes para dejarlos en guarda de la Villa Rica y de la fortaleza que habían labrado y dejó a Çempoallam y toda la sierra /341/ de paz para que los sirviesen y para su ayuda si fuese menester de donde podían sacar cincuenta mil indios de guerra y él con cuatrocientos peones y dieciséis de caballo se fue a Çempoallam y luego como llegó le vino nueva que andaban por la costa cuatro navíos y tornó al puerto y supo que *eran de Francisco de Garay que pretendía ser* suya la gobernación de aquella tierra o cierta parte de ella y supo que los navíos estaban surtos tres leguas de allí y se fue por tierra a donde estaban y llevó consigo algunos españoles y habiendo andado una legua encontró tres españoles el uno de ellos era escribano y los dos venían con él para ser testigos de un requerimiento que le venían a hacer de parte de Francisco de Garay en que le pedía partiese con él aquella tierra y echasen sus mojones para ello él les dijo que tornasen a decir a Garay que se viniese a ver con él y tratarían el negocio respondiéronle que por ninguna vía saldría en tierra / entendido por Cortes el negocio los prendió como él lo dice al principio de la *Segunda epistola* que escribió al emperador y Gomara en el capítulo cuarenta y tres de la *Conquista de Mexico* y se puso en parte donde no lo podían ver de las naos y estuvo allí hasta otro día y visto que nadie salía de las naos /341 v./ hizo a tres hombres de los suyos que trocasen los vestidos con los otros tres que habían prendido y los mandó que llegasen junto al agua y capeasen hacia las naos para que viniesen por ellos y vinieron en un esquife diez o doce hombres con sus ballestas y escopetas y los de Cortes se metieron tras de unas matas a la sombra porque era medio día y hacía recio sol y los del esquife echaron tres hombres en tierra y fueron hacia las matas y Cortes y los suyos salieron a ellos y los prendieron aunque procuraron defenderse y como vieron esto los de los navíos entendieron el engaño y luego se hicieron a la vela sin aguardar el esquife y con esto se tornó Cortes a Çempoallam y acabó con los indios que derribasen los ídolos y sepulcros de los caciques porque también los reverenciaban como a dioses y que adorasen a Dios del cielo y a la cruz que él les dejó e hizo amistad y confederación con ellos y con otros sus comarcanos contra Moctençuma y se ofrecieron que proveerían los españoles que quedaban en el puerto de bastimentos y servicio y de todo lo necesario y se ofrecieron a darle la gente de guerra que demandase y llevó consigo algunos principales que le dieron por rehenes para que estuviese cierto que le serían siempre leales y cumplirían lo que habían prometido /342/ y le dieron indios para servicio del real y para tirar la artillería y ropa y comida.

A dieciséis días de agosto de mil quinientos diecinueve salió Cortes de Çempoallam para ir a Mexico *con cuatrocientos españoles* y con quince caballos y seis tiros y con más de mil indios las tres primeras jornadas que el ejército caminó por la tierra de aquellos sus amigos fue muy bien recibido y hospedado al cuarto día llegaron a un pueblo muy fuerte llamado Sicuchimatl que está sentado en la ladera de una gran sierra y tenía hechos a mano los pasos como escalera para entrar en el pueblo y les pudieran defender la entrada si quisieran pero según después les dijeron les había enviado a mandar Moctençuma que los recibiesen y hospedasen y los proveyesen de lo necesario y que lo supiesen de cierto que Moctençuma les era amigo Cortes agradeció al señor el hospedaje y la buena voluntad de Moctençuma y asimismo los recibieron y hospedaron en otros pueblos por donde pasó y subieron un puerto que llamaron El Nombre de Dios por ser el primero que pasaban él era muy áspero y sin camino y de tres leguas de subida y había en él muchas parras con uvas /342 v./ y árboles con miel de abejas que la crían en ellos y bajado el puerto entró en Thleuhizuacan que es un pueblo muy fuerte donde los acogieron muy bien y desde allí anduvo tres días por un despoblado donde pasaron

497

necesidad de hambre y sed porque es toda la tierra salitral y el agua que hallaban era salada y muchos españoles que bebieron de ella enfermaron y sobrevino un turbión de agua y de piedra y con ella gran frío y pasaron la noche con harto trabajo y murieron algunos indios de los de Cuba pasado este despoblado tornaron a subir otra sierra no muy agra y porque hallaron en lo alto de ella muy gran cantidad de leña junta y compuesta junto a una torrecilla en que había algunos ídolos le llamaron El Puerto de la Leña de allí fueron a un pueblo llamado Çaclotlan donde estaban unas casas nuevas de piedra muy bien labradas que era del señor que se llamaba Olintlec y recibió muy bien a Cortes y a toda su gente y los aposentó y proveyó muy bien y dijo que así se lo había enviado a mandar Moctençuma Cortes les dijo la causa de su ida aquella tierra y le preguntó si era vasallo de Moctençuma el cual como admirado de la pregunta le respondió que quién no era su vasallo queriendo decir que era /343/ señor del mundo entonces Cortes le dijo quien era el emperador rey de España y le rogó que fuese su amigo y servidor de tan grandísimo señor y que le diese algún oro para enviarle para que tuviese por bien de recibirlo en su servicio y a vueltas de esto le dijo algunas palabras de amenazas si no quisiese darse por vasallo del emperador a esto le respondió que él tenía oro pero que no se lo quería dar si Moctençuma no se lo mandase y como él lo mandase le daría el oro y su persona y cuanto tuviese Cortes calló y no le respondió a esto porque le pareció hombre animoso y los suyos gente de manera y de guerra y le informaron muy bien de la grandeza de Moctençuma y de su corte y servicio y que tenía treinta vasallos que cada uno de ellos tenía cien mil hombres de guerra y que residía en la más linda y fuerte ciudad de todo lo poblado y que su riqueza era increíble.

Estando en este pueblo vinieron dos señores a ver a Cortes y le presentaron ocho esclavas y dos collares de oro y se le ofrecieron y por amigos, Olintlec aunque tributario de Moctençuma era gran señor y tenía treinta mujeres juntas y más de otras ciento que las servían y dos mil criados para su servicio /343 v./ y guarda el pueblo era grande y en él y en su comarca tenía Moctençuma cinco mil soldados de guarnición y postas de hombres en paradas hasta Mexico para que le llevasen nueva y aviso de lo que sucediese en aquella tierra y así lo tenía cada día de lo que pasaba / aquí entendió más enteramente Cortes la grandeza de Moctençuma y su gran

498

poder y riquezas y se le representaron muchos inconvenientes y dificultades sobre su ida a Mexico y parecíale que si perdía la ocasión que al presente tenía con la ayuda de los que se le habían ofrecido sería para perder todo lo que pretendía y que dejando de ir a Mexico sería gran afrenta suya y perderían él y los suyos el crédito que habían ganado de valientes y animosos y de invencibles y que cuanto más poderoso era Moctençuma tanto mayor sería su gloria y fama en lo ir a ver contra su voluntad y con tan poca gente y mucha mayor si lo venciese si fuese necesario venir a las manos y acordábase de aquel dicho vulgar que la fortuna ayuda a los fuertes y animosos y aborrece los cobardes y que muchas veces tienen buen suceso las cosas que animosamente se intentan especialmente en aquella guerra /344/ que cada uno de los suyos había de pelear por su propio interés y por defensa de su vida por estar puestos en tanta necesidad como estaban y ninguna arma hay más fuerte ni que tanto ánimo ponga como la necesidad y el interés para intentar cosas que parecen imposibles especialmente en tiempo que a él y a los suyos les convenía poner diligencia y mostrar ánimo y esperanza de alcanzar el fin que pretendían porque muchas veces se ve que los desconfiados haciendo lo que deben salen con lo que intentan y pretenden y estaban metidos en parte donde les convenía mostrar ánimo y osadía para lo que habían intentado y aun para otras cosas mayores para salir del peligro en que la tibieza y flojedad los ponía como claramente se conocerá ser todo esto verdad por los acometimientos y sucesos de esta guerra y cuánto aprovechó el valeroso ánimo con que Hernando Cortes y sus compañeros acometieron siempre a sus contrarios mostrando un ánimo invencible con ser tan pocos y grande la multitud de la gente que cada día se mostraba contra ellos de donde vinieron a cobrar gran reputación en toda la tierra y como siempre Hernando Cortes como valeroso capitán se ponía en la delantera en todos /344 v./ los encuentros y peligros los suyos le cobraron afición y peleaban y se ponían a todo trabajo y riesgo y cada uno procuraba de se aventajar viendo lo que su capitán hacía y también porque todos pretendían grande interés de honra y provecho y que ganada la tierra se había de repartir entre todos como se había hecho en las islas y que cada uno había de ser premiado según su valor y méritos que es lo que hace que se pongan los hombres en riesgo de perder la vida mucho mejor y con más ánimo que los que andan por sueldo y para el efecto que pretendían procuraban con obras y con muestras de amor tener grato a su capitán de quien esperaban el galardón y premio de sus trabajos y porque cualquier tardanza en especial en la guerra es dañosa y ocasión de perder lo ganado determinó de ir a Mexico.

# CAPÍTULO DIECISÉIS

En que se trata cómo Hernando Cortes tuvo noticia que para ir a Mexico había
de pasar por Tlaxcallam y que era gran provincia y de gente muy belicosa y de
los mensajeros que les envió y de lo que le sucedió por el camino y del encuentro
que tuvo con los de Tlaxcallam.

En Çacotlan estuvo Cortes con su gente cinco días y trató con el
señor del pueblo y con /345/ los demás vecinos que derrocasen
los ídolos y les dio a entender su engaño y les dijo lo que en
otros pueblos había dicho sobre que adorasen a Dios del cielo y de
la tierra y a su cruz y así lo hicieron y puso cruces en los templos
y dejó muy contento a Olintlec y a su gente y antes que saliese
de allí había enviado cuatro indios de los que iban con él de los de
Çempoallam a los señores de Tlaxcallam porque le habían dicho
que los naturales de esta provincia eran amigos de los de Çempoallam y de sus confederados y muy grandes enemigos de Moctençuma y le dijeron que lo querían confederar con ellos porque era
mucha gente y muy fuerte y que su tierra confinaba por todas partes con la de Moctençuma con quien tenían continuas guerras y
que creían holgarían de ser sus amigos y de le favorecer si Moctençuma intentase algo contra él y envióles a ofrecer como Cortes lo
dice en aquella su *Segunda carta* y Gomara en el capítulo cuarenta y cuatro con aquellos mensajeros de su parte y de la del señor de Çempoallam y sus confederados su amistad y a les hacer
saber cómo iba a su pueblo con unos pocos españoles compañeros
suyos a los ver y servir que les rogaba lo tuviesen por bien y de allí
se fue a Yztacmititlam que era uno de los dos señores que le dieron las ocho esclavas y dos collares de oro /345 v./ y la población
era de tres o cuatro leguas sin salir casa de casa por lo llano del
valle ribera de un río pequeño y en un cerro muy alto estaba la
casa del señor muy buena como la mejor fortaleza que hay en
España y muy bien cercada de muros de piedra y barbacanas y

501

cavas, y en lo alto del cerro había una población de cinco o seis mil vecinos de muy buenas casas y de gente más rica que la del valle y fue muy bien recibido Cortes y su gente y le dijo al señor cómo era vasallo de Moctençuma y allí estuvo tres días así por se reparar de los trabajos que habían pasado en el despoblado como para esperar los mensajeros que había enviado a Tlaxcallam desde Çacotlam y cómo pasaron ocho días y no venían con la respuesta y los principales de Çempoallam le certificaban la amistad y seguridad de los de aquella provincia se partió para ella y a la salida del valle vieron una gran cerca de piedra seca de estado y medio en alto y de veinte pies en ancho y por toda ella un pretil de pie y medio en ancho para pelear desde allí y atravesaba todo el valle de una sierra a otra con sola una entrada de diez pasos y la una cerca doblaba sobre la otra a manera de rebellín por trecho de cuarenta pasos y no derecha sino a vueltas. Cortes preguntó /346/ la causa de aquella cerca y quién la había hecho Yztacmiztitlam que le acompañó hasta allí le dijo que era para dividir sus tierras de las de Tlaxcallam y que sus antecesores la habían hecho para impedir la entrada a los de Tlaxcallam que venían a los robar y a los matar por ser como eran vasallos de Moctençuma y que eran fronteros de aquella provincia con quien tenían siempre guerra los naturales del valle y rogaron a Cortes que pues iba a ver a Moctençuma su señor que no pasase por su tierra porque eran malos y le harían algún daño y que ellos lo llevarían siempre por tierra de Moctençuma donde sería bien recibido y los de Çempoallam le decían que no lo hiciese sino que fuese por Tlaxcallam y porque Cortes tenía más concepto de los de Çempoallam que de los otros tomó su consejo y determinó ir por Tlaxcallam llevando su gente a buen recaudo.

Mucho se admiraron los españoles en ver aquella cerca y les pareció grandeza muy grande aunque superflua porque rodeando algo podían por otras partes llegar al pueblo y viendo que tales reparos se hacían para se defender de los de Tlaxcallam sospecharon que debían ser valientes y muy guerreros y como se pararon a mirar aquella cerca /346 v./ tan costosa pensó Yztacmixtlitlam que temían de pasar adelante Cortes lo despidió y le dio trescientos indios de guerra y siguió su camino con su gente muy a recaudo y los tiros a punto y él con seis de caballo iba siempre delante media legua y más, para descubrir la tierra y habiendo andado cuatro leguas en encumbrando un cerro desde los de caballo que iban delante vieron ciertos indios con sus rodelas y espadas de las que ellos usan y con unos plumajes que acostumbran traer en la guerra y como vieron los de caballo comenzaron a huir y en esto llegó Cortes con los otros de caballo que iban con él e hizo que los llamasen y que no tuviesen miedo y fueron hacia ellos que por todos eran quince y se juntaron y comenzaron a tirar cuchilladas y a dar voces a otra gente que estaba en un valle y se defendieron tan bien que hirieron dos españoles y tres caballos y mataron otros dos y de un golpe cortaron a cercén los cuellos y las riendas como lo dice Gomara pero no lo dice Cortes en su *Epistola* y se vino para ellos la otra gente que sería cuatro o cinco mil indios y Cortes envió con uno de caballo a decir a la demás gente que se diese prisa andar y luego llegaron otros cuatro de caballo y que por todos eran ocho e hicieron /347/ algunas arremetidas y algún daño y mataron más de cincuenta indios que peleaban con grande ánimo y denuedo y los de caballo entraban y salían en ellos haciendo algunas arremetidas a su salvo y cuando sintieron que los peones se acercaban se retiraron y les dejaron el campo y luego vinieron dos de los mensajeros que Cortes había enviado y con ellos otros que dijeron ser de Tlaxcallam y que los enviaban los señores de la provincia y dijeron a Cortes que a los señores había pesado de lo que aquella gente había hecho sin su licencia y que eran comunidades y que le pagarían los caballos que le habían muerto por haber sido en su tierra y que querían ser sus amigos y que fuesen a su pueblo donde holgarían de acogerlos porque les parecía que eran valientes hombres Cortes se lo agradeció y dijo que holgaba de ser su amigo y que no quería paga por los caballos porque presto le traerían otros muchos aunque le pesó harto por la falta que le harían y porque habían entendido los indios que podían matar los caballos de allí fue Cortes con su ejército una legua más adelante a dormir junto a un río donde estuvo a buen recaudo aunque venía /347 v./ la gente muy cansada puso sus centinelas así de caballo como de pie y en siendo de día comenzó a caminar la gente en muy buen concierto y en medio el fardaje y la artillería y sus corredores delante y llegaron a un pequeño pueblo donde hallaron los otros dos mensajeros que había enviado de Çacotlam y venían llorando y dijeron que los habían tenido atados y que los querían sacrificar en siendo de día al dios de la victoria y comérselos y que ellos se habían soltado aquella noche y que decían los capitanes de Tlaxcallam que lo mismo habían de hacer de los barbados y de cuantos venían con ellos y desde a poco vieron venir para ellos mucha cantidad de indios bien armados y con muy gran grita a pelear con los nuestros tirándoles muchas varas y flechas Cortes les hizo señas de paz y sus requerimientos en forma por las lenguas que consigo llevaba y por ante escribano y cuanto más les requería con la paz tanta más prisa se daban a combatir y visto que no aprovechaban requerimientos ni protestaciones ni lo querían entender ni dar lugar a que se les declarase comenzaron los nuestros a defenderse y los indios /348/ se fueron retrayendo y peleando hasta meterlos en una celada de más de cien mil indios que estaban en unas grandes quebradas y de muy mal paso por unos arroyos que atravesaban el camino y por todas partes cercaron a los españoles y pelearon con ellos todo el día y hubo muchos que arremetieron a los de caballo en aquellos malos pasos a les quitar las lanzas con grande ánimo y denuedo y allí quedaran muchos españoles perdidos si no les ayudaran los indios amigos y el esfuerzo y consuelo de Cortes que aunque iba en la delantera con los de caballo peleando y haciendo lugar volvía de rato en rato a concertar el escuadrón y animar su gente y salidos de aquellas quebradas y malos pasos a campo raso donde pudieron correr los caballos y jugar la artillería, los de caballo eran trece y los tiros doce y cinco escopetas y cuarenta ballestas con que hicieron gran daño en los enemigos y de ambas partes murieron muchos indios y otros heridos y algunos españoles y ninguno de ellos quedó muerto aunque todos muy cansados del trabajo de la pelea y de hambre porque pelearon todo el día hasta puesta de sol que los indios se comenzaron a retraer atemorizados de los caballos y de los tiros de fuego que todo era nuevo para ellos /348 v./ los nuestros dieron gracias a Dios que los libró de tanta multitud de gente tan animosa y diestra en el pelear y con tantas armas y muy alegres con la victoria se hicieron fuertes en una torrecilla y templo de sus ídolos que estaba en un desierto y los indios de Çempoallam y de Yztacmiztlitlam que iban en el ejército lo hicieron tan bien que les dio Cortes muchas gracias y los indios de servicio hicieron muchas chozas de paja y rama donde durmieron todos aquella noche que fue del primer día de septiembre del dicho año de diecinueve y los nuestros estuvieron con cuidado porque no diesen los enemigos en ellos pero no vinieron porque no acostumbran pelear de noche.

Otro día bien de mañana dejó Cortes doscientos hombres en el real y toda la artillería y tamemes y salió a correr el campo con los de caballo y con doscientos españoles y cuatrocientos indios de los de Çempoallam y trescientos de Yztacmiztlitlam y antes que hubiese lugar de se juntar quemó cinco o seis pueblos pequeños y trajo cuatrocientas personas hombres y mujeres presos y se tornó al real peleando con los que salieron a él sin recibir daño alguno y antes que saliese a esto envió a rogar /349/ y requerir a los capitanes de Tlaxcallam con la paz y que le diesen paso para Mexico por su tierra pues no iba a les hacer mal ni daño alguno y respondieron que otro día vendrían a le ver y responderle como vería.

Aquella noche estuvo Cortes muy a recaudo porque le pareció aquella respuesta muy brava y de gente determinada por hacer lo que decían y porque le certificaron los presos que se juntaban ciento cincuenta mil hombres para venir sobre él otro día porque los querían muy mal por ser amigos de Moctençuma / Repártese Tlaxcallam en cuatro cuarteles o apellidos que son Tecpeticpac, Ocotelulco, Tiçatlam, Quiahuztlam que quieren decir los serranos, los del pinar, los del yeso, los del agua, cada apellido de éstos tiene su cabeza y señor a quien obedecen y todos juntos hacen el cuerpo de la ciudad y república y éstos mandan y gobiernan en tiempo de paz y de guerra y así hubo cuatro capitanes en esta guerra y el general de ellos se llamaba Xicotencatl hombre muy valeroso y valiente y muy usado en la guerra llevaban el estandarte de la ciudad que era una grulla de oro las alas tendidas y muchos esmaltes y argentería el segundo /349 v./ capitán era Maxixcaçim el número del ejército era ciento cincuenta mil combatientes contra cuatrocientos españoles y al cabo fueron vencidos y después muy grandes amigos viniéronse a poner cerca de los españoles una gran barranca en medio toda era gente muy lúcida y bien armada traían grandes penachos que campeaban y parecían muy bien y todos pintados con bixa y jagua que los hacía muy feos traían ondas, varas, lanzas, espadas, arcos, y flechas sin yerba, cascos, brazaletes, y grebas de madera todo dorado o cubierto de pluma o cuero, las corazas eran de algodón y rodelas, y broqueles, fuertes de palo muy recio y cubierto con latón y pluma las espadas eran de palo y engastados en ellas pedernales que cortan muy bien y hacen mala herida estaba el campo repartido por sus escuadrones con muchas bocinas caracoles, y atabales, todo muy vistoso y nunca los españoles vieron junto en Yndias mejor ni mayor ejército hasta entonces.

# CAPÍTULO DIECISIETE

En que se refiere la batalla que los nuestros tuvieron otro día con los de Tlaxcallam y cómo los vencieron y lo que después sucedió y cómo Moctençuma /350/ se envió a ofrecer por vasallo del emperador y que daría el tributo que se le señalase y cómo algunos trataban de se volver al puerto y lo que les dijo Cortes.

Una cosa muy notable hicieron los capitanes de Tlaxcallam según lo refiere Gomara y fue que trataron entre ellos que dejasen descansar a los españoles del trabajo pasado que tiempo tenían para los vencer pues eran tan pocos y ellos muchos más y que se les enviase de comer por que no dijesen que los tomaban por hambre no fue de menos loor este dicho, ni el hecho que lo que Alexandre dijo cuando los suyos le aconsejaban como lo dice Juan Monacho en su *Vida* que diesen una noche asalto en el real del rey Dario y les respondió que no tenía voluntad de alcanzar la victoria con engaños ni de noche a hurtadillas y a escondidas y así les enviaron luego trescientos gallipavos y doscientas cestas de bollos de maíz que pesaban más de cien arrobas y les fue muy gran socorro para la necesidad que tenían de comida.

Después de esto acordaron los capitanes de enviar dos mil soldados viejos y muy esforzados al real a que tomasen los españoles /350 v./ y sin le hacer mal se los trajesen porque ganarían poca honra en tomarse todos con tan poca gente aunque tan en vano le salieron sus fieros como al rey Dario los suyos que cuando estuvo con su ejército de gente innumerable cerca del real de Alexandro envió cierta gente a que lo prendiesen y que después de bien azotado se lo trajesen atado y salióle muy al revés como consta de su *Historia* en el libro segundo de Quinto Curtio y así fueron y aquellos dos mil indios y pasaron la barranca que estaba entre los dos reales y llegaron a la torre osadamente y los de caballo y los de pie salieron a ellos y les hicieron conocer cómo cortaban sus espadas y para cuánto eran aunque pocos e hirieron a los que los venían aprehender y muchos de ellos murieron / luego acudió toda la gente con grandísima grita hasta llegar al real y sin que los pudiesen resistir entraron dentro muchos de ellos y anduvieron a las cuchilladas y a brazos con los españoles y tardaron buen rato en los echar fuera y mataron algunos de ellos y anduvieron peleando más de cuatro horas con los enemigos los de caballo y los de pie antes que pudiesen hacer plaza entre el vallado del real y los que lo combatían /351/ y al fin viendo tantos muertos de su parte y que no mataban a ninguno de sus contrarios y las grandes heridas que les daban aflojaron algo y los nuestros les hicieron apartar aunque todavía no dejaban de hacer algunas arremetidas hasta que ya tarde se retiraron de que mucho holgaron Cortes y los suyos porque estaban muy cansados y reposaron aquella noche sin temor de que los indios darían en ellos porque sabían que no peleaban de noche y durmieron mejor que hasta allí aunque con buen recaudo de centinelas y escuchas.

Otro día de mañana tornó a salir Cortes por otra parte sin ser sentido de los indios con los de caballo y cien peones y los indios amigos que estaban con él y quemó más de diez pueblos y el uno de ellos de más de tres mil casas y pelearon con él los del pueblo aunque eran pocos porque los demás estaban en la junta con los capitanes de Tlaxcallam y mataron muchos de ellos y quemó el pueblo y tornóse a su fuerte sin recibir daño y luego acudió la gente de la junta y les trajeron comida y pelearon con ellos más de cinco horas y murieron infinitos indios sin que /351 v./ matasen español alguno porque como era tanta gente y estaban apretados hería la artillería en ellos sin errar tiro y hacía gran daño y quedó la victoria por los nuestros y los tenían por inmortales o por encantados pues no les hacían daño con las flechas.

Otro día enviaron los capitanes de Tlaxcallam un presente a Cortes y los que lo trajeron decían señor veis aquí cinco esclavos para que los comáis si sois Dios bravo y coméis carne y sangre y comidos éstos traeremos más y si sois Dios bueno veis aquí incienso y plumas y si sois hombre toma aves y pan y fruta / Cortes les dijo que él y sus compañeros eran hombres mortales como ellos y que pues siempre les decía verdad por qué trataban con él mentira y lisonjas y que deseaba ser su amigo y que no fuesen porfiados en pelear porque recibirían siempre gran daño y que ya veían cuántos mataban de ellos sin que ellos matasen español alguno y con esto los despidió y no dejaron por eso de venir luego más de treinta mil indios al real como los otros días /352/ lo habían hecho y sucedióles lo que antes que se tornaron con gran daño y muchos heridos y otros quedaron muertos y aunque el primer día vino todo el ejército a combatir el real de los nuestros los otros días no vino más que cada cuartel por sí cuales habían de pelear con pocos y en lugar estrecho donde no podían pelear todos juntos sino solamente aquellos en quien la estrechura diese lugar y en esto lo hicieron como prudentes capitanes viendo el daño que yendo la multitud del ejército junta recibían y así acordaron de ir cada parcialidad por sí y no poner en aventura sus fuerzas todas juntas para que según el suceso pudiesen determinar lo que mejor fuese y de esta manera fueron más recios los combates y en esto pasaron más de quince días y cada día les enviaban pan y gallipavos y fruta y esto dicen que lo hacían por ver qué daño les habían hecho y si mostraban algún temor los nuestros o qué ánimo tenían y siempre les decían que los de Tlaxcallam cuyos ellos eran no peleaban sino ciertos otomitles que andaban por allí desmandados y que eran behetrías y no conocían superior y que vivían detrás de unas sierras que les mostraron.

Luego otro día vinieron a Cortes mensajeros de parte de los señores de Tlaxcallam /352 v./ a decirle que querían ser sus amigos y vasallos del rey de Castilla y que le rogaban les perdonase el error pasado y le trajeron comida y algunas cosas de pluma que ellos usan y tienen en mucha estima Cortes les dijo que lo habían hecho mal pero que era contento de ser su amigo y perdonarles lo que habían hecho y con esto los despidió otro día que fue a seis de septiembre vinieron al real cincuenta de los principales de Tlaxcallam y trajeron mucho pan de maíz, y gallipavos, y fruta, y preguntaron a Cortes cómo estaban los españoles y qué querían hacer y si había menester de alguna cosa y anduvieron por el real mirando las entradas y salidas y las chozas donde estaban aposentados y los vestidos y las armas que tenían y los caballos y artillería haciendo de los bobos y como admirados de lo que veían aunque su intento era andar espiando la fuerza del real y por dónde se podía entrar / en esto llegó a Cortes un indio principal de Çempoallam llamado Teuch hombre avisado y que desde niño se había criado en la guerra y le dijo que no le parecían bien aquellos tlaxcaltecas porque miraban mucho las entradas y salidas /353/ y lo flaco, y lo fuerte del real y que tuviese por cierto que eran espías Cortes le agradeció el aviso y se admiró cómo él ni los españoles no habían dado en aquello en tantos días que entraban y salían los indios enemigos en su real con comida e hizo tomar disimuladamente uno de ellos que andaba apartado de los otros y sin que ellos lo viesen se apartó con él con las lenguas y amenazólo para que dijese la verdad y él confesó que Xicotencatl que era el capitán general de la provincia estaba en unos cerros frontero del real con gran cantidad de gente para dar aquella noche sobre ellos porque decían que ya se habían probado con ellos de día y no les aprovechaba teniendo como tenían tan gran fama de valientes y de guerreros y querían probar de noche porque los suyos no temiesen los caballos ni la artillería ni las escopetas y que los había enviado a ellos para que viesen el real y las partes por donde les podían entrar y cómo podrían quemarles las chozas de paja y luego hizo Cortes tomar otros cuatro o cinco y cada uno por sí confesó lo que el primero y visto que todos conformaban prendió a los demás y les hizo cortar las manos y los envió a que dijesen a su general que de día y de noche y /353 v./ cuando él viniese vería quién eran los españoles y que lo que había hecho con ellos haría con los demás espías que viniesen los indios tomaron grandísimo pavor y miedo en ver cortadas las manos a los espías y creían que tenían los nuestros algún familiar que les decía lo que ellos tenían en su pensamiento.

Poco antes que anocheciese comenzó a bajar la gente que los espías habían dicho que estaba junta para dar aquella noche en el real de Cortes y como él los vio les salió al encuentro para no les dejar llegar porque si aguardara a que llegaran al real los pudieran cercar por todas partes y poner fuego a los aposentos que eran chozas de madera y de rama y paja y ninguno de ellos escapara y también porque si aguardara a que la pelea fuera de noche los acometieran sin temor como no viesen lo que por su parte se hacía y los españoles no lo viendo tuvieran algunos alguna flaqueza en el pelear y así salió a ellos y mandó poner pretales de cascabeles a los caballos para los espantar o desbaratarlos para que no llegasen al real y así fue que como sintieron que iban con los caballos a dar en ellos sin se detener y sin grita /354/ se metieron por los maizales que estaba la tierra llena de ellos y aliviaron algunos de los bastimentos que traían para estar sobre los nuestros si aquella noche no los pudiesen arrancar del todo y con esto se fueron y pasaron algunos días que Cortes no salió del real sino alrededor de él por defender la entrada de algunos indios que les venían a gritar a hacer algunas escaramuzas.

Habiendo descansado algo de los trabajos pasados salió Cortes una noche con cien peones y con los indios amigos y con los de caballo y una legua del real se dejaron caer en el suelo cinco de los caballos y yeguas que llevaban en ninguna manera los pudieron hacer pasar adelante y los mandó volver al real y todos los que iban con él le importunaron que se tornase porque era mala señal aquella Cortes dijo Dios es sobre todo y siguió su camino y antes que fuese de día dio sobre dos pueblos donde mató mucha gente y no consintió quemar sus casas porque no fuesen sentidos en las otras poblaciones que estaban muy cerca y ya que amanecía dio en otro pueblo de más de veinte mil casas llamado Zimpançinco y como lo tomó de sobresalto salían todos desnudos y sin /354 v./ armas por las calles y se les comenzó a hacer algún daño y vinieron a Cortes unos principales del pueblo y le rogaron que no les hiciese mal porque ellos querían ser sus amigos y vasallos del rey de Castilla y que conocían que ellos tenían la culpa en no lo haber querido creer pero que de allí adelante harían lo que les mandase y harían con los de Tlaxcallam que no tomasen armas contra ellos y así dijo Cortes a los suyos que creía era acabada la guerra y luego vinieron más de cuatro mil indios de paz y lo llevaron a una fuente donde a él y a los suyos dieron bien de comer y los dejó pacíficos y se volvió al real y halló la gente que en él había quedado muy atemorizada creyendo le había sucedido algún peligro por lo que la noche antes habían visto volver los caballos y como supieron lo que habían hecho y que la gente que dejaba de paz recibieron gran contento.

Llegado Cortes al real halló allí seis señores mexicanos muy principales y venían con ellos doscientos hombres de servicio que vinieron a traerle un presente de parte de Moctençuma en que había mil ropas de algodón y algunas piezas de pluma y mil castellanos de oro y le envió a decir que él quería ser amigo /355/ del emperador y suyo y de los españoles y que viese cuánto quería de tributo en cada uno año en oro, y en plata, y perlas, y piedras, y ropa, y esclavos y cosas que había en sus reinos y que no habría falta en la paga con que no fuese él ni los suyos a Mexico porque la tierra era estéril y fragosa y le pesaría que hombres tan valientes padeciesen trabajo y necesidad en su señorío sin que él lo pudiese remediar Cortes les agradeció la venida y el ofrecimiento de Moctençuma y el presente que le envió y rogóles que no se fuesen hasta ver el fin de aquella guerra para que llevasen a Mexico la nueva de la victoria y de la matanza que él y sus compañeros harían en aquellos enemigos de su señor Moctençuma y así lo hicieron.

Luego le dieron a Cortes unas calenturas a cuya causa no salía a correr el campo ni a hacer talas ni quemas y proveyó que guardasen su fuerte de algunos indios que llegaban a gritar y escaramuzar muy de ordinario y cada día les traían comida y se enviaban a excusar los de Tlaxcallam diciendo que ellos no les daban enojo sino unos otomitles que no querían hacer lo /355 v./ que les rogaban, Cortes tomó unas píldoras para se purgar y otro día antes que comenzase a obrar vinieron a dar en el real tres escuadrones muy grandes porque les pareció que de miedo no habían osado salir aquellos días, o porque supieron que Cortes estaba malo y sin mirar que estaba purgado subió en su caballo y salió con los suyos al encuentro y todo el día hasta la tarde peleó con los enemigos y los retrajo muy gran trecho y tornóse al real y al otro día purgó como si entonces tomara la purga y se dice que era gran sufridor de trabajos y de males y el primero que se hallaba en las refriegas con los enemigos y hombre de gran consejo en lo que había de hacer que velaba de noche el tiempo que le cabía como cualquiera de sus compañeros. No es de menos gloria esto que Cortes hizo que lo de Quinto Fabio Maximo que estando enfermo muchos años había de cuartanas salió a pelear con los enemigos que llamaban alobrojes y ahora llaman saboyanos estando con la cuartana, que con la alteración del pelear se le quitó que nunca más le volvió como lo refiere Pedro Mexia en el capítulo quince de la tercera parte de la *Silva de varia leçion* y Luis del Marmol Carvajal en el capítulo /356/ veintiocho libro segundo de la *Descripçion de Africa* dice que teniendo Almançor cercada la ciudad de Leon el año de novecientos noventa y cuatro vino en su defensa por mandado del rey don Bermudo Guillen Gonzales gobernador de Galizia y estando en cama muy enfermo supo que los moros habían roto los muros de la ciudad por dos partes y se hizo armar y se puso en la parte donde había más peligro queriendo antes morir peleando que ver la destrucción de la ciudad y que con esta agonía defendió el muro tres días y al cabo de ellos los alárabes entraron en la ciudad

512

y la destruyeron y la asolaron y mataron a Guillen Gonzales y Guillermo arzobispo de Tiro en la *Historia* que escribió de la conquista de Jerusalem dice en el capítulo tercero del libro catorce que el conde Josçelino estando en cama muy fatigado de una larga enfermedad y muy cercano a la muerte tuvo nueva que el sultán de Yconja le tenía cercado un castillo y que mandó a su hijo que también se llamaba Josçelino que juntase toda su gente de guerra y saliese contra el sultán y como de su respuesta conoció su poco ánimo se levantó de la cama y se mandó poner en una literilla y salió con su ejército contra el sultán sin tener cuenta /356 v./ con su gran flaqueza y siendo su enfermedad tal que no podía estar sino en cama y que como el sultán lo supo se retiró y no le osó esperar y como un caballero de los suyos se lo dijo mandó poner la literilla en tierra y alzó los ojos y las manos al cielo y con gran devoción y muchas lágrimas y suspiros dio gracias al Señor que en el fin de sus días estando a punto de muerte le hizo tan gran merced que los enemigos de su santa ley le temiesen y con esto dio el alma a Dios como se puede creer de él y de Guillen Gonzales.

Una noche salió Cortes de su aposento a requerir los centinelas y oyó hablar algo alto en una choza y llegóse a ella a oír lo que decían y estaban entre sí tratando ciertos soldados que si el capitán era loco y se metía donde no podía salir que no lo fuesen ellos sino que se volviesen a la mar y si él no quisiese hacer lo mismo que lo dejasen y Cortes disimuló y se tornó sin les decir cosa alguna y antes de esto le habían hecho algunos requerimientos para que se volviesen a la mar donde podrían poco a poco tener inteligencia con los indios y podría enviar a las islas por más españoles y armas y caballos que son los que hacían la guerra / Cortes los animaba diciéndoles /357/ que mirasen que eran españoles y que en ninguna parte que se hallaban en guerra se vio en ellos falta ni muestra de temor y que estaban donde podrían ganar para su rey los mayores y más ricos reinos del mundo y donde se podía hacer a Dios gran servicio publicándose en aquella tierra la ley evangélica y sacar aquella infinidad de gentes de su idolatría y de otra infinidad de pecados abominables con que Dios era muy ofendido y ganarían la mayor honra y gloria que ninguna otra generación antes que ellos había ganado y que mirasen cómo tenían a Dios de su parte a quien ninguna cosa era imposible como claramente se podía ver por las victorias que habían habido donde habían muerto infinitos indios sin que alguno de ellos hubiese muerto y que si diesen la vuelta era perder lo ganado y los que se les habían dado por amigos y el crédito que de ellos se tenía de ser invencibles y les trajo a la memoria la multitud de indios que habían vencido de los de Tlaxcallam siendo la gente más belicosa y más esforzada de aquella tierra y la victoria de los de Tavasco y les dijo otras cosas a este propósito con que los animó y los atrajo a su propósito que era dar fin a lo que tenía comenzado.

# CAPÍTULO DIECIOCHO

/357 v./ Cómo vino Xicotencatl capitán general de la provincia de Tlaxcallam a hablar a Cortes y a le pedir perdón de lo pasado y le ofreció su amistad y ayuda por sí y por los demás señores y principales de la provincia y cómo se fue Cortes a Tlaxcallam y del recibimiento que allí se les hizo.

Xicontenclatl capitán general de la provincia de Tlaxcallam y uno de los cuatro señores principales de ella vino a hablar a Cortes al tiempo que estaba tratando con sus compañeros lo que se ha dicho en el capítulo precedente y vinieron cincuenta principales y le rogó de su parte y de la de Maxiscatzim que era la más principal persona de toda la provincia y de parte de los otros señores que los admitiese al servicio del rey de Castilla y que él los tuviese por amigos y les perdonase lo pasado porque no conocían ni sabían quién eran él y los demás españoles y si habían procurado de defenderles en la entrada en su tierra era como a hombres extranjeros y de muy diferentes gestos y facciones de las suyas y que nunca habían visto otros semejantes a ellos y porque creían eran amigos de Moctençuma su grande enemigo y que de su parte venían a les tomar su tierra pues venían con él sus criados /358/ y vasallos y a les usurpar su libertad que de tiempo inmemorial guardaban y por la conservar como habían hecho sus antepasados habían derramado mucha sangre y perdido mucha gente y hacienda y padecido muchos y muy grandes trabajos y que nunca Moctençuma ni sus pasados los pudieron sojuzgar con ser muy grandes señores y de infinitos vasallos y que ya habían probado con él y con los suyos todas sus fuerzas de día y de noche para se excusar de ser súbditos a otros porque en ningún tiempo los de esta provincia lo habían sido ni tenían ni habían tenido señor cierto y siempre habían vivido por sí y se habían defendido del gran poder de Moctençuma y de su padre y abuelos y que tenía sojuzgada toda la tierra y a ellos no habían podido traerlos jamás a sujeción aunque los tenían cercados por todas partes sin tener lugar por dónde poder salir de su

515

tierra y que no comían sal porque no la tenían ni los dejaban ir a la comprar a otras partes ni vestían ropa de algodón porque no se cría en su tierra por ser fría y carecían de otras cosas por estar cercados y todo lo sufrían por ser exentos y no sujetos a otros y que con él quisieran hacer lo mismo y /358 v./ para ello habían probado todas sus fuerzas y que pues habían visto claramente que ninguna cosa les aprovechaba querían antes ser vasallos del rey de Castilla que no morir y ser destruidos ellos y sus mujeres e hijos y sus casas y haciendas y porque los de Çempoallam les habían dicho que eran buenos y poderosos y que no venían a les hacer mal y que según ellos lo habían visto y conocido en la guerra eran muy valientes y venturosos y que confiaban que su libertad no les sería por ellos quebrantada y le dijo otras muchas cosas y al fin le rogó muy encarecidamente y con lágrimas que mirase cómo Tlaxcallam no había tenido rey.

Gran contento recibió Cortes con el embajador y con la embajada porque demás de la honra que ganaban en venir a su tienda tan gran señor y tan valeroso capitán a se le humillar y ofrecerle su amistad y ayuda y la de toda la provincia era muy importante para su demanda tener aquella provincia en su favor y haber acabado la guerra con tan gran fama y reputación para con todos los de aquella tierra y le dijo que ellos tenían la culpa del daño que habían recibido y que se venía /359/ a su tierra como a tierra de amigos porque los de Çempoallam así se lo habían certificado y él les había enviado sus mensajeros delante para les hacer saber su venida y la voluntad que tenía de ser su amigo y que sin le enviar respuesta le habían salido a saltear al camino y le habían muerto dos caballos y herido otros dos y después de haber peleado con él le enviaron sus mensajeros diciendo que aquello se había hecho sin su licencia y que querían su amistad y cómo siempre les había requerido con la paz y le refirió lo que con él habían hecho y que les perdonaba los caballos que le habían muerto y todo lo demás y quería ser su amigo y le agradeció el haberse ofrecido por vasallos de su rey y aunque le importunó que se fuese a su ciudad lo despidió con decirle que presto lo haría como él se lo rogaba y que no iba luego por estar con él aquellos criados de Moctençuma y estuvo sin salir de aquel aposento seis o siete días para probar si era cierto lo que se le ofrecía y en este tiempo le enviaron a rogar los señores muchas veces que se fuese a su ciudad.

Los embajadores de Moctençuma recibieron gran pesar con la venida de Xicotencatl al real de los españoles y con el ofrecimiento /359 v./ que hizo a Cortes para su rey y trabajaron por muchas vías y formas de lo revolver con ellos diciendo que no era cierto lo que le decían ni la amistad y ayuda que le prometían y que lo hacían por le asegurar para hacer a su salvo alguna traición y en esto insistieron mucho / Cortes les respondió que no dejaría de ir a Tlaxcallam porque menos los temían en poblado que en el campo vista esta respuesta y sabida su voluntad le rogaron que diese licencia a uno de ellos para ir a Mexico a dar razón a Moctençuma de lo que pasaba y que dentro de seis días tornaría él lo tuvo por bien y esperó a ver lo que trajese de nuevo / en este medio tiempo acudían al real muchos de los de Tlaxcallam y traían gallipavos, y pan, y fruta, y todo se lo daban sin querer paga y con alegre semblante rogándoles se fuesen con ellos a sus casas.

El que fue a Mexico vino al sexto día como prometió y trajo a Cortes diez piezas y joyas de oro muy ricas y muy bien labradas y mil quinientas piezas de algodón muy mejores que las que primero le habían enviado y le rogó con gran instancia de parte de Moctençuma que no se fiase de los de Tlaxcallam que eran pobres y le matarían /360/ por robarle lo que le había enviado.

Todos los señores de Tlaxcallam vinieron a rogar a Cortes que se fuese a su ciudad porque allí sería bien servido y proveído de lo necesario mejor que en el campo y que tenían vergüenza de que estuviese mal aposentado habiéndosele dado por amigos y ellos y él eran vasallos de un mismo rey y por su ruego se fue con ellos a la ciudad que estaba seis leguas del aposento donde tenía su real y porque los de Çempoallam de quien tenía buen crédito le importunaron que fuese e hizo cargar todo lo que había en el real y llevar la artillería y fue con tanto orden y recaudo como para una batalla en la torre que había donde estaba *el real* dejó Cortes cruces puestas y mojones de piedra.

Salió de Tlaxcallam tanta gente a lo recibir que no cabían por el camino ni por las calles entró en Tlaxcallam a dieciocho de septiembre del año de diecinueve aposentáronle en el templo mayor que tenían muchos y buenos aposentos para todos los españoles e hizo aposentar los indios amigos que iban con él y puso ciertas señales y mandó so graves penas a los de su compañía que no pasasen de allí ni tomasen más de aquello que les diesen /369 v./ y así lo cumplieron / en todo cuanto podían aquellos señores procuraron dar contento a los españoles y tenían gran respeto a Cortes y los proveían muy bien de comida y muchos les dieron sus hijas en señal de verdadera amistad y porque hubiesen hijos esforzados de tan valientes varones y les quedasen casta de ellos para la guerra.

En alguna manera parece lo que hicieron los de Tlaxcallam en dar sus hijas a los españoles para haber casta de ellos a lo que hizo Thalestris Minothea según Justino reina de las amazonas de quien cuenta Quinto Curtio en el libro sexto de su *Historia* y Justino en el libro doce y lo refiere Pero Mexia en el capítulo once de la parte de la *Silva de varia leçion* que salió de su reino con ciertas amazonas de las más principales y dispuestas con deseo de ver y conocer al gran Alexandro cuya fama era muy grande en todo el mundo y fue a Yrcania donde a la sazón estaba y le envió a pedir seguridad significándole la causa de su venida y él se la concedió y vino con algunas de sus amazonas dejando las demás en cierto sitio muy en orden y llegada donde estaba Alexandro se apeó de su caballo con dos /361/ lanzas en la mano derecha y el uno al otro se saludaron según convenía a su estado mediante un intérprete Alexandro le hizo buen acogimiento y le mandó decir si quería pedirle algo de cualquier calidad que fuese se lo otorgaría ella le respondió que su venida no había sido a pedirle tierras ni mercedes porque ella tenía lo que le bastaba sino a lo conocer por las grandes y maravillosas cosas que de él se decían y que también venía a le tener por marido hasta tanto que de él se hiciese preñada porque su sucesor fuese de tal hombre como él lo era y que le hacía saber que ella venía de tan antiguo y alto linaje que merecía le fuese otorgado lo que le pedía y que si de él le diese Dios una hija la guardaría para su heredera y si hijo se lo enviaría, Alexandro quiso disimular a su demanda y se le preguntó si se holgaría de andar con él en la guerra que le haría muy buena compañía ella se excusó diciendo que su ausencia en su tierra le sería muy peligrosa que le pedía le otorgase su demanda y cuando ella se quisiese ir le diese licencia en fin ella anduvo con Alexandro trece días en pública y secreta conversación y pasados tomada licencia se volvió a su tierra dejando /361 v./ a todos admirados de su traje y de su demanda el origen de estas amazonas y su manera de gobierno lo pone Justino en el libro doce donde se podrá ver con otros que Pero Mexia cita y con esto volvamos a nuestro intento pues lo que se pretende en estos divertículos es brevemente traer algunos ejemplos cuando se ofreciere ocasión para dar algún gusto al lector pues todos los reciben de cosas diversas.

En el capítulo veintiuno de la primera parte de esta Relaçion se trató del grandor y término de Tlaxcallam y de los señores y principales que en ella había y al fin de aquel capítulo se dijo que en esta tercera parte se referirá lo que Hernando Cortes dice de la grandeza y abundancia de aquella ciudad y su provincia será bien referir lo que dice y es que aquella ciudad es tan grande y de tanta admiración que aunque deje mucho de lo que de ella podría decir lo poco que dijere cree que es increíble porque es muy mayor que Granada y muy más fuerte y de tan buenos edificios y de mucha más gente que Granada, tenía al tiempo que se ganó y muy mejor abastecida de las cosas de la tierra que es de pan, y de aves, y caza y pescado de los ríos y de otras cosas /362/ y legumbres que ellos comen muy sanas, y que en ella hay un mercado en que todos los días hay más de treinta mil personas vendiendo y comprando sin otros muchos mercadillos que hay por la ciudad y que en este mercado hay todas las cosas así de mantenimiento como de vestidos y calzado que ellos usan y tratan y que hay joyería de oro, y de plata, y piedras, y de joyas y de plumajes tan bien concertado como puede ser en todas las plazas y mercados del mundo y que hay mucha loza de todas maneras y muy buena y tal como la mejor de España, y que venden mucha leña y carbón, y hierbas de comer y medicinales y que entre ellos hay toda manera de buen orden y pulicía y que es gente de toda razón y concierto y tal que lo mejor de Africa no se le iguala, y que es aquella provincia de muchos valles llanos y hermosos y todos labrados y sembrados sin haber cosa vacía y que tiene la provincia noventa leguas en torno y más y que el orden que hasta entonces se había alcanzado es que la gente de ella tenía en su gobierno es casi como los señoríos de Veneçia, Genova, o Pisa, porque no hay señor general de todos y que hay muchos señores y que todos residen en aquella ciudad y los pueblos de la /362 v./ tierra son de labradores vasallos de aquellos señores y que cada uno tiene su tierra por sí unos más que otros y que para ordenar sus guerras se juntaban todos y las ordenaban y concertaban y que se creía que tenían alguna manera de justicia para castigar los delitos porque uno de aquella provincia hurtó cierto oro a un español y se lo dijo a Maxiscatzim que era el mayor señor de todos y que hicieron su pesquisa y lo siguieron hasta Cholullam y lo trajeron preso y se lo entregaron con el oro y le dijeron que lo hiciese castigar y que él les agradeció la diligencia que habían puesto y les dijo que pues estaban en su tierra que elloş lo castigasen conforme a su costumbre y que no se quería entremeter en castigar los suyos estando en su tierra y que por ello le dieron las gracias y tomaron al ladrón y con pregón público que manifestaba su delito lo hicieron llevar por aquel gran mercado y lo pusieron al pie de uno como teatro que está en medio del mercado y que encima de él subió el pregonero y en voz alta tornó a decir su delito y que viéndolo todos le dieron con unas porras en la cabeza hasta que lo mataron y muchos otros dice que habían /363/ visto en prisiones que decían estaban presos por hurtos y por otros delitos y que halló en aquella provincia por visita que en ella mandó hacer ciento cincuenta mil vecinos con otra provincia pequeña que está junto a ella que se dice Huexoçinco que viven a la manera de los de Tlaxcallam sin señor natural y que los unos y los otros quedaron por vasallos de su majestad.

Juan Cano dice lo mismo de la grandeza de Tlaxcallam y de su gente y que antiguamente ellos y los de Mexico eran todos unos y que se alzaron contra un señor de Mexico y que nunca más los quisieron recibir por amigos sino acabarlos con guerras y sacrificarlos a sus ídolos y que los tenían muy estrechos y cercados con gente de guarnición puesta en cuatro o cinco partes y que los tenían tan acorralados que no comían sal ni vestían mantas de algodón porque no las tenían y que si salían algunas partes los cautivaban esto es en suma lo que todos ellos dicen de Tlaxcallam y lo tratan muy más largo.

# CAPÍTULO DIECINUEVE

En que se refiere lo que Cortes hizo y trató en Tlaxcallam y la respuesta que le
dieron sobre dejar sus ídolos y la causa de la enemistad tan grande que tenían
con los mexicanos y cómo determinó Cortes de ir a Mexico.

/363 v./ Desde algunos días que Cortes estaba en Tlaxcallam como
entendió que guardaban justicia y que vivían en religión aunque
diabólica rogó muchas veces a los señores que dejasen los ídolos
y la crueldad que usaban en sus sacrificios matando hombres para
ello pues ninguno de todos ellos querría ser muerto de aquella manera ni comido y que tomasen y creyesen al verdadero Dios de los
cristianos a quien los españoles adoraban que era creador del cielo
y de la tierra y les dijo otras cosas a este propósito y le respondieron algunos que de grado lo hicieran sino que temían que el pueblo los apedrearía otros dijeron que era cosa recia dejar de creer lo
que ellos y sus antepasados tanto tiempo habían creído y sería
condenar a sus antecesores, otros dijeron que podría ser que andando el tiempo lo harían viendo la manera de su religión y entendiendo bien las razones por que debían ser cristianos y conociendo
mejor la manera de vivir de los españoles y sus leyes y costumbres
y su condición y que ya tenían entendido que eran invencibles y
que su Dios les ayudaba bien / Cortes les prometió que presto les
daría quien les enseñase y doctrinase y entonces verían la mejoría
y gran fruto y gozo que sentirían en tomar su consejo que como
amigo les daba y pues al presente /364/ no podía hacerlo por la
prisa que tenía por ir a Mexico que tuviesen por bien que en aquel
templo donde tenía su aposento hiciese iglesia donde él y los suyos orasen e hiciesen sus devociones y sacrificios y que también
ellos podrían venir a verlo ellos lo tuvieron por bien y venían muchos a oír la misa que se decía cada día y a ver las cruces y otras
imágenes que se pusieron allí y en otros templos y torres y algunos se vinieron a estar con los españoles y todos les mostraban
amistad y el que más se mostró ser su amigo fue Maxixcaçim que

era el mayor señor de los de Tlaxcallam y no se apartaba de Cortes ni se hartaba de ver y oír los españoles.

Conociendo Cortes la buena voluntad que todos le mostraban y la buena gana con que hablaban y conversaban con él y con sus compañeros preguntóles por Moctençuma y de su riqueza y señorío ellos se lo encarecieron grandemente como quien lo había visto y probado y que habían cien años que tenían guerra con él y con su padre y con sus tíos y abuelos y que el oro y plata y tesoros que tenía era más que ellos podían decir y que era señor de toda la tierra que ellos sabían y de gente innumerable y que juntaba doscientos y trescientos mil de guerra cada vez que quería y los podría juntar doblados y que ellos eran /364 v./ buenos testigos por lo haber visto y probado muchas veces en las guerras que con él habían tenido engrandecían tanto las cosas de Moctençuma especialmente Maxixcaçim que deseaba que no se metiesen en peligro entre los de Culhua que muchos españoles tuvieron por dudoso el buen suceso de lo que Cortes pretendía y aunque la grandeza y poder de Moctençuma era muy grande, ellos favorecían con esto que decían la opinión que de ellos se tenía en ser estimados por valientes pues se habían defendido tanto tiempo de tan poderoso príncipe y así vemos que algunos de los que escriben historias por complacer al vencedor y hacer sus victorias más gloriosas engrandecen los hechos del vencedor y también los del vencido porque cuanto más poderoso es el enemigo tanto mayor gloria y honra gana el que se defiende del que vence.

Cortes les dijo que sin embargo de lo que decían estaba determinado de ir a ver a Mexico y a Moctençuma que viesen lo que mandaban que negociase con él para su provecho que lo haría conforme a la obligación que para ello tenía porque tenía por cierto que Moctençuma haría lo que él le rogase ellos le dijeron que les alcanzase licencia para sacar de su tierra sal y algodón porque tenía puesta muy gran pena /365/ a quien se lo vendiese y preguntóles qué era la causa de aquellas guerras y enemistad tan grande como había entre ellos y los de Culhua / dijeron que amor de la libertad y exención, y Moctençuma le dijo que la causa era para que los mexicanos y de Culhua se ejercitasen en la guerra contra los de Tlaxcallam que estaba más cerca que otras provincias y para haber de allí cautivos tomados en guerra para sacrificar a sus ídolos y para esto y para sus fiestas enviaba Moctençuma ejército contra los de Tlaxcallam porque es cierto que si quisiera sujetarlos o consumirlos tenía poder y gente para ello / gran contento recibió Cortes en ver la discordia y enemistad que había entre los de Tlaxcallam y los de Culhua porque entendió que por aquella vía sojuzgaría mejor y más en breve a los unos y a los otros y trataba con ellos dándoles gracias por los avisos que le daban y hacía entender a cada parte que tenía con ella más amistad que con la otra y que le daba más crédito en lo que decía.

En todas estas cosas se hallaron muchos de Huexoçinco que habían andado en la guerra con los de Tlaxcallam contra Cortes porque era república por sí de la manera de Tlaxcallam y confederados los unos con los otros contra Moctençuma porque también les /365 v./ hacía guerra para lo mismo que a los de Tlaxcallam y se dieron por vasallos del emperador y por amigos de Cortes.

# CAPÍTULO VEINTE

Cómo Cortes fue a Cholollam y cómo tenían ordenado de lo matar a él y a los españoles y del aviso que de ello se les dio y lo que más pasó.

Después de haber estado Hernando Cortes más de veinte días en Tlaxcallam le dijeron aquellos señores que habían venido a le hablar y traer el presente que habemos dicho de parte de Moctençuma antes de entrar en Tlaxcallam que pues todavía determinaba de ir a Mexico que se fuese a Cholollam que los naturales de allí eran amigos de Moctençuma donde estaría entre tanto que venía resolución de la voluntad de Moctençuma sobre su ida a Mexico y siempre le daban algunas cosas por lo atraer a lo que le rogaban y que sabían que en Cholullam estaban otros mensajeros de su señor aguardándole y que irían algunos de ellos a le hablar y a decirle lo que él les había dicho y le traerían la respuesta Cortes les dijo que para un día que señaló iría a Cholullam que está seis leguas de Tlaxcallam y como supieron los de aquella provincia que había aceptado la ida a Cholullam vinieron /366/ a le hablar los señores de Tlaxcallam y con muy gran pena le dijeron que en ninguna manera fuese a Cholullam porque tenían ordenada una traición para lo matar y que para ello había enviado Moctençuma más de cincuenta mil hombres de guerra y que tenían cerrado el camino antiguo y hecho otro nuevo de muchos hoyos e hincados en ellos palos agudos y cubiertos con céspedes de tierra con su yerba y puestos de manera que fácilmente podían caer en ellos los caballos y matarse ellos y los que iban en ellos y que tenían muchas calles tapiadas y por las azoteas de las casas mucha piedra y que si quería ver cómo era verdad lo que le decían que mirase cómo ninguno de los de aquella ciudad había venido a le ver estando tan cerca y habían venido los que estaban más lejos y que los enviase a llamar y vería cómo no querían venir Cortes les agradeció el aviso y les pidió personas que de su parte los fuesen a llamar y se las dieron y envió a rogar a los de Cholullam que le viniesen a ver porque les quería decir ciertas cosas de parte de su rey y señor y la causa de su venida aquella tierra y con esto fueron los mensajeros y dijeron a los señores de Cholullam lo que Cortes les mandó y le enviaron la respuesta /366 v./ con dos o tres indios no de mucha autoridad y le dijeron que venían de parte de los señores porque ellos estaban enfermos y no podían venir y que les dijese a ellos lo que quería los de Tlaxcallam le dijeron que era burla y que los mensajeros eran hombres de poca suerte y que en ninguna manera saliese de allí hasta que los señores viniesen / Cortes dijo a los mensajeros que embajada de tan alto príncipe como era su rey no se había de dar a tales personas como ellos y que aun sus señores eran poco para la oír y que viniesen dentro de tres días ante él a darse por vasallos de su rey donde no que pasado el término que les daba iría sobre ellos a los destruir y se lo envió por escrito firmado de su nombre y de un escribano.

Otro día vinieron algunos de aquellos señores y dijeron a Cortes que no habían venido antes porque los de Tlaxcallam eran sus enemigos y que no estarían ni vendrían seguros por su tierra y como sus enemigos le habrían dicho mal de ellos y que no les debía dar crédito y que se fuese a su ciudad y que allí conocería quién le decía verdad y que desde luego se daban por vasallos de su rey y como tales le servirían y le pagarían tributo en lo /367/ que se les señalase y todo se asentó por escrito ante escribano mediante las lenguas y determinó de irse con ellos así por no mostrar flaqueza como porque desde allí podía tratar mejor sus negocios con Moctençuma porque confinaba con su tierra y se trataban los unos con los otros y como los de Tlaxcallam vieron su determinación pesóles mucho y le dijeron que lo erraba pero que pues ellos se habían dado por sus amigos y por vasallos de su rey irían con él a le ayudar en todo lo que se ofreciese y aunque Cortes les dijo que no era necesario fueron con él más de cien mil hombres muy bien aderezados de guerra y llegaron hasta dos leguas de Cholullam y a importunación de Cortes se volvieron sino fueron seis mil de ellos y aquella noche durmió en un arroyo porque era ya tarde otro día de mañana salieron de la ciudad al camino a lo recibir con muchas trompetas y atabales y muchos de los que ellos tienen por personas religiosas vestidos de las vestiduras que ellos usan y cantando al modo que lo hacen en sus mezquitas y así los llevaron a la ciudad y los aposentaron en un buen aposento donde todos cupieron y luego les trajeron de comer aunque no cumplidamente y en el camino vieron /367 v./ muchas señales de las que les habían dicho los de Tlaxcallam y algunas calles tapiadas y vieron mucha piedra en las azoteas que les fue aviso para estar muy apercibidos y allí halló ciertos mensajeros de Moctençuma y ninguna cosa le dijeron más de que venían a hablar a los que con él estaban para saber de ellos lo que con él habían concertado para lo ir a decir a su señor y con esto se fueron y con ellos el más principal de los que andaban con Cortes y en tres días que estuvieron en Cholullam los proveyeron muy mal de comida y cada día peor y muy pocas veces los venían a ver los principales y a Marina que era la lengua que se ha dicho que le dieron en Potoncham le dijo otra india natural de Cholullam cómo muy cerca de allí estaba mucha gente de Moctençuma junta y que los de la ciudad tenían fuera sus mujeres e hijos y toda su ropa y que habían de dar sobre de ellos y matarlos a todos Marina lo dijo a Geronimo de Aguilar que era la otra lengua que hubo en Yucatam y él lo dijo a Cortes y tomó uno de los naturales que halló a mano y sin que nadie lo viese se informó de él de lo que pasaba y conformó con lo que la india había dicho y luego hizo /368/ llamar algunos de los señores de la ciudad y los metió en una sala y mandó que toda la gente estuviese apercibida y que en soltando una escopeta diesen en mucha cantidad de indios que están junto al aposento y dentro de él y después que Cortes tuvo aquellos señores dentro de la sala los hizo atar y subió a caballo e hizo soltar la escopeta y dieron todos en los indios y mataron más de tres mil de ellos y antes que Cortes saliese de su aposento tenían tomadas todas las calles y estaba toda la gente a punto y como los tomaron de sobresalto y les faltaban los caudillos porque estaban como dicho es presos los desbarataron fácilmente porque es muy fácil de vencer una multitud sin cabeza púsose fuego a algunas torres y casas fuertes de donde les hacían gran daño y se defendían muy bien y dejando a buen recaudo el aposento que era muy fuerte anduvieron por la ciudad peleando cinco horas o más y echaron toda la gente fuera de la ciudad y ayudaban muy bien los seis mil indios de Tlaxcallam y otros cuatrocientos de Çempoallam vuelto Cortes al aposento habló con aquellos señores que tenía presos /368 v./ y les preguntó qué era la causa porque lo querían matar a traición dijéronle que ellos no tenían culpa porque los de Culhua que eran vasallos de Moctençuma los habían impuesto en ello y que cerca de allí tenía Moctençuma cincuenta mil hombres en guarnición para dar en ellos y que conocían haber sido engañados que soltase uno o dos de ellos y harían recoger la gente de la ciudad y que les perdonase aquel yerro y que de allí adelante nadie los engañaría y serían sus amigos y leales vasallos de su rey / Cortes soltó dos de ellos y otro día estaba toda la ciudad poblada y llena de gente y muy seguros luego soltó todos los otros que tenían presos con que le prometieron de ser sus amigos y servir a su rey muy lealmente y en quince o veinte días que allí estuvo dejó la ciudad y toda la tierra pacífica y hacían sus mercados y tratos como antes, e hizo amigos a los de Cholullam y a los de Tlaxcallam como antes lo solían ser / esto dice Cortes en la *Segunda carta* que escribió al emperador y Gomara lo escribe más largo en su *Historia* no refiero lo que sobre esto dice el obispo de Chiapa en un libro que intituló *Brevissima* /369/ *relaçion de la destruiçion de las Yndias* porque anda impreso y se podrá ver allí ni lo que dice Juan Cano en la *Relaçion* que escribió de la Nueva España que anda de mano porque hablan de oídas y ambos contradicen la Relaçion que se ha hecho que es lo que escribió Cortes al emperador y al cabo de su *Carta* suplica Cortes al emperador que envíe personas de confianza que haga inquisición y pesquisa de todo lo que ha dicho para que le informe de ello y se vea que ha escrito verdad y no es de creer que se atreviera a escribir a su rey ni a le suplicar lo que dicho es si no fuera verdad y ambos dicen que era la ciudad de Cholullam de más de treinta mil vecinos y dice Juan Cano que los más de ellos eran tratantes y la ciudad de muy grandes edificios y que eran amigos de Moctençuma y le daban algunos presentes aunque era señorío por sí y que está en un llano y que había en ella muchas mezquitas con sus cercas y almenas como los muros de España.

Gomara dice que Cholullam es república como Tlaxcallam y que entre todos eligen uno que es capitán general o gobernador /369 v./ y que de los muros adentro tiene veinte mil casas y fuera de ellos por los arrabales otras tantas y que es de muy hermosa vista y muy torreada y que hay tantos templos como días hay en el año y que cada uno tiene su torre y algunos más y que se contaron cuatrocientas torres y que los naturales hombres y mujeres son de buena disposición y de buenos gestos y muy ingeniosos y que ellas son grandes plateras y entalladoras y ellos muy sueltos y belicosos y buenos maestros de cualquier cosa y que andan mejor vestidos que los demás de aquella tierra y que traen unas sobrerropas como albornoces moriscos y que su término es llano y gracioso y de muy buenas labranzas de riego y tan lleno de gente que ninguna cosa hay vacía y dice Cortes que es tierra muy aparejada para vivir en ella españoles y agua para criar ganado y que hay pobres que piden por las puertas y que nunca hasta entonces los habían visto por aquella tierra y que es el pueblo de mayor religión de todas aquellas comarcas y santuario donde todos iban en romería y que el principal templo era el mejor de toda la /370/ Nueva España y subían a la capilla mayor por ciento veinte gradas donde dice otras cosas notables de aquella ciudad y de un volcán que *está ocho leguas**de Cholullam y casi lo mismo dice Hernando Cortes en su *Segunda epistola* y Motolinea en lo que escribió de aquella tierra.

Cortes habló como él lo dice a los mensajeros de Moctençuma que andaban con él y se les quejó de la traición que en Cholullam tenían ordenada para le matar y que los señores de ella le habían dicho que por mandado de Moctençuma se había hecho y que no parecía hecho de tan gran señor como él era enviar personas principales por mensajeros y a le decir que era su amigo y por otra parte buscar manera como ofender y matar a él y a los suyos por mano ajena para se excusar él de culpa si no sucediese como pensaba y que pues no le guardaba su palabra quería mudar propósito y entrar por su tierra haciéndole guerra y todo el daño que pudiese como a enemigo suyo aunque le pesaba de ello porque más quisiera tenerlo siempre por /370 v./ amigo y tomar y seguir en todo su parecer y consejo a esto le respondieron que ellos había muchos días que estaban con él y que no sabían cosa alguna de aquel concierto y que no podían creer que se hubiese ese hecho por mandado de Moctençuma y le rogaron que antes que se determinase de perder su amistad se informase bien de la verdad y que diese licencia al uno de ellos para ir a hablar a Moctençuma y que presto volvería y así lo hizo y dende a seis días volvió y con él otro mensajero que primero había ido y le trajeron diez platos de oro y mil quinientas piezas de ropa y mucha provisión de comida y le dijeron que le había pesado mucho a Moctençuma de lo que en Cholollam se quería hacer porque creería que por su mandado se

---

* Hay tres leguas desde Cholullam al pie del volcán. [Nota al margen.]

había hecho y que le hacía cierto que no había sido en ello ni lo había sabido y que la gente que allí tenía de guarnición fue incitada por los de Cholollam y aunque eran de dos provincias suyas tienen con los de Cholullam que confina con ellas cierta amistad y alianza de vecindad para se ayudar los unos a los otros y que a esta causa /371/ habían venido a ayudar a los de Cholollam y no por su mandado y que vería en lo de adelante cómo le había enviado a decir verdad y que todavía le rogaba no fuese a Mexico que es tierra estéril y padecería gran necesidad y que de donde quiera que estuviese le enviase a pedir lo que quisiese y se lo enviaría muy cumplidamente Cortes respondió que no podía dejar de lo ir a ver porque había de enviar relación de él y de su tierra a su rey que a ello lo había enviado y pues no podía dejar de lo ir a ver que le rogaba lo tuviese por bien y que no se pusiese en se lo defender porque sería para gran daño suyo y le pesaría de ello y como vio su determinación le envió a decir que fuese y que en Mexico le esperaría y envió mucha gente para que fuesen con él porque ya entraba por su tierra y porque ocho leguas de Cholullam están dos sierras muy altas y la de una de ellas está en lo alto cubierta de nieve por agosto y de la otra que es más alta sale muchas veces de día y de noche tan gran bulto de humo como una gran torre y sube hasta las nubes muy derecho porque es tanta la fuerza con que sale /371 v./ que aunque en lo alto de aquella sierra anda siempre muy recio viento no lo puede torcer y por saber el secreto de ello envió diez de sus compañeros y con ellos algunos de los naturales de aquella tierra para que los guiasen y llevasen comida porque era la subida muy áspera y trabajosa y aunque trabajaron por subir a la cumbre y alto de la sierra donde salía el humo no pudieron a causa de la mucha nieve que cubría toda la sierra y porque no pudieron sufrir la gran frialdad y también por los muchos torbellinos de ceniza que andaban por la sierra donde lo llevaba el aire pero llegaron muy cerca y estando arriba comenzó a salir el humo con tanto ímpetu y ruido que parecía que toda la sierra se hundía y con esto se bajaron y trajeron mucha nieve y carámbanos para que Cortes y los demás los viesen porque lo tenían por cosa nueva haber nieve en aquellas partes porque decían los pilotos que aquella tierra está en veinte grados y que es en el paraje de la Española donde a la contina hace muy gran calor esto dice Cortes y Gomara lo trata más largo.

/372/ Los que fueron a ver de dónde salió aquel humo toparon en la sierra un camino y preguntaron a los indios que iban con ellos para dónde iba y les dijeron que para Mexico y que era buen camino y mejor que otro por donde los querían llevar los de Culhua y los españoles fueron por él hasta encumbrar dos sierras y entre la una y la otra iba el camino y descubrieron los llanos de Culhua y la gran ciudad de Mexico y las lagunas que por allí hay y vinieron muy contentos por haber descubierto tan buen camino Cortes dijo a los mexicanos que estaban con él que quería ir por aquel camino y no por el que ellos le querían llevar respondieron que era mejor camino y más cerca el que decía pero que no querían ir por allí porque habían de pasar yendo por él por tierra de Guaxoçinco que eran sus enemigos y no serían tan bien proveídos como por el otro camino que va por tierra de Moctençuma y que pues quería ir por allí que ellos proveerían cómo por la otra parte saliese bastimento al camino.

El día que Cortes salió de Cholollam anduvo cuatro leguas hasta llegar a unos /372 v./ caseríos de Huexoçinco donde fue bien recibido y le dieron algunas esclavas y ropa y algunas piezas de oro que todo fue muy poco porque a causa de ser de la liga de Tlaxcallam los tenía Moctençuma cercados de manera que con ninguna provincia tenían contratación y a esta causa vivían muy pobremente otro día subieron el puerto por entre las dos sierras por donde como se ha dicho subía el camino y a la bajada de él hallaron un aposento nuevamente hecho tan grande que Cortes y toda su gente se aposentaron en él aunque pasaban de cuatro mil los indios que llevaba consigo de Tlaxcallam y Cholullam y Huexoçinco y Çempoallam y a todos se les dio muy cumplidamente de comer y porque por allí hace gran frío había en cada aposento gran fuego y mucha leña / allí le vinieron a hablar ciertos principales de parte de Moctençuma y le trajeron seis mil pesos en oro porque siempre pensó convencerlo con dádivas visto cuán de buena gana las recibía y le envió a rogar que se volviese y no curase de ir a Mexico porque era tierra pobre de comida y que había para ir allá mal camino y que no podía ir sino en canoas y que viese lo que quería que todo se lo mandaría /373/ dar y también le daría cada un año cierto tributo y se lo llevarían hasta la mar o donde quisiese Cortes los recibió muy bien y les dio algunas cosas de las de España que ellos tienen en mucho especialmente al uno de ellos que le

530

decían que era hermano de Moctençuma y les respondió que holgaría de hacer placer a Moctençuma pero que no era en su mano volverse porque había ido aquella tierra por mandado de su rey y que le había mandado que le llevase relación de él y de su gran ciudad de Mexico de quien tenía noticia mucho tiempo había y que le rogaba tuviese por bien porque de ello a él ni a su tierra no vendría daño sino provecho y que si después de lo haber visto fuese su voluntad de no lo tener en su compañía se volvería y que entre ambos darían orden en lo que ofrecía quedaría de tributo cada un año mejor que por terceras personas y con esta respuesta los despidió.

# CAPÍTULO VEINTIUNO

En que se refiere lo que sucedió a Cortes antes de entrar en Mexico.

Estando en el aposento que se ha dicho los indios tuvieron intento de dar aquella noche en Cortes y en los suyos y acabarlos /373 v./ a todos y como él lo sintió estuvo muy sobre el aviso y como los indios lo entendieron hicieron muy secretamente que la gente que estaba junta en los montes cerca del aposento se fuese y la vieron las velas y escuchas de Cortes y otro día fue a un pueblo que está dos leguas de allí que se dice Amecameca que es de la provincia de Chalco y tenía de población con las aldeas más de veinte mil vecinos donde los aposentaron en unas muy buenas casas del señor y allí vinieron a le hablar muchos principales de parte de Moctençuma y le dijeron que los había enviado para que lo esperasen allí y le hicieron proveer de todo lo necesario y el señor de aquella provincia le dio cuarenta esclavas y tres mil castellanos y dos días que allí estuvieron los proveyeron muy cumplidamente de comida y de todo lo demás necesario, de allí fue a dormir a un pueblo que está cuatro leguas de allí junto a una grande laguna y la mitad de él está fundada y edificada en el agua y la otra mitad en tierra y junto a ella está una sierra muy áspera de piedras y peñas donde los aposentaron muy bien y también quisieron probar /374/ sus fuerzas con ellos y tomarlos descuidados de noche y como estaban muy sobre aviso mataron las velas quince o veinte de los espías que venían en canoas por agua y otros por tierra a ver si había disposición para ejecutar su intento y como los hallaban siempre tan apercibidos mudaron propósito y acordaron llevarlos por bien y otro día vinieron diez o doce principales a hablar a Cortes y entre ellos un gran señor mozo de hasta veinticinco años y los traían en hombros en una litera y bajado de ella todos los otros iban delante de él quitando las piedras y las pajas del suelo y llegados a Cortes le dijeron que venían de parte de Moctençuma su señor y que los enviaba para que fuesen con él y que le rogaba lo perdonase que por estar mal dispuesto no salía su persona a lo ver y recibir y que su ciudad estaba cerca donde se verían pues todavía determinaba de ir a ella y conocería la voluntad que tenía de servir al emperador y que todavía le rogaba si era posible no fuese allá porque padecería mucho trabajo y necesidad y sería vergüenza para él no lo poder proveer como él deseaba y porfiaron tanto en esto aquellos señores que casi le dieron a entender que le defenderían la ida Cortes los aplacó con buenas palabras y les /374 v./ dio a entender que ningún daño les vendría de su ida a Mexico sino mucho provecho y les dio algunas cosas de las que llevava y los despidió y luego se partió tras ellos acompañado de muchos principales de Mexico y siguió su camino por la costa de la laguna y una legua de allí vio dentro de la laguna un pueblo que llaman Mezquicquec de hasta dos mil casas todas armadas sobre el agua y muy torreada con una entrada solamente y otra legua adelante entraron por una calzada tan ancha como una lanza jineta que entraba por la laguna casi una legua y por ella fueron a dar a una ciudad de dos mil vecinos que llaman *Cuitlauac* la más hermosa que hasta entonces habían visto así de muchas casas y torres muy bien obradas como de muy buen orden en su fundamento porque era armada sobre agua donde fueron muy bien recibidos y proveídos de comida y el señor y otros principales le rogaron que se quedase allí aquella noche y los que con él iban de Moctençuma le importunaron que se fuese a otra ciudad que está tres leguas de allí que se dice Yztapalapam y era de un hermano de Moctençuma y así lo /375/ hizo y fueron por otra calzada de más de una legua hasta llegar a tierra firme y les salieron a recibir algo fuera de Yztapalapam el señor de ella y con él otro señor de un gran pueblo que llaman Coyouacam y le dieron tres o cuatro mil castellanos y algunas esclavas y ropa y lo recibieron muy bien era esta ciudad de doce o quince mil vecinos y fundada a la costa de una laguna salada la mitad dentro del agua y la otra mitad en tierra donde tenía el señor unas casas nuevas tan buenas como las mejores de España así de cantería como de carpintería y suelos y cumplimientos para todo género de servicio de casa y con muchos cuartos altos y bajos y muy frescos jardines de muchos árboles y flores olorosas y albercas de agua dulce muy bien labradas con sus escalones hasta el fondo y una muy grande huerta junto a la casa y sobre ella un muy hermoso mirador de muy hermosos corredores y salas y dentro de la huerta una muy grande alberca de agua dulce cuadrada y las paredes de ella de muy gentil cantería y alrededor un andén de muy buen suelo ladrillado tan ancho que podían ir por él cuatro juntos paseándose y tenía de cuadra cuatrocientos pasos que son en torno mil seiscientos /357 v./ de la otra parte del andén hacia la huerta va todo labrado de cañas con sus verjas y detrás de ellas todo de arboledas y yerbas olorosas y dentro de la alberca había mucho pescado y muchas aves y eran tantas que cubrían el agua esto es lo que dice Hernando Cortes en su *Segunda carta* y lo mismo y más largo Gomara donde dice que era cosa de niñería ver cuántas veces trataron de impedirle la ida a Mexico y nunca fueron para ello ni para quitar los puentes de madera que había en las calzadas ni para estorbarles el paso que había en el camino entre las dos sierras nevadas que pasaron que todo les era muy fácil.

# CAPÍTULO VEINTIDÓS

En que se trata de la entrada de Cortes en Mexico y del recibimiento que Moctençuma le hizo.

Dice Hernando Cortes en aquella su *Segunda epistola* que otro día después que llegó a Yztapalapam se partió de allí y a media legua dice que entró por una calzada que va por medio de la laguna dos leguas hasta llegar a la gran ciudad de Tenuchtitlam Mexico que está fundada en medio de aquella laguna y que la calzada era tan ancha como dos lanzas y muy bien obrada que podían ir por toda ella ocho /376/ de a caballo a la par y que de la una parte y de la otra estaban tres ciudades fundadas en la costa de la laguna y que la una se llama Mexicaltzingo la mayor parte de ella fundada dentro de la laguna la otra se llama Cuyuvacam y la otra Uizilopuchtli y que muchas casas de ellas están dentro del agua y que la primera ciudad tendría tres mil vecinos y la segunda más de seis mil y la tercera cuatro o cinco mil y que en todas había muy buenos edificios de casas y torres de los señores y personas principales y las de sus mezquitas donde tenían sus ídolos y que en estas ciudades había mucho trato de sal que hacen del agua de la laguna y de la superficie de la tierra que baña la laguna y que la cuecen y hacen panes de sal que venden para los naturales y para fuera de la comarca y que yendo él por aquella calzada a media legua antes de llegar al cuerpo de la ciudad de Mexico a la entrada de otra calzada que va a dar de tierra firme a ésta había un muy fuerte baluarte con dos torres cercado de muro de dos estados en alto con su pretil almenado por toda la cerca que tomaba ambas calzadas con solas dos puertas una para entrar y otra para salir / aquí dice que le salieron a ver y a hablar hasta mil hombres principales de la ciudad todos vestidos de /376 v./ una manera y hábito y según su costumbre bien rico y que cada uno llegó por sí a le hablar con una ceremonia que entre ellos se usa mucho que cada uno ponía la mano en tierra y la besaba y que así estuvo esperando casi una hora hasta que todos acabaron de llegar y hacer su ceremonia y que junto a la ciudad estaba un puente de madera de diez pasos de ancho y que por allí está abierta la calzada para que tenga lugar el agua de entrar y salir porque crece y mengua y también para fortaleza de la ciudad porque quitaban y ponían unas vigas muy anchas y largas todas las veces que querían de que estaba hecho el puente y que hay muchas de ellas por la ciudad y que pasado aquel puente les salió a recibir Moctençuma con hasta doscientos señores todos descalzos y vestidos de otra librea bien rica a su uso y más que la de los otros y que venían en dos procesiones muy arrimados a las paredes de la calle que era muy ancha y muy hermosa y derecha y que del un cabo se parece el otro y que tenía dos tercios de legua y que de la una parte y de la otra había muy grandes casas y muy buenas así de aposentamientos como de mezquitas y que Moctençuma venía por medio de la calle con dos señores el uno a la mano derecha y el otro a la izquierda y que el uno era /377/ aquel gran señor que ha dicho que le salió a hablar en unas andas o litera en que lo llevaban en hombros y que el otro era hermano de Moctençuma señor de Yztapalapam de donde él había salido aquel día y que todos tres venían vestidos de una manera excepto que Moctençuma iba calzado y los otros dos descalzos y que cada unó lo llevaba de su brazo y que en allegando junto se apeó Cortes y lo fue a abrazar y que aquellos dos señores lo detuvieron con las manos para que no le tocase y dice Gomara que Moctençuma iba debajo de un palio de pluma verde y de oro con mucha argentería colgando y que lo llevaban cuatro señores y que no dejaron llegar a Cortes a él porque tenían que era pecado tocarle y Juan Cano dice que por señas y por el intérprete le dijeron que a tan gran rey y señor no lo había él de abrazar y dice Cortes que Moctençuma y aquellos señores hicieron su ceremonia de besar la tierra y que hecha mandó a su hermano que se quedase con él y lo llevase por el brazo y él se fue delante con él otro poco trecho y que después de le haber él hablado vinieron todos los otros señores que iban en las dos procesiones a le hablar uno en pos de otro y luego se tornaban /377 v./ a su procesión y que al tiempo que él llegó a hablar a Moctençuma se quitó un collar que llevaba de margaritas y diamantes de vidrio y se lo echó al cuello y dice Gomara que plugo mucho a Moctençuma aquel collar y que por no tomar sin dar más y mejor como gran príncipe mandó luego traer dos collares de camarones colo-

rados gruesos que ellos estiman en mucho y que de cada uno de
ellos colgaban ocho camarones de oro de perfectísima labor cada
uno de un jeme en largo y que se volvió para Cortes y que con sus
manos se los puso al cuello y que lo tuvieron por grandísimo favor
y que se admiraron de ello y lo mismo dice Cortes y que tornó a
seguir por la calle en la forma dicha hasta llegar a una muy grande
y muy hermosa casa que él tenía para los aposentar bien aderteza-
da y que allí lo tomó por la mano y lo llevó a una muy gran sala
que estaba frontero del patio por donde entraron y lo hizo sentar
en un estrado muy rico que para ello había mandado a hacer y le
dijo que lo esperase allí y él se fue y dice Gomara que le dijo en
vuestra casa estáis comed y descansad y habed placer que luego
torno y dice Cortes que después de poco rato ya que toda su gente
estaba aposentada volvió con muchas y diversas joyas /378/ de oro
y de plata y plumajes y con cinco o seis mil piezas de ropa de algodón muy ricas y de diversas maneras tejidas y labradas y que después de se lo haber dado se sentó en otro estrado que junto al de
Cortes le hicieron y dice Gomara que tal como se ha dicho fue el
recibimiento que a Hernando Cortes hizo Moctençuma rey pode-
rosísimo en su gran ciudad de Mexico a ocho días de noviembre
año del nacimiento de nuestro Señor Jesucristo de mil quinientos
diecinueve, y que en las puertas y ventanas y azoteas de toda la calle por donde entraron hasta llegar a la casa donde lo aposentaron
había tanta gente para ver los españoles que no sabe quién se ma-
ravilló más ellos de ver tanta muchedumbre de hombres y mujeres
que en aquella ciudad había o ellos de ver la artillería y caballo,
barbas y traje de hombres que nunca antes habían visto y que la
casa donde los aposentaron era muy grande y hermosa con salas
muy largas y otras muchas cámaras donde cupieron todos muy
bien y los indios amigos que los servían y acompañaban armados
y que estaba toda ella, muy limpia, y lucida, esterada, y entapiza-
da con paramentos de algodón y pluma de muchos colores que
todo era muy de ver y que se les dio una muy buena comida como
de tan gran rey a tal capitán y que luego /378 v./ que supo Moctén-
çuma que habían comido y reposado volvió a Cortes y lo saludó y
se sentó junto a él y le dio la ropa y joyas que se ha dicho en que
manifestó su grandeza y confirmó lo que de él traían imaginado
por los presentes que antes les había enviado y que todo lo hizo
con mucha gravedad y con la misma dijo lo que luego se dirá.

Muchas cosas dice Gomara y Juan Cano de la grandeza de estas casas y de sus edificios y riqueza del servicio de Moctençuma y de su limpieza y majestad y dice Gomara que estas casas tenían veinte puertas que respondían a la plaza y calles públicas y tres muy grandes patios aunque Juan Cano dice que había muchos más y que en el uno había una muy hermosa fuente y muchas salas y cien aposentos de a veinticinco y treinta pies en largo y hueco y cien baños y que el edificio aunque sin clavazón era todo muy bueno.

# CAPÍTULO VEINTITRÉS

/379/ En que se trata cómo habiendo Moctençuma dado a Hernando de Cortes las joyas de oro y la plata y lo demás que se ha dicho y sentados en un estrado que le pusieron junto al de Cortes le hizo una plática y razonamiento y lo que a ello le replicó Cortes.

Habiendo Moctençuma dado a Hernando Cortes las joyas y lo demás que se ha dicho y sentándose en un rico estrado que le pusieron junto al de Cortes le hizo un razonamiento con mucha autoridad y reposo como él dice en aquella su *Segunda epistola* que es el siguiente.

Muchos días ha que por nuestras escrituras tenemos de nuestros antepasados noticia que yo ni todos los que en esta tierra habitamos no somos naturales de ella sino extranjeros y venidos a ella de partes muy extrañas y tenemos asimismo que a estas partes trajo nuestra generación un señor cuyos vasallos eran todos y que él se volvió a su naturaleza y que desde ha mucho tiempo tornó a venir y que todos los que habían quedado estaban ya casados con mujeres naturales de esta tierra y que tenían hijos y hechos pueblos en que vivían y que queriéndolos llevar consigo no quisieron ir ni recibirle por señor y así se volvió y siempre habemos tenido que los que de él descendiesen habían /379 v./ a sojuzgar esta tierra y a nosotros como a sus vasallos y según de la parte que vos decís que venís que es hacia donde sale el sol y las cosas que decís de ese gran señor y rey que acá os envió / creemos y tenemos por cierto ser él nuestro señor natural en especial que nos decís que ha muchos días que él tenía noticia de nosotros y por tanto sed cierto que os obedeceremos y tendremos por señor en lugar del gran señor que decís y que en ello no habrá falta ni engaño alguno y bien podéis en toda la tierra que yo en mi señorío poseo mandar a vuestra voluntad porque será obedecido y hecho y *todo lo que nosotros tenemos es para lo que vos quisiéredes* disponer de ello y pues estáis en vuestra naturaleza y en vuestra casa holgad y descansad

539

del trabajo del camino y guerras que habéis tenido que bien sé todos los que se os han ofrecido de Potoncham acá y bien sé que los de Çempoallam y los de Tlaxcallam os han dicho muchos males de mí y no creáis más de lo que viéredes por vuestros ojos en especial de aquellos que son mis enemigos y algunos de ellos eran mis vasallos y se me han rebelado con vuestra venida y por se favorecer con vos lo dicen y sé que también os han dicho que yo tenía las casas con las /380/ paredes de oro y que las esteras de mis estrados y todo lo demás de mi servicio era asimismo de oro y que yo era y me hacía dios y otras muchas cosas / las casas ya las veis que son de piedra y de tierra y cal y que entonces alzó las vestiduras y mostró el cuerpo diciendo a mí veisme aquí que soy de carne y hueso como vos y como cada uno y que soy mortal y palpable haciéndose con sus manos de los brazos y del cuerpo ved cómo os han mentido, verdad es que yo tengo algunas cosas de oro que me han quedado de mis abuelos y *todo lo que yo tuviere tendréis cada vez que lo quisiéredes, yo me voy* a otras casas donde vivo aquí seréis proveído de todas las cosas necesarias para vos y para vuestra gente y no recibáis pena alguna pues estáis en vuestra casa y natural / Cortes dice que le respondió a todo lo que le dijo satisfaciéndole aquello que pareció que convenía especialmente para hacerle creer que el emperador era a quien ellos esperaban y con esto se despidió y que él y todos los demás fueron muy bien proveídos de muchas gallinas, y pan, y frutas y de otras cosas necesarias para el servicio del aposento y que esta manera estuvieron seis días muy bien proveídos de todo lo necesario y visitado Cortes de muchos de /380 v./ aquellos señores / esto es lo que dice Cortes y Gomàra en el capítulo sesenta y seis pone también la plática que Moctençuma hizo y es en esta manera.

Señor y caballeros míos mucho me huelgo de tener tales hombres como vosotros en mi casa y reino para os poder hacer alguna cortesía y bien según vuestro merecimiento y mi estado y si hasta aquí os rogaba que no entrásedes acá era porque los míos tenían muy gran miedo de veros porque espantábades la gente con esas vuestras barbas fieras y que traíades unos animales que tragaban los hombres y que como veníades del cielo bajábades de allá rayos, relámpagos, y truenos con que hacíades temblar la tierra y heríades al que os enojaba mas como yo ahora conozco que sois hombres mortales y que no hacéis daño alguno y he visto los caballos que son como ciervos, y los tiros que parecen cerbatanas tengo por burla y mentira lo que me decían y a vosotros por parientes que según mi padre me dijo que también lo oyó al suyo nuestros pasados y reyes de quien yo desciendo no fueron naturales de esta tierra sino advenedizos y que vinieron con un gran señor y que desde ha poco tiempo se fue a su naturaleza /381/ y que desde ha muchos años tornó por ellos y que no quisieron ir con él por haber aquí poblado y tener ya hijos y mujeres y mucho mando en la tierra y que él se volvió muy descontento de ellos y les dijo a la partida que enviaría sus hijos a que los gobernasen y los mantuviesen en paz y en justicia y en las antiguas leyes y religión de sus padres y a esta causa habemos siempre esperado y creído que algún día vendrían los de aquellas partes a nos sujetar yo pienso que sois vosotros según de donde venís y la noticia que decís que ese vuestro gran rey y emperador que os envía tenía ya de nos así que señor capitán sed cierto que os obedeceremos si ya no traéis algún engaño o cautela y partiremos con vos y con los vuestros lo que tuviéremos y ya que esto que digo no fuese por sola vuestra virtud y fama y obras de esforzados caballeros lo haría de muy buena gana que bien sé lo que hicisteis en Tabasco y Teocaçinco y en Cholollam y en otras partes venciendo tan pocos a tantos y si traéis creído que soy dios y que las paredes y tejados de mis casas con todo lo de mi servicio son de oro fino como os lo han dicho los de Çempoallam y los de Talxcallam y Huexoçinco y otros os quiero desengañar aunque os tengo por gente que no lo creéis y que /381 v./ conocéis que con vuestra venida se me han rebelado y que de vasallos se me han tornado enemigos mortales pero estas alas yo se las quebraré tocad pues mi cuerpo que de carne y hueso es hombre soy mortal como lo otros y no dios bien es verdad que como rey me tengo en más por la dignidad y preeminencia real las casas ya las veis que son de barro y de palo y cuando mucho de piedra, bien veis como os mintieron cuanto a lo demás es verdad que tengo oro y plata y armas y otras joyas y riquezas en el tesoro de mis padres y abuelos guardado de grandes tiempos a esta parte como es costumbre de reyes todo lo tendréis siempre que lo quisiéredes vos y vuestros compañeros entre tanto holgad que vendréis cansados.

Y dice Gomara que Cortes le hizo una gran mesura y con alegre semblante porque le saltaban las lágrimas le respondió que confiado de su clemencia y bondad había insistido tanto en verle y hablarle y que conocía ser todo mentira y maldad lo que le habían dicho los que le deseaban mal como él también veía por sus mismos ojos las burlerías y consejas que de los españoles le habían dicho y que tuviese por muy cierto que el emperador rey de España era aquel su natural señor a quien esperaba /382/ cabeza del mundo y mayorazgo del linaje y tierra de sus antepasados y en lo que tocaba al tesoro se lo tenía en gran merced y que tras esto preguntó Moctençuma a Cortes si aquellos de las barbas eran todos vasallos o esclavos suyos para tratar a cada uno como quien era y que Cortes le dijo que todos eran sus hermanos, amigos, y compañeros sino algunos que eran sus criados y que con estos se fue a Tecpan que es palacio y que allá se informó particularmente de las lenguas cuáles eran caballeros y cuáles no y que según le informaron así les envió el don según quien era cada uno esto es lo que dice Gomara y él y Cortes conforman en la sustancia de lo que pasó en aquella plática.

Dice fray Geronimo Roman en el capítulo primero del libro segundo de la *Republica de Yndias* que los reyes de Mexico tenían sus apellidos de grandes monarcas de la manera que los césares y ptolomeos porque se decían ACULHUAQUE que es tanto como llamar faraones y que así el último rey se decía aculhuaque Moctençuma y que la majestad y autoridad con que se servían y trataban excedía a la de los turcos y a la del preste Juan o emperador de Trapisonda /382 v./ y a otro cualquier monarca y que así los otros reyes habían representado gran magnificencia y que el último resplandeció más como lo suele hacer la candela cuando se va acabando y que esto se puede ver porque en amaneciendo entraban en palacio quinientos y seiscientos caballeros que los más eran señores principales y allí se andaban paseando por los patios y por los corredores y salas que excedían a todas las obras de los romanos y nuestras y que allí de dos en dos o en corrillos gastaban su tiempo sin entrar donde estaba el señor y que la multitud de los criados y pajes de éstos no tenían número y que todos señores y criados se estaban allí desde la mañana hasta la noche y que ninguno entraba en palacio sin se descalzar primero y el que entraba a hablar al rey o que él lo llamaba se vestía de muy viles mantas y llevaba la cabeza muy baja humillado, y encorvado mostrando gran sujeción y obediencia y que ninguno le miraba al rostro donde refiere otras grandezas de su majestad y que cuando hablaba era muy bajo y que parecía que no movía los labios y que esto era muy pocas veces porque las más respondía por intérprete o internuncios como lo hacían los /383/ asirios y que éstos eran como secretarios o del Consejo y que cuando salía de su palacio que era pocas veces iba un oficial delante con tres varas en las manos que era como macero que demostraba que iba allí el rey y que lo llevaban en unas andas de oro ciertos señores a sus cuestas y que delante iban otros oficiales quitando las pajas y las piedras del camino y que ninguno de los que iban con él le miraba al rostro y que iban los ojos puestos en el suelo y que lo mismo hacían los que estaban en las calles por donde pasaba y se estaban quedos los cuerpos inclinados en el mismo lugar donde le topaban hasta que había pasado lo mismo dice Hernando Cortes en aquella su *Epistola segunda* y fray Torivio Motolinea en aquel su *Libro* y que nunca ninguno de sus antecesores tuvo tan gran majestad ni fue tan estimado ni temido y dice fray Geronimo en el capítulo catorce del libro tercero de la *Republica de las Yndias* que es cosa averiguada que todos los reinos cuando han venido a perecer y a se acabar ha sido al tiempo que estaban en gran potencia y majestad y que de ello tenemos ejemplo de los persas y de los asirios y de los hebreos que cuando sus reyes estaban más /383 v./ ricos y más pacíficos y aumentados de honra y nombre vinieron a caer donde refiere otros ejemplos y que cuando Hernando Cortes llegó a la ciudad de Mexico era tan grande y tan populosa que en majestad y ser se podía igualar y competir con las mayores que antiguamente hubo y hoy hay en el mundo y que Moctençuma segundo de los así llamados era el más poderoso y de más majestad, y riquezas, y esfuerzo que todos los reyes sus antecesores y que precedieron muchas señales a su caída habiendo durado aquella monarquía más de setecientos años debajo de treinta y dos reyes muy poderosos y grandes y dice Gomara en el capítulo setenta y seis que cada día venían seiscientos señores y caballeros a hacer guarda a Moctençuma con cada tres o cuatro criados con armas y que algunos traían veinte o más según era lo que tenía y que eran tres mil hombres y aun muchos más los que estaban en palacio guardando al rey y que todos comían allí de lo que sobraba del plato y servicio de Moctençuma o de sus raciones y que los criados no subían arriba ni se iban hasta la noche después de haber cenado y que eran tantos los de la guarda que aunque eran grandes los patios /384/ y plazas, y calles lo henchían todo y en el capítulo setenta y nueve dice que era Mexico cuando Cortes entró allí pueblo de más de sesenta mil casas y que las del rey y señores y cortesanos eran grandes y buenas y las de los otros chicas y ruines y sin puertas ni ventanas y que por pequeñas que son pocas veces dejan de tener dos y tres y diez moradores y que así hay en ella infinita gente y en el capítulo setenta y ocho dice que no hay quien no peche al gran señor de Mexico en todos sus reinos y señoríos porque los señores y nobles pechan con tributo personal pero como en otra parte se ha dicho se engañó Gomara en mucho de lo que allí dice de los tributos.

Estando como dice Juan Cano en esta paz y sosiego y muy bien hospedados y servidos Cortes y los demás y muy bien proveídos de todo lo necesario para ellos y para su servicio y caballos y que cada día iba Cortes a visitar a Moctençuma y le daba muy grandes presentes de oro, y plata, piedras, y ropa, plumas, y cacao, y otras cosas y lo mismo a todos los españoles con que todos estaban muy contentos y que era tan grande la cantidad de tejuelos y ladrillos de oro fino que les había dado /384 v./ que en salas y recámaras de Cortes había por el suelo muy grandes montones de ello y que dio a Cortes una hija suya creyendo que la tomara por mujer y otra para Cristobal de Olid su maestre de campo porque dijo se casaría con ella y que en todo mostró el buen celo que tenía en querer conservar su amistad y cuánto deseaba servir al emperador de quien le había dado noticia y dicho cómo todos ellos eran sus vasallos y que cuando Cortes le hablaba tenía la gorra en la mano porque era grande su majestad y poder y que no tenía sillas sino muy grandes estrados con muchos cojines de cuero de venado tan bien labrados que parecían de terciopelo y todo lleno de esteras muy labradas que llaman petates y que lo mismo había en todos los aposentos y unos asientos para señores y otros para la otra gente y todos labrados según para quién era y que en cada aposento había su chimenea y que esto era muy ordinario en aquella tierra por ser algo fría y traer poca ropa aunque los señores traían mucha y de muchas maneras de pluma y de algodón y el calzado con solas suelas y el carcañal de henequén que es como el cáñamo de /385/ España y el empeine cubierto de piedras y unas correas entre los dedos que ayudan a lo tener y que tenían camas de madera y colchones de mantas muy gruesas cosidas unas con otras sin pluma ni

544

algodón aunque lo tenían en gran cantidad y que esto tenían vestían y calzaban los señores y que la gente común no lo alcanzaba.

Eran tantas las riquezas que había en todo lo que se ha dicho así en edificios como en todo lo demás y tanto lo que Moctençuma daba a todos que dice Juan Cano que les parecía cosa de encantamiento y que no podían creer que fuese verdad sino que lo soñaban por ver las cosas de Mexico de Moctençuma y de los señores, tantas y tan grandes mezquitas, y los mercados especialmente el de Tlatelulco y ver la platería y tantas cosas como allí se vendían y todo por sus calles, y cada género de cosas por sí y a muy bajos precios y la medida para lo que vendían todo con gran orden y tan gran pulicía que nunca los romanos la tuvieron mejor y que tenían sus leyes y ordenanzas para su gobierno muy buenas y que tenían cinco libros uno de los sacrificios, otro de los /385 v./ casamientos, otro del gobierno, otro de las sementeras y cómo las habían de hacer, otro cómo habían de heredar los señores y qué bienes tenía cada uno de ellos y que en el del gobierno y en el de las sementeras habían muchas cosas notables y muy de ver y que tenían cinco maneras de sementeras una para su rey y señor, otra para el gobernador o señor del pueblo otra para el CALPISQUE que era el mayordomo que allí estaba por el señor, otra para sus ídolos y que ésta era poca y que se hacía para su reconocimiento, otra era la que cada uno hacía para sí y que daban a cada vecino cierta cantidad de brazas de tierra conforme a la gente que tenía en su casa y se la hacían sembrar por fuerza para el sustento de su familia y tenían pena muy grave no las sembrando y que para las demás sementeras había otras penas no tan graves y que tenían muchas cosas de gran pulicía y que todo está ya perdido y trocado y que les han roto y destruido sus pinturas creyendo que todas eran de idolatrías y que ha sido harto daño para ellos y para los demás y para lo que toca a su conservación y al servicio del rey y con tantas opiniones y maneras de gobierno como cada día hay porque cada uno especialmente los que /386/ van de nuevo así jueces como prelados pretenden dar nueva orden que ha de ser causa de su destrucción como lo fue en las islas por quitarles su manera de gobierno y ponerles otro nuevo modo que ni ellos lo entienden ni los que lo ponen saben darse maña a ello por no entender la lengua, ni la manera y condición de aquellas gentes y que así dicen los indios que ni los entendemos ni nos entienden.

Asimismo dice Juan Cano que aunque los señores cada día aconsejaban a Moctençuma que echase a los españoles de su tierra nunca quiso consentir en ello y que dijo a Cortes que conocía que nuestra ley era mejor que la suya y que quería ser cristiano y que pidió bautismo muchas veces y que no se le dio aguardando a que estuviese algo más instruido en las cosas de nuestra fe y porque Cortes quería que se le diese en un día de pascua con gran solemnidad como convenía a tan gran sacramento y a tan gran señor por que los demás tomasen ejemplo y Gomara en el capítulo ciento ocho dice lo mismo.

# CAPÍTULO VEINTICUATRO

En que se trata cómo Cortes prendió a Moctençuma y le echó unos grillos y la causa que para /386 v./ ello tuvo y lo que sobre esto pasó entre los dos y lo que los señores le dijeron sobre ello, y cómo él rogó a Cortes que se fuese de su tierra y lo que más pasó sobre ello.

Dice Cortes en aquella su *Epistola* y Gomara en el capítulo ochenta y cuatro que pasados seis días después que entró en Mexico y habiendo visto algunas cosas de ella aunque pocas según lo que había que ver y notar así por esto como por lo de la tierra había visto y mayormente porque los españoles son algo importunos y porque enojándose Moctençuma los podía hacer matar a todos según era grande su poder y porque teniéndole consigo todo lo que le era sujeto vendría más presto a la obediencia y servicio del rey determinó prenderle y ponerlo en el aposento donde él estaba que era bien fuerte y por que en su prisión no hubiese algún escándalo ni alboroto habiendo pensado la forma que en esto podía tener y habiendo puesto buen recaudo en las encrucijadas de las calles se fue a las casas donde Moctençuma estaba como otras veces lo había ido a ver y que después de haber pasado algunas pláticas en cosas de burlas y de placer y haberle dado algunas joyas de oro y una hija suya y a los de su compañía otras hijas de señores le dijo que ya sabía lo que en la /387/ ciudad de Nautlam o Almeria había sucedido y de los españoles que allí le habían muerto y que Qualpopoca señor de aquella tierra decía que lo había hecho por su mandado y que como su vasallo no había podido hacer otra cosa y porque él creyó que no era así y que lo decía por se excusar de culpa que le parecía debía enviar por él y por los otros principales que habían sido en la muerte de los españoles para que la verdad se supiese y aquéllos fuesen castigados y que luego mandó llamar ciertas personas y les dio una figura pequeña a manera de sello que tenía atada al brazo y les mandó ir aquella ciudad de Nautlam que está sesenta leguas de Mexico y que trajesen a Quoal-

547

popoca y se informasen de los demás que fuesen culpados en la muerte de aquellos españoles y también los trajesen presos y si se pusiesen en resistencia requiriesen a ciertas comunidades comarcanas que les señaló para que fuesen con mano armada a los prender por manera que no viniesen sin ellos y que luego se partieron a ello y que idos él dijo a Moctençuma que le agradecía en la diligencia que ponía en la prisión de aquéllos porque él había de dar cuenta a su rey de sus /387 v./ españoles y que para darla convenía que él estuviese en su posada hasta tanto que se supiese la verdad y estar él sin culpa y que le rogaba que no recibiese pena de ello porque no había de estar como preso sino en toda su libertad y que en su servicio ni en el mando de su señorío ningún impedimento se le pondría y que escogiese un cuarto de aquel aposento donde él estaba y que allí estaría muy servido y que fuese cierto que ningún enojo ni pena se la había de dar y que demás de su servicio los de su compañía le servirían en todo lo que mandase y que acerca de esto pasaron muchas pláticas y razones que sería cosa larga y prolija referirlas y dice Gomara que se turbó mucho Moctençuma y que dijo con toda gravedad no es persona la mía para estar presa y ya que yo lo quisiese no lo consentirían los míos y sobre ello hubo algunas réplicas entre él y Cortes y que al cabo dijo que le placía de irse con él y que luego mandó ir aderezar un aposento y que presto fue muy bien aderezado y que hecho esto vinieron muchos señores y quitados sus vestidos y puestos debajo de sus brazos y descalzos lo pusieron llorando en unas andas que traían muy bien aderezadas y que así se fueron con mucho silencio hasta /388/ su aposento sin haber alboroto en la ciudad aunque se comenzó a mover pero sabido por Moctençuma envió a mandar que no lo hubiese y así hubo toda quietud como la hubo todo el tiempo que estuvo preso porque estaba muy a su placer y con todo su servicio según lo tenía en su casa que era bien grande y maravillosa y que él y los de su compañía le hacían todo el placer que podían y que desde ha quince o veinte días vinieron los que habían ido por Quoalpopoca y los demás que habían muerto los españoles y trajeron a él y a un hijo suyo y otras quince personas que habían sido en aquella muerte y que vino Quoalpopoca en unas andas y muy a manera del señor como lo era y se los entregaron y que él los hizo poner a buen recaudo con sus prisiones y que habiendo confesado cómo ellos habían muerto los españoles les hizo

preguntar si eran vasallos de Moctençuma y que respondió Quoalpopoca si había otro señor de quien pudiese serlo y que les preguntó si aquellas muertes se habían hecho por su mandado y que
dijeron que no aunque después al tiempo que se ejecutó la sentencia que fuesen quemados todos dijeron que Moctençuma se lo había enviado /388 v./ a mandar y que así fueron quemados en una
plaza públicamente sin alboroto alguno y que aquel día hizo echar
unos grillos a Moctençuma porque aquéllos confesaron que él se
lo había mandado de que dice que no recibió poco espanto y que
aquel mismo día se los hizo quitar y dice Juan Cano que entre
tanto que los tuvo no quiso comer, ni beber, ni dormir, ni proveer-
se porque lo sintió mucho aunque nunca le llegaron a las piernas
ni a los pies porque los señores que allí estaban que eran los más
principales de la tierra los tenían con las manos y que viendo Cortes la poca razón que había para lo que hizo se los mandó quitar y
le puso dieciséis españoles de guarda y que nunca le quitó su servicio ni la majestad con que se solía servir y que algunas veces se
iba a holgar a unos peñoles tres leguas de Mexico y a otros más
cercanos y que cada vez iban con él cien mil ánimas y que a muchos daba de vestir el día que salía porque ésta era su costumbre y
se volvía a su aposento esto dice Juan Cano.

Después de le haber quitado los grillos dice Cortes que le habló
y que él quedó muy contento y que de allí adelante siempre trabajó de le agradar y darle contento /389/ en todo el posible especialmente que siempre publicó y dijo a todos los naturales de la tierra
así señores como a los demás que Moctençuma se había de estar
en su señorío reconociendo al rey de Castilla por superior y que le
haría gran servicio en obedecer y tener por señor a Moctençuma
como de antes lo tenían y que fue tanto el buen tratamiento que
le hizo y el contento que de él tenía que algunas y muchas veces le
acometió con su libertad rogándole que se fuese a su casa y que
siempre le dijo que él estaba allí bien y que no se quería ir porque
allí no le faltaba cosa alguna de lo que él quería como si estuviera
en su casa y que podría ser que yéndose y habiendo lugar que los
señores de la tierra sus vasallos le importunasen o le indujesen a
que hiciese alguna cosa contra su voluntad que fuese contra el
servicio del rey a quien él tenía propuesto de le servir en todo lo a
él posible y que hasta tanto que los tuviese informados de lo que
quería hacer él estaba bien allí porque aunque alguna cosa le qui-

siesen decir con responderles que no estaba en su libertad se podía excusar y eximir de ellos y que algunas veces le pidió licencia para se ir a holgar y pasar tiempo a ciertas /389 v./ casas de placer que tenía así en la ciudad como fuera de ella y que nunca se la negaba y que así fue muchas veces con cinco o seis españoles una y dos leguas y más fuera de la ciudad y que siempre volvía muy contento y alegre al aposento donde lo tenía y que siempre que salía hacía muchas mercedes de joyas y ropas así a los españoles que con él iban como a sus naturales de quien siempre iba tan acompañado que cuando menos iban con él pasaban de tres mil hombres que los más de ellos eran señores y personas principales y que siempre le hacía muchos banquetes y fiestas tanto que los que con él iban tenían bien que contar.

Muy grande atrevimiento dice Juan Cano que fue el de Cortes en prender tan gran señor estando entre tanta infinidad de gente y él y los demás tan servidos y sin esperanza de socorro humano y que asimismo fue muestra de muy grande ingratitud sin haber ocasión para ello ni muestra de mudanza en Moctençuma en la voluntad que siempre le había mostrado y que si él tuviera intento de hacerle algún mal tenía muy grande aparejo para ello pues pudiera muy a su salvo matarlos a todos dándoles en la comida o bebida /390/ algunas cosas ponzoñosas como las hay en aquella tierra y que ellos las saben bien confeccionar y ya que no quisiera hacer esto los podía prender teniendo como tenía tan gran infinidad de gente, o hacerlos quemar y abrasar dentro de los aposentos donde estaban pues podían tomar las puertas y no dejarlos salir y al que saliese lo podían flechar y que no es de creer que por mandado de Moctençuma se mataron aquellos españoles y si los que quemaron dijeron que por su mandado los habían muerto fue pensando salvarse de la pena.

Grande fue el atrevimiento que Hernando Cortes tuvo en meterse con tan poca gente como tenía en tan gran tierra donde tantos y tan poderosos señores había y tanta infinidad de gente y atreverse a ir a Mexico contra la voluntad de tan grande y tan poderoso rey pero sin comparación fue a mi parecer mayor el atrevimiento que tuvo en prenderlo y hacer quemar a Quoalpopoca y a su hijo y a los demás sin tener cuenta con que por ello se pudiera indignar Moctençuma y los demás señores de la tierra viendo la crueldad que se usaba con aquel tan gran señor y dice Juan Cano que los

mandó Cortes a perrear y que después de bien mordidos y maltratados los mandó quemar /390 v./ vivos y que pesó mucho a Moctençuma por ser aquel señor muy principal y haberlo él enviado a
llamar como vasallo suyo y que todos los demás señores lo sintieron mucho y decían que otro día haría lo mismo de ellos y que es
cosa digna de admiración ver que ninguna cosa de éstas fue parte
para se alterar y levantarse contra él y contra Moctençuma en que
dice que se ve cuán temido y amado era de todos los suyos pues no
salían de lo que él mandaba y quería estando como estaba preso y
todos escandalizados en ver lo que con ellos se hacía y que quisieran que Moctençuma se saliera de entre los españoles y que mandara a hacerles guerra y que así se lo decían y se lo aconsejaban
muchas veces y que nunca quiso venir en ello ni consentirlo y
parece que nuestro Señor inspiraba en él para que no diese consentimiento en lo que le decían porque si lo diera ninguno de los españoles quedara vivo y que parece cosa de milagro pues con tales
obras estaban todos pacíficos sin poner en obra lo que deseaban
y que no por eso dejaban de proveer a Cortes y a todos los demás
de cuanto pedían y habían menester y que todos los señores de la
Nueva España sentían mucho que Moctençuma no quisiese /391/
salir de entre los españoles aunque tuvo muchas veces gran aparejo para ello y como era señor natural y muy temido y querido ninguno osaba contradecir su voluntad aunque cada día trataban de
ello con él y que envió a decir a Cortes que le parecía que se fuese
por que aquellos señores no hiciesen alguna cosa contra su voluntad y que a esto respondió Cortes que no tenía navíos en que se
poder ir y que los estaba esperando para cierto tiempo y que venidos que fuesen se iría y que Moctençuma dijo que daría a cada
español una carga de oro que cada carga es de tres arrobas y como
se pasaba el tiempo dijo a Moctençuma que le cortase madera para
hacer navíos y que luego se iría y se la cortaron en el río de Çempoallam y la llevaron donde ahora es la Veracruz y que mandó
Moctençuma traer allí por la medida que le dieron grandes tabla-
zones y que antes de esto había mandado Cortes cortar madera
para hacer dos bergantines que tenía en la laguna junto a la casa
donde estaba aposentado y los tenía para más fuerza / con estas
palabras dice que entretenía Cortes a Moctençuma y él a los señores de que estaban muchos de ellos muy descontentos y cada día le
requerían que echase aquella gente de la tierra y se cree que él no

quería salir de entre los españoles porque /391 v./ si saliera se levantaran todos contra ellos y por estar él entre ellos no lo hacían.

Consideradas estas cosas y otras de grande admiración que acontecieron en la guerra y conquista de aquella tierra como consta de lo que se ha dicho y de lo que se dirá se puede atribuir como dice Juan Cano a milagro y que era la voluntad de nuestro Señor que aquella monarquía tan antigua se acabase cuando estaba en la mayor pujanza y majestad que nunca estuvo y con tan grandes vicios idolatrías y sacrificios humanos y crueldades y abominaciones como en toda la tierra se cometían en grande ofensa de nuestro Señor y de la naturaleza humana y que para su castigo eligió Dios a Hernando Cortes y a sus compañeros como en otro tiempo eligió para ejecutar de su justicia a Nabuchodonosor rey de Babilonia como se dice en los capítulos 25 y 27 y 43 de Jeremias para el castigo de las gentes que allí se refieren y aunque gentil e idólatra lo llamó siervo suyo en cuanto ejecutaba como allí dice Nicolao de Lyra la justicia divina / quien nunca vio con tan poca gente hacer tales y tan maravillosas cosas como Hernando Cortes hizo venciendo y atrayendo /392/ al servicio y dominio de la corona real de Castilla y al conocimiento de su creador tantos y tan poderosos reyes y señores y tantas provincias llenas de infinidad de gentes belicosas idólatras y muy sujetas al demonio. Cortes alcanzó grandes victorias de aquellas gentes innumerables y los muy pocos religiosos que asimismo fueron escogidos milagrosamente para entender en su doctrina alcanzaron grandes victorias de la infinidad de demonios que las tenían muy sujetas destruyendo sus idolatrías y sacrificios porque como dice la *Glosa ynterlineal* en el principio del capítulo séptimo JUDICUM *IN BELLIS* HUMANIS NUMEROSUS EJERCITUS PRESTAT; TUTIORA SUBSIDIA, SED NON EST ITA IN DIVINIS NON ENIM CLARUM EST, DIVINE VIRTUTIS OPUS, SI HUMANIS ADMINICULIS FULCIATUR NON ENIM SALVATUR REX IN MULTITUDINE VIRTUTIS SUC. Así Dios con solos doce frailes menores pobres y descalzos y mal vestidos hizo la guerra a los demonios que en tan enseñoreados estaban tantos años habían de aquellas míseras gentes y Gedeon con solos trescientos hombres elegidos por la orden que Dios le dio venció los medianitas y los amalecitas que estaban derramados por el campo como multitud /392 v./ de langosta y con tan innumerables camellos como la arena de la ribera del mar y no quiso Dios que hiciese Gedeon esta guerra con multitud de soldados por que no atribuyesen a sí la gloria de la victoria y no a Dios como se dice en el texto y que dijo a Gedeon MULTUS TECUM EST POPULUS NEC TRADETUR MADIAN IN MANUS EJUS NE GLORIETUR CONTRA ME ISARRAEL, ET DICAT MEIS VIRIBUS LIBERATUS SUM / y los que confían en sus fuerzas y en el gran aparato que tienen para la guerra más que en el favor divino casi siempre son vencidos como dice Nicolao de Lyra en *La moralidad sobre el capítulo veinte y uno de Esayas* que nos lo muestra la experiencia / así Hernando Cortes y sus compañeros confiando en la misericordia de Dios y no en sus fuerzas ni en el aparato que tenían para la guerra que todo era muy poco osaron acometer aquella innumerable multitud de gentes y les dio victoria contra ellos Dios y quiso que fuesen tan pocos para que se atribuyese a su divina majestad la gloria de la victoria como quiso que se le atribuyese la gloria de la victoria de Gedeon.

Quién podrá acabar de contar y encarecer las maravillas que Dios obró en la conquista y pacificación de aquellas latísimas tierras en la doctrina y /393/ conversión de los naturales de ellas y del gran fruto que de ello se ha sacado y pues yo no me hallo suficiente para ello tengo por mejor disimular que no de cosas tan maravillosas decir poco y mal ordenado / y con esto tornemos a nuestro intento y primero se pondrá una plática que Moctençuma hizo a los suyos y cómo él y ellos se dieron por vasallos del emperador y rey de Castilla.

Dice Hernando Cortes en aquella su *Segunda epistola* y Gomara en el capítulo noventa y tres de su *Historia* que pasados algunos días después de la prisión de Cacamaçim hizo Moctençuma llamamiento y congregación de todos los señores de las ciudades y tierras comarcanas y *que estando juntos le envió* a decir que subiese donde él estaba y que llegado Cortes les habló de esta manera hermanos y amigos míos ya sabéis que de mucho tiempo acá vosotros y vuestros padres y abuelos habéis sido y sois súbditos y vasallos de mis antecesores y míos y siempre de ellos y de mí habéis sido muy bien tratados y honrados y vosotros asimismo habéis hecho lo que buenos y leales vasallos son obligados a sus naturales señores y también creo que de vuestros antecesores tendréis memoria como nosotros no somos naturales de esta tierra y que vinieron a ella de muy lejos tierra y los trajo un señor que en ella los dejó cuyos vasallos todos eran el cual volvió desde /393 v./ ha mucho tiempo y halló que nuestros abuelos estaban ya asentados y poblados en esta tierra y casados con las mujeres de ella y tenían mucha multiplicación de hijos por manera que no se quisieron volver con él ni menos lo quisieron recibir por señor de la tierra y él se volvió y dejó dicho que tornaría o enviaría con tal poder que los pudiese constreñir y atraer a su servicio y bien sabéis que siempre lo habemos esperado y según las cosas que el capitán nos ha dicho de aquel rey y señor que lo envió acá y según la parte de donde él dice que viene tengo por cierto y así lo debéis vosotros tener que aqueste es el señor que esperábamos en especial que nos dice que allá tenía noticia de nosotros y pues nuestros predecesores no hicieron lo que a su señor eran obligados hagámoslo nosotros y demos gracias a nuestros dioses por que en nuestros tiempos vino lo que tanto aquéllos esperaban y mucho os ruego pues a todos os es notorio como todo esto que así hasta ahora me habéis tenido y obedecido por señor vuestro de aquí adelante tengáis y obedezcáis a este gran rey y pues él es vuestro natural señor y en su lugar tengáis a este su capitán y todos los tributos y servicios que hasta aquí a mí me hacíades los haced y dad a él porque yo así mismo tengo de contribuir y servir con todo lo que me mandare y demás de hacer lo que /394/ sois obligados a mí me haréis en ello mucho placer lo cual les dijo llorando con las mayores lágrimas y suspiros que un hombre podría manifestar y asimismo todos aquellos señores que les estaban oyendo lloraban tanto que en gran rato no le pudieron responder y dice Cortes que él y los españoles que estaban con él les tuvieron gran compasión y que lloraban tanto aquellos señores que estaban con Moctençuma que en gran rato no le pudieron responder y dice Gomara que dieron grandes suspiros y dijeron muchas y tales lástimas que aun a los nuestros enternecieron el corazón y que era cosa muy de ver llorar a Moctençuma y tantos señores y caballeros y ver cómo cada uno se afligía y acongojaban por lo que pasaba y que no pudieron hacer más así porque Moctençuma lo quería como porque tenían pronóstico y señales según los sacerdotes publicaban de la venida de gente *extranjera*, y blanca barbuda, y oriental a señorear aquella tierra y también porque entre ellos se platicaba que en Moctençuma se acababa el linaje y señorío de los de Culhua y que dicen que Moctençuma tenía del oráculo de sus dioses muchas veces respuesta que se acabaría en él el imperio de los mexicanos /394 v./ y que ningún hijo suyo le sucedería en el reino y que perdería la silla a los ocho años de su reinado y que por esto nunca quiso hacer guerra a los españoles creyendo que ellos le habían de suceder aunque por otra parte lo tenía por burla pues había diecisiete años que era rey y que amaba mucho a Cortes y a los españoles y no sabía enojarlos y que Cortes le dio muchas gracias de parte del emperador y suya y lo consoló porque quedó muy triste de la plática y le prometió que siempre sería rey y señor y mandaría como hasta allí y muy mejor en sus reinos y en lo que él ganase y trajese al servicio del emperador y dice Cortes y Gomara que los señores respondieron a Moctençuma que ellos le tenían por su señor y habían prometido de hacer todo lo que él les mandase y que así por esto como por la razón que para ello les daba eran muy contentos de lo hacer y que desde entonces para siempre se daban por vasallos del emperador y rey de Castilla y que todos juntos y cada uno por sí prometieron de hacer y cumplir aquello que en su real nombre les fuese mandado como buenos y leales vasallos lo deben hacer y de le acudir con todos los tributos y servicios /395/ que antes eran obligados a dar al dicho Moctençuma y con todo lo demás que les fuese mandado en su nombre y que todo pasó ante escribano público y dice Cortes que así se lo pidió por testimonio y que se sentó todo muy en forma en presencia de muchos españoles.

# CAPÍTULO VEINTICINCO

De las señales y pronósticos que Moctençuma y los naturales tuvieron antes de la destrucción de su señorío.

Fray Torivio Motolinea dice que la experiencia nos enseña y la Sagrada Escriptura lo aprueba que cuando alguna gran tribulación ha de venir o Dios quiere mostrar alguna cosa notable primero muestra algunas señales en el cielo o en la tierra demostrativas de la tribulación venidera y que esto lo quiere mostrar por su misericordia para que las gentes se aparejen y con buenas obras y enmienda de la vida revoquen la sentencia que la divina justicia de Dios quiere ejecutar contra ellos y de aquí es que comúnmente antes de las mortandades y pestilencias suelen aparecer cometas y antes de las grandes hambres anteceder terremotos y tempestades y antes de las destrucciones de reinos /395 v./ y provincias aparecen terribles visiones y que así leemos que en tiempo de Antiocho antes de la destrucción de Jerusalem y del templo por espacio de cuarenta días fueron vistas por el aire gentes de a caballo que discurrían y gentes armadas con lanzas y reales y escuadrones de gente y otras muchas cosas como se dice Machabeos segundo capítulo quinto / así dice fray Torivio que aconteció antes de la destrucción de Mexico y la conquista de la Nueva España que antes que los españoles entrasen en aquella tierra fueron vistas en el aire gentes que parecían pelear unas con otras y que como nunca esto se había visto en aquella tierra los indios quedaron muy maravillados y que cuando ya iban los españoles por la mar para entrar en aquella tierra entre otros que tenían presos para los sacrificar en el barrio de Tenuchtitlam que llaman Tlatelulco estaba un indio que debía ser hombre de simplicidad y que vivía en ley de naturaleza sin ofensa y que de éstos hay algunos que no saben hacer más que obedecer lo que se les manda y estarse al rincón y vivir sin perjuicio alguno y que este indio sabiendo que lo habían de sacrificar presto llamaba en su /396/ corazón a Dios y que vino a él un mensajero del cielo que los indios llamaron ave del cielo porque traía diadema y alas y que después que han visto los indios cómo pintamos los ángeles dicen que era de aquella manera y que este ángel dijo aquel indio ten esfuerzo y confianza no temas que Dios del cielo habrá misericordia de ti y di a estos que ahora sacrifican y derraman sangre que muy presto cesará el sacrificio y el derramamiento de sangre humana y que ya vienen los que han de mandar y señorear esta tierra y que así lo dijo éste a los indios del Tlatelulco y lo notaron y que él murió llamando al Dios del cielo y que fue sacrificado.

En este mismo tiempo dice que los indios de Mexico y de Tlexcuco dicen que hacia el oriente vieron que muchos días dos horas antes que amaneciese se levantaba una claridad sobre la mar por donde después vinieron los cristianos y que aquella claridad subía buen rato en alto y desaparecía y que aquella claridad no era la del alba sino antes y que hacia esta misma parte de oriente vieron unas como llamas de fuego y que otras veces vieron un gran humo que subía /396 v./ de la mar al cielo y de tanta claridad y calidad que les ponía admiración y espanto.

Estas cosas dice que no se pasaban sin mucho miramiento de los indios en especial de los señores y principalmente de Moctençuma señor de Mexico y que se decía y platicaba entre los indios que él tenía pronósticos y señales de la venida de otras gentes que se habían de enseñorear de aquella tierra y que su venida sería del oriente y que la gente había de ser blanca y barbada como lo fue y que también se platicaba que tenía respuestas del oráculo de los dioses que en él se acabarían los señores mexicanos y que ya pasaba el término y tiempo que los dioses le habían dicho que había de reinar porque él tenía entendido que a los ocho años de su reinado había de haber fin su señorío y que en este medio tiempo le trajeron una caja de ropa de España y que en ella hallaron una espada y ciertos anillos y joyas y ropas de vestir y que debía ser de algún navío que dio al través en la Mar del Norte y que él dio de aquellas joyas a los señores de Tlexcuco y de Tlacopam y que por que no se alterasen les dijo que sus antepasados las habían dejado encubiertas y muy guardadas y que ellos las tuviesen en mucha reverencia.

/397/ Pocos años antes que los españoles entrasen en aquella tierra dice que viniendo Moctençuma de una batalla con victoria muy ufano dijo al señor de Coyouacam que era uno de los principales señores de su tierra pues que ahora habemos sujetado la provincia de Xoconuchco y vencido otras provincias y pueblos y los señores de ellas los habemos puesto debajo de la obediencia de Mexico bien puedo decir que ya tiene cimientos y cercas de hierro como quien dice que ya no bastaba poderío ni fortaleza para le ofender ni para se defender de Mexico y que le respondió aquel señor y le dijo señor mío un hierro con otro se quebranta y vence y esta respuesta más pareció profecía que respuesta de indio vasallo de Moctençuma porque todos le tenían mucha reverencia y gran temor y que bien mirado bien veía aquel que por todas aquellas tierras y comarcas no había poder que bastase a ofender a Mexico y que realmente pareció respuesta sobre su juicio y sobre todo sentimiento natural y que así se cumplió porque dende a poco llegaron los españoles con el fuerte hierro de las armas que es acero vencieron /397 v./ a Mexico y le pusieron por tierra y que si de algún metal usaban era oro o cobre y estaño y que enojado Moctençuma de tal respuesta no le miraba como antes y que como Hernando Cortes tuviese como en manera de presos en sus aposentos a Moctençuma y aquel señor de Coyouacam platicando sobre las palabras de la respuesta maravillados veían cómo se habían cumplido aquellas palabras que parecían ser dichas contra toda razón y con sobrado atrevimiento al tiempo que se dijeron.

Dice fray Torivio que nunca se había conocido en toda aquella tierra señor tan temido y obedecido como Moctençuma ni ninguno así había ennoblecido y fortalecido a Mexico como este señor que le tenía tan fuerte que se podía decir lo que de Jerusalem THEENOR QUARTO NON CREDIDERUNT REGES TERRE, ET UNIVERSI HABITATORES ORBIS QNM. IN GREDERETUR HOSTIS ET INIMICUS PER PORTAS JERUSALEM. Nunca pensó Moctençuma ni ningún otro señor de los naturales pudieron creer que hubiera poderío bastante para tomar a Mexico y que /398/ con esta confianza recibieron los españoles y los dejaron entrar de paz diciendo que cuando quisiesen los echarían de la tierra y si quisiesen los podrían matar empero que Dios les entregó la ciudad por los grandes pecados que en ella se cometían y que también es de notar la industria que don Hernando Cortes tuvo en hacer los bergantines para tomar a Mexico que sin ellos parecía imposible poderse tomar según estaba fortalecida y dice fray Torivio que esto y la determinación y ánimo que tuvo Cortes en echar los navíos al través cuando desembarcó en aquella tierra y cuando lo echaron de Mexico y salió desbaratado él y los pocos compañeros que le quedaron heridos y no arrastrar a tornar a la costa por mucho que se lo requirieron y a verse tan sagaz y esforzadamente en toda la conquista de aquella tierra dice que fueron cosas dignas de gran fama y en el prólogo de la primera parte dice que a la sazón que en aquella tierra entró estaba Moctençumaçim en la mayor prosperidad que nunca él ni sus antecesores estuvieron y que esta dicción ÇIN que se añade a los nombres de los señores se añade por cortesía y dignidad o acatamiento y porque por sus pronósticos /398 v./ y agüeros tenía que su gloria triunfo y majestad no había de durar muchos años y que en su tiempo habían de venir otras gentes a señorear aquella tierra no vivía alegre sino triste conforme a la etimología e interpretación de su nombre porque Moctençuma quiere decir hombre triste y ceñudo y que también quiere decir hombre grave y modesto y que se hace temer y acatar como dicen que lo era él y lo hacía.

# CAPÍTULO VEINTISÉIS

En que se trata cómo Diego Velazquez envió a Panphilo de Narvaez con veintisiete navíos en busca de Hernando Cortes y lo que de ello sucedió.

En los capítulos precedentes se han referido algunas cosas de lo
que dice Juan Cano en su *Relaçion* según él las había oído pero en
la ida de Panphilo de Narvaez en busca de Hernando Cortes se le
debe dar crédito porque lo trata como testigo de vista porque se
halló en todo ello y fue con Narvaez y dice que como tuvo noticia
el adelantado Diego Velazquez que Hernando Cortes había enviado a dar relación al emperador de lo que había conquistado y del
rey de Mexico y como habían recibido los naturales de aquella
tierra dio muy gran prisa a una armada /399/ que había comenzado a hacer para proveer de gente y de lo que más fuese menester
a Hernando Cortes como a su capitán general porque aún no tenía
nueva de se haber alzado contra él aunque tenía alguna sospecha de ello por no le haber dado aviso de lo que había hecho. Y
tenía intento de que si Cortes estuviese alzado que lo prendiesen
y castigasen y que estuvo determinado de ir él a ello y que como
era hombre mayor y muy gordo rogó a Panphilo de Narvaez que
fuese con aquella armada por su teniente y capitán general porque lo conocía y había sido capitán en la Ysla Española, y en la de
Cuba y Jamayca y muy valeroso y muy buen cristiano y había ido
a Castilla por procurador de la isla de Cuba y traídole a Diego
Velazquez el título de adelantado y gobernador porque se había
levantado contra el almirante don Diego Callon que lo había enviado a conquistar y poblar la isla de Cuba y Cortes hizo lo mismo con
él aunque dice que fue diferente de lo de Diego Velazquez porque
había gastado mucho en el descubrimiento de la Nueva España y
que aceptó Panphilo de Narvaez lo que el adelantado le mandó
y que él decía que había de ir con aquella armada a cuya causa
todos los más principales de la isla de Cuba y los más ricos se apres-
taron para ir con él y que fue con /399 v./ ellos en la armada hasta

560

el cabo de la isla con muy buenos navíos y que llegaron a un puerto que se dice Guaniguanico y que Narvaez se hizo a la vela con viento próspero y que metido en la mar tuvo una tormenta tan grande que le convino echar a la mar muchos de los bastimentos que llevaba y que aportó a un puerto que llaman de la Trinidad donde estuvo pocos días porque el adelantado le esperaba al cabo de la isla en Guaniguanico y que partido Narvaez de la Trinidad se fue a otro muy buen puerto y muy hondable y seguro que se llamaba Xagua y que con echar una plancha en tierra descargan los navíos sin que sea necesario batel y que allí tomó bastimentos y gente que cada día llegaba para seguir donde estaba el adelantado con el resto de la flota y gente la más lucida y mejor armada y demás gente que se había hecho en Yndias todo a costa de Diego Velazquez aunque no gozó del fruto de sus gastos y trabajos y al cabo como lo dice el alcalde Gonzalo Hernandez de Oviedo y Valdes en su *Historia general* murió triste y descontento y pobre y muy adeudado.

Habiendo recogido Narvaez la gente y bastimentos al tiempo de se hacer a la vela al disferir de las velas se hubiera anegado un navío muy bueno de que iba por capitán /400/ Cristobal Morante en que iban trescientos hombres y como la gente era mucha y la más de ella estaba sobre cubierta vino toda a bordo y entró gran cantidad de agua en el navío y se remedió con gran diligencia y mandaron salir alguna de la gente y pasarla a otros navíos y fue muy buen aviso para lo que adelante sucedió / Narvaez iba en una carabela de Juan Bono de Quejo vizcaíno porque no estaba ahí la nao capitana porque estaba ella y otras la costa abajo y otras con el adelantado y otras en Cabo de Corrientes / salido Narvaez del puerto de Xagua a la noche hubo muy gran tormenta y cada nao se fue por su parte aunque llevaba farol la carabela de Narvaez y fueron todos a portar al puerto de Cabo de Corrientes la costa en la mano y dejaron al adelantado algo atrás porque no pudieron tomar el puerto de Guaniguanico donde estaba esperando el general y el resto del armada / en Cabo de Corrientes halló Narvaez toda la armada porque por ser buen puerto había mandado Diego Velazquez se fuesen a él / fatigado Narvaez por quedar el adelantado atrás y para volver donde estaba es mala navegación por los bajíos y puntas que hay acordó de seguir por tierra a pie porque no se puede ir a caballo y a pie se va con gran trabajo por unos cibancos de malpaíz como puntas de diamantes /400 v./ que no diera el alpargate media legua fueron con él Gonçalo Carrasco y otros sin camino por malísima tierra ocho leguas que quisieran más andar ciento por otra parte y en todas ellas no hay agua ni sabían por dónde iban y así no llegaron donde estaba el adelantado con grandísimo trabajo y cada uno había gastado trece pares de alpargates que llevaban a cuestas y muy poca comida / es todo el camino peña sin que haya tierra alguna en todo él y hay algunos árboles muy pequeños entre aquellos CEBORRUNCOS que así los llaman los indios / llegado Narvaez donde estaba el adelantado comunicaron sus negocios aquel día y otro y el adelantado dijo que se quería tornar para le enviar más gente y bastimentos y que de todo lo proveía muy bien y después de dada su comisión y provisiones reales que tenía y la instrucción de lo que había de hacer Narvaez se fue en una carabela donde estaba la armada y con él muchos de los capitanes de las naos que estaban con el adelantado.

Llegando Narvaez al puerto donde estaba la armada se metió en la capitana y salió del puerto con buen viento hasta pasada la punta de Sanct Anton que es el cabo de la isla de Cuba y a la otra parte la costa de la Nueva España y como no sabían /401/ la navegación iban siempre reconociendo tierra y no osaban navegar de noche y las corrientes los tornaban atrás y con esto llegaron a la costa de Yucatan y vieron a la otra parte la isla que llaman Coçumel y fueron a ella y tenía muy buen puerto y los naturales eran muy buena gente y no querían guerra y allí habían dado a Cortes de lo que tenían con muy buena voluntad / tienen gran cantidad de colmenas y miel y cera y maíz y hay grandes edificios de mezquitas como las de Mexico por donde se cree que los señores de Mexico lo fueron de aquella isla y de la tierra firme.

En esta isla vino a Cortes un español que llamaban Aguilar dicen que era de Evangelio y que se había perdido diez años había una nao en que él iba en aquella costa de Yucatan y mataron a los que en ella iban y que a este Aguilar y a otros dos los señores dejaron vivos para su servicio y que los dos se habían casado con unas indias y pintádose los brazos y pechos como los de aquella tierra y que este Aguilar siempre tuvo esperanza que Dios lo había de remediar y siempre tenía cuidado de mirar a la costa del mar y como vido los navíos en la isla de Coçumel que está tres o cuatro leguas de la tierra firme y tuvo lugar de tomar una canoa y en ella se pasó a la isla de Coçumel de noche /401 v./ y se vino a Cortes con quien él mucho holgó porque sabía la lengua de aquella tierra y le habían dado los indios seis esclavas y la una de ellas había estado en Mexico y sabía su lengua entendían muy bien ella y Aguilar de que Cortes recibió gran contento a esta india pusieron nombre Marina y siempre la tenía consigo Aguilar y en ella tuvo Cortes un hijo que se llamó don Martin a quien el emperador dio el hábito de Santiago y Cortes casó a Marina con Juan Xaramillo y le dio la provincia de Xilotepec que es de lo mejor que hay en aquella tierra y Moctençuma lo tenía por recámara y en esta india hubo Juan Xaramillo una hija que fue *casada con don Luis de Quesada natural de Ubeda* y muerta Marina casó Juan Xaramillo con doña Beatriz de Andrada y después de muerto Xaramillo se partió la provincia de Xilotepec entre ella y doña Maria, y doña Beatriz casó después con don Francisco de Velasco comendador de Sanctiago hermano de don Luis de Velasco virrey de la Nueva España aunque Cortes y Gomara cuentan de otra manera lo de Aguilar y de Marina como ya se ha dicho.

Estando Narvaez en aquella isla de Coçumel *le dieron los indios algunos bastimentos e hizo que se los pagasen y diesen algunos rescates de los que él llevaba y los indios* quedaron muy contentos / salió de allí /402/ con buen tiempo la costa en la mano y a las noches se hacía a la mar / el puerto de la Veracruz está muy adentro en un ancón que hace la tierra muy peligroso por el norte porque la punta de Sanct Anton como se ha dicho entra mucho en la mar y si toma norte a los que navegan y no pueden tomar el puerto tienen muy gran peligro en toda aquella costa de la Nueva España porque no hay puertos aunque hay muy grandes ríos pero tienen muy malas entradas y bancos de arenales a la boca porque la mar no deja abrir los ríos y los bancos se mudan cada invierno y no pueden entrar en ellos sino carabelas pequeñas y no se ha hallado puerto que es harta falta.

Yendo pues el general con su armada la costa en la mano con muy buen tiempo faltó agua a una nao y estando cerca de tierra en una barca envió por agua y los otros navíos se llegaron a tierra y los que eran mayores se tuvieron a la mar como iban a la contina y sobrevino una calma de manera que todos los que quisieron se llegaron a tierra y con la calma surgieron y muchos comenzaron a ir por agua y a la tarde sobrevino un norte muy bravo y con él dieron a la costa todos los navíos que estaban junto a la tierra y se

ahogaron sesenta personas y otros salieron /402 v./ a la costa desnudos y a la noche se enterraban en la arena para se defender de
mosquitos y con el norte hacía muy gran frío en que pasaron grandísimo trabajo y las naos que pudieron se hicieron a la mar y las
que traían buenas amarras se estuvieron sobre ellas esperando que
se pasase la noche porque no sabían la costa ni sabían qué se hacer
la capitana tenía cinco amarras y de rato en rato las aforraban y
todo aprovechaba poco porque a media noche quebró una amarra y de hora en hora quebraron las otras y al cuarto del alba no les
quedaba más que un cable muy bueno y tenían muy gran cuidado en lo reforzar la nao estaba media legua de tierra y con aquel
tiempo no podía dejar de dar a la costa y deseaban el día para
ver dónde daban porque en muchas partes había grandes peñas y
muy agudas donde se hicieran todos pedazos y venida el alba con
la tormenta no veían la tierra aunque estaban en ella y por ser la
costa muy sucia de peñas procuraban dar la vuelta a la mar y tratando de esto se quebró la amarra y la nao fue derecha a la costa y
dieron un poco de vela al papahígo procurando enderezarla a un
poco de arena que se parecía en la costa y no pudieron y todos se
iban encomendando a Dios y pidiéndole perdón de sus pecados
/403/ y la nao comenzó a virar algo y con el bauprés dio en las
peñas y con esto y con ir virando quiso nuestro Señor que viró a
la mar y todos dieron muchas gracias a Dios y anduvieron por la
mar recogiendo la flota y a la hora que el día antes había comenzado la tormenta abonanzó y volvieron a tomar las áncoras y la gente que había escapado en la costa y muy aprisa se hicieron a la
mar y fueron su viaje y llegaron a Isla de Sacrificios que es junto
al puerto de Sanct Juan de Olua y todo es casi uno porque son
arrecifes e isletas donde las naos se reparan y aunque es mal puerto es el mejor de aquella tierra de Nueva España porque no tiene
otro llegados al puerto desembarcó la gente en la costa de tierra
firme y junto a un arroyo sentaron su real en el arenal porque los
caballos venían muy fatigados y no podían caminar y porque
les faltaban los bastimentos y no sabían dónde los podrían haber
y allí estuvieron algunos días y vinieron indios de paz vasallos de
Moctençuma a los recibir porque él sabía cómo venía esta armada
y lo había dicho a Cortes porque donde se le perdieron a Narvaez
los navíos se lo enviaron a hacer saber porque todos eran sus
vasallos y cada día llegaban mensajeros a le dar aviso donde llega-

ban los navíos Cortes estaba muy escandalizado / y llegaron a Narvaez mensajeros de Moctençuma /403 v./ dándole el parabién de su venida y que holgaba de que hubiesen aportado a su tierra y que le hiciesen saber si había menester algo y luego lo mandaría proveer. El mensajero se llamaba Guasteca era muy bien dispuesto y echó al cuello a Narvaez una correa de venado que parecía de seda y le trajo una muy rica joya de oro y otras cosas de la tierra y le dijo que su señor Moctençuma se lo enviaba y a se le ofrecer de paz y a le proveer de lo que hubiese menester / Narvaez le dio las gracias y le dijo que venía en nombre del emperador a ver aquella tierra y a tenerla en justicia y que tuviese cierto que en toda su tierra a nadie se haría agravio y que así lo había mandado a los suyos los mensajeros le dijeron que allá estaba el capitán Malinche porque así llamaban a Cortes por la esclava que le habían dado en Yucatan que se llamaba Malinche y que como era intérprete teníanla en mucho y por ella llamaban a Cortes el capitán Malinche como si dijesen de Marina porque así pusieron nombre a esta india habíase venido a Narvaez un indio que llamaban Escalonilla que era intérprete de Cortes y lo fue de allí adelante de Narvaez y un español que se llamaba Çervantes que andaba por la costa entre los indios por mandado de Cortes para ver si venían navíos y había aprendido la lengua de aquella /404/ tierra aunque se fiaban poco de él porque tuvieron sospecha que se había pasado a ellos para dar aviso a Cortes de lo que pasaba y así lo dio al que estaba por capitán en la Villa Rica por Cortes que como se ha dicho la había él poblado cuando allí desembarcó y como Çervantes les dio aviso de la gente y navíos que traían desmampararon la villa y se fueron a Mexico a dar aviso a Cortes de lo que pasaba.

Guasteca el mensajero de Moctençuma se estuvo con Narvaez haciéndoles proveer de comida y aguardando a ver lo que Moctençuma le enviase a mandar / estando Narvaez con su ejército en aquel arenal como se ha dicho andaban algunos tratando de se ir a Cortes y entre ellos algunos capitanes y a uno de aquéllos dieron cien azotes y quiso enviar los capitanes a la isla de Cuba y los tuvo presos y a ruego de Andres de Duero y de muchos caballeros que iban con Narvaez no los envió y fuera muy acertado haberlos enviado en esta sazón llegó un navío de la Isla Española y en él venía un oidor de la Audiencia Real que reside en Sancto Domingo que es en aquella isla y no lo dejó desembarcar Narvaez diciendo que el adelantado Diego Velazquez tenía provisiones y comisión del emperador y que la Audiencia de Sancto Domingo no tenía qué hacer en Nueva España y sobre esto hubo muchos requerimientos de la una parte a la otra y en fin el oidor se volvió a Sancto Domingo.

/404 v./ Cada día iban y venían mensajeros de Moctençuma a Narvaez como se ha dicho y como los de la Villa Rica se fueron huyendo despachó Narvaez a un clérigo que se llamaba Juan Ruiz de Guevara y a Mata escribano del rey y envió con ellos ciertos indios de Mexico para que los guiasen y envió a decir a Cortes cómo había llegado allí porque el adelantado lo enviaba y con ellos envió un traslado autorizado de las provisiones reales que traía y de las del adelantado que le enviase a decir dónde quería que se viesen por no dar escándalo a los naturales como después se les dio y muy grande llegados el clérigo y el escribano a Mexico les mostraron grandes montones de oro y Moctençuma les mandó dar ciertas joyas de oro muy fino y les mostraron la ciudad y estaban muy admirados así por las grandes riquezas de oro que habían visto como en ver tan grande y tan populosa ciudad y de tales y tan suntuosos edificios que los juzgaban ellos y todos los demás españoles por los mejores del mundo como lo eran.

Habiendo notificado a Cortes las provisiones reales y las del adelantado dijo que se vería en ello y luego envió a Juan Velazquez uno de sus capitanes y otros con él y a fray Bartolome Mañoso fraile carmelita a decir a Narvaez que le enviase los originales que traía porque los quería ver y Juan /405/ Velazquez fue a la ciudad de Çempoalam donde Narvaez se había ido por no se estar en la costa que está dos leguas de ella y era una ciudad muy suntuosa y de muy grandes edificios y cercas con sus almenas y en todas las mezquitas que había muchas y Narvaez se había aposentado en una de ellas que era muy grande y los capitanes en otras y cada una tenía otra cerca por sí y todas dentro de otra cerca de un muro todo almenado y no tenía más de tres puertas y entraban por unos escalones que bajaban a los patios de las mezquitas y a los aposentos que eran muchos y cada mezquita parecía una ciudad muy cercada y todo era de argamasa y de muy altos edificios y todos muy blancos que parecían muy bien Narvaez hizo poner su artillería en la mezquita donde se aposentó y tenía unas muy buenas gradas y anchas para subir a ella y a la tercia parte de la subida había una muy gran mesa tan grande como el circuito de la mezquita y desde allí iban otras gradas y a otro tercio estaba otra mesa como la primera donde se puso la artillería y de ella era capitán Garçi Holguin y alcalde de la fortaleza que se había de hacer y a la contina traía doce alabarderos a pie o a caballo desde esta mesa iban otras gradas a lo alto y a otro tercio había otra mesa como las otras que se han dicho /405 v./ y todo era macizo y cada mezquita tenía de largo un buen tiro de piedra y otro de ancho y encima de la postrera mesa estaba otra mezquita de dos aposentos muy grandes donde estaban los ídolos y su cubierta era de muy rico enmaderamiento de cedro y de esta manera eran las otras mezquitas y las demás de toda la tierra y en esta ciudad había muy grandes casas de señores y en ninguna de ellas se quiso aposentar Narvaez por no les dar pesadumbre.

Llegado Juan Velazquez y el fraile carmelita a esta ciudad dijo a Narvaez lo que Cortes le enviaba a decir y Narvaez les mostró las provisiones originales y ambos eran casados con dos hermanas y le dijo que si Cortes las quisiese ver que viniese donde él estaba y se las mostraría y con esto se volvió Juan Velazquez y primero hizo mucho daño en el real que era lo principal a que venía y echaron fama él y los que con él habían venido que Cortes tenía diez casas de oro y haría ricos a todos los que le fuesen amigos y quedaron muy codiciosos de estar con Cortes y les dijeron que tenía preso a Moctençuma y que le daría cuanto quisiese.

Llegados el padre Guevara clérigo y Mata escribano no quisieran volver a Narvaez viendo las riquezas que cada día les mostraban venidos donde estaba Narvaez holgó mucho con ellos y le dijeron la grandeza de Cortes y que no tenía /406/ voluntad de lo recibir y Narvaez se reía y decía que Cortes era su hijo y siempre estaba bien apercibido luego vinieron otros dos españoles y en secreto inducían a la gente de Narvaez y a él dijeron cómo Cortes los enviaba para que le dijesen cómo venía a verse con él y cómo Juan Velazquez había dicho que Narvaez estaba mal quisto porque lo que Moctençuma le había enviado y unas mantas que el señor de Çempoallam le había dado lo dio a guardar al tesorero hasta que hubiese que repartir porque para todos era poco y los capitanes quisieran que se lo diera y comenzaron a murmurar y aunque no tenían razón porque todo era poco para lo repartir *entre todos* y Cortes le envió a decir que se vería con él en un llano con diez de caballo y Narvaez respondió que donde él quisiese y que de los suyos podía estar muy seguro.

En estos días envió Moctençuma un mensajero gran señor a que dijese a Narvaez cómo él había recibido a Cortes en todos sus pueblos y en su ciudad y aposentádolo en sus propias casas y dádole gran suma de oro y joyas y piedras y esclavos y cacao y mucha y muy rica ropa y dos de sus hijas y que en pago de esto lo tenía preso no sabía por qué y que decía que él y los que con él venían eran vizcaínos y mala gente y sus enemigos y que quería ir sobre ellos y que para esto /406 v./ le diese sesenta mil hombres para que fuesen con él y que se temía que entre ellos habría guerra que le enviase a decir lo que quería que hiciese y si quería que los haría matar a todos y esto debía de querer Moctençuma por se vengar de la prisión y porque sabía que Narvaez tenía más gente que Cortes lo tenía en más porque Guasteca su capitán le había enviado a decir el poder y artillería que traía y por lo mostrar había hecho Narvaez antes que se fuese a Çempoala estando en el arenal ante los españoles que envió Cortes y ante los de Moctençuma alarde en que se hallaron *mil cuatrocientos* hombres con los marineros porque para ello hizo desembarcar a todos y todo lo sabía Moctençuma porque como se ha dicho cada día iban y venían mensajeros y lo que Moctençuma envió a decir a Narvaez se lo dijo dentro en su aposento siendo Escalonilla intérprete de ello y respondió Narvaez que dijesen a Moctençuma que no hiciese lo que le envió a decir porque de ello recibiría gran enojo el emperador porque la gente que él traía y la que estaba con Hernando Cortes era toda una y vasallos de Su Majestad y que con él venían muchos hermanos de los que estaban con Hernando Cortes y les mostró algunos que eran hermanos de los otros y así era la verdad admirados los indios de ello lo hicieron saber a Moctençuma y le envió /407/ a decir Narvaez que no tuviese pena de su prisión porque él venía a hacer justicia y que si él no tenía la culpa se la guardaría y con esto se fueron los mensajeros de Moctençuma.

Estando las cosas en este estado Narvaez se estaba en Çempoalam porque no estaban los caballos para poder caminar y Cortes hablaba cada día secretamente con Juan Velazquez y le decía el gran poder de Narvaez y que algunos de sus capitanes estaban mal con él y que en todos había codicia en esto llegaron los otros mensajeros de Cortes y le dieron la respuesta de Narvaez y Cortes fue a decir a Moctençuma cómo quería ir contra aquella gente y que eran vizcaínos como le había dicho y muy malos y que los quería echar de la tierra por que no hiciesen daño a los naturales y que era necesario que le diese sesenta mil hombres de guerra bien aderezados Moctençuma respondió que habría su consejo con los suyos y que todo se haría muy bien como él pedía y otro día dijo Cortes que se quería partir que luego mandase ir con él aquellos sesenta mil hombres y le respondió que le placía y señaló capitanes para que fuesen con él y cumplió de palabra porque no dio la gente que se le pedía.

# CAPÍTULO VEINTISIETE

En que se trata cómo Hernando Cortes fue contra Narvaez y cómo lo prendió y lo que más pasó en ello.

/407 v./ Hernando Cortes partió de Mexico y dejó a Pedro de Alvarado en guarda de Moctençuma que estaba preso aunque lo dejaban ir a se holgar donde quería y se tenía todo su mando y de noche y de día le guardaban dieciséis españoles por sus cuartos y cada día les hacía algunas mercedes con Alvarado quedaron ciento ochenta españoles y tres caballos y unos ruines tirillos para guarda del fuerte que tenían hecho donde estaba Moctençuma y en algunos aposentos tenían grandes riquezas de oro y de plumas y piedras y gran cantidad de cacao y ropa y otras cosas de gran valor de su recámara y estaban cerradas las puertas con piedra y cal y por cima enlucido para que no diesen con ello los españoles y andando un día mirando la casa dieron en una puerta y la abrieron y sacaron de allí grandes riquezas de que pesó mucho a Moctençuma y envió a decir a Cortes que no le robasen su casa pues le había recibido en ella porque allí tenía muchas cosas de gran valor y que para los españoles valían muy poco luego Cortes hizo que se recogiese lo que se había sacado aunque no se pudo recoger todo e hizo muestra de que quería ahorcar los españoles que lo habían tomado Moctençuma le envió a rogar que no lo hiciese y que no le sacasen más y no quiso que se recibiese lo que habían sacado y se quedaron con ello esto todo pasó antes que Cortes saliese de Mexico para contra Narvaez.

/408/ Partido Cortes de Mexico para se ver con Narvaez llegó a Chalco donde llamó los principales y capitanes que llevaba y dijo que le mostrasen la gente de guerra respondiéronle que iban adelante y de allí fue a Tepeaca donde otra vez pidió le mostrasen la gente de guerra y le tornaron a decir que iba adelante y con esto se fue y caminó hasta pasar los puertos para ir a la costa y llegó a un río junto a un pueblo que llaman Tecpanecquita cinco leguas de

570

donde estaba Narvaez que ninguna cosa de esto sabía y allí hubo su consejo y dio a Gonçalo de Sandoval alguacil mayor del ejército un mandamiento para prender a Narvaez o matarle e hizo a todos un razonamiento diciendo que a él le iba menos que a todos y que les convenía prender a Narvaez porque si no lo hacían quedarían por mozos de los que venían y les dijo otras cosas como buen capitán y él sabía muy bien hacer un razonamiento y allí pidió a los capitanes de Moctençuma los sesenta mil hombres de guerra y no se le dieron y quiso matar sobre ello a los principales estando allí los vido un indio de Çempoala y fue con gran prisa y lo dijo en el pueblo y el señor ninguna cosa sabía hasta entonces y luego lo fue a decir a Narvaez y él con todos sus capitanes entraron en consulta y acordaron salir al camino con toda la gente de pie y de caballo y con la artillería aunque contra la voluntad de algunos de los capitanes /408 v./ y fueron más de una legua y toparon algunos indios que se venían a sus casas de sus labranzas y todos decían que no había nueva de españoles porque se habían escondido en un río que llamaban de Tapanequita hasta que quiso anochecer.

Estando Narvaez en el campo todos le aconsejaron que se volviese al fuerte porque allí estaría muy mejor porque no habría quien le osase acometer si viniese de noche porque no tenía más que dos entradas y que ellos no sabían la tierra y que podría ser que a la noche Cortes y su gente y los indios los salteasen / Narvaez mandó dar un pregón que quien prendiese a Cortes le daría mil pesos y viendo que era ya noche y que no había nueva de Cortes se volvió Narvaez a su fuerte y mandó poner la artillería donde antes estaba y al capitán de ella mandó tuviese buen recaudo y al artillero lo mismo que era bueno de su oficio aunque aquella noche no lo fue y mandó poner guardas a las puertas y toda la noche estuvo armado y muy a menudo visitaba los centinelas y mandó ir al camino por donde podían entrar en la ciudad dos hombres muy sueltos el uno se decía Gonçalo Carrasco y el otro Diego Hurtado hombres para mucho y mandó al capitán Francisco Verdugo cuñado del adelantado Diego Velazquez que fuese a las casas del señor de Çempoala y que lo guardase no se fuese huyendo con el alboroto que había de haber porque estaba algo amedrentado y para que no tuviese miedo de Cortes /409/ y que hasta el día no se quitase de allí que él le enviaría a mandar lo que había de hacer y toda la gente de Narvaez estaba como se ha dicho aposentada en las mezquitas / a la entrada de una de las puertas de la cerca estaba un cuecillo pequeño que era donde el capitán Casillas posaba y no podían entrar ni salir sin que él lo viese y aquella era la principal entrada porque las otras eran como puertas falsas este Casillas era alguacil mayor de la armada de Narvaez y toda la noche como se ha dicho estuvo Narvaez armado y en pie y acudía a visitar los centinelas y no acudió a su casa ninguno de los capitanes porque todos tenían sus fuerzas y sus aposentos cada uno por sí con su gente porque para todos había aposentos si aunque fueran muchos más.

Estando Cortes en Tepanequita pidió como se ha dicho a los capitanes de Moctençuma los sesenta mil hombres y como no se los dieron quiso ahorcarlos y ellos dijeron que Moctençuma les había mandado que no se los diese los matasen que ellos no tenían culpa de que recibió Cortes muy grande enojo y dijo que Moctençuma se lo pagaría todo junto y de allí se fue a esconder donde se ha dicho y muy tarde comenzó a caminar con gran prisa y dio con los espías de Narvaez y tomaron el uno de ellos y el otro huyó /409 v./ y llegó donde estaba Narvaez y llegó al cuarto de la modorra que se quería rendir y entrando por el patio dijo a voces arma, arma, y Narvaez tomó una lanza y bajó corriendo pidiendo un caballo que le tenían ensillado y se lo trajeron muy aprisa y queriendo poner el pie en el estribo llegó la gente de Cortes con muy largas picas diciendo victoria victoria porque nadie les resistió la entrada y bastaban para ello tres personas y había quince y el alguacil mayor Casillas y su gente que todos estaban a la puerta / fue la venida tan breve porque como el espía que tomaron dijo que el compañero había huido tiraron tras él y todos llegaron juntos tras el espía Cortes se apeó y la demás gente un tiro de ballesta de donde Narvaez estaba y dejaron allí los caballos y mandó que los metiesen en casa de un principal que era muy gran casa y desde allí fueron corriendo hasta donde estaba Narvaez y Gonçalo de Sandoval alguacil mayor del ejército y Cristobal de Olid maestre de campo llegaron con toda la gente y allí comenzó Narvaez y su alférez y Garçi Holguin y Juan Fernandez y Tamayo y otros que todos eran diecisiete a defender la mezquita y se defendieron muy bien y con muy grande ánimo y esfuerzo, y mandó Narvaez disparar la artillería /410/ y ningún tiro salió debió ser la causa porque aquella noche había llovido un poco y todas las cebaderas estaban tapadas por el agua túvose sospecha que fue ruindad del artillero y que cebó con arena los tiros estando Narvaez y los que con él estaban peleando se defendieron gran rato aunque los apretaban mucho los de Cortes porque traían muy largas picas y los de Narvaez tenían pequeñas lanzas y pocas porque no las tenían todos diecisiete que estaban con él y los demás no tenían más que espadas y rodelas y convino a Narvaez retirarse a la mesa de enmedio donde estaba puesta la artillería y le tornaron a poner fuego y no aprovechó y los unos y los otros peleaban valerosamente y dieron a Narvaez dos picazos juntos y le quebraron un ojo y con su ojo quebrado peleaba muy bien porque era muy esforzado y en esto algunos de sus capitanes se acogieron a lo alto de una de las mezquitas que había en el patio que era muy alta y fuerte con treinta y ocho soldados y en otra mezquita estaban otros capitanes con doscientos sesenta soldados, y a las espaldas por de fuera del patio estaba Diego Velazquez sobrino del adelantado harto mozo con sesenta de caballo y ochenta peones y ninguno de todos los dichos acudió a su general Narvaez aunque le veían pelear sólo un caballero que se decía Juan de Rojas /410 v./ le quiso ir ayudar y los de Cortes lo mataron en medio del patio y le dieron muchas y muy grandes heridas hase dicho el nombre de éste por la bondad que en él hubo y los nombres de los demás se callan por la ruindad que en ellos hubo.

Dice Juan Cano que todos los que se hallaron en esta refriega alababan al general Narvaez y decían que se defendió como muy valeroso y así lo había sido en la conquista de la Isla Española y de Xamayaca y estándose defendiendo llegó por detrás un maestresala y criado suyo y se abrazó con él diciendo a los de Cortes aquí aquí y en esto llegaron todos y le prendieron y lo llevaron donde estaba Cortes y con un paño se puso a la mano en el ojo porque le salía mucha sangre y los demás acudieron todos a los que allí se defendían y se retrajo el alférez y los pocos que con él estaban a la mesa de arriba y se defendieron muy bien y no pudiendo resistir a los muchos que contra ellos había se retrajeron en la mezquita y todavía peleaban los unos y los otros muy bien y los de Cortes tiraban arcabuces y saetas y con esto y con las picas hacían gran daño y dieron una saetada al alférez que le clavaron cuatro dedos de una mano y también hirieron a otros y con todo esto se defendían hasta que llegó un soldado de Cortes y puso fuego a la mezquita porque era la cubierta /411/ de madera y paja y no dejaron por esto de se defender hasta que les cayó el fuego encima y los quemaba y viendo que no les venía socorro de los que estaban cerca aunque los veían quemarse dieron sus armas y quedaron muy corridos.

Luego como se dieron estos que habemos dicho que estaban con Narvaez tomaron los de Cortes la artillería y la pasaron al patio y comenzaron a tirar a la mezquita donde estaban los capitanes de Narvaez y casi cuatrocientos soldados y mataron e hirieron cinco y Cristobal de Olid maestre de campo de Cortes andaba por el patio y los capitanes de Narvaez a media escalera de la mezquita lo llamaban diciendo señor maestre de campo tome vuestra merced las armas y él se llegó a las gradas a caballo y les dijo bellacos pelead por vuestro capitán y de esto quedaron muy avergonzados y no se tiró más tiro y en esto vino el día y les tomaron las armas y ellos quedaron como merecían y los más murieron después mala muerte como adelante se dirá sacrificados /411 v./ de indios / luego se fue Cortes a aposentar a las casas de un principal y desnudaron a Narvaez las armas que traía y le curaron y del seno le sacaron las provisiones reales que llevaba y las del adelantado y se dijo que las quemaron en presencia de Narvaez y luego mandó Cortes que todos los de Narvaez trajeran sus armas so pena de muerte y así se hizo porque los capitanes pensaron que Cortes los había de cargar de oro y favorecerlos y no lo hizo porque como dicen el Señor* se paga de la traición y no del traidor que la hace / Diego Velazquez sobrino del adelantado le hicieron que se diese y así lo hicieron los que con él estaban y Cortes envió un su anillo para que se diesen porque así lo habían dejado concertado Juan Velazquez y fray Bartolome.

Traídas las armas quedaron muy corridos así los soldados como los capitanes entre los de Cortes y con recelo de que no se había de cumplir lo que se les había prometido y con esto estaban muy descontentos / de ahí a tres días les volvieron las armas aunque no las buenas y tomadas sus armas siguieron todos a Cortes sin les tomar juramento y dejaron preso su general / luego trató Cortes de enviar a poblar a Guaçacualco donde Diego de Ordas había estado y llegó un día después que Narvaez fue preso con diez mil indios /412/ como Cortes se lo había enviado a mandar y vinieron sin

* "Proditionem amo, proditore non [...] Plauto in Apoph [...] qui refut [...] l. [...] mo. S. Santum. fit [...]" [Nota al margen.]

mandado de Moctençuma y no pudo llegar antes aunque se había dado gran prisa y luego los despachó con ciento ochenta españoles y era tierra muy rica aunque estaba destruida como en otra parte se ha dicho y Cortes quedó en Çempoalan reformando los caballos y gente de Narvaez que todos estaban muy fatigados de los trabajos que habían pasado por mar y por tierra y también mandó que volviesen a poblar la Villa Rica porque la habían despoblado los que se fueron huyendo a Mexico cuando desembarcó Narvaez y allí mandó llevar a Narvaez a muy buen recaudo con prisiones donde estuvo preso muchos días y cuando Cortes lo soltó se fue a corte y se quejó de él y le dieron la conquista de la Florida donde murió y gastó su hacienda que era muy rico y su hijo murió en el Peru muy pobre.

# CAPÍTULO VEINTIOCHO

En que se dice cómo se juntaron muchos señores a hacer una fiesta en la plaza que está delante de las casas donde estaba detenido Moctençuma y cómo Pedro de Alvarado y los demás que Cortes dejó en su guarda los mataron y cómo se alzaron por esto los indios contra ellos y les dieron guerra y vino Cortes en su socorro y los demás que en esto pasó.

/412 v./ Ya se ha dicho cómo cuando Cortes salió de Mexico para donde estaba Narvaez dejó en ella a Pedro de Alvarado por capitán de ciento ochenta soldados que con él quedaron y Moctençuma y los demás señores le dijeron cómo ellos tenían cierta fiesta en su ley y que querían bailar y celebrar su fiesta que le rogaban se hallase presente y los honrase y comenzaron su baile que era entre ellos muy usado delante la mezquita mayor en unos patios muy grandes que allí había en que dicen que cabían cincuenta mil indios y más porque no ocupan tanto como otra cualquier nación y estaban enlosados y cercados de muy ricos aposentos para sólo aquella fiesta y otras que hacían en honra de sus ídolos y todos muy bien aderezados de muy ricos petates que son esteras como las que se hacen en el reino de Granada y todo con sus asentaderas como ellos las usan donde tenían gran cantidad de comida para aquellas fiestas y cacao de que se hace muy buena bebida de tanta sustancia como almendrada / comenzada su fiesta y baile muy solemne en que habría mil quinientos señores e hijos de señores los mayores de la tierra sobrinos y hermanos y tíos y deudos de Moctençuma con muy grandes y ricos plumajes de plumas verdes que ellos estiman en mucho y muy ricos brazaletes /413/ a los brazos y piernas de oro y otras muchas joyas de oro y decían los indios que por les tomar aquella riqueza ordenó Pedro de Alvarado de poner quince españoles en guarda de Moctençuma y con los demás entró en los patios y a cada parte puso otros quince españoles y con el resto dijo Santiago y a ellos y todos los mataron sin dejar alguno de ellos porque estaban sin armas y desnudos porque sus ropas

576

son de mantas de algodón / de que vieron llorar a Moctençuma
que lo estuvo mirando y luego acudió tanta gente de guerra que
cubrían las calles y azoteas que todo era gente y armas porque en
Mexico había a la contina cien mil hombres de guarnición y apretaron Alvarado y a su gente tanto que les convino meterse en sus
aposentos que eran muy grandes y muy fuertes y mataron a un
español y a otros hirieron y no los dejaban de noche ni de día y les
minaban el aposento por muchas partes y apretábanlos tanto que no
sabían qué se hacer y les iban faltando los bastimentos y habían
muerto otros dos españoles y herido muchos y cada día la guerra era
muy más grave y de más gente y les entraban por muchas partes y
no lo podían defender y dijo Alvarado a Moctençuma que lo mataría si no mandaba alzar el cerco y Moctençuma desde una azotea
les comenzó a hablar y en viéndolo cayeron todos en tierra que /
413 v./ fue cosa de admiración y estuvo hablando casi una hora sin
que indio alguno se moviese y todos tenían sus armas, y espadas,
y rodelas, arcos y flechas, lanzas y azagayas, y gran cantidad de
hombres con piedras y todos los hierros eran de pedernal que cortan más que nuestras espadas / el aposento tenían ya abierto por
muchas partes aunque era muy fuerte y les habían quemado los
bergantines que estaban en la laguna sin que los pudiesen defender y estaba Alvarado y los demás muy atribulados porque todos
pensaron perder allí la vida y las riquezas que Moctençuma les
había dado y ellos habían robado estuvo Moctençuma una hora
persuadiendo y mandando a su gente que se sosegasen y con gran
autoridad y gran dolor por los que le habían muerto en la fiesta que
todos eran señores y deudos suyos acabada la plática volvió el rostro a los españoles y dijo a Pedro de Alvarado que se bajasen todos
a sus aposentos y así lo hicieron y todos los indios se fueron a sus
casas y no hubo más guerra Alvarado se disculpaba con Moctençuma que le habían dicho que los quería matar y que por ello los
había él muerto Moctençuma dijo que no había tal y si antes hubiera Alvarado hablado a Moctençuma antes se hiciera la paz empero
con la muy gran prisa que les daban no habían caído en ello hasta
que /414/ se vieron en términos que no se podían defender / los señores que habían quedado y toda la demás gente quedaron muy
tristes por los que les habían muerto tan sin razón en sus fiestas
y trataban mal de Moctençuma porque había consentido entrar
aquella gente en su tierra y en su ciudad contra la voluntad y parecer

de todos y decían muchas palabras feas contra él y que debía ser mujer de los españoles pues no consentía que los matasen.

En los templos y mezquitas se criaban muchos hijos de señores y traían el cabello muy largo y algunos les llegaba hasta el suelo muy enguedejado y de mal arte por penitencia y los llamaban PAPAS y cuando algunos salían para se casar se cortaban el cabello éstos nunca quisieron paz y siempre la contradecían y queriendo Cortes desde pocos días que entró en Mexico quitar la mezquita principal un ídolo que llamaba Ochilobos que los indios tenían en gran veneración, estos PAPAS quisieron levantar la tierra y si Moctençuma no lo apaciguara hubiera muy gran escándalo y revueltas como la comenzó haber en que mataron algunos de aquellos PAPAS y viendo Cortes la revuelta dijo a Moctençuma que estaba presente que por qué no mandaba quitar aquel ídolo y poner la imagen de Santa Maria / y respondió /414 v./ que no era tiempo para les hacer creer lo que él creía que lo dejase por entonces y que ellos lo quitarían y con esto se apaciguó la revuelta que comenzó haber por les querer quitar sus ídolos.

Como toda la gente había quedado como se ha dicho muy triste por los que mataron en aquella fiesta no quisieron hacer su TIANGUIZ como solían que era un muy gran mercado que se hacía en el Tlatelulco donde ahora está un monasterio de San Francisco y la iglesia llaman Santiago, o por temor de que no los matasen allí donde se juntaban doscientas mil ánimas cada día donde estaban hasta la noche y era mucha la gente que iban y venían por ocho calzadas tan anchas que podían ir por ellas cuatro carretas juntas porque como las poblaciones eran tantas era muy grande el número de gente que allí acudía a vender y comprar y por grandeza no había en tres leguas alrededor otro mercado si no era algunas veces aunque pocas que se daba licencia para ello y para vender algunas cosas de poco valor.

Estando Pedro de Alvarado de la manera que se ha dicho envió un mensajero a Cortes y andaba de noche y llegó a Cortes que estaba muy contento con la victoria y prisión de Narvaez y de esta nueva recibió gran pesar y determinó ir a Mexico y dejó /415/ como se ha dicho preso a Narvaez en la Villa Rica que es en el puerto donde dejó por su teniente a Rodrigo Rangel y se fio de él porque era de su tierra [aunque no dio bastante para el cargo]* y

* Tachado en el original. [N. del e.]

578

le dejó muy encomendada la guarda de Narvaez y con él dejó otros amigos suyos y con toda la gente que él tenía y con los de Narvaez se partió para Mexico y envió un mensajero a Diego de Ordas que había ido a poblar la provincia de Guaçacualco que luego se viniese a Tlaxcala con toda la gente a se juntar con él porque Mexico y toda la tierra estaba alzada y llegado el mensajero a Diego de Ordas se fue a muy gran prisa a donde Cortes decía y en el camino dejó algunos españoles que no estaban para caminar en Tatatetelco que era una muy gran provincia donde Moctençuma tenía guarnición de gente de guerra donde los mataron a todos sino fue uno que se escapó y se fue a la provincia de Sochinantla donde los señores de allí lo acogieron / Cortes y Diego de Ordas llegaron casi juntos a tierra de Tlaxcalam donde se rehicieron y dejaron allí setenta españoles enfermos y dos caballos cojos y Juan Paez por capitán de ellos hombre honrado dioles Maxiscaçi señor de aquella provincia muchos tamemes y dos mil hombres de guerra para que volviesen con los tamemes y con esto /415 v./ se fue Cortes a Mexico aunque algunos se quedaron por los caminos y los más de ellos eran de los capitanes de Narvaez y a todos ellos los sacrificaron los indios con otros de ellos que se quedaron en Çempoala que no pudieron ir con Cortes y cuando de allí salieron ya estaba la guerra rota en Mexico y todos murieron mala muerte y algunos de ellos desnudos y garrocheados como toros y de todos estos capitanes solamente escaparon Bermudez y Andres de Duero y se fiaba poco de ellos Cortes de que andaban muy corridos y afrentados.

Llegado Cortes a Mexico le hicieron buen recibimiento y Pedro de Alvarado recibió gran contento viendo el socorro que a tal tiempo le vino [y según dicen era más cruel que esforzado como siempre lo mostró]* y tuvo unos hermanos muy valerosos que se llamaban Gonçalo de Alvarado y Jorge de Alvarado / entró Cortes en su aposento muy contento y ufano en verse con tanta gente y le dijo Pedro de Alvarado que ya sabía lo que había sucedido que le mandase prender e hiciese que lo quería matar por ello por justicia y que Moctençuma le rogaría que no lo hiciese y que con esto se sosegaría la ciudad que aunque no daban guerra era razón darles algún contento para el descontento que todos tenían y que luego /416/ fuese a hablar a Moctençuma y aunque era muy buen conse-

---

* Tachado en el original. [N. del e.]

jo respondió Cortes con la soberbia de la victoria que había tenido contra Narvaez y con se ver con tantos españoles que se fuese para perro Moctençuma que no le quería ver y estaban presentes muchos principales que ya entendían la lengua castellana y se escandalizaron en ver que tenía en tan poco a su rey a quien ellos casi adoraban y a quien antes de esto le hablaba Cortes siempre con la gorra en la mano en fin él no lo quiso ver y con esto se entró en su aposento y luego le trajeron mucho maíz en grano y en pan que de ello hacen y muchas gallinas y pavos y patos y venados que bastaba para muchos más y Pedro de Alvarado dijo a Cortes todo lo que había pasado y cómo no había habido después de aquello mercado y que le parecía que todos los señores estaban descontentos y de todo se le dio poco a Cortes porque con la gente le había crecido la soberbia / harto mejor fuera cortar la cabeza a Pedro de Alvarado y a los demás o a lo menos los más culpados y con esto se evitaran las muertes de tanta infinidad de gente y la de Moctençuma y no se perdiera tan gran tesoro como se perdió así de Moctençuma como de lo que había dado a Cortes y a sus soldados / secretos son de Dios y Él sabe lo mejor y la causa /416 v./ de este mal suceso por ventura lo permitió por los grandes pecados de aquellas gentes y para que perdiesen los españoles la soberbia que tenían / Cortes mandó llamar dos principales al uno llamaban Atenpaneca y al otro Tlacuzcalca que solían tener cargo del mercado y muy enojado y riñendo con ellos les mandó que luego fuesen a mandar que viniese la gente al mercado si no que los castigaría y viendo todos los señores de la tierra a su rey preso y que Cortes no le había querido ver y que de antes rogaba lo que quería con humildad como huésped y que ya quería mandar como señor se alborotaron mucho y determinaron de le dar todos guerra y que ningún español quedase vivo y algunos hermanos y deudos de Moctencuma no quisieron ser en ello.

# CAPÍTULO VEINTINUEVE

En que se trata cómo habiendo venido Cortes a socorrer a Pedro de Alvarado y a los que con él estaban continuaron los indios la guerra y cómo salió al azotea Moctençuma a les hablar y le dieron una pedrada de que murió y cómo Cortes y su gente se salieron una noche de Mexico con muy gran trabajo y muerte de alguno.

Por estar como estaba Moctençuma preso en poder de Cortes comenzaron los indios /417/ la más cruda guerra del mundo contra los españoles tanto que ya no había aposento que no hubiesen abierto por muchas partes todo esto se excusara si Cortes hiciera lo que Pedro de Alvarado le dijo y ya había perdido Cortes la soberbia que primero tenía con la victoria de Narvaez porque nunca se había visto en otra tal y un día salió una capitanía de gente por la calzada de Tlacuba hasta tierra firme por una viga que llevaban a sus cuestas porque los puentes los habían quitado los indios y con mucho trabajo la ponían y cada casa era una buena fuerza y luego se tornaron porque solamente habían ido a ver si podían salir por allí porque estaba la tierra firme más cerca que por las otras calzadas y a la vuelta recibieron mayor daño que a la ida y mataron muchos de ellos, otro día quisieron probar lo mismo y no pudieron porque se lo defendieron muy bien y les daban guerra de noche y de día y viendo Cortes que allí no se podía defender determinó de salir una noche a Tlacuba porque era imposible salir por donde primero había entrado y por ser comunidad la de los indios sin señor ni capitanes no pretendían más que echarlos de su tierra y antes de esto habló Cortes a Moctençuma y le dijo que mandase cesar la guerra /417 v./ habiendo ya pasado muchos días y muy grandes trabajos y muertes por la guerra que los indios les daban y cuando habló a Moctençuma era tanta la gente que había y tan grande el alarido que Cortes y los suyos estaban con gran temor y sacaron a Moctençuma a las azoteas y que un español le arrodelase

581

porque eran sin cuento las saetas y piedras que les tiraban y en comenzando Moctençuma su plática llegó una piedra que lo descalabró y una flecha y luego cayó en tierra y con la gran prisa que los indios daban no le curaron ni él quiso curarse y murió de ello sin bautismo aunque lo había pedido muchas veces y en muriendo lo echaron a los indios para que viesen cómo lo habían muerto y luego lo tomaron y lo llevaron de allí mucha gente y cargó más la guerra y determinó Cortes salirse una noche de Mexico y habló a su gente sobre ello y que él tomaría la retaguardia y Pedro de Alvarado la vanguardia y que a media noche saliesen / y aquella noche dijo a Cortes un fulano Botello que aquella noche habría muy gran matanza y que si no salía aquella noche que ninguno escaparía y que en la retaguardia habría muy gran peligro este Botello dicen que tenía un familiar y todo sucedió como él lo dijo y Cortes dejó la retaguardia /418/ por lo que éste le dijo y la dejó a Pedro de Alvarado y él tomó la vanguardia y a muy gran prisa dijo a los que allí se hallaron que aquel oro quedaba perdido que cada uno tomase lo que quisiese y esto fue causa de morir más gente porque se cargaban como bestias y comenzaron luego a salir y algunos que no lo supieron se quedaron en el aposento hasta el día tanta era la turbación que todos tenían que no se acordaban unos de otros y eran los que se quedaron doscientos sesenta y se defendieron tres días y a todos los sacrificaron vivos los indios / Cortes y los demás iban saliendo con gran silencio y con gran prisa y en llegando a uno de los puentes que estaban quebrados y había guardia en él comenzaron a dar voces y un español soltó una escopeta y como la oyeron y a los indios dar voces acudió tanta gente por la calzada y por el agua en canoas por todas partes por detrás y por delante y mataban muchos de los nuestros y como era de noche cada uno huía por donde podía así el capitán como los demás y Cortes llegó a la tierra firme y tras él Gonçalo de Sandoval un muy valeroso hombre capitán y alguacil mayor del ejército y lo fue de toda la Nueva España y con él llegó el alférez /418 v./ general que se llamaba Francisco Corral y ordenó de parar en Tlacuba que es la tierra firme fuera de todos los puentes en el aposento de aquel pueblo y así lo dijo a todos y como los de la vanguardia huyeron cargó toda la gente sobre la retaguardia de tal manera que se tenía por más ruin el que menos huía y viendo esto Pedro de Alvarado estando mucha gente donde estaba quebrado un puente y todos en muy grande aprieto tomó una lanza y saltó de la otra parte y no paró con los que allí estaban y fue un salto tan grande que hay todavía memoria de él en que se ve claro que la necesidad y temor suelen dar fuerzas en los peligros y toda la gente se quedó allí donde hubo muy gran matanza y muy pocos pudieron ir *adelante allí* mataron a Chimalpopoca hijo de Moctençuma aunque no legítimo y a otras dos hijas suyas que había dado a Cortes / mucha gente fue hasta llegar a Tlacuba y se metieron algunos en el aposento que Cortes había dicho y a todos los mataron allí y Cortes se había pasado de largo sin parar en él y todo era maizales muy altos y muy llenos de gente y de allí salían los indios y mataban los españoles como iban huyendo y desbaratados hasta que llegaron a un río y subieron a un cerro donde no había maizales donde estaba un cu donde se puso una imagen de nuestra Señora de los Remedios donde /419/ se recogieron los que escaparon que fueron trescientos sesenta hombres.

Salido Cortes de aquel cerro que es término de Tlacuba había mucha gente porque es tierra muy poblada y en dos leguas tardaron dos días y una noche porque eran tantos los enemigos que traían a los españoles de unas partes a otras por un valle entre unos maizales que ni sabían si iban al norte ni si al sur tales andaban todos aunque esta gente hacía poco mal porque pocas veces llegaban a las manos, otro día después de pasado este valle llegaron a la provincia de Tlascallam a un valle muy grande donde había más de sesenta mil indios de guerra con sus capitanes y principales que eran de la ciudad de Otumba donde todos tuvieron gran miedo porque iban los más heridos y había tres días que no comían sino hierbas y todos iban muy fatigados y los caballos lo mismo y muy flacos Cortes llevaba un muy buen caballo y otros lo mismo que todos eran hasta diez y arremetieron al escuadrón que venía con grande ímpetu y rompieron por medio y se fueron derechos a los capitanes que eran muy conocidos por los grandes plumajes que traían y mataron dos de ellos y a la vuelta mataron otros dos y esto fue causa para que luego los dejaran y de allí a Tlascala no hubo más guerra ni pareció gente que porque allí eran los confines /419 v./ de Tlascala / los españoles que escaparon fueron trescientos sesenta y otros sesenta que estaban en Tlascala y ochenta en la Veracruz por manera que todos eran quinientos los que había vivos de mil cuatrocientos que trajo Narvaez y quinientos que tenía

Cortes por todos eran mil novecientos y de ellos faltaron mil cuatrocientos que mataron en Mexico y por los caminos como dicho es y los que se habían quedado en Çempoala de los de Narvaez que todos murieron sacrificados y mala muerte que mejor fuera haber muerto en defensa de su general.

# CAPÍTULO TREINTA

Donde se trata cómo Cortes y los suyos fueron muy bien recibidos y curados
por los de Tlascalam y en su comarca conquistó y ganó algunos pueblos y cómo
vino Alderete por tesorero del rey y con él alguna gente y caballos.

Llegó Cortes a Tlascala muy triste y muy fatigado en haber perdido tanta gente donde fue muy bien recibido de Maxiscaçi y se
curaron los heridos y reposaron algunos días y a los indios se les
hacía de mal tanta costa y dijeron a Cortes que no los podían sustentar que se fuese a la tierra de Mexico a hacer guerra que le
ayudarían con gente Cortes recibió de esto gran pena porque quisiera descansar y esperar más gente de las islas y determinó comenzar /420/ la guerra por Tepeaca que es una provincia que está
cerca de Tlascalam y pidió gente a Maxiscaçi y con toda su gente
que no dejó allí más que los heridos y enfermos llegó a los términos de Tepeaca y junto a unas muy grandes barrancas le salió mucha gente de guerra y pelearon muy bien y los desbarataron y
prendieron algunos y los de Tlascala los tomaban vivos y los llevaban a sacrificar a sus mezquitas y otros sacrificaron allí sin que
los españoles se lo osasen contradecir porque no había otros amigos y si éstos les faltaran no pudieran escapar / llegados a Tepeaca
comían los de Tlascala a los enemigos cocidos y asados públicamente en medio de las calles / los principales comían los corazones y los pies y las manos y la gente comía lo demás.

En Tepeaca se aposentó Cortes e hizo alcaldes y regidores y llamó al pueblo Segura de la Frontera y después lo despobló y desde
allí conquistaron otras provincias donde se hicieron muchos esclavos y conquistó la provincia de Guacachulam y la de Yçucar
y la de Xalançinco, Çacatlan y Atutuatepec, y Tequecmachalco y
otros muchos y grandes pueblos y muy grandes provincias allí
vino Miguel Diaz de Cruz con un navío y ciertos españoles que el
adelantado Francisco de Garay le enviaba para que viese /420 v./
los puertos y la tierra y él quedaba haciendo armada para venir a la

585

provincia de Panuco que había mandado descubrir el emperador y lo había hecho adelantado y gobernador de aquella tierra con la venida de esta gente holgó mucho Cortes y vinieron otros navíos de Sancto Domingo con más gente / los que se habían hallado en Mexico cuando salieron huyendo se quisieron volver a Cuba en especial Bermudez y Duero porque Cortes se fiaba poco de ellos y andaban muy corridos y temerosos de volver a Mexico y con licencia de Cortes se volvieron a Cuba y algunos de ellos tornaron a ir a Mexico después de ganada la tierra y les dieron buenos repartimientos de pueblos de indios sin lo haber trabajado.

En este tiempo llegó Alderete que el emperador envió por su tesorero y con él vino alguna gente y caballos de manera que cada día venían más españoles y estando en aquel pueblo de Tepeaca o porque conoció Cortes que algunos de los de Narvaez y de los que él tenía antes no le tenían buena voluntad y algunos que eran amigos y criados del adelantado Diego Velazquez o por se regocijar hizo echar fama que Su Majestad le enviaba la gobernación en un navío que había venido e hicieron grandes alegrías /421/ todo a fin de sosegar la gente y el adelantado envió socorro a Narvaez de gente y caballos porque aún no sabía el suceso de Narvaez y vino por capitán Pedro Barba de Quiñones y Cristobal de Guzman y otros muchos.

# CAPÍTULO TREINTA Y UNO

En que se trata cómo los de Mexico enviaron por un hijo de Moctençuma que se criaba en Xilotepec y lo hicieron rey y cómo después lo hizo matar Guatemuça y la causa que hubo para ello.

Ya se ha dicho cómo los de la ciudad de Mexico echaron de ella a Cortes y fue la comunidad que se levantó viendo preso a su rey y señor y que Cortes no lo trataba como solía y acordábanse de los principales de la Costa del Almeria que así le había puesto el nombre y cómo después de los haber aperreado los hizo quemar vivos y de lo que se hizo en Cholula y de lo que Pedro de Alvarado había hecho cuando mató en Mexico tantos hijos de señores sin causa ni culpa alguna y de las grandes riquezas que Moctençuma había dado a Cortes y a los demás y recibídolos en su tierra y en su casa y que sin dar él ocasión para ello lo había preso de que todos se tenían por muy agraviados y cada día lo trataban y platicaban especialmente los PAPAS que todos eran hijos de grandes señores y el más principal se decía Guatemuza primo y cuñado de Moctençumaçim y tenido en mucho y un hermano de Moctençuma señor de Yztlapalapa que se decía /421 v./ Cuitlauaçi y otros muchos señores acordaron de enviar por el principal heredero que se decía Axayacaçi que estaba en Xilotepec que es una provincia que Moctençuma tenía por recámara y sus padres y abuelos y a éste ni a su madre ni a otra hermana suya no los habían visto los españoles y la madre de éstos era la mujer legítima de Moctençuma y conforme a sus leyes y costumbres habían de heredar los hijos de esta mujer porque aunque tenía muchas mujeres una sola era la legítima y con aquélla cuando se casaban hacían ciertas ceremonias y no con las otras y aquélla era señora hija de Auicoçi señor que fue de Mexico venida pues esta mujer con su hijo e hija a Mexico luego fue jurado por rey conforme a sus leyes y los más señores de la tierra se hallaron allí como solían y luego Axayacaçi quiso saber la muerte de su padre y castigar a los que se habían levantado

587

contra él y contra el amistad y obediencia que habían dado al emperador y en su nombre a Cortes como su capitán general y recogió mucho oro para lo enviar a Cortes a Tepeaca donde estaba y seguir lo que su padre siguió en la amistad y servicio de Su Majestad y muchos de sus deudos fueron del mismo parecer sabido esto por los PAPAS y por Guatemuzi no les pareció bien porque como estos PAPAS /422/ cada día hablaban con el diablo no querían amistad con los españoles ni que quedasen en la tierra porque se lo debía de aconsejar así el diablo a quien servían y adoraban y tenían por su dios y la comunidad estaba muy alterada por lo que habían hecho y en haber muerto a su rey y señor y a muchos hijos y deudos suyos estando Axayacaçin determinado de ir a ver a Cortes a Tepeaca y llevarle gran cantidad de oro y así se lo había enviado a decir con los mensajeros y Cortes no los creyó antes pensó que eran espías de Mexico y estando Axayacaçin con muchos señores y teniendo juntas las riquezas que había de llevar a Cortes vino Guatemuçi con gente una noche y los tomaron a traición estando seguros y descuidados de ello y mataron a Axayacaçim y a otros muchos señores y principales sus deudos y con esto estaba toda la ciudad con gran confusión en ver tan grande mal como se había hecho y luego Guatemuçi PAPA se cortó el cabello que era señal de no querer estar más en aquella religión de sus ídolos y de se querer casar y tomó la hija de Moctençuma hermana del muerto que era de hasta diez años por mujer y se hicieron las ceremonias que con las mujeres legítimas se solían hacer conforme a sus /422 v./ leyes y usos y luego se intituló señor de Mexico y así lo mandó pregonar públicamente ésta fue después *casada con Juan Cano* natural de Caçeres después que se ganó la tierra y tuvo en ella cinco hijos.

Estando Cortes en Tepeaca supo lo que Guatemuçi había hecho porque criados y amigos de Axayacaçi y de su padre le llevaron la nueva de ello y le dijeron cómo Guatemuçi estaba mal quisto de algunos de Mexico y holgó Cortes con esta nueva este Guatemuçi era muy valeroso y muy sagaz y luego comenzó a traer a sí los que conocía que no lo querían bien a unos con dádivas y halagos y a otros con amenazas y por miedo y hacía muy grandes sacrificios a sus ídolos cada día y proveyendo todo lo necesario para la guerra que esperaba así para Mexico como para todas las demás provincias y que no se alborotasen ni tuviesen miedo de

Cortes porque él lo echaría de la tierra como lo había hecho echar de Mexico y que sus dioses le prometían que no quedaría español en toda la tierra y con esto le obedecían todos aunque no como a Moctençuma por haber muerto a su hijo porque toda la tierra lo sentía mucho.

# CAPÍTULO TREINTA Y DOS

Cómo Cortes se tornó a Tlascalam y determinó de ir a Mexico /423/ y para ello mandó hacer trece bergantines por estar aquella ciudad fundada en la laguna y cómo vinieron dos navíos de Sancto Domingo y trajeron ochenta caballos y yeguas y algunos españoles y Cortes recibió gran contento con tan buen socorro y cómo los de Tlascala trajeron los bergantines y cómo se intentó un motín contra Cortes y cómo se descubrió y lo que en ello se hizo.

Viendo Cortes los términos en que estaban los negocios de Mexico determinó como buen capitán tornarse a Tlascala porque ya tenía casi ochocientos españoles y esperar allí la gente que había enviado con Cristobal de Olid su maestre de campo a la provincia de Çacatlam y Xaloçinco y venidos determinó hacer trece bergantines para ir sobre Mexico porque eran menester por estar aquella ciudad fundada en la laguna y cada casa era un alcázar y los indios tenían gran cantidad de canoas por el agua y harían mucho daño a los españoles al entrar por las calzadas sin que los pudiesen ofender y mandó cortar madera para ellos a Francisco Rodriguez Magarino y a Diego Hernandez aserrador y a otros tres españoles y a mucha gente de Tlascala y la cortaron en su tierra y muchos /423 v./ carpinteros indios y les dio la medida de todo Martin Lopez que era el que los había de hacer.

Habiéndose dado orden en el cortar y aserrar de la madera para los bergantines se partió Cortes con su gente para Mexico y aquella noche durmió en unos ranchos de Guaxoçinco y otro día llegó al puerto de Chalco por otro camino diferente del otro por donde fue la primera vez y aquella noche durmió en el puerto donde pasaron muy gran frío otro día llegó a un pueblo que se dice Guatlinchan sujeto a Tlezcuco y no hallaron gente en él porque todos se habían ido huyendo a la sierra y los señores a Mexico y allí durmió aquella noche y otro día se fue camino de Tlezcuco y llegó a Guaxutla sujeta a Tlezcuco y era un pueblo de muy hermosas calles y arboledas y pasó de largo a Tlezcuco que está tres leguas de allí todo poblado y en el camino les salieron ciertos indios con unas banderas de parte del señor de Tlezcuco que se llamaba Cacamaçi muy gran señor tío de Moctençuma y Cortes los recibió muy bien y les dijo cómo él se iba a Tlezcuco a aposentar y que no tuviesen miedo y que se estuviesen todos en sus casas y de allí adelante fue el ejército con gran orden y concierto porque sospechó Cortes que había gente en alguna celada.

/424/ Llegado a Tlezcuco se aposentó en un muy grande aposento junto al tianguez donde había una muy gran plaza y era tan buen aposento como el de Mexico y también había otros muchos muy grandes y muy buenos y en todos ellos no se halló gente alguna *y muy grandes cosas en ellos* porque como supieron que iba Cortes metieron toda la ropa que pudieron en canoas y la llevaron a Mexico y también escondieron mucha en la sierra y montañas y dejaron lo que no pudieron llevar que fue mucho y todo lo robaron los de Tlaxcala que iban con Cortes y ellos se llevaban todo el despojo porque los españoles no pretendían más que la comida o el oro que hallaban porque no tenían dónde guardar lo demás porque cada día andaban de unas partes a otras / estando Cortes en Tlezcuco vinieron dos navíos de Sancto Domingo y trajeron ochenta caballos y yeguas y algunos españoles y en el uno de ellos vino por capitán Geronimo Ruiz de la Mota y Cortes recibió gran contento con tan buen socorro y el adelantado Diego Velazquez enviaba cada día socorro a Narvaez creyendo que él tenía la tierra.

De allí envió a Gonçalo de Sandoval a la provincia de Chalco para que fuese con los de Tlaxcala porque algunos se querían volver a su tierra y no osaban por temor de los de Culhua que éste era el apellido de la señoría /424 v./ de Mexico y los de Chalco se holgaron con los españoles y se dieron de paz y cada día los de Mexico los ponían en rebato en canoas porque no les querían ayudar y porque eran amigos de los españoles y cuando tomaban algunos de los de Mexico los sacrificaban delante de los españoles que no se lo osaban estorbar por no perder su amistad y de allí se volvió Gonçalo de Sandoval a Tlezcuco y envió Cortes a Cristobal de Olid su maestre de campo a Otumba y también fueron a Tepeapulco y no hallaron gente porque toda estaba alzada y lo mismo la de Tlezcuco por donde pareció que la paz que dieron a Cortes cuando le salieron al camino con las banderas fue fingida para poder guardar su hacienda y que los señores se pudiesen ir a Mexico y viendo que Cortes se estaba en Tlezcuco poco a poco se volvían a sus casas y algunos señores comenzaron a venir de paz y dijeron que querían ser amigos de los españoles porque los de Tlascala los destruían porque a la contina había muchos de ellos con los españoles e iban y venían a sus casas cargados de lo que podían robar.

Estando Cortes allí supo como la madera para los bergantines estaba ya toda cortada y labrada y envió por ella un capitán con ciertos españoles para que llegasen hasta /425/ los confines de Mexico porque hasta allí vinieron sin miedo de los de Culhua los de Tlascala cargados con la madera y con arcos y flechas y espadas y rodelas y algunas lanzas y con muy grandes alaridos por el contento que tenían en ir contra los de Culhua y llegada la madera luego se comenzaron los bergantines y el maestro de ellos se llamaba Martin Lopez a quien se debe mucho por el orden que en ello dio porque fueron la principal parte para ganar a Mexico y había otros españoles carpinteros y lo mismo muchos indios que ayudaban muy bien y así se hicieron muy aprisa.

Entre tanto que se hacían los bergantines fue Cortes a ver algunos pueblos a la redonda de la laguna y a otros que estaban apartados porque le pareció que los indios estaban muy ufanos y que lo tenían en poco y salió de Tlezcuco con la mayor parte de la gente y como muy buen capitán dio una vuelta a la laguna y quemó muchos pueblos y habiendo hecho gran daño en las casas de los enemigos se tornó a Tlezcuco donde cada día le venía gente, otra vez llegó a Yztapalapa por tierra que es tres leguas de Mexico y quemó gran parte del pueblo y el aposento y entró en lo del pueblo que estaba en el agua y los indios quebraron una albarrada en el agua y cuando los españoles quisieron salir venía el agua como un río caudal y tan recia que no lo podían pasar y como era poco el trecho se arrojaban al agua y asidos unos de otros lo pasaron nadando con harto trabajo y de /425 v./ allí se tornaron a Tlezcuco y el tesorero Julian de Alderete y otros muchos se *conjuraron* contra Cortes y el tesorero era el principal porque dijo que Su Majestad y los de su Consejo le habían mandado que si pudiese sin alboroto matase a Cortes / y Juan de Villafaña y otros ordenaron de lo matar y en ello eran los más principales del ejército que eran Alderete y Pedro Barba de Quiñones capitán de la guarda de Cortes y su maestre de campo porque conocían la maldad que se había hecho al adelantado Diego Velazquez con cuanto había gastado y todos le tenían lástima y conocían el agravio que le hacía Cortes habiéndolo él levantado y puesto en su lugar y querían soltar a Narvaez y restituirle su cargo de capitán general y lo descubrió un hermano de Juan de Rojas el que mataron en los patios de Çempoala cuando prendieron a Narvaez yendo a le socorrer y a se juntar con su capitán y nunca se pensó que tal hiciera pues tenía más razón de vengar la muerte de su hermano y prendieron a Juan de Villafaña que era el caudillo y a Taborda y Villafañe y se comió las firmas que nunca se las pudieron sacar de la boca ni Taborda aunque le dieron grandes tormentos no descubrió los que eran en ello que casi eran todos y Cortes ahorcó a Villafañe y desterró a Taborda y no se halló más en ello y siempre huyó de tener hombres que le pudiesen ir a la mano y luego los echaba de la tierra y a los demás /426/ procuró de no los engordar porque no se le fuesen a las barbas y así se conservó como mañoso porque en todo era muy prevenido y como prudente y sabio procuraba evitar los inconvenientes y no dejar que se arraigasen e hiciesen poderosos los que conocía que no le tenían buena voluntad y así salió con lo que pretendía como adelante se dirá.

# CAPÍTULO TREINTA Y TRES

Cómo Cortes nombró capitanes para los bergantines y cómo señaló a ellos y a los que habían de ir por tierra las partes y lugares donde habían de estar para cercar por todas partes a Mexico y qué gente de los indios amigos acudieron en su ayuda y lo que Guatemuça señor de Mexico hizo y proveyó para su defensa y lo demás que se hizo y se proveyó para esta guerra y lo que en ella sucedió.

Acabados los bergantines que fueron trece nombró capitanes para ellos a Francisco Verdugo cuñado del adelantado, y a Garçi Holguin, y a Portillo, y a Cristobal de los Reyes, y a Villafuerte, y a Morejon y a Briones, y a Geronimo Ruiz de la Mota, y Antonio de Carbajal, y a Francisco Rodriguez Magarino, que estaba al cortar de la madera en Tlascala, y a Sotelo, y a Juan de Mansilla, y a Pedro Barba, y no hizo general porque los bergantines estuvieron de tres en tres y cada día acudían a dar /426 v./ aviso a Cortes de lo que sucedía y él se metió en uno de ellos con doscientos hombres que iban en los bergantines y fue por la laguna a Cuyuacam que está dos leguas de Mexico en la tierra firme donde asentó su real para combatir a Mexico y se va desde allí a Mexico por una calzada y allí quedó él con Cristobal de Olid su maese de campo valeroso en todas las cosas y muy gran trabajador que de noche ni de día no dormía en la guerra y muy celoso de los guardas y mandó a Pedro de Alvarado que fuese por capitán con trescientos hombres a Tlacubam los treinta de caballo y que allí pusiese sitio a Mexico que es dos leguas de Cuyuacam y una legua de Mexico y a Gonçalo de Sandoval mandó que fuese a Tenayucam con doscientos hombres y en Tepeaquilla que está una legua de Mexico sentó su real / los bergantines andaban por el agua para que no se metiesen bastimentos ni agua a los de Mexico y hacían todo el daño que podían a las canoas de los enemigos porque también hubo algunas de amigos / vinieron de Tlascala y Guaxoçinco más de sesenta mil indios de guerra muy bien apercibidos para ayudar a Cortes, y de Tlezcuco los que eran amigos y de Chalco vino

594

mucha gente todos con sus armas como ellos las usan piedras con hondas y espadas y rodelas y algunas varas como azagayas muy ruin arma y algunas lanzas y porras arcos y flechas que todo era cosa muy de ver.

/427/ Antes que Cortes saliese de Tlezcuco aconteció que Guatemuça señor de Mexico muy buen hombre de guerra y muy valeroso envió por todos los pueblos y provincias a mandar que ninguno fuese de paz a Cortes y los más le obedecieron y otros no pudieron y por esto aunque traía consigo algunos que habían venido de paz no se fiaba de ellos por que no cometiesen alguna ruindad y se tenía gran cuidado de ello en el real; la ciudad de Mexico estaba sitiada por tres partes y los bergantines por el agua en la laguna y media legua de donde Pedro de Alvarado sentó su real está una fuente de agua que es la que entra en Mexico y fue a quebrar los caños de ella y los indios lo defendieron muy bien aunque duró poco e hicieron muchos españoles muy buenas arremetidas y los indios se echaban al agua a meterse en sus canoas y Alvarado fue con su gente hacia Mexico hasta dar en la calzada que viene de Tlacuba a Mexico donde había un muy gran puente quebrado y una muy grande albarrada y gente que la guardaba y defendía muy bien donde estuvo peleando más de un hora y viendo dos soldados que de la parte de los contrarios hacían gran daño determinaron de arremeter y echarse al agua y así pasaron y al uno hirieron en un pie con una /427 v./ azagaya y al otro en un brazo y el uno se llamaba Bezerra y el otro *Juan Cano* y tomaron el albarrada y luego pasaron otros muchos a los socorrer y así se ganó la albarrada y foso y fueron la calzada adelante y cargó tanta gente de los enemigos de una parte y de otra por la laguna que les convino retirarse y se volvieron a Tlacuba porque era ya tarde.

La gente de los indios amigos repartió Cortes y cierta parte de ellos estaban con él en Cuyuacam y otros con Pedro de Alvarado y otros con Gonçalo de Sandoval y cada día acudían más indios de paz y había en las tres partes ciento ochenta mil indios amigos y duró la guerra ochenta y seis días y cada vez que Cortes miraba la ciudad de Mexico no *podía detener las lágrimas* viendo que tal ciudad había perdido y se acongojaba en ver cuán hermosa era y cuán hermosos edificios tenía / y deseaba no la destruir y veía que no podía ser menos y mandó que por todas partes se combatiese / los bergantines por el agua y todos los puentes estaban quitados y

mandó que cada día viniese un bergantín a darle aviso de lo sucedido aquel día y así se hacía / y se comenzó el combate por todas
partes cada día desde la mañana hasta el sol puesto y acordó Cortes de se acercar a la ciudad en medio de la calzada a la mano /428/
derecha porque era muy gran trabajo ir y venir cada día por el
agua desde Cuyuacam que estaba dos leguas de Mexico y a la
mano izquierda aún no comenzó a la población de la ciudad y allí
había unas mezquitas en medio de la calzada donde se aposentó
Cortes y los soldados hicieron allí sus ranchos a la hila de una parte y de otra para se acoger de noche y eran tan pequeños que no se
podían en estar dentro y por medio había una calle por donde se
mandaban todos y eran tan flacas que con dos coces las pudieran
echar al agua y el primer puente de la entrada de la ciudad era muy
fuerte de albarradas y torres y lo ganaron los soldados y los de la
guardia de Cortes con gran trabajo y entraron por las primeras
casas y aquí ayudaron los bergantines donde entra un río que baja
de las sierras de Tlacuba en la laguna y hasta medio día corre hacia abajo y después vuelve la marea de las olas hacia arriba como
lo hacen los ríos que entran en la mar y lo causa el viento y las olas
y comenzaron a quemar las casas y a todos pesaba de ver arder
tales edificios y a puesta de sol se retraían con gran trabajo porque
los enemigos los apretaban en viéndoles volver para atrás.

Pedro de Alvarado hacía lo mismo y viendo /428 v./ que por
aquella calzada no podía llegar a Mexico por los muchos puentes
que había quebrados se pasó a otra calzada que también salía a
Tlacuba por la parte de Tlatelulco que ahora se dice Santiago, porque le pareció que por allí estaba la ciudad más cerca de tierra
firme y se metió con toda la gente en unos cúes y patios que estaban en la calzada donde comenzaba lo poblado de la ciudad y allí
sentó su real como lo había hecho Cortes y de allí combatía cada
día porque estaba junto a las casas y aunque había muchas
albarradas muy fuertes fue mejor asiento que el primero porque
estaba más cerca de Cortes y se juntaban ambos aunque no era
buen puesto para ofender a los enemigos porque Cortes entraba de
la parte del sur hacia el norte y Gonçalo de Sandoval de la parte
del norte al sur a juntarse con Cortes y Pedro de Alvarado de la
parte del poniente hacia levante a se juntar todos en el mercado del
Tlatelulco que era una muy gran plaza donde podían ayudarse de
los caballos y los bergantines estaban a la parte de levante y anda-

ban por todas partes socorriendo y quitando que no entrasen bastimentos en la ciudad y de esta manera cada día combatían la ciudad y los indios se defendían valerosamente y muchas veces pasaban las /429/ albarradas a pedir a los españoles batalla uno por uno con una espada y una rodela en carnes y deshonrando los españoles diciéndoles que ellos estaban *desnudos y con* aquél espada y rodela y que con las armas que quisiesen viniesen a se matar con ellos uno a uno y de la parte de Cortes les tiraban con un arcabuz o ballesta y los mataban y peleaban como varones y a los nuestros daba la vida tener muchos ballesteros y cada día gastaba cada uno cinco y seis docenas de almacén sin errar tiro y lo mismo hacían los arcabuces y escopeteros y todo no bastara si Dios milagrosamente no les favoreciera como les favoreció porque eran muy muchos los contrarios y muy ejercitados en la guerra y osaban morir y cada día se hacían en todas partes muy valerosas cosas que sería gran prolijidad referirlas.

Pedro de Alvarado entró un día por su calzada y halló muy grandes acequias y muy grandes albarradas como un fuerte muro y en el agua muchas canoas con gente de guerra y una acequia que lo hondo de ella sería de una lanza en largo y lodo hasta la rodilla y tenía de ancho más que un buen tiro de piedra y no se sabía si era toda honda porque a la parte de los españoles era muy honda la entrada y ciertos soldados acometieron a entrarla y los indios a defenderla y mataron /429 v./ tres españoles y Pedro de Alvarado estaba a caballo y cargaron los enemigos de golpe y Alvarado se comenzó a retirar con gran prisa en su caballo dejando atrás todos los españoles y llegó Jorge de Alvarado su hermano y le dijo que *dónde iba huyendo* y él dijo que no huía sino que iba por su lanza y su hermano le dijo con enojo que a tal tiempo no había estar sin lanza y dejar los españoles y diciendo esto se arrojó con su caballo al agua donde estaban revueltos los indios con los españoles y tenían asidos tres de ellos y como vieron el caballo en el agua temieron y los demás españoles se echaron tras él al agua y sojuzgaron los indios y a no se hacer esto murieran muchos y aun los desbarataran y con esto se rehicieron y los indios amigos que huían muy aprisa tomaron ánimo y tornaron y todos los días que se combatían así por donde estaba Cortes como por las otras partes había algunos heridos y el mayor peligro era a las tardes cuando se querían recoger a su fuerte porque cargaban los indios muy recio y siempre recibían daño los españoles y también lo hacían a los indios y a los bergantines acometieron muchas canoas con mucha gente y el capitán *Villafuerte huyó* con su bergantín y por ello se lo quitó Cortes e hizo capitán de él a Martin Lopez el cual con muy justo título lo fue pues él fue el que /430/ hizo los bergantines y en otra refriega otro día el capitán Portillo se *echó a una isleta* de tierra huyendo y desamparó el bergantín y dos hermanos que se llamaban Galeotes y un portugués pelearon muy bien y lo defendieron y después no quisieron acoger en él al Portillo y en otros le acogieron muy corrido que no le valió haber estado en Ytalia y en otras partes y en algunas refriegas de indios se hallaron algunos que habían sido muy buenos soldados en Ytalia y en viendo *los indios de guerra* se turbaban y mostraban gran temor aunque después peleaban como valientes hombres y la causa de su temor era por las flechas que siempre las tiran con hierba que ningún remedio ni cura se halla para ella.

Viendo Cortes que todo lo que ganaba un día lo tornaban los indios a fortalecer a la noche mandó allanar por todas partes la ciudad y derribar las casas y cegar las acequias para que los caballos pudiesen entrar aunque sintió mucho derribar tales y tan suntuosos edificios pero no se podía hacer menos y de allí adelante por todas partes en ganándose la fuerza y acequia paraban los españoles y los indios amigos a deshacer casas y cegar las acequias y con esto no había tan grande peligro cuando se retiraban / y un /430 v./ día ordenó de dar muy recio combate a la ciudad y que Pedro de Alvarado le enviase ochenta españoles porque quería hacer tres cuadrillas y entrar aquel día hasta la plaza mayor y que Alvarado entrase también combatiéndo y que Sandoval por su parte acometiese muy recio y lo mismo los bergantines para que todos llegasen aquel día a la plaza porque le pareció que llegados allí no habría más que hacer y vino Jorge de Alvarado con ochenta compañeros muy buenos soldados a donde estaba Cortes y los ordenó de esta manera que Jorge de Alvarado y Andres de Tapia con aquellos ochenta soldados y otros de los suyos fuesen por una calzada que viene de Cuyuacam que iba a dar a la plaza mayor del Tlatelulco de Mexico y que por allí combatiese muy recio hasta llegar a la dicha plaza mayor y Cortes iba por otra calzada a la mano derecha combatiendo hacia la misma plaza y mandó al tesorero Julian de Alderete que entrase por otra calzada que asimismo

iba a la plaza mayor todos derechos del sur hacia el norte y Pedro
de Alvarado del poniente al levante y Sandoval del norte al sur y
los bergantines que estaban al levante venían hacia poniente aunque no se veían unos a otros salvo los tres capitanes /431/ que iban
por la parte de Cortes que eran los del tesorero Alderete y los de
Cortes y los de Jorge de Alvarado pero no de manera que se pudiesen socorrer unos a otros si no fuese volviendo muy atrás a tomar
el camino por donde se habían dividido que todo era acequias y
ríos muy hondos y muy gran cantidad de indios en canoas y por
las calzadas y azoteas que todos se defendían muy bien y Jorge de
Alvarado y Tapia entraron con sus compañeros y con muchos indios amigos a robar que casi no hacían otra cosa si no era al cegar
de las acequias y ganaron tres albarradas y vido que Cortes que
iba a su par había ganado otro tanto y pasó adelante Alvarado y
ganó otras dos acequias y albarradas de mucha agua e hízolas cegar
porque en ganándolas no pasaba adelante sin las cegar por el gran
peligro que había en no lo hacer y con esto pasó a una albarrada
muy grande de una muy grande acequia de un río que entraba de
las sierras de Tlacopam en la laguna y pasaba por medio de la
ciudad y era muy hondo y de pared de una parte y de otra y eran
muchos los ríos que venían de aquellas sierras y se puso una viga
bien delgada con gran trabajo y con los ballesteros y arcabuceros
se hizo lugar para la poner y por ella pasaron algunos aunque pocos Alvarado no quiso pasar hasta cegar la acequia en que hubo
gran dificultad por ser el río grande y hondo y era ya tan tarde'que
/431 v./ no podían llegar aquel día a la plaza aunque estaba bien
cerca y no aprovechaba el trabajo que pasaban en cegar la acequia
porque vinieron ciertos escuadrones de indios muy denodados y
acometieron de tal manera que muy aprisa volvieron los que estaban de la parte de los enemigos haciendo mucho daño y juntos
todos se rehicieron y perdió una bandera el alférez de Jorge de
Alvarado y otro soldado la cobró con gran trabajo y si hubieran
de tornar atrás por donde entraron ninguno escapara y en otra tra-
viesa se juntaron con Cortes y Alderete y muchos volvían las espaldas y Roman Lopez y Jorge de Alvarado los detenían y les hacían
volver a los enemigos y otros soldados peleaban valerosamente y
Cortes entraba muy aprisa por su calzada con muy buenos soldados de los de guardia y otros y al pasar de ciertas acequias pusieron unos cañizos encima del agua y no las cegaron y por encima

pasaron y estaba en el mismo paraje de los de Alvarado y Tapia porque todas eran unas acequias que atravesaban la ciudad a la mar grande de la laguna y otras iban al través de manera que no podían llegar los unos a los otros ni darse favor y los apretaron de manera que les convino dejar la postrera acequia que habían ganado y los siguieron de tal manera que mataron cuarenta y cuatro españoles /432/ muy valerosos soldados con que los indios tomaron gran favor y alas y algunos indios amigos y luego los sacrificaron los que tomaron vivos / llegado Cortes a la otra acequia que había dejado atrás como la habían cegado los indios en canoas y a nado con sus armas seguían a Cortes de tal manera que no paraba hombre con hombre aunque muchos peleaban muy bien mas ya iban desbaratados y poco animados de su capitán y cayó a la orilla del agua por subir a la calzada mucha de su gente y los cañizos se hundían por se haber mal proveído y *Cortes quiso salir* y llegaron dos indios y lo asieron y comenzaron apellidar y decir Malinche, Malinche, que así lo llamaban y como los enemigos oyeran decir que tenían preso al capitán cargaron más de recio y en esto llegó un buen soldado que se llamaba *Juan de Olea* y cortó al uno de los indios el brazo que tenía asido a Cortes y otro soldado de los que estaban fuera del agua que se decía Quesada le dio la mano a Cortes y le subió bien mojado y allí le dieron caballo y se fue retirando hasta los patios y casas de Moctençuma donde había una gran plaza y aquí se juntó con Cortes el tesorero Alderete y Jorge de Alvarado y sus compañeros y era mucha la gente que cargaba con el favor de los muertos / este día se retiró Cortes muy triste y con muestra /432 v./ de lágrimas en ver que habían muerto tantos españoles y tan buenos soldados y la lanza atravesada con muy gran sentimiento y los enemigos los apretaban y el maestre de campo peleó valerosísimamente a caballo con otros y se echaron algunas celadas donde los enemigos hicieron daño retirándose y llegó Cortes cerca de su fuerte que no podía resistir los enemigos hasta que sacaron unas lombardas de hierro y otros tirillos de metal y con ellos tiraban a los enemigos que venían siguiendo los españoles creyendo echarlos *otra vez* fuera de la ciudad por la calzada y calle y por el agua y con los tiros hacían en ellos muy gran daño porque no se podía errar tiro según era la multitud de la gente y con esto los arredraron y llegó Cortes al fuerte que tenía en la calzada casi a la entrada de Mexico y allí mandó que Jorge de

Alvarado se tornase luego a Tlacuba con la gente que había traído y fueron por tierra y tan sin orden que muy pocos que salieran de Mexico los mataran sino que no cayeron en ello y así se fueron como gente desbaratada / este día también Pedro de Alvarado combatió y entró hasta las mezquitas mayores del Tlatelulço y las quemó y llegara a la plaza mayor sino que sintió lo que había acontecido a Cortes y no quiso pasar adelante y porque sacrificaron unos españoles /433/ donde él los viese y Gonçalo de Sandoval y sus compañeros pelearon muy bien y los de los bergantines y Guatemuçi señor de Mexico estaba muy contento en ver que aquel día los nuestros lo habían pasado muy mal y andaba con una rodela poniéndose donde todos lo podían ver y con la rodela hacía señal para el combate y era muy valiente y muy continuo en la guerra y aunque muchas veces fue requerido por parte de Cortes nunca se quiso dar y los españoles peleaban siempre con tanto valor y ánimo como si cada uno de ellos fuera el general de todos.

La guerra se continuó cada día hasta que Cortes por su parte y Pedro de Alvarado por la suya llegaron a la plaza mayor del Tlatelulco dejando destruido y quemado lo de atrás y en medio de la plaza hizo Cortes poner un trabuco para tirar a los indios que estaban ya muy arrinconados en una parte de la ciudad y era tanta la gente que no cabían en las calles ni en las casas ni sobre las azoteas y bebían del agua salada y llegaron a tanta necesidad como no les podían meter bastimentos que comían cáscaras y cortezas de algunos árboles y se dijo por muy cierto que ponían la suciedad al sol para la secar y la molían y hacían pan de ella y que lo comían y con todo esto nunca se quisieron dar de paz y tiraron con el trabuco y no salió la pelota de entre los amigos de que recibían gran /433 v./ contento los enemigos y Cortes muy gran congoja y no se sabía dar orden para que el trabuco saliese y lo mandó dejar Cortes envió a decir a Guatemuçi que ya veía cómo estaba arrinconado y que todos sus vasallos eran contra él que se viniese de paz y no quiso aunque otras muchas veces se lo envió a requerir y cada día combatían muy de recio y los enemigos lo pasaban mal porque morían muchos y según se dijo hubo día que murieron más de cuarenta mil indios y los comían los de Tlaxcala y Guajoçinco y otomíes de muchas partes y era cada día tan grande la matanza que era cosa de grande admiración y de muy gran lástima / *andaban en esta guerra* dos frailes el uno carmelita y el otro era franciscano y andaban también tres clérigos / pasaron en este combate ochenta y seis días y se hicieron muy valerosas cosas y los indios estaban en muy grande aprieto y el postrer día que fue día de San *Hypolito entraron* los nuestros a más andar por todas partes con gran daño de los enemigos y como había ya poco circuito estaban muy cercados y Guatemuçi se metió en una gran canoa y otra mucha gente en otras muchas y muy grandes que llamaban piraguas y todas se hicieron un gran escuadrón y como los vieron los capitanes de los bergantines dieron en ellos y el capitán Garçi Holguin /434/ mandó enderezar su bergantín contra aquella gran piragua en que aparecían grandes insignias de plumajes y peleó con ellos y los desbarató y halló en ella a Guatemuçi y lo prendió y luego cesó la guerra y se dieron todos y Gonçalo de Sandoval pidió a Garçi Holguin que le diese a Guatemuçi y no se lo quiso dar y lo llevó a Cortes como a su general y prendieron muchos hombres y mujeres y Cortes se fue con Guatemuçi a Cuyuacam donde estaba su real y luego prendieron al señor de Tlezcuco y al de Tlacopam que eran los mayores señores de toda la tierra y en Tlezcuco y Tlacopam tenían puesto los señores de Mexico una manera de Audiencia como las de Valladolid y de Granada y otra en Mexico y de ellas no había apelación más que para el señor de Mexico / estos dos eran deudos de Moctençuma y eran generales en las guerras estos dos señores y lo eran de ciertas provincias y de lo que ganaban acudían con los tributos a Moctençuma y de ello tomaba lo que le parecía.

Presos estos señores les demandó Cortes los tesoros de Moctençuma y le dieron gran suma de oro y no se supo la cantidad porque se habían perdido los cuños del rey con que se señalaba el quinto y Cortes mandó hacer otros cuños y se quintaba en su casa el oro /434 v./ de que el tesorero Alderete no tenía buen contento aunque sin razón porque todo se hacía sin fraude y viendo Cortes lo mucho que le dio Guatemuçi creyó que tenía mucho más y lo puso en un gran *cepo y un* brasero a los pies y le untaban con aceite las plantas de ellos para que dijese del oro y fue tan atormentado que se le caían los dedos de los pies y así dio cuanto tenía y envió algunos pueblos a sus deudos a pedirles que le diesen algún oro y con estos tormentos le hicieron decir que en su casa en la ciudad de Mexico tenía mucho oro enterrado donde lo llevaron a buen recaudo y con él fue Cortes y en su casa hallaron algunos de los tiros que habían tomado cuando echaron los españoles de Mexico que estaban en una acequia debajo del agua y ya no tenía oro que dar y había dado mucho y Cortes mandó que atasen a un camarero de Guatemuçi y su privado en un palo e hicieron dos fuegos uno al un lado y otro al otro y así lo asaban con grandes gritos y alaridos y Guatemuçi lo miraba y con lástima decía a Cortes que aquél no sabía nada y Guatemuçi tenía una correa al cuello de cuero de venado muy adobado que parecía terciopelo en que traía unas tenacicas con que se quitaba las barbas y comenzó /435/ a tirar de ella para se ahogar por ver lo que se hacía a su camarero y temió que lo mismo se haría con él y viendo cuales tenía los pies parece que no quería vivir y un español que estaba junto a él lo vio y le quitó la correa de las manos que ya estaba casi ahogado y Cortes se enojó y le riñó por ello.

Antes de esto cuando Holguin trajo a Guatemuçi a Cortes que estaba sentado en una silla y muchos españoles con él / Cortes lo recibió bien y la primera palabra que Guatemuçi le dijo fue a lo menos no dirás que me di / y luego le pidió un puñal que tenía en la cinta y Cortes le preguntó que para qué lo quería él respondió que hombre que había perdido lo que él había perdido no era razón que viviese en el mundo créese que pidió el puñal para se matar / Cortes lo consoló y lo mandó poner a buen recaudo en un gran cepo y con guardas y Hernando Cortes al fin de su *Tercera epistola* dice que cuando Holguin lo trajo ante él lo hizo sentar junto a sí y se llegó a él y le dijo en su lengua que ya él había hecho todo lo que de su parte era obligado para defender a sí y a los suyos hasta venir aquel estado que ahora hiciese de él lo que quisiere y que puso la mano en un puñal que él traía diciéndole que le diese de puñaladas y lo matase y que él lo consoló y le dijo que no tuviese /435 v./ temor alguno, y que preso este señor luego cesó la guerra martes día de San Hypolito del *año de mil quinientos veintiuno* lo mismo dice Gomara en el capítulo ciento cuarenta y cuatro que dijo cuán triste estaba Cortes y que él lo consoló, y le dio buenas palabras y esperanza de vida y de señorío y que lo subió a una azotea y le rogó que mandase a los suyos que se diesen y que él lo hizo y ellos que serían obra de sesenta mil dejaron las armas en viéndole y en el capítulo ciento cuarenta y siete dice que los soldados aquejaban a los vecinos por sacarles dineros y que los oficiales del rey querían descubrir el oro, y plata, perlas, piedras, y joyas para juntar mucho quinto y que nunca pudieron que dijesen cosa alguna aunque todos decían que era grande el tesoro de los dioses y el de los reyes y que acordaron dar tormento a Quahutimoc y a otro caballero su privado y que éste tuvo tanto sufrimiento que aunque murió en el tormento del fuego no confesó cosa alguna de las que le preguntaron, o porque no lo sabía o porque guardan el secreto de lo que su señor les confía constantísimamente y que cuando lo quemaban miraba mucho al rey para que hubiese compasión de él y le diese licencia según dicen para manifestar lo que sabía o lo dijese él y que Guatemuçi lo miró con ira /436/ y lo trató muy vilmente como flaco y de poco esfuerzo diciéndole que si está él en el algún deleite o baño y que Cortes quitó del tormento a Quahutemoc pareciéndole afrenta y crueldad o porque dijo cómo diez días antes de su prisión echó en la laguna las piezas de artillería, y el oro, y plata y las piedras y perlas, y joyas ricas que tenía por le haber dicho el diablo que sería vencido y en el capítulo ciento ochenta y uno dice que yendo a Honduras contra Cristobal de Olid que se había alzado contra él que Quahutemoc como tenía alientos de rey y veía los españoles alejados de socorro y flacos del mucho y mal camino que habían andado y metidos en tierra que no sabían pensó matarlos para vengarse de Cortes y volverse a Mexico apellidando libertad y alzarse por rey como lo solía ser y que dio parte a otros señores que Cortes llevaba consigo y avisó a los de Mexico para que en un mismo día matasen también los españoles que hallá había pues eran pocos y estaban reñidos y en bandos y que un principal dio aviso de ello a Cortes y que prendió diez de los que eran culpados y que todos confesaron que Quauhutemoc y otros dos señores habían movido aquella plática y que obedecer a su señor y desear cada uno libertad y su señorío no era mal hecho ni pecado y que les parecía que nunca /436 v./ podrían tener mejor lugar que allí para matarle por tener pocos compañeros y ningún amigo y que no temían los españoles que estaban en Mexico por ser nuevos en la tierra y no usados en las armas y muy metidos en bandos y guerras mas empero pues sus dioses no lo querían que los matasen / y que Cortes hizo proceso contra ellos y ahorcó a Quoahutemoc y a otros por justicia para castigo y miedo y espanto y que pensaron que todos habían de ser muertos y quemados pues habían ahorcado los reyes y que se hizo esta justicia por carnestolendas del año de mil quinientos veintiuno y dice que Quoahutemoc fue valiente hombre y que en todas sus adversidades tuvo ánimo y corazón real así en la guerra como en la perseverancia del cerco y así cuando le prendieron como cuando le ahorcaron y cuando por que dijesen del tesoro de Moctençuma le dieron tormento que fue untándole muchas veces las plantas de los pies con aceite y poniéndoselos luego al fuego pero que más infamia sacaron de ello que oro y que debiera Cortes guardarlo vivo para triunfo y gloria de sus victorias y que no quiso tener que guardar en tierra y tiempo de tanto trabajo aunque se preciaba y ayudaba mucho de él porque los indios lo honraban mucho por su amor y respeto /437/ y le hacían la misma reverencia y ceremonias que a Moctençuma y que por eso lo llevaba siempre consigo por la ciudad a caballo o a pie como él iba y dice que puso grande espanto el castigo de tan grandísimo rey / y en el capítulo ciento cuarenta y siete dice Gomara que acusaron de esto a Cortes en su residencia como cosa fea e indigna de tan gran rey y que lo hizo de avariento y de cruel y que él se defendió con que lo hizo a pedimento de Julian de Alderete tesorero del rey y por que pareciese la verdad porque decían todos que se tenía él toda la riqueza de Moctençuma y que no le quería atormentar por que no se supiese.

Fray Jeronimo Roman en el capítulo catorce libro tercero de la *Republica de las Yndias*, dice que Moctençuma sucedió Quoahutemoc y que en su tiempo ganó Hernando Cortes valerosamente la gran ciudad de Mexico y que queriendo saber de las riquezas de Moctençuma y de los tesoros reales y de los dedicados a los dioses puso a cuestión de tormento a este rey y que al cabo fue muerto / la más mala y fea cosa y la más cruel que ningún hombre hizo en el mundo y que por tal la pone para memoria de los venideros /437 v./ y que lo que en más tiene es que no tuvo castigo por esto y que la disculpa que a ello dio fue tal que trajo consigo culpa pues por liberarse de la infamia que le oponían quiso matar a un tan gran rey.

Acabada de conquistar la ciudad de Mexico envió Hernando Cortes algunos de sus capitanes a conquistar otras provincias y el Caçonçim rey y señor de Michiuacam y muy gran señor se le envió a ofrecer de paz como lo dice Gomara en el capítulo ciento cuarenta y nueve y en los siguientes refiere otras cosas que hizo Cortes y otras que le sucedieron y muy grandes trabajos y desasosiegos que tuvo hasta que murió y entre las demás provincias que envió a conquistar fue Cuahutimalam y envió a ello a Pedro de Alvarado y hay impresa una *Epistola* suya que envió a Cortes dándole relación de lo que le había sucedido en aquel viaje y en la guerra y otra de Diego de Godoy de lo que a él le sucedió en otra provincià que fue a conquistar por mandado de Hernando Cortes y lo refiere Gomara en los capítulos ciento sesenta y ciento sesenta y uno / y porque mi intento ha sido escribir solamente la conquista y pacificación de Mexico no hay para qué tratar de lo demás ni de los grandes trabajos /438/ que pasó Cortes en ir a Honduras contra Cristobal de Olid que se había alzado contra él ni las revoluciones que con su ausencia hubo en Mexico entre los oficiales de la Real Hacienda a quien dejó por sus tenientes para la gobernación que son cosas muy largas y las refiere Gomara muy particularmente y solamente trataré en los capítulos siguientes de la fertilidad y calidad de Quahutimalam y de un volcán que allí hay y de una gran tempestad de agua que destruyó la ciudad y también se dirá algo de la provincia de Nicaragua.

# CAPÍTULO TREINTA Y CUATRO

En que se trata de la calidad y fertilidad de la gobernación de Quahutimalam y cómo en ella hay mucho bálsamo y cacao y se pone la declaración de este nombre Quahutimalam y la nobleza de la ciudad de Santiago que está poblada de españoles.

Dice fray Torivio que la gobernación de Quahutimalam es gran cosa porque demás de la ciudad principal que se llama Santiago están poblados otros cinco o seis pueblos o villas de españoles y que hay en ella muchas provincias y pueblos y generaciones diversas y de extrañas lenguas y que es la gente /438 v./ más robusta y más rehecha que la mexicana y que toda la provincia es de tierra muy doblada y de muy grandes quebradas y barrancas y que hay muchas montañas de buena madera y que hace muchos valles y vegas aunque pequeños mas muy fértiles y que el maíz es muy mayor en caña y mazorca que en la tierra de Mexico y que en razonable año solía de una fanega de sembradura acudir cuatrocientas fanegas y más y que es tierra de muchas y muy buenas aguas sana y rica de metales y que la mayor riqueza es de cacao porque lo hay mucho y muy bueno y que es la principal moneda que se trata por toda la Nueva España y que se ha multiplicado mucho el ganado de yeguas y vacas y que vale bien barato y que es tierra abundosa y harta de mantenimientos y que se coge en ella mucho bálsamo y que es cosa muy preciosa y medicinable.

En la ciudad de Quahutimalam y en toda la Nueva España dice que truena mucho y caen muchos rayos y que los truenos que hacen en Sanct Salvador que es una villa de aquella gobernación son muy espantosos tanto que ponen grima y muy gran temor y que a esta /439/ causa se mudó a otra parte cinco leguas de donde primero estaba y que en Quahutimalam tiembla muy a menudo la tierra y que se dice que la causa es porque la ciudad está fundada entre dos volcanes y que junto al pie del uno están las casas y que el otro volcán está a dos leguas y que solía echar humo como el que está a vista de Mexico y que había ocho o nueve años que cesó de echarlo y que fue cosa maravillosa lo que aconteció el postrero día que cesó de echar humo que desde hora de vísperas hasta tres horas de la noche echó tanto humo y fuego con muy grandes llamas que daban gran claridad en toda la tierra y que salían muy grandes piedras ardiendo hechas brasa tan grandes cada una como un buey y que venían rodando hasta el pie del volcán y que puso tanto temor a los que vivían en la ciudad que muchos de ellos desampararon sus casas y que si durara mucho se despoblara la ciudad y que era el fuego semejante al que salió del volcán de Çiçilia y que la llama y fuego llegó cerca de la ciudad de Cathania y que los vecinos aunque paganos ocurrieron al sepulcro de la gloriosa virgen y mártir Santa Agada y tomaron su velo y lo /439 v./ pusieron contra el fuego y que luego cesó y que por donde el fuego bajó lo dejó todo quemado y abrasado hasta las piedras y que en lo que salió de este otro volcán llegó la ceniza hasta Xoconuzco que era sesenta leguas de allí y que si no fuera el viento contrario hiciera muy gran daño.

En una sierra redonda y muy alta de la Nueva España dice que hay un volcán y que encima hay una boca por donde echa llamas de fuego y muy gran golpe de humo y que de éstos hay muchos en aquella tierra y que el volcán que está cerca de Uexoçinco y a vista de Mexico y de ciudad de los Angeles cesó de echar humo doce años y que desde el fin del año de mil quinientos cuarenta lo tornó a echar como solía y que parece que con más fuerza y que algunos días antes que lo tornase a echar y los primeros días que lo echó hizo tanto ruido dentro que ponía espanto y que las primeras veces que echó humo lanzó tanta ceniza que cubrió muchas leguas a la redonda y que la gente andaba cubierta de ceniza y no sabían lo que era hasta que vieron el volcán tornaba a echar humo y ceniza y que nunca otro tal se ha visto y que también /440/ llegó a Tlaxcallam que está a diez leguas y que hinchó los árboles y la hortaliza de ceniza y que llegó Anauac que son quince leguas al poniente y Tlaxcallam al oriente.

Quahutimallam dice fray Torivio que es dicción compuesta de dos vocablos que son CUAHUITI que quiere decir árbol y TEMALLI que es materia o podre y que según su etimología quiere decir árbol que corre o echa de sí materia o podre o árbol podrido en los tiempos pasados cuando en Quahutemallam reinaba la idolatría y los pecados y se adoraban en ella los demonios dice que no hay que dudar sino que era árbol hediondo que de sí daba fruto infernal y que la gloria que se debía a sólo Dios se daba a los demonios y aplica a esto algunas autoridades de la Sagrada Escriptura como lo hace en todo lo demás que trata porque tenía por costumbre leer cada noche dos o tres capítulos de ella y de esta manera pasó toda la Biblia algunas veces y a esta causa retenía en la memoria casi cuanto leía y lo aplicaba a lo que escribía y dice que después que los españoles conquistaron y poseyeron aquella tierra y se levantó en ella la bandera de la cruz y se publicó la fe verdadera y se edificaron templos a Dios fue hecha y hoy /440 v./ es cabeza de aquella tierra así en lo temporal como en lo espiritual porque allí reside el obispo y la Audiencia Real y que la iglesia y la ciudad se llaman Santiago y que está bien poblada de caballeros y nobles ciudadanos muy limosneros y que hay mucho trato de mercaderes y de oficiales y que está bien ennoblecida de todo lo que pertenece a una ciudad y proveída tanto que la que antes se llamaba árbol podrido dice que se podrá ahora decir árbol florido y a esto aplica muchas autoridades de la Sagrada Escriptura y dice que tiene aquella ciudad una buena vega muy fértil donde dice que se multiplica mucho el maíz y que está la vega muy llena de árboles frutales y que por esto se podría decir QUAHUTEMI que quiere decir tierra donde hay muchos árboles juntos de allí dice que ha salido mucha gente en busca de tierras nuevas porque dice que como en aquellas partes los españoles tienen grande ánimo y corazón no se contentan como en España y que hay en ellos un engaño muy común y es que creen que aquellas nuevas tierras que van a descubrir son muy prósperas y ricas y que en ellas han de alcanzar grandes riquezas según su corazón lo desea y que siempre les sale al contrario que pierden lo que tenían y no hallan lo que /441/ imaginaban y aquí hace una larga digresión llorando los grandes trabajos que han venido a los naturales de aquella tierra y los compara a los ríos de Babilonia.

# CAPÍTULO TREINTA Y CINCO

De una muy espantosa tempestad que destruyó muy gran parte de la ciudad de Santiago de Quoahutimalam.

El año de quinientos cuarenta y uno en toda la Nueva España fueron muy grandes las aguas y al tiempo que suelen cesar que es por septiembre llovió más y el día de la natividad de nuestra Señora que es a ocho de septiembre que fue jueves llovió aquel día y el viernes y el sábado siguientes mucho tanto que por toda la Nueva España y mucho más en Quoahutimalam salieron los ríos de madre e hicieron muy gran daño y aquella noche llevó y ahogó el agua muchos indios y españoles que estaban por las riberas de los ríos alojados que como aquella tierra por la mayor parte es caliente duermen muchos caminantes en el campo y algunos de los que se ahogaron estaban un tiro de ballesta de la ribera y la avenida creció tanto aquella noche que pasaron los ríos aun más adelante que un tiro de ballesta de donde comúnmente suele correr el agua.

El sábado que fue a diez de septiembre a las dos horas de la noche vino la tempestad que destruyó /441 v./ casi la mitad de la ciudad de Santiago de Quoahutemallam / estaba esta ciudad asentada en la falda y ladera de una grande y alta sierra redonda que llaman volcán y como la lluvia fue muy mucha y había muchos días que llovía el agua que corría traía tras sí mucha tierra y se iban haciendo grandes quebradas y hoyas por donde acanalaba el agua y como mucha parte de aquella sierra es de arena gruesa negra o parda y entre ella hay grandes piedras guijarreñas algunas tan grandes como bueyes y otras mayores y menores y como la lluvia robaba la tierra movíalas y traíalas tras sí y aquella noche comenzaron a venir muchas por la sierra abajo y como unas daban con otras y el agua arrancaba muchos árboles que los hay en aquella sierra grandísimos y es de muy hermosa arboleda venía todo revuelto por la sierra abajo y a partes aquellas piedras y árboles y la hoja de ellos que era mucha hacía balsa y deteníase allí algo el

610

agua y lo demás que consigo traía y como la pluvia y agua crecía rompía aquellas balsas y acanaló el agua por una de las quebradas con tanta furia e ímpetu que hacía grandísimo ruido, la noche era muy oscura y el aire muy terrible parecía que el mundo se hundía.

Era tanta la fuerza y multitud del agua que traía aquellas piedras como si fueran corchos /442/ o tablas y como el agua venía acanalada vino a dar encima de las casas del adelantado Alvarado y con ella las piedras y árboles y como hallaron en qué se detener algún tanto cargó la fuerza de la tempestad y arrancó las primeras casas hasta los cimientos y todas las llevó y a los que en ellas estaban sin escapar alguno de ellos y sin que quedase señal de pared alguna y luego dio en las casas del adelantado y llevó las paredes de la huerta con muchos naranjos y arboleda que en ella había y derribó otros aposentos y a este ruido se había levantado la mujer del adelantado y de la cámara donde estaba pasóse a un oratorio que cerca tenía con otras once mujeres los hombres que estaban en casa se habían levantado y los había llevado la fuerza del agua y saliendo otras mujeres que estaban en otro aposento para se ir a la capilla las arrebató la corriente y fuerza del agua y de siete que eran escaparon las cuatro y las echó la tormenta cuatro tiros de ballesta fuera de la ciudad y otro día las hallaron medio muertas en diversas partes el agua subió muy alta en casa del adelantado y la derribó y mató a la desdichada de su mujer que se había subido sobre el altar y abrazándose con una imagen y con una niña encomendándose a Dios con las otras mujeres / y así fueron todas enterradas a la mañana en una sepultura salvo la mujer del adelantado que fue sepultada /442 v./ como señora / quedó solamente aquella cámara donde ella estaba primero que no cayó y si estuviera queda no muriera mas buscando la vida halló la muerte como su marido que huyendo de un caballo que venía rodando por una sierra por donde él iba a pie por no se poder subir a caballo encontró con una peña y lo arrojó sobre el adelantado y trató de manera que murió dentro de tres días y llorando ella la muerte de su marido dicen que dijo algunas palabras que debieron indignar a nuestro Señor y dentro de pocos días sucedió esta tormenta y su muerte.

Era tanta el agua que arrebataba las casas y las llevaba enteras por aquella ladera abajo murieron muchos españoles y algunos casados ellos y sus mujeres, e hijos, y esclavos en otras casas parte de la gente algunos de ellos que nunca parecieron muertos ni vivos a unos tomaban las casas debajo otros los arrebata el agua e iban a parar encima de algunas casas y asiéndose a los maderos o a los árboles los echaba la tormenta fuera de la ciudad fueron los indios difuntos más de seiscientos y muchos españoles y las más mujeres y muchos niños porque como cada uno buscaba su remedio y salían fuera de las casas y la noche era muy oscura y la tempestad grande quedábanse los niños sin favor de los /443/ padres y morían casa hubo en que murieron más de cuarenta personas y otras de más de cincuenta / quedó la mitad de la ciudad llena de piedras y de arena y de cieno / aparte de una lanza en alto perdiéronse y ahogáronse muchos caballos y otros ganados y ajuar de muy gran valor los que quedaron vivos hicieron en el campo una ranchería y sus casas de paja hasta que se pasaron media legua de donde estaban en el mismo valle a la parte del norte.

Es aquel valle redondo cercado de altas montañas tiene muy buena templanza que ni es frío ni cálido dase en él muy buen trigo y mucho maíz y muchas frutas de la tierra y de España y todas muy buenas.

La misma tormenta y muchedumbre de agua bajó aquella noche de aquella sierra y vertió por otras muchas partes unos arroyos tan grandes como el que vino sobre Quoahutimalam con árboles y piedras tan grandes y mayores tiene de bojo aquella sierra doce o trece leguas bien pobladas y el aguaducho o tormenta que corrió hacia el oriente cerca del pueblo de Amatitlam fue mayor que no el que vino sobre Quoahutimalam y ahogó y mató muchos indios, vinieron por allí grandísimos árboles y piedras tan grandes como una casa de indios pequeña algunas de estas piedras las llevó la corriente por tierra llana muy gran trecho.

/443 v./ Afirman los indios que la corriente del agua que bajó de la sierra trajo dos muy grandes dragones que tenían los ojos tan grandes como copa de sombrero y que los llevó camino de la mar que no está muy lejos.

Los que han subido en lo alto de aquella sierra dicen se hace una gran plaza en la cumbre de ella en que en tiempo de aguas se recoge mucha agua y en aquella tempestad después de llena debió de reventar y ayudó de mala a la mucha agua que llovía para que hiciese tanto daño como está dicho.

En otra *Relaçion* que primero había escrito este religioso que cierto era grande siervo de nuestro Señor y lo puedo así decir porque lo traté y comuniqué mucho y me hallé a su muerte refiere algunas cosas que aquella noche se vieron y oyeron en los aires y en tierra pero pues las quitó en esta *Segunda Relaçion* no hay para qué las referir aunque yo las oí algunas veces a los que se habían hallado presentes que son cosas de grande admiración y casi increíbles no he puesto todo lo que aquel religioso escribe sobre ello y lo he ido salteando y poniendo lo que me pareció que convenía.

Después de esta tempestad sucedió otra y fue que un río que salía de aquella sierra por la parte del norte reventó y dio dentro en el volcán donde anda aquel fuego que /444/ se ha dicho y fueron tan grandes los bramidos que daban aquellos dos elementos batallando el uno con el otro que se oían muy lejos escupió y echó de sí grandísima cantidad de ceniza que abrasó toda la tierra por más de treinta leguas y alrededor de la boca quedó todo como pelado que nunca más ha tornado a tomar el lustre que primero tenía reventó aquel río hacia la parte del sur y con esto cesaron los bramidos que ponían grandísimo espanto temiendo otra tempestad como la pasada / otras fuentes y arroyos reventaron y salieron por otras partes y lejos de donde primero tenían su origen o nacimiento cuéntanse muchas cosas que entonces acaecieron y no sé por qué no hizo mención de esto aquel religioso creo debió ser porque tenía ya escrita su obra o por no tener relación cierta de lo que fue / lo que he dicho lo oí a muchos que lo vieron y no digo tanto como me dijeron.

# CAPÍTULO TREINTA Y SEIS

En que se refiere lo de la provincia de Nicaragua, y de Leon, y el Realejo, y Granada.

Dice fray Torivio en la carta que está al principio de aquel su *Libro* en que lo dirige a don Antonio Pimentel conde de Venavente que nunca ha podido saber ni averiguar cuál de los hijos de aquel viejo Yztacmizcoatlh fue a poblar la provincia de Nicaragua donde declara quién fue este Yztacmizcoatlh /444 v./ y los hijos que tuvo y lo que cada uno pobló como ya se ha dicho en otra parte y dice que lo que ha sabido es que en tiempo de una grande esterilidad salió mucha gente de la Nueva España compelidos de la necesidad y que cree que fue en tiempo de aquella esterilidad de cuatro años que no llovió y que en este tiempo fue por la Mar del Sur una gran flota de barcos que comúnmente llaman canoas y que desembarcaron en Nicaragua que dista de Mexico más de trescientas cincuenta leguas y dieron guerra a los naturales que allí vivían y estaban poblados y que los desbarataron y echaron de su señorío y tierra y que poblaron allí aquellos nahuales descendientes de aque viejo Yztacmizcoatlh y que aunque no podía haber más de cien años cuando los españoles descubrieron aquella tierra que si bien se acuerda dice que fue el año de mil quinientos veintidós que la descubrió el capitán Gil Gonzales de Avila y se decía que había en aquella provincia quinientas mil ánimas y que después se edificó la ciudad de Leon que es cabeza de aquella tierra y que ésta es la causa porque Nicaragua está poblada de nahuales que son de la misma lengua de Mexico y en el capítulo treinta y ocho de la tercera parte dice que las cosas que con más sentido se aprueban son más verdaderas y de más crédito porque dice que mejor testigo /445/ es el que vio y oyó una cosa que no el que solamente lo oyó y que algunas cosas de lo que dirá en aquel capítulo y otros siguientes las había escrito por oídas y que después la obediencia le mandó ir a Guatimalam y a Nicaragua y que entonces trabajó de mirar entender y preguntar a los españoles y a los naturales con intento de enmendar lo que había escrito y torna a decir que la provincia de Nicaragua se descubrió y comenzó a conquistar el año de mil quinientos veintidós y que fue tierra muy bien poblada y que tendrá de largo cuarenta leguas poco más o menos desde el Realejo hasta Nicaragua y de ancho diez o doce y a partes menos y que no cuenta en esto la provincia de Nicoya ni lo que está desde el Realejo hasta la Choroteca y que aquellas cuarenta leguas fue la principal tierra y la más poblada y que toda es una lista de tierra que corre casi a norte sur y que Nicaragua tiene al occidente la Mar del Sur y que a la parte del oriente van dos muy grandes lagunas o lagos de agua dulce y que encima de ellas al oriente son sierras y montañas altas y que de la una parte vierten a la Mar del Sur y de la otra para aquellas lagunas y dice que en aquella tierra de Nicaragua entre otros hay un muy buen puerto a la Mar del Sur cerca del Realejo que unos lo llaman de la Posesion y otros de la Concepçion y que /445 v./ hace dos bocas a la mar y que por la una entran los que van de Nueva España al Peru y que salen por la otra los que de allá vienen y que de este puerto sube un estero muy bueno la tierra adentro casi dos leguas y que entra en él un río pequeño de agua dulce / allí dice que se hacen muchos navíos y que en fin de aquel estero donde entra el agua dulce está la población que llaman el Realejo de oficiales de navíos y de gente de la mar y que de allí a la ciudad de Leon que es la cabeza de aquella gobernación hay doce leguas y que antes que el Peru se descubriese fue bien poblada y había en ella muchos repartimientos de indios y que está poblada a la orilla de una hermosa laguna de agua dulce y que tiene buen pescado y que está hacia el oriente y que tendrá de bojo veinticinco leguas y diez de ancho y que casi a vista de la ciudad hace un gracioso islón con un peñol y que tiene otras tres o cuatro islas pequeñas y que la orilla de la laguna y que entre el norte y el medio día donde está un cerro que tendrá una legua de subida y que toda la tierra de él es como acije de lo que hacen tinta y que en la parte de arriba está hecho como un cobertor de alquitara y que por entre él y la parte de abajo sale humo que huele como piedra azufre.

/446/ Hacia la mano derecha de la ciudad que es hacia el occidente dice que hace la laguna un ancón de más de una legua que todo fue muy poblado de indios nahuales y que súbitamente una

615

noche se anegó y pereció mucha gente y que dicen que se anegó porque tomaban muchas mujeres más de las que con sus antecesores acostumbraban y por otros graves pecados que cometían porque como abundaban de mantenimientos porque la tierra era muy fértil los habitadores se dieron a la ociosidad y a vicios y que así perecieron como otra Sodoma y Gomorra y dice que hoy día los indios les lloran en sus cantares y cuentan cómo perecieron por sus pecados y refiere los pueblos que hubo en aquella gobernación.

La ciudad de Granada que es en esta provincia de Nicaragua dice que está asentada a la orilla de una grandísima laguna a la parte del norte respecto de la laguna y que corre hacia el medio día y el oriente y que hay de allí a Leon dieciocho leguas y que cerca del camino a mano derecha está la boca del volcán tres leguas antes de la ciudad de Granada y que tiene la laguna de largo treinta leguas y de ancho veinte y que hace algunos ancones y que boja noventa leguas buenas /446 v./ de la laguna de Leon dice que sale un río razonable y que viene a desaguar a esta laguna de Granada y que entran en ella otros muchos ríos y arroyos y que es también de agua dulce y que tiene mucho pescado y que en ambas lagunas hay muchos caimanes y que de esta gran laguna sale un grande y hermoso río y que lo comparan al Po que es el mayor río de Ytalia y que corre treinta leguas y va a desaguar a la Mar del Norte donde entra por tres bocas y que en la principal está un razonable puerto no lejos del Nombre de Dios y que hay en él mucho y buen pescado y sábalos tan grandes como toninas y que a veces andan sobre aguados y que tienen la manera y forma que los sábalos y que son de escama tan grande como un pequeño plato y que es muy buen pescado y que los hay también en otro río en la misma costa.

Aquel río dice que tiene buena corriente y que hace tres saltos el uno muy alto y velocísimo y que tiene más de un tiro de ballesta de caída y aun cerca de dos y que el primero *que se atrevió* a los saltar en una fragata fue el capitán Calero y que metió consigo indios buenos nadadores y que luego que dieron abajo aunque se trastornó la fragata ninguno se ahogó y que vuelta la fragata se metieron en ella y que desde entonces se navega aquel río /447/ y que ahora le llaman el Desaguadero por donde se provee la ciudad de Granada y de Leon y que antes no estaban tan bien proveídas estas dos ciudades de lo que va de Castilla y que para subir por allí fragatas las descargan y las suben con cabrestantes y la ropa la llevan por tierra dos tiros de ballesta y que al bajar también las descargan y que tienen ya sabido cómo y por dónde las han de echar y que en cayendo abajo están diestros en gobernarle y que por allí van a salir a la Mar del Norte y que está dos leguas de la laguna y media de la Mar del Sur y que por esto decían algunos que se podría abrir por tierra y hacerse estrecho y que se cree que la Mar del Sur está más alta que la del Norte.

En esta laguna de Granada dice que se hacen muchas islas y que dicen que las que en ella hay y en el río que de ella sale pasan de doscientas islas chicas y grandes y que las seis de ellas estaban pobladas de indios y que la principal y la mayor se llama Umetepetl que quiere decir dos sierras porque hace dos altas sierras a la manera de la de Tenerife aunque no tan altas y que baja esta isla veinte leguas y que está a vista de Nicaragua y que para pasar a ella se atraviesan dos leguas de agua y que en ella se coge maíz, y ají, algodón y frijoles, calabazas, y muchas frutas de las que hay en tierra caliente y que hay en ella muchos venados de los pequeños y monas pequeñitas de las de la cabeza blanca.

La segunda isla dice que se llama Colentenami y que boja ocho leguas, y que la tercera se llama /447 v./ Coatenametl y que ésta es pequeña que no boja más que dos leguas / la cuarta se dice Tacaxolotepec que tiene cinco leguas de bojo y que hay en ella de los venados pequeños la quinta se llamaba Chomiltltenamitl y que los españoles la llaman la Isla del Çapatero la sexta se dice Comaltenamitlh éstas dice que son las que están pobladas.

617

# CAPÍTULO TREINTA Y SIETE

En que se trata dónde moran y de dónde vinieron los indios de Nicoya y los de Nicaragua y de las cosas que sus alfaquíes les dijeron y del volcán que allí hay.

Dice fray Torivio que según se platica entre los naturales de aquella tierra dicen que los indios de Nicaragua y los de Nicoya que por otro nombre los llaman magnes antiguamente tuvieron su habitación en el despoblado del Xoconusco y que los de Nicoya descienden de los chorotecas o chololtecas moraron hacia la tierra adentro y que los de Nicaragua que son los de la lengua de Anauac mexicanos habitaron hacia la costa del Mar del Sur y la una y la otra era muy gran multitud de gente y que decían que habría siete u ocho edades o vidas de viejos y que éstos vivían tan larga vida que de viejos los sacaban al sol.

En aquel tiempo dice que vino sobre ellos un tan grande ejército de gente que se decían olmecas y que vinieron de hacia Mexico que antiguamente habían sido capitales enemigos de aquellos que estaban poblados en el despoblado que es entre el Xoconusco y Tecoantepec y que estos olmecas /448/ dieron guerra y vencieron y sujetaron a los nahuales y les pusieron grandes tributos y los tenían muy avasallados y les demandaban grande número de doncellas para las tener por mujeres y para servirse de ellas y que les demandaban que cada día les diese cada pueblo dos niños y que no pudo averiguar si eran para los sacrificar o para los comer o para su servicio y que cada día les habían de dar cien gallinas y que se servían de ellos como de esclavos y que en recibiendo cualquier descontento en su servicio los flechaban y que viéndose en tan gran aflicción y en tan grande servidumbre los que antes eran señores de aquella tierra y la poseían pacíficamente demandaron consejo a sus alfaquíes para que les dijesen lo que debían hacer porque ya no podían sufrir tan tiranos tributos y tantos trabajos y muertes y que ellos pidieron término de ocho días para les responder y consultar con sus dioses lo que debían hacer y que pasa-

618

dos los ocho días les dijeron que se apercibiesen para que todos en un día con gran secreto levantasen sus mujeres e hijos y haciendas y se fuesen adelante y dejasen aquella tierra y que ellos respondieron que tenían muy gran miedo y temor de que los acabarían de matar viendo que se querían ir de aquella manera y que los alfaquíes les aseguraron y les dijeron que no tuviesen miedo porque sus dioses vendrían en su guarda e irían tras ellos guardándolos y defendiéndolos y que esforzados con este consejo y prometimiento salieron de aquella tierra con gran descontento porque es buena tierra y abundante de mantenimientos de caza y de pescado y de toda /448 v./ comida que aquella gente usa y que a la costa es tierra caliente y en las laderas de las sierras templada y en los altos fría.

Después que comenzaron a caminar dice que a los veinte días se murió uno de los alfaquíes y que pasaron por tierra de Quoahutimalam y anduvieron cien leguas y llegaron a una provincia que ahora llaman La Choloteca o Choroteca y que allí se murió el otro alfaquí y que antes que muriese les dijo muchas cosas que les habían de acontecer y que a los de Nicoya que iban en la delantera les dijo vosotros sois malos y dios está muy enojado de vosotros porque tomáis muchas mujeres y hacéis otros muchos males por los cuales vendrá tiempo que serviréis a unos hombres blancos y barbados y los tendréis por señores y os trataran tan mal y peor que los olmecas y que a los de Nicoya dijo vosotros poblaréis cerca de la mar que es la del Sur hacia el occidente que ahora llaman el Golfo de Sanct Lucar y que allí se hace un buen puerto cerca de una isla que llaman Chira y que es poblada de gente casi desnuda y que son olleros y que se sirven de ellos los de Nicoya y que en esta provincia de Nicoya están cuatro pueblos principales y que la cabeza se llama Nicoya y que traen bezotes a manera de los de Panuco y que es tierra de Mexico y que son muy amigos de españoles y que hacen buen servicio a los que pasan por su tierra / y que el segundo pueblo se dice Conten y que está seis leguas hacia la mar y que el tercero se llama Ortina y que por agua está siete leguas y por tierra veinte /449/ y que el cuarto se dice Cherote que por mar está diez leguas y por tierra más de veinte y que a los de Nicaragua dijo vosotros poblaréis cerca de una mar dulce que tiene a vista una isla en que hay dos sierras altas y redondas y serviréis a la gente barbuda que toda aquella tierra se ha de enseñorear y os tratarán como a los de Nicoya.

Esta generación dice que vino por la costa del Mar del Sur y que pasaron por tierra de Quoahutimalam y que donde había algún buen asiento para poblar poblaban algunos de ellos y que de esta generación son los de que en tierra de Quoahutimalam llaman pipiles como dice que son los pueblos que llaman yçalcos y que es la mayor y mejor huerta y más abundante y rica de cacao y algodón que hay en toda la Nueva España y en toda la gobernación de Quoahutimalam y que dejaron pobladas aquellas gentes el pueblo de Mictlan y el de Yzcuintlan y que también se dice que algunos de estos indios fueron atravesando y que aportaron a la Mar del Norte y que cerca del Desaguadero está un pueblo de ellos y que habla la lengua mexicana no tan corrupta como los pipiles y que asimismo dicen que fueron por la costa de la Mar del Norte al Nombre de Dios que no es muy lejos del Desaguadero y que de allí tornaron atravesar la tierra en busca de la mar dulce y hallaron poblados a los de Nicoya cerca del sitio que les había dado su alfaquí y que éstos /449 v./ dijeron a los otros que más arriba a cuatro jornadas estaba otra laguna dulce y que fueron a poblar allí y que es donde ahora está la ciudad de Leon o muy cerca que se llama Xolatlam en lengua de los indios pipiles y que en lengua de magnes se llama Nagarando y que como no estuviesen allí contentos por no ser aquél el lugar que su alfaquí les había dicho fueron a Nicaragua que son veintisiete leguas y que allí estuvieron algunos días como huéspedes y que pensaron una traición para se poder quedar con aquella tierra y fue que demandaron tamemes que son indios de carga para que les ayudasen a llevar su recuaje o hacienda y que ellos por quitarse de la pesadumbre que les daban les dieron muchos indios y salieron aquel día y a la noche asentaron una legua de allí al río que se dice de las Piedras y en durmiendo los tamemes los mataron y que luego volvieron de guerra y mataron también a los que habían quedado en el pueblo y que los que se escaparon fueron huyendo a donde ahora se dice Nicoya y que ahí donde aquellos traidores quedaron se dice Nicaragua.

Entre todos los volcanes que hay por toda esta gran tierra que no son pocos y aunque entren todos aquellos de que se tiene noticia dice fray Torivio que no se ha visto otro semejante ni tan espantoso como el volcán de Maçaya /450/ que es en la provincia de Nicaragua, no está encima de muy alta sierra como otros / está encima de un cerrejón redondo donde se puede subir a caballo tendrá de subida poco más de media legua en lo alto se hace un llano y en medio de él está la boca de aquel muy espantoso volcán es redondo tendrá de bojo otra de media legua el extremado fuego que allí siempre anda da tanta claridad que de noche se ve a leer una carta una legua y otros dicen que a más y todo puede ser porque cuando llueve con el agua y con las nubes que se bajan hace reverbera el resplandor hacia abajo y da más claridad en rededor yo lo vi dice el fray Torivio en todo el tiempo de las aguas y me parece que apenas se podrá bien leer una carta a media legua / la claridad que de allí sale se ve de noche dentro en la mar veinte o veinticinco leguas y más de otras cinco que puede haber por tierra hasta la mar para ver aquel fuego se ponen encima de unas peñas y miran para abajo como quien mira una muy profunda cueva / bajando ciento sesenta brazas hácese una plaza redonda que rodea toda la boca del fuego a manera de un sombrero vuelto lo de arriba para abajo está la boca en medio como está la del sombrero y se puede andar toda a la redonda y a todas partes hay buen /450 v./ espacio / la boca de aquella cueva donde anda el metal tiene de través un buen tiro de ballesta según decían los que entraron en aquella plaza y desde ella se ve bien el fuego o metal que abajo anda / comúnmente hay desde allí al metal sesenta brazas y desde lo alto doscientas veinte el fuego que allí anda es como de grandísima cantidad de metal muy derretido y hierve muy espantosamente anda un hervor en el medio que parece que viene del profundo del infierno y de allí se levanta de credo a credo una ola tan alta como una torre y vierte aquel metal de la ola por todas partes sobre el otro metal de los lados y hace grandísimo sonido y nunca cesa aquel bravísimo hervor y ruido furioso los indios naturales ni sus pasados no le han visto hacer mudanza salvo que aquel metal sube y baja / cuando más llueve más se inflama y acontece subir hinchándose como la caldera que le dan mucho fuego que llega hasta aquella plaza y aun vierte algo de ello encima / dice fray Torivio que vio esta boca de infierno el año de mil quinientos cuarenta y cuatro en principio del mes de agosto y había subido aquel metal hasta la plaza y vertido un poco encima de ella hacia la parte del oriente /451/ y había tornado a bajar dos o tres estados y entonces estaba muy de ver aquel espantosísimo fuego y que lo vio de día y de noche que es más de ver y estaba tan claro como de día una noche que durmió encima de la boca y como el ruido es grande despierta muchas veces a los que allí duermen y todas las veces que despertaba dice que se paraba a lo mirar y cada vez le parecía cosa nueva y muy espantosa.

Diez o doce españoles entraron en aquella hoya o plaza creo que fue el año de quinientos treinta y ocho y para entrar pusieron arriba un cabrestante y bajaban uno a uno metidos en un cesto y muy atados y con otras muchas diligencias y con todo esto fue una gran locura porque se pusieron a muy gran riesgo y peligro bajadas las ciento sesenta brazas que hay hasta aquella plaza donde está la boca del metal tornaron a poner allí otro cabrestante con su soga y al cabo de ella una cadena de hierro con un servidor de tiro para coger de aquel metal que en todo su seso pensaban que era oro diciendo que si otro metal fuera lo gastara y consumiera el bravísimo fuego que allí anda siempre porque el fuego gasta todos los metales si no es el oro durmieron allí una noche porque como se ha dicho hay a la redonda de la boca donde anda el fuego buen espacio /451 v./ metieron su soga y cadena y en llegando al metal trozó la cadena y se quedó allá con el servidor de tiro de creer es que no tardó mucho en derretirse en la punta de la cadena salieron pegados ciertos granos de aquel metal y no pudieron conocer los plateros qué metal fuese y puestos sobre la vigornia o yunque dándole con el martillo que tenía la boca de acero no lo podían ablandar antes aquel metal entraba por la boca del martillo que es muy de considerar y de creer que aquel metal es fuego infernal y metal que perpetuamente arde y arderá en aquella boca que debe ser del infierno.

Demás de lo que se ha dicho por *Relaçion* de lo que dice aquel religioso yo hablé en los yçalcos andando visitando aquella tierra siendo oidor en la Audiencia que reside en Guatimala a un religioso y a un clérigo y un lego que eran de los que entraron en aquel volcán y me dijeron todo lo que se ha referido y que dijo el religioso misa en aquella plaza y que cuando entraban en ella acabados de salir del cesto en que los bajaban el postrero que entró cayó de la otra parte frontero de donde ellos estaban tanta tierra y piedra y peñas y árboles que decían sería más de mil cahices y que hizo grandísimo y muy espantoso ruido y que el fuego se ensoberbeció y daba /452/ o hacía grandísimo estruendo como de bramidos y que fue grandísima la polvareda que andaba dentro tanto que no se veían los unos a los otros y que duró casi media hora y vieron el fuego sin que pareciese cosa alguna de lo que había caído y que la gente que estaba en lo alto viendo cómo entraban no osaron por allí y se fueron huyendo y creían que todos los que habían entrado serían muertos y que había de donde ellos estaban hasta la otra parte donde cayó lo que se ha dicho un tiro de arcabuz y que el cabrestante que pusieron lo habían fortalecido con muy gruesos maderos hincados en tierra y otros a la pared en las espaldas y amarrados todos con el cabrestante muy fuertemente y que cuando metieron la cadena que se ha dicho que cortó el fuego dio tan gran tirón que faltó poco para llevar tras sí su artificio y cabrestante y a los que estaban arrimados a los maderos mirando lo que pasaba y que tornaron a meter otra cadena más gruesa con otro servidor y al tiempo que la ola iba hacia la otra parte metieron con gran prisa el servidor por esta otra parte en el metal y tiraron prestamente antes de que llegase la ola porque anda de una parte a otra sin cesar y ella les había cortado la otra cadena /452 v./ y que sacaron el servidor lleno de aquel metal y que era como la herrura que se hace en las fraguas de los herreros a que comúnmente llaman los muchachos moco de herrero y sucedió lo demás que se ha dicho.

El clérigo que he dicho que entró con los demás que era deán de Nicaragua me dijo que tenía por muy cierto que aquel metal era oro y que había hecho juntar muy gran cantidad de vasijas alrededor del volcán para que la gente que por allí vive se orinasen en ellas y que cada indio daba por cada vasija cuando la tenía llena cierta paga y que juntaba esta orina para con ella matar aquel fuego porque era latino y muy curioso y decía que se movía a esto por autoridad de Plinio que escribe que se ha y que puede matar aquel fuego con orines y por no tener posibilidad para el gasto que era necesario para juntar vasijas y orines en tanta cantidad como era menester se había dejado de ello / volvamos ahora a lo demás que dice aquel religioso.

Cosa cierta dice que es muy temerosa de oír y mucho más de ver aquel temeroso volcán y muy extraño de los otros que ha tiempo echan fuego o humo, o ceniza y en otros tiempos cesan débense cebar del alquebrite o piedra azufre y según la materia y fuego /453/ que dentro anda así sale fuera porque como el cuerpo de la tierra en su manera tenga sus venas como un cuerpo humano y así como las venas fenecen y acaban unas en los pies y otras en las manos etcétera bien así la tierra tiene sus venas y concavidades y sus bocas por donde respira y en muchas partes anda el viento muy bravo, y cálido y cuando hierven los mineros y vetas de la piedra azufre saca fuego como hiriendo y fregando un palo con otro se saca lumbre según que en Nueva España se acostumbra así el viento en su manera según más o menos tiene la materia así hecha de sí por aquellas chimeneas que llaman volcanes fuego o humo o ceniza pero el fuego de este volcán que decimos sin echarle materia alguna ni saber de dónde se puede cebar cosa tan brava que si le echasen gran cantidad de vigas o de otra cosa en un momento lo consumiría por lo cual algunos dicen que es boca de infierno y fuego sobrenatural e infernal y lugar donde los condenados por manos de los demonios son lanzados y yo para mí por tal lo tengo porque según leemos en el capítulo treinta del libro cuarto de los *Dialogos* de San Gregorio yendo a Çiçilia unos caballeros del rey Theodorico /453 v./ fueron a visitar un varón solitario que moraba en aquella isla hombre de gran virtud el cual les dijo cómo el rey Theodorico era muerto y ellos dijeron que no era posible porque lo habían dejado vivo y sano y díjoles el siervo de Dios cierto es muerto porque este otro día fue echado por el papa Juan y por Symaco patricio en la hoguera de este volcán desnudo y atadas las manos y ellos anotaron el día y tornados a Ytalia supieron que el mismo día que el siervo de Dios les había dicho había muerto / y justamente fue echado en aquel fuego por aquellos que él injustamente atormentara en esta vida porque hizo matar en la cárcel al papa Juan y descabezar a Symaco patricio varón de gran bondad y lo refiere Gonçalo de Yllescas en el capítulo sexto libro tercero de la *Historia pontifical* en la vida del papa Juan primero de este nombre y dice Marulo en el libro sexto que si alguno quisiere saber cuán gran distancia hay de lo alto de aquel volcán hasta el profundo de él que lo pregunte a Theodorico y que el fuego que allí anda es infernal y que es fuego hecho para atormentar y no para consumir ni gastar porque de otra manera ya hubiera consumido y gastado toda la isla y todas las demás que por allí hay pues ha tantos siglos que siempre ha ardido.

/454/ Pues si aquélla es boca del infierno esta otra de que hablamos no sólo parece boca del infierno mas el mismo fuego infernal y si allí se muestra tan bravo fuego de considerar es el ardiente fuego que andará dentro en los abismos pues a la boca se muestra tan furioso / esta boca es una y la más espantable de las que en el mundo se ven de que hasta ahora se tiene noticia.

En la tierra del Peru en la provincia de Quito está un volcán y al pie de él sale un arroyo pequeño y en el año de quinientos treinta y cinco mediado agosto se hundió de arriba abajo tanta tierra que tapó la boca y dentro andaba muy gran ruido y truenos como de gruesa artillería y reventó y salió tanta ceniza que llegó treinta leguas de él y era muy espesa y cubrió muchos campos y tierra y salió por la boca donde solía salir un arroyo un muy gran río de más de media legua en ancho y todo cuanto halló por delante lo destruyó y cavó hasta las peñas hasta que entró en una quebrada y halló paso hondo y se estrechó y acanaló.

/454 v./ [Foja en blanco]

# CUARTA PARTE

/455/ de la Relaçion de las cosas notables de la Nueva España en que se trata de la doctrina y conversión de los naturales de ella.

# PREFACIO

Ya que con el favor divino se ha tratado de la conquista y pacificación de la Nueva España y de las guerras que con los naturales de
ellas tuvieron los españoles y las grandes y maravillosas victorias
de que nuestro Señor fue servido de les dar resta que en esta cuarta
parte se trate de la guerra que los ministros del Evangelio tuvieron
con los demonios, y con cuánto trabajo y valeroso ánimo se opusieron contra aquellos príncipes de tinieblas y del favor que la
Divina Majestad fue servido de les dar para desarraigar de ellos
la idolatría en que tantos años habían estado en que pasaron tan
grandísimos trabajos en limpiar aquel establo mesón o venta que
los demonios tenían tan llena de inmundicias infernales que no
fueron menores antes muy mayores que los que Hercules pasó en
limpiar aquel establo de quien hace mención Erasmo en el *Adagio*
21 chiliadis 2ᵉ centuria 4 y se cuenta entre los trabajos de Hercules
y si son dignos de loor los pocos españoles que sujetaron aquellas
latísimas tierras /455 v./ llenas de infinidad de gentes cuánto más
dignos serán de gloria los muy pocos y muy pobres religiosos que
vencieron tan gran multitud de demonios que tan enseñoreados
estaban de aquellas míseras gentes, los españoles ganaron tierras
y vasallos para la majestad humana y los religiosos ministros del
santo Evangelio han ganado y ganan ánimas para la Majestad Divina y nuestro Señor que ninguna cosa deja sin paga se la habrá
dado a cada uno conforme a sus méritos y la dará a los que en ello
se emplearen con la solicitud y cuidado que tan grande y divina
obra requiere y si Motecçuma como se ha dicho estaba tan poderoso y en tan gran estado y estima en toda aquella tierra cuando
los españoles entraron en ella, no estaban menos enseñoreados de
ella y de sus naturales los demonios cuando la muy pobre y pequeña grey y siervos de Cristo comenzaron su guerra contra tanta infinidad de demonios que tan adorados, estimados y tenidos, estaban
en toda la tierra y tan apoderados de ella sirviéndoles con grande
veneración y con disciplinas /456/ crudelísimas y ayunos rigurosí-

simos y con homicidios y crueldades grandísimas de que usaban en sus sacrificios y fiestas abominables que no eran pocas por año como se ha ya referido, suelen algunos encarecer y con razón las muchas riquezas que se han traído y cada día se traen de aquellas partes pero mucho más es de estimar las grandes riquezas que a los naturales de ellas se les han recrecido por haber venido en conocimiento de Dios y de su sagrado Evangelio antes estaban como bestias hechos siervos del demonio ahora viven como hombres en conocimiento de su creador, antes eran indignos de la figura e imagen de hombres porque como dice el glorioso San Geronimo en el *Epitaphio de Nepotiano* que comienza grandes materias A LOS QUE NOTICIAS NI CREATORIS OMNIS HOMO PECAS EST, y Mercurio Tresmegisto e Ympimandro al fin del diálogo XI EXTREMA PRAVITAS EST NON CONGNOSÇERE DEUM, y en el diálogo X dice HEC UNICA SALUS HOMINI: COGNITIO DEI: HEC AD OLYMPUM ASÇENSIO. Y pues esto es así como lo es y lo tenemos por fe /456 v./ y ley evangélica / qué pueden dar aquellas gentes en pago de tan gran beneficio ni qué comparación hay de los tesoros que de aquellas partes se han traído a los tesoros y riquezas divinas que se les han dado con la predicación del Evangelio por donde han venido al conocimiento de su creador y universal redentor y a ser cristianos y salir del dominio cruel y tiránico del demonio y haber venido a ser incorporados en la Iglesia Católica, y a estar debajo del yugo liviano y suave de Cristo y habérseles dado doctrina divina y leyes para su pulicía humana y manera de vivir como hombres por manera que podrán decir lo que dice Plutarco en el libro *De fortuna et virtute Alexandri* de los bárbaros que él sujetó, BEATIORES FUISSE MULTO AB ALEXANDRO VICTOS ET SUBACTOS, QUANQUIEN EFFUGERUNT, porque de otra manera se pudiera decir por ellos y por los que aún no han venido al conocimiento de Dios porque NONDUM SUNT COMPLETE INIQUITATES EORUM o por lo que sólo Dios se sabe / lo que dice Plinio en el capítulo primero del libro dieciséis hablando /457/ de los que no fueron vencidos por el pueblo romano ET HE GENTES INQUIT. SI VINCANTUR HODIE, A POPULO RROMANO SERVIRE SE DICUNT ITA EST PROFECTO MULTIS FORTUNA PARÇIT IN PENAM. Porque éstos no han sido doctrinados ni apartados de sus vicios abominables y los otros han venido a más felice vida y estado y podrán decir con Themistocles PERIERAMUS, NISI PERISSEMUS. Alabemos pues como se dice en el capítulo cuarenta y cuatro del Eclesciastico los varones gloriosos dignos de gloria

630

y honra que han sido causa para tan grandes beneficios como aquellas gentes han recibido en lo espiritual y temporal con quien y por quien hizo Dios grandes maravillas para gloria suya en aquellos varones famosos que ganaron aquella tierra y en aquellos santos religiosos por quien se han traído tantas ánimas a su santo servicio / los nombres de los que fueron con Hernando Cortes a la conquista no se ponen porque no hay noticia sino de muy pocos de ellos y si se nombrasen sería hacer agravio a los demás. Y pues hay noticia de los primeros religiosos que /457 v./ fueron a entender en la predicación del santo Evangelio y en la doctrina y conversión de aquellas infinitas gentes se dirán en los capítulos siguientes.

# CAPÍTULO PRIMERO

En que se trata de los primeros religiosos que fueron a la Nueva España a entender en la doctrina y conversión de los naturales de ella y por cuyo mandado y cuántos fueron.

En el *Compendio de los tiempos e historias ecclesiasticas* que escribió fray Juan de Foche franciscano el año de mil quinientos setenta y cinco dice que casi por el año de veintiuno por mandado del emperador según lo escribió Pedro Martir a Margarita de Austria fueron ciertos españoles de la isla de Cuba o Fernandina en tres carabelas y descubrieron las islas de Yucatam y Campeche, y Coçumel, y Culhuacam y otras muchas de gente idólatra y de crueles sacrificios y que en algunas partes comenzaron a publicar la doctrina cristiana fray Juan de Cayzeda de la orden de San Francisco y otros muchos religiosos que allá fueron de la misma orden y que de Bretaña /458/ fue fray Miguel Gelim y murió en el camino y fray Juan Viçençio y después de haber estado algunos años en aquella tierra se tornó a Bretaña donde él escribió esta su obra y ahí lo vio y le habló por el año de veintisiete por cierta ocasión que en ello hubo y que quedaban ya cinco conventos de frailes franciscos y que Lorenço Surios dice en su *Historia* que el año de veinticuatro pasó aquellas partes fray Martin de Valençia por vicario del sumo pontífice y con él doce frailes todos los de la orden de San Francisco y que al tiempo que un Martin Lutero predicaba su secta en Alemania, fray Martin de Valençia y sus compañeros predicaban la ley de Jesucristo en las Yndias y que antes del Capítulo general que se tuvo en Tolosa el año de treinta y dos se había fundado en aquellas partes la provincia de Santa Cruz y la custodia de San Francisco y que en aquel Capítulo se hallaron algunos frailes que vinieron a él de Nueva España y dieron relación de palabra y por escrito del gran fruto que se había hecho con la predicación del Evangelio en aquella tierra y cómo /458 v./ habían comenzado a enseñar la lengua latina y la española aquellas gentes y ellos habían deprendido la suya y habían doctrina muchos muchachos y que éstos enseñaban a sus padres y a otros y que algunos religiosos habían bautizado cada uno diez y doce mil indios y que en el Capítulo general que se hizo en Niça en la provincia de San Luis se hizo provincia la Custodia del Evangelio y que en el Capítulo general que se hizo en Valladolid el año de quinientos sesenta y cinco se erigieron cinco provincias en la Nueva España y en el Peru y que hay ya doce provincias y que en aquel Capítulo de Tolosa se ordenó que los ministros y provinciales de España fuesen obligados a enviar cada uno de ellos tres o cuatro religiosos aprobados aquellas partes como lo habían prometido al emperador donde refiere otras cosas a este propósito pero hace de notar que no fue el año de veintiuno sino el de diecisiete cuando fueron aquellos españoles a descubrir la tierra ni fueron por mandado del emperador sino de Diego Velazquez gobernador /459/ de la isla de Cuba como se dijo en la tercera parte de la Relaçion de las cosas notables de la Nueva España.

Fray Geronimo Roman fraile agustino y cronista de la misma orden varón erudito y de gran curiosidad dice al fin del capítulo cuarto del libro primero de la *Rrepublica cristiana* que después que Cristobal Colon comenzó a navegar para las Yndias del mar Oceano el rey don Fernando y la reina doña Ysabel procuraron que se predicase el santo Evangelio como lo manda la bula del papa Alexandro Sexto y que aunque hubo algún cuidado en ello todavía lo principal de este santo ejercicio y obligación del rey de España a quien tocaba aquella conquista quedó para el emperador don Carlos nuestro señor el cual con celo acostumbrado proveyó con mucha diligencia que las tres órdenes mendicantes fuesen a predicar aquellas gentes tan apoderadas de los demonios y tratando con los provinciales de las órdenes de Santo Domingo y San Francisco y San Agustin les mandó que escogiesen varones religiosos y tales que aprovechasen con palabra y ejemplo aquellos /459 v./ que tanta necesidad tenían y así enviaron los padres franciscos doce varones apostólicos bien aparejados para tal empresa donde pone sus nombres y dice que todos dieron bastante testimonio que los eligió Dios para tan santa obra porque fray Martin de Valençia que fue por prelado de ellos hizo muchas maravillas predicando y que fue habido por santo y tiene su sepultura señalada en el convento de Talmanalco y que dos frailes de ellos que fueron fray Francisco Ximenez y fray Luis de Fuensalida no quisieron los obispados que les ofreció el emperador y que fray Juan de San Francisco hizo gran fruto en la predicación y que dándole el obispado de Yucatam no lo quiso esperando el premio de sus trabajos del que da la gloria en remuneración de ellos y que fray Juan del Spiritu Sancto y fray Juan de Padilla y fray Francisco Lorenço fueron martirizados y que los demás que han ido de esta religión han hecho muy gran servicio a nuestro Señor y provecho a las ánimas.

La orden de San Agustin dice que aunque fue la postrera a hacer este oficio de tanto provecho para las ánimas /460/ no por eso dejó de llevar el premio del padre de familias por que hizo en su tiempo y ha hecho después que fueron frailes a la predicación tanto provecho como lo predican muchas gentes que lo han visto y que fueron por mandado del emperador nuestro señor y por orden de la provincia de Castilla siete frailes cuyo espíritu encendió nuestro Señor los cuales con ejemplo y obra han aprovechado mucho cuyos nombres son fray Francisco de la Cruz que por su mucha penitencia y aspereza de vida y por el gran celo que tuvo de las ánimas fue llamado por sobrenombre el Venerable y que fue por prelado de los otros y fray Agustin de Coruña varón de mucha penitencia que fue después obispo de Popayam y fray Geronimo Ximenez y fray Juan de Sanct Rroman, fray Juan de Oseguera, fray Jorge de Avila, fray Juan Estaçio, y fray Alonso de Borja varón apostólico que hizo muestras bastantes de que era amigo de Dios / de los frailes dominicos *no dice cuándo fueron* y Gomara en el capítulo 169 dice que fray Garcia de Loaysa general de los dominicos envió el año de veintiséis con fray Romos Ortiz doce frailes. Y no pone sus nombres / ni se ponen aquí los nombres que fray Geronimo /460 v./ Roman refiere de los de San Francisco porque adelante se dirán más largamente.

Gonzalo de Yllescas abad de San Frontes y beneficiado de Dueñas en el capítulo veinticuatro del libro sexto de la *Historia pontifical* donde escribe la vida del papa Leon décimo de este nombre en el párrafo 8 trata de la conquista de la Nueva España y al fin de él dice que habiéndose conquistado Mexico acudieron luego tras la fama de Hernando Cortes y de la riqueza de la tierra muchos españoles y con ellos continuó la conquista de toda la tierra y se pusieron en servicio del emperador más tierras y gentes que lo que es España y Françia e Ytalia y aun Alemaña porque

635

son más de cuatrocientas leguas en largo de suerte que por la buena industria de este famoso capitán creció la cristiandad otro tanto más de lo que antes solía tener y que cuanto por una parte nos habían ganado los moros y los turcos en muchos años tanto ganó Hernando Cortes en tres o cuatro años y que se le dio /461/ en pago de sus trabajos el título y nombre de marqués del Valle y que a su pobre juicio si diez años antes Gonçalo Hernandez no hubiera ganado y tomado para sí el nombre de Gran Capitán se le pudiera bien dar a Cortes pues no fueron menos sus hazañas que las de otros que han usurpado títulos y nombres semejantes. Y dice que Cortes escribió al emperador la *Rrelaçion* de sus victorias y al general de San Francisco rogándole que le enviase frailes de su orden para entender en la conversión de aquella tierra y que luego fue fray Martin natural de Valençia de Campos con doce frailes y que él y ellos hicieron allá muchos milagros, y que los honró Hernando Cortes tanto por dar ejemplo a los indios que nunca hablaba con ellos sino con una rodilla puesta en tierra y el bonete en la mano y que siempre les besaba la ropa antes de les comenzar *a hablar* y que se comenzaron a bautizar los indios con gran prisa y que hubo fraile que bautizó en un día quince mil indios y que otro dio /461 v./ por fe que había bautizado en veces cuatrocientos mil y que recibieron los sacramentos de buena gana sino fue el confesar que estuvieron en ello algo dudosos pero que luego cayeron en la cuenta y lo tomaron muy bien y que no se atrevieron a los comulgar tan ayna por el peligro y que se casaban mil y dos mil juntos y que ninguna cosa hacían de mejor gana que disciplinarse porque de antes en su religión usaban muy a menudo sacarse sangre para la ofrecer al demonio que fue siempre amigo de ella y que luego se desapareció el diablo que nunca más lo vieron y que solían antes verle muy a menudo y que ya son casi todos cristianos y que hay muchos de ellos virtuosos y letrados y que se introdujo entre ellos vida política y se les dio aviso de muchas cosas que no sabían, ni tenían, necesarísimas a la vida humana, y sobre todo salieron del yugo cruel del demonio y a este propósito dice algunas cosas fray Estevan de Salazar en el capítulo segundo del *Discurso* cuarto sobre el Credo.

/462/ Esto es en suma lo que dice fray Geronimo Roman y Gonçalo de Yllescas varones ambos muy curiosos pero mejor y más largamente como adelante se dirá lo trata fray Torivio Motolinea fraile franciscano como testigo de vista porque fue uno de los doce primeros que fueron aquella tierra con fray Martin de Valençia aunque no lo nombra fray Geronimo Rroman y debió de ser descuido porque aunque dice que fueron doce no nombra más que diez si no está el defecto en mi libro.

# CAPÍTULO SEGUNDO

En que se trata cuándo partieron de Castilla los doce frailes primeros que fueron a Nueva España a entender en la doctrina de los naturales de ella y cómo se llamaban.

Dice fray Torivio Motolinea que a veinticinco de enero del año del Señor de mil quinientos veinticuatro día de la conversión de San Pablo el padre fray Martin de Valençia de santa memoria partió de España con once frailes sus compañeros muy necesarios para ir a entender de la conversión de los /462 v./ naturales de la Nueva España enviados por el reverendísimo padre fray Francisco de los Angeles general que a la sazón era de la orden del seráfico padre San Francisco que después fue cardenal de Sancta Cruz enviados con favores espirituales de la sede apostólica y con especial mandado y licencia del emperador don Carlos quinto máximo nuestro señor de gloriosa memoria y en el capítulo nueve de la tercera parte pone sus nombres donde dice que hace Dios sus obras maravillosas con pobres y que se puede decir que los envió Dios, pues fueron por mandado del papa y con su bendición y sus ministros buscaron y mandaron por obediencia a los que según Dios les pareció ser convenientes y los súbditos nombrados aceptaron simplemente por Dios lo que la obediencia les mandó como si el Señor se lo mandara y que de esta manera fueron al principio de esta conversión doce frailes menores cuyos nombres dice que son los siguientes fray Martin de Valençia que fue desde España nombrado por custodio por el general de la orden /463/ fray Francisco de los Angeles y que llegados a Nueva España dio elección de nuevo para que sin escrúpulo pudiese el así elegido usar en aquella tierra de la autoridad de las Breves que llevaba y cometerla a sus súbditos y fue de todos elegido el mismo fray Martin de Valençia los nombres de los súbditos dice que son fray Francisco de Soto, fray Martin de la Coruña, fray Antonio de Cibdad Rodrigo, fray Garçia de Çisneros, fray Juan de Rrobas, fray Francisco Ximenez, fray

638

Juan Xuarez, fray Luis de Fuensalida, fray Torivio Motolinea éstos dice que eran sacerdotes y que con ellos fueron otros dos legos, fray Andres de Cordova, y fray Juan de Palos los sacerdotes dice que tomaron el hábito en España en la provincia de Sanctiago y que después fueron otros que fielmente han trabajado y trabajan en esta santa obra de la conversión siendo enviados para ello cuyos nombres dice que cree tiene Dios escritos en el libro de la vida.

En el capítulo doce de la segunda parte dice que el mismo año que fueron los /463 v./ doce frailes a Nueva España había ido allá antes que ellos fray Juan de Trento natural de Gante con otros dos compañeros el cual había sido guardián de San Francisco de Gante y que leyó teología en Paris catorce años y que cree no haber pasado aquellas partes letrado más fundado y que el emperador se confesó con él y lo quiso detener para su confesor y que por no lo desconsolar viéndole inclinado a pasar entre aquellos infieles lo dejó ir porque Su Majestad holgaba mucho que tales personas fundasen a la conversión de aquellas gentes y que fue de los primeros que comenzó a los bautizar y que murió el segundo año de su llegada y Juan Cano dice que andaba con Cortes un fraile carmelita que se llamaba fray Bartolome pero no dice que entendió en la doctrina de los indios.

Con estos pocos y pobres dice que hizo Dios la guerra al demonio que allí se enseñoreaba y que tuvo Dios nueva manera y nuevo ardid de guerra éstos dice que fueron enviados por Leon Deçimo y Adriano Sexto de quien llevaron /464/ autoridad para dar la nueva y primera batalla y dada tuvieron victoria y que en cinco años que tuvieron de espacio para dar la primera batalla vencieron al demonio antes que fuesen a aquella tierra obispos ni otro ejército de otras órdenes / podemos decir lo que dice San Chrisostomo sobre el Principio de San Matheo tratando de los doce apóstoles que siendo pobres pescadores convirtieron a todo el mundo HUJUS AUTEM INQUIT QUADRUPLEX FUIT CAUSA párrafo IN CUNIE CONTEMPTUS, GLORIE DESPECTUS, SECULARIUM OCCUPATIORUM SEGRERATIO, ET TERRIBILIUM PERPESSIO / a la letra guardaron esto aquellos doce religiosos apostólicos y con esto vencieron los demonios que tantos años habían tenido tiranizadas aquellas tierras y a los naturales de ellas y convirtieron con su pobreza y buena vida y continua doctrina en una gran multitud de gentes como constará de lo que delante se dirá.

La manera de este vencimiento dice fray Torivio que fue con el auxilio del cielo porque como él dice en el capítulo tercero de la primera parte los frailes ya dichos entendida la calidad y necesidad de la /464 v./ tierra se encomendaron a nuestra muy gran Señora la reina del cielo y madre de Dios intercesora del humanal linaje norte inmovible y seguro puerto de los que navegan en esta gran mar poniendo en sus sagradas manos toda su necesidad y que asimismo tomaron por caudillo y capitán al glorioso príncipe de la caballería celestial San Miguel al cual y a todos los ángeles se decían los lunes en cada casa una misa cantada y que todavía se dice en algunas casas y que casi todos los sacerdotes en sus misas ponen colecta de nuestra Señora y de los ángeles porque teniendo tal intercesora y tales abogados confiaban acertar en las cosas muy arduas que habían de intentar y proseguir y que luego que el primer año que tuvieron alguna experiencia de la tierra les pareció que algunos de ellos viniesen a España así por favor del rey para los naturales como para llevar más frailes porque la grandeza de la tierra y la muchedumbre de la gente lo demandaba y requería.

Los frailes dice que deseaban saber la lengua de aquella tierra y que no hallaban /465/ remedio porque ni había libro ni maestro ni intérpretes y si algunos había eran muy bozales por haber pocos que la hablaban y que no sabían vocablo a derechos y que el remedio fue rogar con oraciones continuas a Cristo que les diese gracia y entendimiento para saber aquella lengua la cual dice que es durísima y tan dificultosa como la que más lo es en el mundo así por las extrañas maneras que tiene de hablar como por muchos vocablos equívocos que en ella hay en especial en los verbos que en una palabra encierra persona agente y paciente y que hay verbo y aun verbos que tienen más de ochenta modos y maneras de variación y que no fue esto pequeña tentación y trabajo para poder enseñar los indios y que la ley de Dios siempre estuviese en los corazones de los maestros y de los discípulos. Especialmente que todos estos religiosos eran ya hombres y es grandísimo trabajo deprender alguna lengua cuando no se deprende en la juventud y pues el glorioso San Geronimo dice *In prefatione in danielem* que siendo /465 v./ mozo pequeño se dio a deprender la lengua caldea y que habiendo en ello gastado mucho tiempo y pasado gran trabajo viendo que no podía pronunciar algunas palabras tanto hastío y enojo recibía que con una súbita desesperación y desconfianza estuvo por dejarse de aquel trabajo y que a instancia de un hebreo que le dijo en su lengua que el trabajo continuo vence todas las cosas tornó a continuar lo comenzado pero que más podía leer y entender aquella lengua que pronunciarla y pues esto dice de sí aquel esclarecido y doctísmo doctor no es de maravillar que aquellos religiosos que ni tenían maestro que les enseñase ni libro ni arte por donde deprender aquella lengua fuesen tentados de desesperación y desconfianza de salir con ello y como siervos de Dios tomaron el más sano y verdadero remedio que fue encomendarse a Dios y a su gloriosísima madre y Señora nuestra como se ha dicho y con tal ayuda salieron con lo que pretendían porque como dice el autor de la *Glosa yncognita* sobre el salmo cincuenta y cuatro /466/ sobre el versículo VESPERE ET MANE que es 89 cuestión en orden página 436 HIC / INQUIT / CONSECUENTER OSTENDIT QUOD DEUS SUOS JUSTIFICAT, POSTULATA ET CONÇEDENDO UBI NOTANDUM ILLOS MAXIME DEUS EXAUDIT QUI FIDE DOCENDO ALIOS INFORMAT. Como aconteció a estos religiosos que los oyó Dios en les dar su gracia para que saliesen con lo que pretendían para doctrinar y enseñar aquellas gentes y asi lo hicieron que se dieron a entender a la contina y muy de veras en la doctrina de aquellas gentes sin entender en otra cosa aunque no les faltaron ni faltan estorbos y contradicciones por muchas vías procurando estrecharlos de manera que no salgan de sus monasterios ni entiendan en administrar los sacramentos como por bula especial lo pueden hacer y lo han hecho y visitando y regalando los enfermos, y predicando, y bautizando, confesando, y consolando a todos y ocupándose en examinar los matrimonios para saber si hay algún impedimento / cosa necesarísima y de muy gran trabajo /466 v./ y entendiendo en todo lo necesario para su doctrina y cristiandad y para su salud corporal y mostrándoles leer y escribir y tañer, y cantar, para servir con todo ello en los divinos oficios e imponiéndolos en buenas costumbres en crianza y pulicía humana y a se juntar en pueblos y a no dormir en el suelo y sin ropa y al sereno y a no comer las inmundicias que solían que todo les era causa de pestilencias y enfermedades de que morían muchos y con estas tales obras y con su buena vida y ejemplo era y ha sido muy grande el fruto que se ha hecho y se hace donde no se les ha hecho estorbo porque como dice Polidoro Virgilio en el capítulo noveno del libro siete SEPE EXEMPLIS MAGIS PROFICITUR QUAM

PRECEPTIS y lo refiere Lucas de Pena in 1 exemplo columna 2 DE DECURIONIBUS 6 libro X donde trae otras cosas a este propósito y Andreas Tiraquellus *De penis temperandis* in causa 31 número 38 y en la causa 511 número 96 CUM SECUENTIBUS y el relator in 3 parte *Dialogorum* capítulo 12 número 15 y como dice Tito Livio libro 5 /467/ MULTITUDINEM (QUE SE PER REGENTI EST SIMILIS) RELIGIONIS JUSTE IN PLEVIT. Que es conforme a lo que dice el Ecclesiastico en el capítulo X SECUNDUM JUDICE POPULI SIC SUNT MINISTRI EJUS otras cosas muchas refiere Tiraquello UBI SUPRA y San Gregorio al principio del libro primero de los *Dialogos* columna segunda IN PARTICULA VELLEM QUERENTI MIHI DICE SUNT NONNULLI QUOS AD AMOREM PATRIE CELESTIS PLUS EXEMPLA QUAM PREDICAMENTA SUCCENDUNT VITA ENIM PASTORIS EXEMPLUM DEBET ESSE DISÇIPULIS CAPITULO CUM PASTORIS 2 CUESTION 7 CAPITULO NEMO 81 DISTINTIONE SUPERIORES ENIM INFERIORIBUS EXEMPLUM BONUM DARE TENENTUR CAPITULO QUALIS 8. QUEST. ONE CAPITULO NOLLO 12. QUEST. UNE ET TOT MORTIBUS DIGNI SUNT, PRELATI: QUOT AB SUBDITOS SUOS PERDITIONIS EXEMPLA TRANSMITTUNT CAPITULO PREÇIPUE XI QUESTION 3 ET QUOD AGITUR A PRELATIS FAÇILE TRAHITUR A SUBDITIS IN EXEMPLUM CAPITULO MAGNE EXEMPLA DEVOTO ET SI SAÇERDOS QUI UNCTUS EST PECCAUERIT DELINQUERE FAÇIES POPULUM LEVITIA capítulo 4 como se refiere IN DICTO CAPITULO MAGNE y como dice San Geronimo más enseñamos con las obras que con las palabras y así es muy /467 v./ necesario dar buen ejemplo en todo el pueblo y que haya en nosotros tales fundamentos de bondad cristiana que los que lo vieren tengan por bien de venir de su propia voluntad al edificio de la casa de Dios y como dice San Leon papa *In sermone de Jejunio plenius opere doçetur quam voce* en el capitulo 28 del Ecclesiastico se dice SECUNDUM LINGUA SYLUE SIC IGNIS EXARDESÇIT y San Chrisostomo sobre el capítulo quinto MATHER IN HOMELIA 15 dice no será de menos fuerza ni de menor eficacia la doctrina que diéremos con buenas obras y buen ejemplo que la que predicaremos con palabras porque haciendo vida santa atraeremos a otros a ella porque más fuerza tiene la buena vida y la conversación y vivienda sin injuria del prójimo que los milagros porque éstos los atribuyen a magia como tenemos no pocos ejemplos en la vida de nuestro Señor y de sus santos mártires y la buena vida lo atribuyen a virtud y bondad y como dice San /468/ Agustin y se refiere en el capítulo TENEAMUS 1. cuestion 1. QUI FACIT MIRACULUM NIHIL EST MAGUM PHARAONIS FAÇIEBAT SIMILIA MOYSI y no porque uno haga milagros por eso ha de ser tenido por santo si no fuere aprobado por tal por la Iglesia capítulo primero UBI GLOSA ET DD. EXEMPLA DERELIC. ET VENERAT. SANT. de esto trata San Eulogio mártir electo arzobispo de Toledo *In memoriali sanctorum* libro 1 folio 19 IN FINE CUM SEQUENTIBUS y en el *Apologetico* folio 78 columna 2 donde dice que al principio de la fundación de la fe fueron necesarios los milagros y éstos no faltaron en la predicación y doctrina de aquellos siervos del Señor y San Ambrosio dice que las palabras bien ordenadas despiertan el entendimiento y placen a las orejas pero las buenas obras y buen ejemplo persuaden el corazón, mucho valen las buenas palabras para atraer otros a la virtud pero más hace el buen ejemplo porque más crédito se da a lo que se ve que a lo que se oye y así dice San Pablo I Ad Thimo capítulo tercero tratando que tal /468 v./ debe ser el obispo OPORTET AUTEM / INQUIT / ILLUM ET TESTIMONIUM HABERE BUNUM ABIIS QUI FORTIS SUNT / UT. NON IN OPPROVIUM INCIDAD, ET IN LAQUEUM DIABOLI y San Chrysostomo en la *Homelia* 43 sobre el capítulo 23 de San Matheo y se refiere en el capítulo de MULTI SACERDOTES DISTINTIONE 40 dice NAM BENE VIVENDO, ET BENE DOÇENDO POPULUM INSTRUIS QUO MODO VIVERE DEBEAT, BENE AUTEM DOCENDO ET MALE VIVENDO DEUM INSTRUIS QUO MODO TE DEBEAT CONDENARE y como dice la *Glosa ordinaria* sobre el capítulo primero de los Actos de los apostoles BENE ENIM DOCERE ET MALE VIVERE NIHIL ALIUD EST QUAM SE SUA VOCE CONDEMNARE. Y por esto dice San Pablo al fin del capítulo 9 Ad Corinthius 1 CASTIGO CORPUS MEUM ET IN SERVITUTEM RELIGO NE FORTE CUM ALIIS PREDICAVERIM, IN SE REPROBUS EFFICCAT y como dice el glorioso San Geronimo *In regula monachorum* capítulo DE CORRECTIONE: ET DOCTRINA PRESIDENTIS TUNC ENIM / INQUIT / DOCTRINA DOCTORUM SUAVITAS EST CUM DOCTRINA PARITER ET VITA CONSENTRANT donde también dice /469/ PRIUS ERGO FACIAMUS ET SIC DOCAMUS, NE DOCTRIME AUTORITAS: CASSIS OPERIBUS DESTRUATUR y San Lucas en el capítulo 1 de los Actos de los apostoles dice CEPIT.* JESUS FACERE ET DOÇERE donde dice la *Glosa interlineal* PRIUS FACERE POSTEA DOCERE IN VERBUM OPERE DESTRUATUR.** Y la *Glosa ordinaria* dice QUIA OMNIA QUE FECIT ET DOCUIT, INCEPTIO QUEDAM FUIT, EADEM POSTEA APOSTOLIS FACIENTIBUS, ET DOCENTIBUS, ET EORUM SEQUACIBUS y Nicolao de Lyra *In moralitate* dice PRINCIPE QUI ETCETERA PER HOC / INQUIT / CHRISTUS DEDIT FORMAM DOCTORIBUS ET PREDICATORIBUS EVANGELII QUAM

---

* "Grna de China". [Nota al margen.]
** "Bobadilla libro 2 capítulo 2 número 4". [Nota al margen.]

DOCENDO, ET PREDICANDO DEBEANT SE QUI VT PRIUS OPERA VIRTUTUM FACIANT ET TUNC ALIIS FACIENDA PROPONANT. Por manera que primero dio Cristo ejemplo con su vida y después con su vida y doctrina y de aquí es lo que se dice en la ley 41 Titulo 5. SUPRA 1 el predicador ha de predicar de palabra y de hecho dando buen ejemplo que así lo hizo nuestro Señor que comenzó primero a hacer y después a enseñar y Seneca como allí lo refiere Montalvo *In opusculo de predicatore* dice MAGNA MISERIA EST NESÇIRE: ET /469 V./ NOLLE ADISCERE, MAIOR EST SCIRE ET NOLLE DOCERE, MAXIMA DOCERE: ET NOLLE OPERARI y San Gregorio en la *Homelia* X sobre Ezechiel columna 6 in fine dice ET TUNC EA PROXIMIS RECTE LOQUIMAR: CUM PRIUS IBSI FECERIMUS.

El buen ejemplo* de los principales puede mucho así para lo bueno como para lo malo como lo dice Josepho IN libro 1 *De antiquitatibus* capítulo quinto especialmente de aquellos con quien más comunicación y se tiene más familiaridad como la hay entre los clérigos y religiosos con los indios que tienen a su cargo para los doctrinar y si mal viven síguenlos sus ovejas y piensan que pues sus pastores lo hacen que ellos asimismo lo pueden hacer y como dice San Chrysostomo en la *Homelia* quinta sobre el capítulo primero del Genesis MALI CONSUETUDINE FAMILIARIBUS SUIS MULTUM NOCENT y Juvenal con ser gentil dice en *la Satyra* 14 SIC NATURA JUBET: VELOCIUS ET CITRUS NOS / CORRUMPUNT VITORUM EXEMPLA DOMESTICA, MAGNIS / CUM SUBEANT ANIMUS AUTORIBUS y Platon in *Dialogo* /470/ quinto *De legibus* dice SAPIENS ITA 93 LEGUM LATOR SENIORIBUS INEÇIPIET POTRUS UT SINT CORAM JUNIORIBUS VERECUNDI AC SUMEPERE CAULANT, NE QUIS JUVENUN EOS AUT VIDEAT AUT AUDIAT, A GENTES TURPEALI QUID, VEL LOQUENTES, NAM UBI SENES MINUS PUDIÇI SUNT, NECESSE EST IBI JUVENES INPUDENTISSIMOS ESSE PRESTANS ENIM ET JUNIORUM ET SENIORUM DISCIPLINA EST NON VERBORUM INCREPATIO, SED UT QUE INCREPANDO QUIS DICERET EADEM IPSE IN OMNI VITA FAÇERE VIDEATUR y en el dialogo sexto dice QUA CUMQUE VIA POTERIT, TAM QUAM VERBIS: ALIUM SIVE MAIOREM: SIVE MINOREM DOÇEBIT. Y en ninguna cosa se deben descuidar porque como dice Seneca en la *Epistola* séptima UNUM EXEMPLUM AUT LUXURIE, AUT AVARITIE, MULTUM MALIFACIT porque como dice Tullio en la epístola tercera del libro cuarto de *Las familiares*, NAM QUOD EXEMPLO FIT, ID ETIAM JURE FIERI PUTANT y como dice San Geronimo en la *Epistola ad heliodorum*

---

* "Plura de bueno, exemplo l. 41 v5 ps ibi comiculo viracti 6 cuestión apdto. ibi cipit Joseph. etcétera". [Nota al margen.]

que es tercera en orden y comienza grandes materias en la columna octava tratando de la vida del obispo dice IN TEOCULI OMNIUM DIRIGUNTUR DOMUS TUA ET CONVERSATIO /479 V./ QUASI IN SPECULA CONSTITUTA MAGISTRA EST PUBLICE DISCIPLINE QUISQUID FECERIS ID SIBI OMNES FAÇIENDUM PUTANT y en el libro tercero *De Legibus* dice Tullio NECENIM TANTUM MAL EST PECCARE PRINÇIPES /QUAMQUAM EST MAGNUM HOC PER SE MALUM) QUANTUM ILLUD, QUOD PER MULTI ETIAM IMITATORES PRINÇIPUM EXISTUNT NAM LICET VIDERE, SI VELIS REPLICARE MEMORIAM TEMPORUM QUALES CUM QUE SUMMI CIVITATIS VIRI FUERINT, TALEM CIVITATEM FUISSE: QUE CUMQUE MUTATIO MORUM IN PRINÇIPIBUS EXTITERIT, EADEM IN POPULOS ECUTAMM IDQUE HAUD PAULO EST VERIUS, QUAMQUOD PLATONI NOSTRO PLACET QUI MUSICORUM CANTIBUS, AIT, MUTATIS, MUTARI CIVITATUM STATUS, EGO AUTEM NOBILIUM VITA VICTUQUE MUTATO, MORES MUTARI CIVITATUM PUTO. QUO PERNICIO SUIS DE REPUBLICA, MERENTUR VITIOSI PRINCIPES QUOD NON SOLUM VITIA CONCIPIUNT IPSI, SED EA INFUNDUNT IN AVITATEM NEQUE SOLUM OBSUNT, QUOD ILLI IPSI CORRUMPUNTUR SED ETIAM QUOD CORRUMPUNT, PLUSQUE EXEMPLO, QUAM PECCATO NOCENT. / Y de aquí es lo que dice Platon que los príncipes que dan mal ejemplo /471/ pecan dos veces una en lo que mal hacen y otra en el mal ejemplo que dan a sus súbditos y a mi parecer pecan tantas veces cuantas ejemplo y a su imitación otros pecan porque como dice San Agustin in libro *De pastoribus* OMNIS QUI MALE VIVIT IN CONSPECTU EORUM QUIBUS PREPOSITUS EST, QUANTUM IN IPSO EST, OCCIDIT ET FORTE QUI IMITATUR MORITUR ET QUINON IMITATUR VIVIT TAMEN QUANTUM AD ILLUM PERTINET AMBO OCCIDUNT.

Esto sin comparación es mucho más dañoso en los prelados y curas de ánimas, y mucho más en los de los indios por su facilidad y por ser tan nuevos en la fe porque demás del mal ejemplo que dan si no viven como deben no tienen *libertad para reprender*\* ni para castigar los vicios y pecados de sus ovejas y como San Geronimo dice cuasi al fin de la *Epistola a Oceano* que comienza NUQUA FILI OCEANE y es ochenta y tres en orden columna 6 IN PRINÇIPIO PERDIT ENIM / INQUIT / AUTORITATE DOCENDI CUJUS SERMO OPERE DESTRUITUR y en la *Regla monachorum* capítulo DE CORRECTIONE ET DOCTRINA PRESIDENTIS columna 2 IN FINE folio 1 cuestión 3 columna 3 tomo 4 dice NON CONFUNDANT ERGO OPERA SERMONEM /471 V./ TUUM, UNICUM IN ECCLESIS LOQUARIS: TACITUS QUIS RESPONDEAT: CUR HEC QUE DIÇIS IPSE NON

---

\* "Bobadilla in parti libro 1 capítulo 3 número 6 cum antecedenti b cuestión c, etcétera". [Nota al margen.]

FACIS SACERDOTIS VOX CUM MENTE CONCORDET NAM QUO MODO POTEST PRESES ECCLESIE MALUM AUFERRA DE MEDIO EJUS QUI IN DELICTUM SIMILE CORRUERIT. AC QUA LIBERTATE CORRIPIT PECCAN TAM CUM TACITUS IPSE SIBI RESPONDEAT EADEM AD MISISSE QUE CORRIPIT. PERDIT ENIM AUTORITATEM DOCENDI CUJUS OPERE SERMO DESTRUITUR. / No basta vivir bien sino que es necesario dar buen ejemplo porque como dice San Chrysostomo en la *Homelia* séptima sobre el capítulo cuarto sobre San Matheo QUI BENE VIVIT SE SOLUM SALVAT QUI AUTEM BONA NO HABET OPINIONEM MULTOS EDIFICAT y a este propósito hace lo que trae Andreas Tiraquellus *De penis temperandis* IN CAUSA no. nro. 95. CUM SEQUENTIBUS y con esto aprovecha a sí y a los demás AD NOS ENIM REDIT QUIC QUID EST UTILITATIS como el mismo San Chrysostomo lo dice con otras cosas a este propósito in *Homelia* 9 SUPER capítulo X Genesis y para que el predicador haga bien su oficio dice la ley 42 título 5 parte 1 que ha de tener caridad para predicar por amor /472/ de Dios y del prójimo y no por otra cosa y todo esto lo guardaron muy bien aquellos religiosos y otros muchos como consta de lo que se ha dicho y de lo que se dirá adelante.

Aquellas gentes estaban y aún están muchas de ellas en algunas partes ciegas con su ignorancia y tienen gran necesidad de quien los enseñe y doctrine para que conozcan el error en que vivieron sus pasados y se guarden ellos de él porque como dice el glorioso San Ambrosio *Super epistolam prima ad corinthios* no piensa que peca el que de ninguno es corregido y corrigiendo al que peca y enseñando al que no sabe se gana mérito como se ha dicho porque la enmienda de aquéllos hecha por nuestra intercesión es causa de premio para nosotros y salud y gloria nuestra como lo dice Origenes *In leviticum* y San Geronimo SUPER capítulo 18 *Mathei* sobre lo que dice Cristo SI AUTEM PECCAVERIT INTE FRATER TUUS y Seneca dice en sus *Proverbios* que el que disimula los vicios de su amigo los hace suyos /472 v./ y es ocasión para que otros incurran en lo mismo visto que disimula con aquéllos y el bueno como dice Aristotiles capítulo cuarto libro nueve *Ethicorum* y Dionisio de SUMO BONO está obligado a enseñar al que no sabe por obligación que tiene a la virtud y nobleza de que ha de estar adornado y por la caridad que a ello le obliga.

La predicación es tan necesaria para la sustentación del ánima en especial a la gente nueva en la fe como el pan para el sustento del cuerpo como lo dice el papa Innocençio tercero y se refiere en el capítulo INTER CETERA de *Oficio ordary exa.* y allí los doctores donde asimismo se declara la obligación que tienen los curas de ánimas de predicar y dar buen ejemplo a sus ovejas y como dice el papa Benedicto undécimo en la *Extravagante de previlegiis et excessibus* columna 4 VERUM QUIA POST BAPTISMUM INTER CETERA MAGIS AD SALUTEM NESCESSARIA EST PROPOSITIO. BERBI DEI donde dice cosas en sí /473/ singulares a este propósito de donde se entenderá cuán engañados están los que se encargan de doctrinar aquellas gentes en pensar que cumplen con sólo decirles misa como yo vi algunos que estaban en este engaño y decían que les sobraba tiempo y a religiosos oí decir que siempre andaban ellos alcanzados de tiempo para tantas cosas como tenían con qué cumplir y a qué acudir entre los indios y aunque está mandado por provisiones reales que se procure que deprendan la lengua castellana no lleva términos de se hacer a lo menos por ahora porque con dificultad y muy mal la deprenden y no pueden si no es en su lengua aunque hablen o entiendan la castellana percibir ni entender bien lo que se les predica y enseña como lo es en todas las lenguas y naciones que mejor entienden cualquiera cosa en su propia lengua que en la ajena y extraña porque cada una tiene su frasis y manera de hablar propia y particular como se dice en el capítulo cuatro 38 distintione a cuya causa Raymundo Hermitaño varón santo aconsejó al papa y cardenales en Lugduno como se dice en el primero /473 v./ de clero que para aumentar la fe de Cristo se hiciesen estudios en que se enseñase la lengua arábiga para poder ir a predicar a los infieles y doctrinarlos que acudiesen a tierra de cristianos porque por falta de lengua hacen siempre poco fruto los que pasan a Berberia porque como dice San Pablo 1 Ad corinthios capítulo 14 si no entiendo ni sé la lengua de aquellos a quien hablo yo seré a ellos bárbaro y ellos a mí bárbaros y daba muchas gracias a nuestro Señor porque a todos hablaba en su propia lengua y el sumo pontífice en *la Clementina* primer párrafo HOC SACRO APPROBANTE CONCILIO DE MAGISTRIS manda que en las universidades allí nombradas haya quien enseñe a otros la lengua hebraica y la arábiga, y caldea, para que instruidos en estas lenguas puedan hacer fruto porque como él mismo dice en el párrafo NOM AMBIGIMUS trabajará en balde y sin conseguir el fin que se pretende el predicador si los oyentes no entendieren la lengua en que les predica y en el párrafo siguiente dice que desea que en la Iglesia de Dios haya abundancia de varones /474/ católicos que tengan noticia de las lenguas de que usan los infieles para que los puedan enseñar y doctrinar en la fe católica a imitación de nuestro Señor que quiso que los apóstoles que habían de ir por todo el mundo a predicar el Evangelio fuesen eruditos en todo género de lenguas y el papa Innocentio tercero IN capítulo QUONIAM *De offiçio ordinarii* manda a los obispos en cuyos obispados hubiere pueblos de diversas lenguas que provean de varones idóneos que según la diversidad de las lenguas administren los sacramentos y los instruyan y doctrinen por palabra y por ejemplo esto guardan muy bien los religiosos en aquellas partes donde hay tanta diversidad de lenguas y de ello tienen especial cuidado sus prelados que proveen para cada pueblo quien sepa su lengua y que sean doctos y de buena vida y ejemplo.

Cuán necesario sea esto entenderlo han muy bien los que han tratado con los indios y con los moriscos del reino de Granada porque por experiencia habrán visto con cuánta afición creen y aman a los que en su propia lengua les hablan como /474 v./ parece por lo que se refiere en el capítulo veintiuno y veintidós de los Actos de los apostoles donde se dice que como San Pablo con licencia del tribuno comenzase a hablar al pueblo de los judíos visto que les hablaba en su lengua le oyeron con gran silencio y atención porque como dice Antonyo Bonfino in decada 3 libro quinto *Rerum ungariorum* es muy poderosa maestra la semejanza y habla de la lengua para atraer a su opinión y amor a los naturales de ella y como dice Philo Judio en el libro *De confusione linguarum* columna 3 SI QUIS PLURES LINGUAS DISCAT, MOX PROBATUR AB EARUM PERITIS ET PRO AMICOS AGNOSÇITUR NON LEVE ARGUMENTUM SOCIETATIS AFFERRENS LOQUELAM FAMILIAREM, UNDE MOX ACCEDIT SECURITAS APERICULIS como todo esto nos lo muestra muy a la clara el fruto que los religiosos han hecho en aquellas partes por haber deprendido su lengua aunque son muchas y muy diferentes y hay algunos pueblos donde hay dos y tres lenguas tan diversas en el habla y pronunciación que no se entienden unos a otros a cuya causa los religiosos /475/ han pasado en las deprender grandísimo trabajo y en hacer artes y vocabularios para ello como lo han hecho.

Por los religiosos que en aquellas partes habido y hay se podrá muy bien decir lo que el papa Sixto Cuarto dice en la *Extravagante* que comienza SIXTUS EPISCOPUS que está en el título de PREVELEGIIS en la columna séptima versículo VI DELICET donde hablando de los religiosos de las órdenes mendicantes dice CUM IN VERITATE FIDES NOSTRA SIT ILLUMINATA, ET ECCLESIA EXALTATA PER EOSDEM: ET PRESERTIM PER ORDINES PREDICATORUM ET MINORUM ET JURA TESTANTUR lo mismo dice Bonifaçio octavo como se refiere en el capítulo primero párrafo de *Religiosis domibus in sexto* / y allí la glosa IN VERBO ORDINES donde se alaba su doctrina y el provecho que han hecho en la Iglesia y Benedicto XI en *Extravagante* primera del título PREVILEGIIS AD FINEM in versículo CIRCA TERTIUM VERO ARTICULUM hablando de las dichas órdenes habiendo antes dicho el fruto que hacen IN AGRO DOMINI dice que es ERGO NON MISEREATUR /475 v./ EORUM: QUI OMINA, VOLUNTATEM HABENDI ETIAM RELINQUERUNT QUIS NON COMPATIATUR EISDEM OPERANTIBUS TAN UTILITER IN AGRO PREDICTO. Y la *Glosa in suma* 16. cuestion 1. dice hablando de los monjes que MAGIS PROBATI SUNT UTILES y cita para ello el capítulo CUM PRO UTILITATE EADEM CAUSA ET DISTINTIONE.

Por manera que siempre han sido provechosos en la Iglesia de Dios los religiosos con su buena vida y ejemplo y con su continua y santa doctrina UT PER GLOSA IN DICTO párrafo SANE IN VERGO ORDINES y nunca les han faltado trabajos y persecuciones como parece por las extravagantes dichas y por el capítulo IN MI INIQUA y el capítulo NINISPRAVA EXEMPLA DE EXCESSIBUS PRELATORUM como también parece por lo que el papa Pio quinto PROPIO MOTU proveyó en confirmación de los privilegios de todas las órdenes mendicantes el año de mil quinientos sesenta y siete y en el capítulo EX AUTORITATE 16. cuestión 1. se dice que tienen el lugar de los apóstoles UT PER GLOSA IN CAPITULO MANUS DE CONSECRATIONE DISTINTIONE 5 y por provisiones reales consta /476/ del provecho que han hecho en las Yndias como parece por una real cédula dirigida a don Luis de Velasco virrey de la Nueva España cuya fecha es en Madrid a diecisiete de marzo de mil quinientos cincuenta y tres años y está en la impresión que se hizo en Mexico de las *Provisiones y cedulas reales* a fojas ciento cuarenta y siete donde se refiere un capítulo de su instrucción cuyas palabras son éstas y porque somos informados que el principal fruto que hasta aquí se ha hecho y al presente se hace en aquellas provincias en la conversión de los dichos indios ha sido y es por medio de los religiosos que en las dichas provincias han residido y residen etcétera, donde asimismo se manda que se dé orden como se hagan y se edifiquen y pueblen monasterios con acuerdo y licencia del diocesano en las provincias partes y lugares donde vieren que hay más falta de doctrina encargándoles mucho tengan especial cuidado de la salvación de aquellas ánimas como se cree que siempre lo han hecho / lo mismo /476 v./ se dice en otra cédula real al virrey dada en Valladolid a nueve de abril de mil quinientos cincuenta y siete años que está a fojas ciento noventa y cuatro y en otras que están a fojas 211 la una para el arzobispo de Mexico y otra para el obispo de Michuacam cuya data es en Toledo a veinticuatro de junio del año de mil quinientos sesenta donde se dice y porque como sabéis los religiosos en esas partes han hecho y hacen mucho fruto y han ayudado y ayudan a los prelados a llevar la carga en la instrucción y conversión de los indios naturales de ellas y por la que se ha dicho que se dio en Madrid a nueve de abril de mil quinientos cincuenta y siete donde se dice que se hagan monasterios donde conviniere sin que sea necesario el acuerdo y licencia del diocesano / supuesto lo que se ha dicho será bien que tornemos a tratar de lo que es nuestro principal intento.

# CAPÍTULO TERCERO

En que se refiere la vida de fray Martin de Valençia que fue por prelado de los once primeros frailes de San Francisco que fueron a Nueva España.

/477/ Ya que se ha dicho quiénes fueron los primeros religiosos de San Francisco que fueron a la Nueva España y cómo fue por su prelado fray Martin de Valençia será bien referir aquí su vida como la pone fray Torivio Motolinea en su *Libro* de que ya se ha hecho mención como también se trata en el capítulo noveno del libro noveno de la tercera parte de la *Chronica* de San Francisco y después se tratará de algunos de ellos que padecieron martirio y lo mismo algunos naturales y de las grandes muestras que en ellos ha habido de cristiandad y cuánto ayudaron a los religiosos los primeros prelados para que se entiendan los buenos fundamentos que hubo a los principios para la doctrina y conversión de aquellas gentes que conforma con lo que dice el glorioso San Geronimo al fin de la *Epistola a Theophilo* que es párrafo sesenta y dos en orden y comienza EPISTOLAM a donde dice FUNDENDO SANGUINEM, ET PAÇIENDO MAGIS QUAM FAÇIENDO CONTUMELIAS CHRISTI FUNDATA EST ECCLESIA, PERSECUTIONIBUS CREVIT MARTYRIIS CORONATA EST y Tertuliano en el libro de *Prescriptione hereticorum* /477 v./ dice FELIX ECCLESIA CUI TOTAM DOCTRINAM, APOSTOLI, CUM SANGUINE SUO PROFUDERUNT y sobre el martirio de los inocentes notan los doctores que el eterno Dios y Señor nuestro ordenó eternamente que la santa religión cristiana fuese fundada y arraigada por la sangre de los santos mártires y por soberanas persecuciones y adversidades de sus escogidos los cuales comenzaron luego en su hijo el cual en el punto que fue nacido fue perseguido por Herodes y se extendió hasta la muerte de los santos niños inocentes que fueron en gran número como lo refiere fray Francisco Ximenez patriarca de Jerusalem al fin del capítulo CC del libro que escribió *De la vida de Cristo* / todo esto aconteció en la fundación de la doctrina evangélica en la Nueva

España, como se verá en el discurso de este *Libro* y como más largamente lo refiere fray Torivio en aquel su *Libro*.

Dice pues fray Torivio que aquel varón de Dios fray Martin de Valençia fue natural de la Villa de Valençia que es en la diócesis de Oviedo y que de su tierna /478/ edad no hay de quien tener información en la Nueva España mas que decir con el sabio en el capítulo veinte de los *Proberbios* EX, STUDIS SUIS INTELLIGITUR PUER ARGUMENTO dice que es grande la vida que hizo en su mediana y última edad que en la primera fue prevenido de la gracia del Señor para que no se fuese tras los deleites con que el mundo y el demonio, y la carne suelen enredar y poseer a los mancebos, mas con la gracia del Espíritu Santo se aparejó para la alteza del estado evangélico al cual Dios le llamó de la orden de los menores y como determinase de recibir el hábito del glorioso padre San Francisco el demonio habiendo envidia porque barruntaba lo que por él había de perder y las ánimas que para Dios había de ganar procuró cuanto pudo estorbar no viniese a efecto su santo propósito y que tuvo muchas tentaciones y grandes impedimentos al tiempo de la entrada y recepción del hábito y que lo recibió en la Villa de Mayorga que es convento de la provincia de Santiago y de las más antiguas casas reformadas /478 v./ en España y tuvo por maestro al padre de buena memoria fray Juan de Argumanes que fue provincial de la misma provincia de Santiago con cuya doctrina y con se dar a leer en el libro de *Las conformidades* de San Francisco fue en breve muy alumbrado su entendimiento e inflamada su afición a la imitación de la vida de nuestro redentor y maestro Jesucristo y como después de profeso lo enviasen a la Villa de Valençia que es muy cerca de Mayorga viéndose distraído entre sus parientes y conocidos procurando en su corazón ocasión para del todo renunciar sus parientes y su patria a ejemplo de Cristo que por nosotros quiso salir EXTRA CASTRA con el improperio de la cruz y morir desnudo en ella por nos redimir y dar ejemplo rogó a su compañero que saliesen presto de aquel pueblo y desnudándose el hábito púsolo ante los pechos y echóse el cordón al cuello como malhechor y quedó en carnes con sólo los paños menores y así salió en medio del día viéndolo sus deudos y amigos por medio del pueblo llevándolo el compañero tirando por la cuerda.

/479/ Después que cantó misa fue siempre aprovechando y creciendo de virtud en virtud y dice fray Torivio que demás de lo que vio en él porque lo conoció más de viente años oyó decir a muchos y muy buenos religiosos que en su tiempo ningún religioso habían conocido de tanta penitencia ni que con tanta instancia perseverase siempre en crucificarse y allegarse a la cruz de Cristo de donde cuando iba por otros conventos o provincias a los capítulos parecía que a todos reprendía su abstinencia humildad y pobreza y como el calor y fuego del Espíritu Santo ardiese en su palio y con él fuese siempre aprovechando en adquirir virtudes deseando la quietud de la oración que *hace a los hombres familiares y amigos* de Dios procuró este bendito varón licencia para ir a morir a unos oratorios que están no muy lejos de Cibdad Rrodrigo en la misma provincia de Santiago que se llaman los Angeles y Sancta Maria del Hoyo casas muy apartadas de conversación humana y dispuestas a la familiaridad divina y alcanzó licencia para se ir a Sancta Maria del Hoyo donde visitó Dios muchas veces a su siervo /479 v./ aunque primero tuvo muchas tentaciones, porque así es que los que Dios quiere ensalzar y escoge para su servicio primero los quiere purgar PER IGNEM ET AQUAM y después los sube a la alteza de la contemplación que es el refrigerio y consolación del ánima con Dios. Queriendo pues el siervo de Dios recogerse y darse a Dios en el lugar dicho nuestro adversario le procuró muchas maneras de tentaciones permitiéndolo Dios para más aprovechamiento de su ánima y comenzó a tener en su espíritu muy gran sequedad y gran dureza y tibieza en la oración aborrecía el yermo y los árboles le parecían demonios, no podía ver los frailes con amor y caridad, ni tomaba sabor en ninguna cosa espiritual sino con gran sequedad y desabrimiento cuando se ponía a rezar parecíale que tenía sobre sí un cielo de metal, vivía muy atormentado y vínole una terrible tentación de blasfemia contra la fe sin la poder lanzar de sí parecíale cuando celebraba y decía misa que no consagraba y como quien se hace /480/ grandísima fuerza y a regañadientes comulgaba y tanto le fatigaba esta imaginación que no quería ya celebrar ni podía comer con estas tentaciones habíase tornado tan flaco que no parecía tener más que los huesos y el cuero y parecíale que estaba muy esforzado y bueno. Esta tentación le traía Sathanas para quitarle la comida con sus tristezas para lo derrocar de tal manera que cuando le sintiese del todo sin fuerzas naturales dejarle y que desfalleciese y no pudiese tornar en sí y enloqueciese, y para esto también lo desvelaba que es gran ocasión para perder el seso pero como nuestro Señor nunca deja a los suyos ni quiere que caigan y es tan fiel que a ninguno da más de aquella tentación que puede sufrir lo dejó llegar hasta donde pudo sufrir la tentación sin detrimento de su ánima y convirtióla en su provecho y quiso el Señor que una pobrecita mujer le despertase y le diese medicina para su tentación que no es pequeña materia para considerar la grandeza de Dios que no escoge los sabios y letrados /480 v./ sino los simples y humildes para instrumento de sus misericordias y de tal manera sea con los tales que no lo sintiendo ellos los deja en su humildad y así lo hizo con esta simple mujer que como el varón de Dios fuese a pedir pan a una aldea que se dice Rrobleda cuatro leguas del Hoyo la hermana de los frailes del dicho lugar viéndolo tan flaco y debilitado le dijo ¿ah padre qué habéis? ¿cómo andáis? ¿que parece que queréis expirar de flaco? ¿cómo no miráis por vos que parece que os queréis morir? y así entraron en el corazón del siervo de Dios estas palabras como si se las dijera un ángel y como quien despierta de dormir comenzó abrir los ojos del entendimiento y a pensar como no comía casi nada y dijo entre sí verdaderamente ésta es tentación de Sathanas y encomendóse a Dios para que le alumbrase y le sacase de la ceguedad en que el demonio le tenía y dio la vuelta a su vida y viéndose Sathanas descubierto apartóse de él y cesó la tentación y luego el varón de Dios comenzó a sentir gran flaqueza y desmayo tanto que apenas se podía tener /481/ en los pies y de ahí adelante comenzó a comer y quedó avisado para sentir los lazos y astucias del demonio.

Después que el Señor lo alumbró y lo libró de aquellas tentaciones quedó con gran serenidad y paz en su espíritu, gozábase en extremo en el yermo y los árboles y aves le parecían ser un paraíso terrenal y así siempre amó el yermo y las montañas, y donde quiera que estaba por sus propias manos plantaba arboledas y cuando era prelado a todos rogaba que plantasen árboles frutales y monteses para que los frailes se fuesen allí a orar.

Asimismo consoló Dios a su siervo en la celebración de las misas que las decía con mucha devoción y aparejo porque después de maitines o no dormía o si dormía era muy poco por se aparejar mejor y casi siempre decía misa muy de mañana y con muchas lágrimas no exprimidas ni estrujadas sino muy cordiales que hermoseaban y adornaban su rostro como perlas celebraba casi cada día y comúnmente se confesaba cada tercer día.

Asimismo de allí adelante tuvo grande /481 v./ amor y caridad con los religiosos y cuando algunos venían de fuera los recibía con grande alegría y los abrazaba de tal manera que parecía quererlos meter en las entrañas gozábase de los bienes y virtudes ajenos como si fueran propios suyos y perseverando en esta caridad lo trajo Dios a un amor general de los prójimos tanto que por amor y celo de las ánimas vino a desear padecer martirio y pasar para ello entre infieles a les predicar y convertir / este deseo y santo celo alcanzó el siervo de Dios con mucho trabajo y actos virtuosos y ejercicios de paciencia de ayunos, disciplinas, y vigilias y muy continuas oraciones.

Perseverando pues el varón de Dios en sus santos deseos el Señor le quiso visitar y consolar que estando una noche en maitines en tiempo de adviento que en el coro se reza la cuarta maitinada luego que se comenzaron los maitines comenzó a sentir nueva manera de devoción y gran consolación en su ánima y vínole a la memoria la conversión de los infieles y meditando en esto /482/ los salmos que iba diciendo en muchos versos hallaba entendimientos devotos a este propósito de que su espíritu se holgaba mucho y crecía en aquel deseo en especial en el salmo que comienza ERIPE ME DE INIMIÇIS MEIS donde se reitera dos veces el verso que dice CONVERTENTUR AD VESPERAM, ET FAMEN PACIENT? UT CANES decía el siervo de Dios hablando en espíritu oí cuándo será aquesto, ¿cuándo se cumplirá aquella profecía? ¿cuándo será esta tarde? ¿por ventura no es ya? ¿o si fuese en este tiempo? ¿no sería yo digno de ver este convertimiento? ¿pues ya estamos en la tarde y fin de nuestros días? ¿y en la última edad del mundo? estas y otras cosas semejantes contemplaba y razonaba consigo el siervo de Dios con fervor y deseo de espíritu ocupándose en estos piadosos deseos en todos los salmos llenos de caridad y amor del prójimo por divina dispensación aunque no era hebdomadario, ni cantor le encomendaron que dijiese las lecciones, y él con pura voluntad y obediencia se levantó y las comenzó a decir y las mismas lecciones que eran del profeta Esayas que hacían /482 v./ a su propósito levantábanle e inflamábanle más y más su espíritu tanto que súbitamente estando en el púlpito leyendo vio en espíritu muy gran muchedumbre de ánimas de infieles que se convertían y venían a la fe y bautismo y fue tanto el gozo y alegría que su ánima sintió interiormente que no se pudo sufrir ni contener sin salir fuera de sí porque así fue embriagado que alabando a Dios y bendiciéndole dijo *tres veces loado* sea Jesucristo y lo dijo en muy alta voz porque no fue en su mano dejarlo de hacer así, y los frailes viéndolo de tal manera atónito y fuera de sí no habiendo el misterio que dentro de su siervo obraba Dios pensaron que estaba loco y lo tomaron y lo llevaron a una celda y clavaron la ventana y cerraron la puerta y tornaron acabar los maitines.

Estuvo el varón de Dios así atónito hasta pasada buena parte del día y tornando en sí como se halló encerrado y a oscuras quiso abrir la ventana porque no sintió que la habían clavado y como no pudo abrir dicen que se sonrió del temor que habían tenido los frailes de que /483/ como loco no se saliese por la ventana y como se vio así encerrado tornó a pensar y contemplar en la visión que había visto y rogar a Dios se la dejase ver con los ojos corporales, y desde entonces creció más en el deseo de ir a predicar a infieles y lo encomendaba a Dios con más fervor.

Esta visión quiso el Señor mostrar a su siervo cumplida en la Nueva España donde el primer año que a ella fue visitando unos pueblos cerca de Mexico se ayuntó mucha gente a oír la doctrina y vinieron muchos a la fe y al bautismo con gran deseo y viendo el siervo de Dios tanta muestra de cristiandad y creyendo como de hecho fue así que había de ir creciendo dijo a su compañero ahora veo cumplido lo que el Señor me mostró en espíritu y la declaró la visión que hasta entonces había tenido secreta.

No sabiendo el padre fray Martin cuándo ni cómo se había de cumplir lo que el Señor en espíritu le había mostrado comenzó con encendidos deseos a desear pasar a tierra de infieles y demandarlo /483 v./ a ese mismo Señor por muchas oraciones y comenzó a mortificar la carne y sujetarla al espíritu con muchos ayunos y disciplinas porque demás que en la comunidad se disciplinaba, cada día o los más de los días se disciplinaba dos veces porque así ejercitado mediante la gracia de Dios se aparejase a recibir martirio y como por esta vía su corazón fuese cada día más inflamado y desease padecer por Cristo y por las ánimas redimidas por su preciosísima sangre porque como el mismo Dios dice MAIOREM CHARITATEM NEMO HABET QUAM UT ANIMAM SUAM PONAT QUIS PRO AMIÇIS SUIS. Y como la regla de los frailes menores diga que si alguno de ellos por divina inspiración fuere movido a desear ir entre moros o entre otros infieles pida licencia a su ministro provincial para efectuar su deseo, este ferviente siervo de Dios pidió y procuró por tres veces licencia para ello y yendo una de estas veces había de pasar un río que llevaba mucha agua e iba tan recio que lo hubo de pasar con gran trabajo y le fue forzado soltar unos libros /484/ que llevaba y el uno de ellos era la Biblia y el río los llevó buen trecho de allí y él rogando al Señor le guardase sus libros y suplicando a nuestra Señora no se perdiesen porque tenía en ellos anotadas cosas espirituales para su espiritual consolación los fue a hallar al río abajo buen rato de donde los había dejado sin que hubiesen recibido daño alguno del agua.

En todas aquellas tres veces no le fue concedida la licencia mas el siervo de Dios por humildad reputándose por indigno y mal aparejado no cesaba de demandar a Dios la licencia con muy importunas oraciones y para lo alcanzar y merecer ponía por intercesora a la madre de Dios a quien tenía singular devoción y así celebraba con mucha devoción sus festividades y octavas con toda la solemnidad que podía y en ellas se mostraba muy alegre y regocijado y más familiar a sus hermanos que no podía encubrir la espiritual alegría que la gloriosa Señora le daba en su ánima sin mostrarla de fuera.

En este tiempo estaba en la Custodia de la /484 v./ Piedad el padre de buena memoria fray Juan de Guadalupe y él y otros compañeros vivían en suma pobreza y con todas sus fuerzas trabajan en la guarda del santo Evangelio y como legítimos hijos imitadores de San Francisco y procuró el siervo de Dios fray Martin pasarse a su compañía y para lo alcanzar no le faltaron trabajos y habida la licencia con harta dificultad, moró con él algún tiempo en mucha perfección pero como aquella provincia que entonces era custodia tuviese muchas contradicciones así de otras provincias porque por ventura les parecía que su extremada pobreza y vida muy áspera era intolerable o porque muchos buenos frailes procuraban pasarse a la compañía del dicho padre fray Juan de Guadalupe que tenía facultad del papa para los recibir procuraron contra ellos favores de los reyes de Castilla católicos y del rey de Portugal para los echar de sus reinos y llegó a tanto esta persecución que vino tiempo que tomadas las casas y monasterios y algunos de ellos /485/ echádolos por tierra y ellos perseguidos de una parte y otra se fueron retrayendo a una isla que se hace entre dos ríos que ni bien son de Castilla ni de Portugal que debe ser entre Tajo y

Guadiana y allí los proveía Dios como a Elias en el arroyo. Pasada esta persecución y favoreciendo Dios a los que celaban y querían guardar perfectamente su estado tornaron a reedificar sus monasterios y añadir otros de los cuales se hizo la provincia de la Piedad en Portugal y en Castilla quedaron pobladas otras cuatro casas de ellos.

En este tiempo los frailes de la provincia de Santiago rogaron al siervo de Dios fray Martin de Valençia que se tornase a su provincia y que le darían una casa para que él pusiese en ella toda la perfección y estrechura que quisiese y lo aceptó y edificó una casa junto a Belbis donde edificó un monasterio que se llama Santa Maria de Berrogal donde moró algunos años dando tan buen ejemplo y doctrina así en aquella villa de Belbis como en toda aquella tierra que lo tenían por un apóstol y todos lo amaban como a padre.

Morando en esta casa como siempre bullese en su pecho la visión que había visto y tuviese /485 v./ siempre confianza de verla cumplida tuvo noticia de cierta persona a quien Dios comunicaba muchos secretos y determinó de la ir a visitar para tomar su parecer y consejo y diciéndole su deseo y propósito y encomendándolo a Dios le respondió que no era la voluntad de Dios que por entonces procurase la ida entre infieles porque venida la hora Dios le llamaría pasado algún tiempo se hizo la custodia de San Grabiel de aquellas cuatro casas que se ha dicho que tenían los compañeros de fray Juan de Guadalupe y de otras siete que dio la Provincia de Santiago y fue una de ellas la de Belbis que el siervo de Dios había edificado y todas caían dentro de los términos de la provincia de Santiago y ayuntados los frailes de todas las once casas capitularmente el año de mil quinientos dieciséis vigilia de la concepción de nuestra Señora se dio la elección para que todos eligiesen uno de los moradores de aquellas cuatro casas por custodio y fue elegido el padre de buena memoria fray Miguel de Cordova varón de muy alta contemplación que era hijo de la provincia de Santiago porque en ella tomó el hábito /486/ en este capítulo rogó el conde de Feria que echasen al siervo de Dios fray Martin de Santo Nofio de la Lapa que es un monasterio de los siete que se han dicho que está dos leguas de Çafra tierra del dicho conde y fue procurado por la fama de su santidad para consolación espiritual del conde y lo llevó Dios para que pusiese paz y concordia entre los caballeros y criados de las dos casas de Priego y de Feria que poco antes se habían ayuntado por casamiento porque estaban muy discordes y el marqués conde de Feria envió por el padre fray Martin y estuvo con él una cuaresma predicando y confesando y puso tanta concordia y paz entre los criados de las dos casas que pareció a todos ser ángel del Señor más que hombre y así todos atribuían a sus oraciones aquella concordia paz y sosiego de la cizaña que el enemigo de toda paz había puesto y sembrado y también hizo gran fruto espiritual en todas las ánimas de los vecinos y fueron muy edificados y consolados por el grande ejemplo que el siervo de Dios en aquella cuaresma y lo mismo era en todas las partes que moraba así dentro de casa a los frailes y pueblo donde moraba /486 v./ como a la tierra y comarca donde predicaba que todos le tenían por espejo y dechado de toda virtud y santidad.

El año del Señor de mil quinientos dieciocho vigilia de la asunción de nuestra Señora fue aquella custodia de San Grabiel erigida en provincia y fue elegido por primer provincial el siervo de Dios fray Martin de Valençia y la rigió con mucho ejemplo de humildad y penitencia predicando y amonestando a sus frailes más por ejemplo que por palabra y aunque siempre iba aumentando y acrecentando penitencia en aquel tiempo se esforzó más y siempre traía cilicio y demás de los ayunos de la Iglesia y de la regla ayunaba otros muchos días y traía ceniza para echar en la cocina y en lo que comía y si tenía algún buen sabor echábale un golpe de agua encima por salsa acordándose de la hiel y vinagre que el Señor gustó en la cruz por nosotros y de lo que dice el profeta ÇINEREM TANQUAM PANEM MANUDACABAM y de lo que dice Jeremias en sus *Lamentaciones* RECORDARE PAUPERTATISET TRANSGRESSIONIS MEE ABSCYNTHIS ET FELIS.

/487/ Veníanse muchos frailes y buenos religiosos a la provincia por su buena fama y el siervo de Dios recibíalos con entrañas de amor y caridad muchas veces cuando quería tener capítulo a los frailes y oír las culpas de los otros se acusaba él primero delante de Dios y de sus hermanos no tanto por lo que a él tocaba ni aun por mostrarse humilde; cuanto por dar ejemplo de humildad, porque se reputaba por indigno que otro le dijese sus culpas, ya que él se había reprendido a sí mismo se disciplinaba delante de todos y después se levantaba y besaba los pies a sus frailes y con tal ejemplo no había súbdito que no se humillase hasta la tierra acabado esto comenzaba su oficio de prelado y asentado en su lugar con autoridad pastoral todos los súbditos decían sus culpas según es costumbre entre los religiosos y el siervo de Dios reprendíalos caritativamente y después hablaba cordialmente o de la virtud de la pobreza o de la obediencia o de la oración y de ésta como la ejercitaba siempre hablaba más largo y más comúnmente.

/487 v./ Habiendo regido la provincia de San Gabriel con grande ejemplo estando con su continuo deseo de pasar a tierra de infieles esperando el querer y beneplácito divino llegada la hora le llamó Dios que siendo ministro general fray Francisco de los Angeles andando visitando llegó a la provincia de San Gabriel y tuvo congregación en el convento de Belbis el año del Señor de mil quinientos veintitrés día del glorioso San Francisco cuando había dos años que se había ganado Mexico por Hernando Cortes y sus compañeros y en esta congregación el ministro general llamó al varón de Dios e hízole un largo razonamiento diciendo cómo la Nueva España era nuevamente descubierta donde según las nuevas de la muchedumbre de gentes que en ella había y de su calidad creía y tenía por cierto se haría muy gran fruto espiritual habiendo tales obreros cuales convenía y que él estuvo determinado de pasar en persona y alcanzó para ello facultades apostólicas pero que con el oficio de general estaba impedido para no poder efectuar lo que /488/ mucho había deseado por tanto que le rogaba que él pasase con doce compañeros porque demás de impedir y estorbar muchas ofensas que a Dios se hacían tenía muy gran confianza en la bondad divina que sería grande el fruto y conversión de gentes que con su ida esperaba que se haría.

El varón de Dios que tanto tiempo había que estaba esperando que Dios había de cumplir su deseo, bien se podrá creer qué gozo y alegría recibiría su ánima con tal plática y ofrecimiento que tanto le henchía su espíritu y cuántas gracias entrañablemente haría nuestro señor Dios y cuán cordialmente cantaría su ánima aquel verso del salmo ciento quince QUID RETRIBUAM DOMINO PRO OMNIBUS QUE RETRIBUIT MIHI, y cómo él mismo se respondía diciendo VOLUNTARIE SACRIFICABO TIBI ET CONFITEBOR NOMINE TUO DOMINE QUONIAM BONUM EST y con gozo entrañable y deseo tan conforme a sus peticiones y oraciones aceptó luego lo que se le mandaba como hijo muy obediente y gozábase mucho en que /488 v./ a la letra se cumplía lo que le había dicho aquella persona con quien había comunicado su deseo, elegidos los compañeros y tomada la bendición del ministro general partieron del puerto de Sanct Lucar de Barrameda día de la conversión de San Pablo que fue martes y llegaron a la Gomera viernes cuatro de febrero y el sábado siguiente dicha la misa de nuestra Señora en Santa Maria del Paso comulgaron todos muy devotamente y luego se embarcaron y llegaron a la isla de Sanct Juan de Puerto Rrico en veintisiete días donde desembarcaron tercero día de marzo que era mediada cuaresma y estuvieron allí diez días y la DOMINICA IN PASSIONE se embarcaron y miércoles siguiente entraron en Sancto Domingo de la Ysla española donde estuvieron seis semanas y pasadas se embarcaron y fueron a la isla de Cuba donde desembarcaron postrero día de abril y en la isla de La Trinidad estuvieron tres días y tornados a embarcar fueron a Sanct Juan de Ulua a doce de mayo que aquel /489/ año fue vigilia de Pentecostés y en un pueblo llamado Medellin estuvieron diez días dadas muchas gracias a nuestro Señor que con tan próspero tiempo los había traído al lugar por ellos tan deseado libres de los peligros de la mar llegados a Mexico repartiéronse luego por las principales provincias y en todo su viaje el varón de Dios así en mar como en tierra padeció harto trabajo que como era ya de edad crecida y andaba a pie y descalzo y el Señor que muchas veces le visitaba con enfermedades, fatigábanle mucho y por dar ejemplo como buen caudillo y pastor siempre iba delante y no quería tomar lo necesario más que sus compañeros ni aun tanto por no dar materia de relajación donde iba a plantar y fundar de nuevo.

En Nueva España trabajó mucho porque demás de sus ejercicios de penitencia y oración en que nunca aflojaba ni lo dejaba por caminos y enfermedades y con todo el trabajo que requería a su oficio pastoral trabajó deprender la lengua de los naturales pero como /489 v./ era ya de cincuenta años y por no dejar lo esencial que Dios le había comunicado no pudo salir con ella aunque tres o cuatro veces lo intentó y quedó con algunos vocablos comunes para enseñar a leer los niños en que trabajó harto y ya que no podía predicar en la lengua de los indios gozábase mucho cuando otros predicaban y se ponía allí junto al predicador a orar mentalmente y a rogar a Dios que enviase su gracia al predicador y a los oyentes.

Asimismo a la vejez aumentó la penitencia a ejemplo del santo abad Hylarion que ordinariamente ayunaba cuatro días en la semana con pan y legumbres y muchos de sus súbditos viendo el ejemplo que el viejo y buen pastor les daba lo imitaban y hacían lo mismo y se hincaba de rodillas muchas veces al día y estaba en esto un cuarto de hora en que parecía recibir mucho trabajo y fatiga porque se veía quedaba muy cansado en esto imitó a los gloriosos apóstoles Santiago el menor y San Bartolome de quien se lee que hacía lo mismo.

/490/ En lo que más pareció exceder a todos los religiosos de su tiempo fue en la meditación y continua memoria de la vida y pasión de nuestro maestro y redentor Jesucristo que ardía siempre en su pecho guardando en el ánima su santo Evangelio de ejemplo de la gloriosa Virgen Santa Çeçilia / desde la DOMINICA IN PASSIONE hasta la pascua se daba tanto a contemplar en la pasión del hijo de Dios que muy claramente se le parecía en lo exterior y viéndole un religioso en este tiempo muy flaco y debilitado le dijo padre creo que estáis mal dispuesto y si no es la flaqueza que tenéis de indisposición dígame por amor del Señor la causa de ella, respondióle, hermano pues me compeléis a que os diga la verdad sabed que desde la DOMINICA IN PASSIONE hasta la pascua siente tanto mi espíritu interiormente que no lo puedo sufrir sin que exteriormente lo sienta el cuerpo y lo muestre enflaqueciéndome como veis. En la pascua tornó a tomar fuerzas de nuevo no decía el varón de Dios estas cosas a todos sino a los que eran más sus familiares y a quien sentía /490 v./ que convenía y cabía decirlas que muy ajeno era de manifestar sus secretos como parece por esto y es que estando en el monasterio de Belbis predicando la pasión llegando aquel paso cuando el Señor fue puesto y enclavado en la cruz fue tanto su sentimiento que saliendo de sí fue arrebatado y se paró yerto como un palo y lo quitaron del púlpito y lo mismo le aconteció otras dos veces morando en otro monasterio y tornando en sí quiso acabar la pasión y como vio que la gente era ya ida lo dejó.

Por mucho que el siervo de Dios huía del mundo y de la gente por mejor vacar a solo Dios no le valía esconderse porque como dependían de él muchos negocios así por su oficio como por su persona le buscaban muchos y le sacaban de su retraimiento y oración, muchas veces los que lo iban a llamar lo veían fuera de sí y les respondía como quien despierta de un pesado sueño y otras veces aunque hablaba y comunicaba con los frailes estaba como enajenado de sí y parecía que ni oía ni veía ni sentía porque tenía el espíritu puesto con Dios donde propiamente estaba más presente que con los que hablaba.

/491/ Era tan enemigo de su cuerpo que apenas le dejaba tomar lo necesario así del sueño como de la comida en las enfermedades no quería por cama más que una estera ni beber un poco de vino ni otras medicinas corporales aunque mucho le visitaba el Señor con enfermedades ni jamás se curó con médico y las medicinas que procuraba eran espirituales y el médico el verdadero Dios que con sola su palabra cura y da salud y tenía en su ánima puestas las palabras que la gloriosa Santa Agatha dijo al apóstol San Pedro cuando le apareció y pensó que la quería curar con medicinas nunca procuré dijo la santa para mi cuerpo medicina carnal porque tengo a mi redentor y señor Jesucristo que con sola su palabra cura y restaura todas las cosas y enfermedades.

Vivió el siervo de Dios en la Nueva España diez años y cuando a ella llegó había cincuenta y de los diez fue los seis prelado porque fue dos veces custodio y los años de entremedio fue guardián en Tlaxcala y allí edificó el monasterio a honor de nuestra Señora y así le llamó la madre de Dios y enseñaba allí los niños /491 v./ a leer romance y latín y a sus tiempos los ponía en oración así vocal como mental y después de maitines cantaba con ellos himnos y los mostraba a rezar en cruz levantados en pie y abiertos los brazos en tanto que rezaban siete veces el PATER NOSTER y el ave Maria y este modo de orar acostumbró él mucho y a todos los indios chicos y grandes enseñaba por ejemplo y palabra y para ello tenía siempre intérpretes y tres que tuvo fueron frailes y buenos religiosos.

El postrero año que dejó de ser custodio rogó que no lo hiciesen guardián y como era viejo y padre de todos le fue concedido como él lo deseaba para más vacar a la oración y contemplación y lo pusieron por morador en el convento de Tlalmanalco que es un pueblo que está ocho leguas de Mexico y a dos leguas de allí está otra casa que la visitan de aquel convento en un pueblo que llaman Amecamecam y es muy aparejada y quieta para orar porque está en ladera de una sierrecilla y es ermitorio muy devoto y junto a él está una cueva devota y conforme al deseo y propósito del siervo /492/ de Dios para darse allí a tiempos a la oración y a tiempos salía de la cueva a una arboleda donde está uno muy grande y debajo de él se iba a orar por la mañana y se decía que luego que allí se ponía a rezar se henchía de aves y hacían graciosa armonía que parecía que le venían ayudarle y a oír las divinas alabanzas del verdadero Dios y por esto era él muy consolado y movido a bendecir al Señor y partiéndose de allí se iban también las aves y después de la muerte del siervo de Dios nunca allí se ayuntaron de la manera que solían y todo lo notaron muchos que tenían conversación con el siervo de Dios y en aquel ermitorio dicen que le aparecieron San Francisco y San Antonio y dejándolo en extremo consolado le certificaron de parte de Dios que era hijo de salvación.

Estando muy consolado y dándose continuamente a la oración tanto que parecía no apartarse de Dios ni aun por un pequeño espacio se le acercó la hora de la muerte y estando bueno el día de San Grabiel dijo a su compañero /492 v./ ya se acaba y él le dijo qué padre y él calló y de allí a un rato dijo la cabeza me duele yendo en crecimiento su enfermedad fuese con su compañero al convento de Tlalmanalco que se llama San Luis y como creciese la enfermedad ya que había recibido los sacramentos rogáronle que tuviese por bien que lo llevasen a Mexico a lo curar y él tomando el ruego de su guardián por obediencia lo consintió aunque contra su voluntad y poniéndole en una silla lo llevaron al embarcadero que está dos leguas de allí para lo llevar por la laguna en una canoa y con él iban tres religiosos y llegados allí vio que le estaba cerca la muerte y encomendando su ánima a Dios que la crio expiró en la ribera y muchos años antes había él dicho que no había de morir en casa ni en cama sino en el campo como murió y así se cumplió lo que él había dicho estuvo enfermo cuatro días falleció sábado vigilia de la DOMINICA IN PASSIONE día de San Benito a veintiún días de marzo del año del Señor de mil quinientos treinta y cuatro volvieron a enterrar su cuerpo /493/ a la iglesia de San Luis que es el monasterio de la orden del glorioso San Francisco como se ha dicho.

Sabida su muerte por el custodio que había sucedido al siervo de Dios que estaba ocho leguas de allí en un pueblo que se dice Huexoçinco vino a Tlalmanalco y habiendo enterrado su cuerpo cuatro días antes lo mandó desenterrar y ponerlo en una tumba y dijo misa por él y porque el varón de Dios era muy devoto del glorioso arcángel San Miguel dijo la misa del glorioso príncipe y arcángel estando mucha gente presente dijo una persona de crédito que vio delante su sepultura al siervo de Dios fray Martin de Valençia levantado en pie con su hábito y cuerda las manos compuestas como fraile metidas en las mangas los ojos bajos como religioso honesto y que lo vio desde que se comenzó la gloria hasta haberse consumido / semejante ejemplo que éste se lee del glorioso San Luis obispo fraile menor que apareció en el coro al tiempo que le hacían las exequias y que estuvo en ellas presente y fue de muy santa vida e hizo muchos milagros y resucitó muertos en su muerte y translación.

/493 v./ No es de maravillar que el varón de Dios haya tenido necesidad de algunos sufragios porque de varones de gran santidad se lee haberla tenido y ser detenidos en purgatorio y no por eso dejar de hacer milagros así como San Severino obispo de Colonia de quien dice Pedro Arçediano EXISTENS IN PENIS CURRUSCAVIT MIRACULIS, de Pascasio Diacono dice San Gregorio en el capítulo cuarenta del libro cuarto de los *Dialogos* que fue de tanta santidad que llevando a enterrar su cuerpo llegó un endemoniado a su lecho y tocando en su dalmática fue librado y que después apareció a San German obispo de Capua que estaba haciendo penitencia porque en cierto cisma se acostó a la parte de Lorenço contra el papa Symaco aun siendo dada sentencia contra Lorenço / dicen que el varón de Dios fray Martin le encomendaron un difunto y que resucitó y que llamándole una mujer enferma fue sana y que fue por él librado un religioso que estaba afligido con una grave tentación y se dicen de él otras cosas por donde piadosamente se puede creer que Dios le tiene en su gloria.

# CAPÍTULO CUARTO

/494/ En que se refieren algunas cosas que el padre fray Martin de Valençia intentó e hizo en su vida por más servir a nuestro Señor y del edificio de Mictlan que quiere decir infierno y de otras tierras que descubrieron de nuevo los frailes de San Francisco.

Dice fray Torivio Motolinea que después que el siervo de Dios fray Martin de Valençia hubo enseñado y predicado con sus compañeros la palabra de Dios en Mexico y en las provincias comarcanas ocho años a ejemplo de nuestro maestro Jesucristo trabajó de ir a otras tierras a predicar el santo Evangelio y como era prelado dejó en su lugar un comisario y de sus compañeros y de otros que habían ido de España en su busca tomó consigo ocho compañeros y fue a Teguantecpec puerto en la Mar del Sur que está cien leguas de Mexico para se embarcar allí e ir adelante porque siempre tuvo que había otras muchas gentes por descubrir en la Mar del Sur y para efectuar este su viaje le prometió navíos Hernando Cortes para que le llevasen con sus compañeros /494 v./ por el derrotero que su espíritu deseaba y Dios les guiase donde libremente predicasen el Evangelio de Jesucristo sin preceder conquista ni guerra ni armas estuvo en Teguantespec esperando los navíos siete meses y para cumplir don Hernando Cortes su palabra fue desde Culhuanauac que es un pueblo de su marquesado donde casi siempre residía que está once leguas de Mexico a Teguantecpec a despachar los navíos y aunque puso en ellos gran diligencia no se acabaron porque en aquella tierra con mucha dificultad costa y tiempo se acaban y se echan navíos a la mar y parece que aún no era llegado el tiempo en que aquellas gentes se habían de descubrir ni quiso Dios que faltase la presencia de tal pastor aquellas gentes de la Nueva España tan tiernos en la fe y viendo el siervo de Dios que el capítulo custodial se acercaba volvióse a Mexico dejando allí tres de sus compañeros para que acabados los navíos fuesen ellos a descubrir otras nuevas tierras y gentes.

666

/495/ En este tiempo no estuvo ocioso el padre de buena memoria mas con sus compañeros se aparejaba continuamente de día y de noche con la oración para que Dios cumpliese en ellos su beneplácito y asimismo predicaron y enseñaron a los indios de Teguantepec y de sus comarcas y sacándoles la doctrina cristiana en su lengua que es de zapotecas y en todas lenguas y pueblos por donde iban predicaban y bautizaban y pasaron por un pueblo que se dice MITLAN que en nuestra lengua quiere decir infierno, donde hubo algunos edificios más de ver que en parte alguna de la Nueva España donde había un templo del demonio y aposentos de sus ministros muy de ver en especial una sala como de artesones y la obra de piedra con muchos lazos y labores y había muchas portadas cada una de tres piedras grandes una de una parte y otra de otra y otra en lo alto muy gruesas y muy anchas y que en pocas partes se hallan otras tales y en aquellos aposentos había una sala de pilares redondos y todos o cada uno por sí es una pieza y eran tan gruesos que dos hombres abrazados /495 v./ apenas se alcanzan con la punta de los dedos y con lo que estaba debajo de tierra serían de cinco brazas en alto semejantes a los que están en Rroma en el portal de Santa Maria la redonda, yo vi pasando por este pueblo para ir a la Nueva España una gran cueva donde había casas notables y muestra de grandes edificios muy arruinados pero no vi estas portadas ni templo que aquí refiere.

Decía el siervo de Dios fray Martin que se descubrirían gentes en aquellas partes más hermosas y de más habilidad que las de la Nueva España y éstos comparaba a Alya, y los otros a Rrachel y decía que si Dios le diese vida estaba aparejado para emplearse en su vejez otros diez años con aquellas gentes como había hecho con las de la Nueva España y encomendaba y rogaba a Dios continuamente derramando muchas lágrimas tuviese por bien de descubrir aquellos gentiles y traerlos al conocimiento de su santo nombre incorporándolos en el gremio de su santa gloria.

Lo que Dios no manifestó en su tiempo lo mostró y descubrió por frailes menores /496/ que uno de sus compañeros llamado fray Antonio de Çibdad Rrodrigo le sucedió en el oficio y siendo provincial envió frailes por muchas y diversas partes a predicar y enseñar la santa fe católica y en el año de mil quinientos treinta y siete envió cinco frailes a la costa del Mar del Norte y fueron predicando y enseñando por los pueblos de Couaçocoalco, y Puntiel donde está un pueblo de españoles nombrado Sancta Maria de la Victoria y pasaron a Xicalanco donde en otro tiempo había gran trato de mercaderes y allí iban a contratar los de Mexico y todavía hay allí mercado y pasando la costa adelante llegaron a Chanpoton y a Campeche a quien los españoles llamaron Yucatan en este camino y entre estas gentes estuvieron dos años y hallaban en los indios habilidad y disposición para venir a nuestra fe y oían y deprendían de grado la doctrina cristiana y notaron dos cosas los frailes que eran verdaderos y que ninguna cosa ajena tomaban aunque estuviese caída en la calle muchos días saliéronse de allí los frailes por ciertas diferencias que hubo entre los españoles /496 v./ y después volvieron y se han doctrinado muchos de aquella tierra.

En el año de mil quinientos treinta y ocho envió otros tres frailes en unos navíos de don Hernando Cortes que fueron a descubrir por la Mar del Sur y llegaron a Çibola que es tierra bien poblada y conforme a España y llega a la Florida este mismo año envió este prelado dos frailes por la costa del sur la vuelta hacia el norte por Xalisco y Nueva Galizia iban con un capitán que iba a descubrir y pasada la tierra que estaba descubierta y conocida y conquistada hallaron dos caminos bien abiertos y el capitán se fue por el de mano derecha que declina la tierra adentro y a pocas jornadas dio en tan ásperas sierras y peñas que no pudo ir adelante y se volvió el uno de los frailes había enfermado y el otro con dos intérpretes se fue por el camino de la mano izquierda hacia la costa que estaba abierto y seguido y a pocas jornadas dio en tierra poblada de gente pobre y le salían a recibir llamándolo mensajero del cielo y le tocaban y besaban el hábito y lo /497/ acompañaban de jornada en jornada doscientas y trescientas y cuatrocientas personas y poco antes que fuese hora de comer los más de ellos iban a caza porque por allí hay mucha de venados y liebres y conejos y como ellos se saben dar buena maña en poco espacio mataban mucha y daban primero de ella al fraile y lo demás repartían entre sí y de esta manera anduvo más de doscientas leguas y casi en todo el camino tuvo noticia de una tierra muy poblada de gente y que tienen casas de dos y tres soberados y que en la ribera de un gran río hay muchos pueblos cercados y que tienen algunas veces guerra los unos con los otros y que pasado aquel río hay otros pueblos mayores y de gente rica y que en los pueblos de la ribera del río hay vacas mayores que las de España y otros animales diferentes de los de Castilla y de aquellos pueblos traen muchas turquesas y todo esto había entre aquella gente pobre que lo traen de aquellos pueblos grandes donde iban a tiempos a trabajar y ganar su vida como hacen en España los jornaleros /497 v./ esta tierra descubrió después Soto y murió en ella con la mitad de su gente y la otra se fue a Mexico después de esto se han descubierto otros muchos pueblos donde se hallaron muchas vacas de lana fina y que tienen corcova como camellos en demanda de esta tierra habían salido muchas armadas así por mar como por tierra y a todas las encubrió y escondió Dios y las mostró y quiso que un fraile descalzo las descubriese.

En el año de mil quinientos treinta y nueve entraron otros frailes por la provincia de Michiuacam a unas gentes que llaman teules chichimecas y antes de esto habían consentido entrar frailes en su tierra y los habían recibido de paz y con mucho amor y descubrieron treinta pueblos pequeños que el mayor de ellos tendría cuatrocientas o quinientas ánimas éstos recibieron de muy buena voluntad la doctrina cristiana y trajeron sus hijos al bautismo y para mejor recibir la fe y tener más paz pidieron diez años de libertad y que pasados pagarían un moderado tributo de lo que cogen y /498/ crían en sus tierras y con esto darían la obediencia al rey de Castilla y todo se lo concedió el virrey don Antonio de Mendoça.

Pasados estos pueblos hay unos valles grandes y llanos los mayores que hay en la Nueva España de tierra estéril pero toda poblada de gente muy pobre y desnuda que no cubren más que sus vergüenzas y en tiempo de frío se cubren con cueros de venados que en todos aquellos valles hay gran cantidad de ellos y de liebres y conejos y de culebras y víboras y de todo ello comen asado y ninguna cosa cocida porque no tienen loza ni casa ni hogar y se albergan debajo de algunos árboles y aun de éstos no hay muchos sino tunales que son unos arbolillos que tienen unas hojas muy gruesas de gordor de dos dedos y unas más y otras menos tan largas como un pie y tan anchas como un palmo y de una hoja de éstas se planta y van procediendo de una en otra y también a los lados van echando hojas y haciéndose árbol las del pie van engordando mucho y fortaleciendo hasta que se hace árbol / TUNAL por el /498 v./ árbol y TUNA por la fruta son vocablos de las islas donde también las hay aunque no tantas ni tan buenas como en la Nueva

España donde llaman NOPAL al árbol y la fruta NUCHTLI de ellas hay muchas especies unas que llaman monteses que solamente las come la gente pobre otras hay amarillas que también son buenas otras que llaman picadillas entre amarillas y blancas y también son buenas otras hay coloradas y otras blancas y éstas son las mejores de todas y hay muchas y duran mucho tiempo y de verano y de camino son buenas y saben a peras y a veces a uvas otras hay muy coloradas y tenidas en poco para las comer y el que las come echa la orina de color de sangre en éstas nace la grana llámase NUCHEZTHY es cosa de precio que es muy vivo colorado, los españoles le llaman carmesí los indios que hay por aquella tierra estéril que se ha dicho a tiempos carecen de agua y beben el zumo de estas hojas de nopal hay también en aquellos llanos muchas turmas de tierra y en ninguna otra parte de la Nueva España se han hallado /499/ han estado estas gentes y vivido hasta ahora como bestias sin entendimiento como brutos y peores que animales y se verifica en ellos lo del Propheta que dice HOMO NON INTELLEGIT COMPARATUS EST IN MENTIS INCIPIENTIBUS ET SIMILIS FACTUS EST ILLIS y no es de poca admiración verlos vueltos a ser hombres de razón y conocer y buscar al que los creó y redimió.

No son de menos fruto y provecho las salidas y visitas que continuamente hacen los frailes de los monasterios donde moran y residen porque demás de los pueblos cercanos que visitan a menudo salen a otros pueblos y tierras que están veinte y treinta y cuarenta leguas y más y antes que acaben la visita y vuelvan a sus casas han andado mucho y no con poco trabajo declarando y diciendo aquellas gentes quién es Dios y Santa Maria y el misterio de la encarnación vida y pasión de nuestro Señor Jesucristo la creación de los ángeles y del hombre y caída de los demonios y la inmortalidad del ánima que todos éstos son principios muy necesarios /499 v./ a los infieles que han de recibir la fe y el bautismo para destruir la idolatría y para quitar a los indios mil hechicerías y ceremonias muy anexas a la idolatría y para esto es muy necesario andar por todas partes todo esto dice Motolinea en las partes que se han citado de aquel su *Libro* y al fin de la cuarta parte pone la relación de lo que se sabía de Çibola y de otros pueblos y tierras más adelante todo poblado de gente pobre y desnuda y no se refiere aquí porque ya se tiene más larga noticia de todo ello y porque no hace a nuestro propósito y porque tornemos a tratar de lo que es el intento principal y pues se ha dicho la vida del padre fray Martin de Valençia será bien antes que pase más adelante decir del martirio que recibieron algunos frailes de San Francisco y algunos de los naturales de aquella tierra para que no sea necesario tratarlo adelante y para que se halle aquí todo junto.

# CAPÍTULO QUINTO

En que se refiere la cruel muerte y martirio que /500/ padeció fray Juan de Esperança y cómo padeció tres géneros de tormentos y cómo cinco días después de su muerte fue hallado su cuerpo sin corrupción alguna.

Dice fray Torivio Motolinea que se principió y fundó un monasterio de frailes menores el año de 1539 en un pueblo llamado Eçatlam que es en la gobernación de la Nueva Galizia en la provincia de Xalisco y que en esta casa fue el primer guardián fray Antonio de Cuellar que tomó el hábito en San Francisco de Salamanca provincia de Santiago y que trabajó fielmente en doctrinar y enseñar y atraer a nuestra fe los naturales de aquel pueblo y provincia de toda la comarca que hasta entonces poco o nada habían oído de la palabra de Dios y en año y medio con la gracia divina y con su buen ejemplo y doctrina trajo muchos pueblos a la doctrina cristiana y a nuestra santa fe y algunos adultos y muchachos y niños al santo bautismo y algunos pueblos que estaban derramados y por los montes los recogió e hizo que morasen en comunidad e hiciesen pueblos como en España en este /500 v./ medio tiempo sucedió que se tuvo capítulo en la ciudad de Mexico como es costumbre en la religión y para ir al capítulo dejó en su lugar un sacerdote de sus compañeros y en ausencia suya se rebelaron ciertos pueblos cercanos a Eçatlam y mataron algunos españoles y muchos indios sus amigos y otro pueblo muy cercano de Eçatlam también se levantó y el fraile que había quedado en lugar de fray Antonio envió allá un fraile lego que se llamaba fray Juan de Esperança a pacificar y quietar los indios porque era intérprete y sabía su lengua y era plático entre los indios que ni querían obedecer ni tributar y habían levantado un ídolo e invocado a los demonios y fray Juan de Esperança que por otro nombre se decía fray Juan Calero ayuntó los indios y les habló para que se pacificasen y asentasen como solían y prometiéndoles alcanzar perdón de lo que habían hecho y habiéndoles hecho un largo sermón y plática y devoto razonamiento según que el Espíritu Santo le administraba su gracia /501/ y como lo conocían y amaban recibieron bien su plática y palabras y ya que se volvía al monasterio supieron los otros de los alzados que habían sido en la muerte de cientos de españoles y de muchos indios sus amigos con que andaban encarnizados crueles y ciegos y cuando fray Juan se volvía con otros indios sus compañeros le salieron al encuentro y como el fraile los vio les comenzó a hablar con amor como solía que los amaba como a hijos pero ellos como enemigos crueles pensando que en matar un fraile que enseña y predica la fe de Dios y en destruir y derribar la idolatría hacían gran servicio a sus dioses y que era gran valentía dispararon en él sus flechas y asaeteado aquel siervo de Dios cayó en tierra llamando y confesando el nombre de Dios y no contentos con esto con garrotes y con una mazuela le quebrantaron los dientes y muelas diciendo ya no nos predicarás más del cielo ni del infierno, ni habemos menester ni queremos tu doctrina y con los tormentos que le habían dado estaba corriendo sangre por muchas /501 v./ partes y le acabaron de matar a pedradas y como su braveza no se contentase con sola aquella muerte mataron también otros tres o cuatro indios muchachos sus compañeros que llevó consigo y otros que se escaparon huyendo fueron a dar nueva a los españoles y a los indios de paz de Eçatlam y pensando que los mismos homicidas llevarían los cuerpos o para comer o para ofrecer a sus ídolos se descuidaron de ir por ellos y así se quedaron en aquel campo pero como se supo que se estaban donde los habían muerto al quinto día fue por ellos el capitán Diego Lopez de Çuñiga con gente y halló el cuerpo del bendito fraile fresco sin ninguna corrupción y la sangre fresca como si entonces lo acabaran de martirizar y los cuerpos de los indios sus compañeros estaban corrompidos como suelen estar los cuerpos muertos y en el campo y de cinco días muertos y de verano porque esto sucedió a diez días del mes de junio porque los mataron primero día de Pentecostes año de mil quinientos cuarenta y uno y el mismo día se había confesado y comulgado el bendito fraile por ir mejor aparejado.

/502/ Dos cosas dice fray Torivio que se deben notar la una haber guardado Dios los cuerpos ilesos que ni los caribes indios los llevaron ni las bestias los comieron ni las auras que cierto no fue poca maravilla porque en aquella tierra son tantas las que hay en todas partes que en muriendo algún animal o algún indio luego son comidos y sólo dejan los huesos y dice que a él le aconteció ver yendo camino no estar el indio acabado de morir y estar cercado de auras que son unas aves como milanos y algunas lo comenzaban a comer y el desventurado bullendo con los pies y manos y no le valía ni aprovechaba.

La segunda cosa y que más se debe considerar dice que es ver en tal tiempo y tantos días y en tal lugar estar un cuerpo muerto sin corrupción, guardó el misericordiosísimo Dios el cuerpo de su siervo ileso el cual murió por su fe y por su honra y por ir a estorbar que aquellos indios no idolatrasen y que de ellos habían ya muchos dejado los ídolos y deprendían y enseñaban la doctrina cristiana para se bautizar porque de los adultos muy /502 v./ pocos estaban bautizados porque había poco que los frailes les predicaban porque esta tierra está más de cien leguas de Mexico.

Cuando aquellos homicidas quebrantaban los dientes y muelas al mártir de Cristo diciendo que ya no les predicaría más ofendieron a la fe y a las palabras de Dios que no puede cesar y si los hombres cesasen de las predicar las piedras darían voces los inocentes niños muriendo y no hablando confesaron la fe y fueron hechos mártires porque en ellos y en cada uno de ellos buscaban y mataban al niño Jesus Señor y redentor nuestro y por esto son contados entre los gloriosos mártires y así querían éstos poner silencio a las palabras de Dios y matando al que los enseñaba lo hicieron mártir y esta huerta cercada y regada con el agua de fuente sellada produce y da fruta de paraíso / HORTUS CONCLUSUS FONS SIGNATUS. EMISSIONES TUE PARADISUS MALORUM PUNICORUM a las granadas llama fruta de paraíso la fruta de la granada en huerta de la Iglesia que es paraíso en la tierra /503/ significa el martirio la granada primero está llena de granos blancos y después se tornan colorados y el zumo también es sanguíneo y el alma de este bendito mártir estaba llena de granos blancos que fueron la obediencia que lo llevó al martirio, la compasión del prójimo que le afligía, en los ver tornar al vómito de la idolatría, el celo y dolor de la ofensa de Dios, el aparejo que este siervo de Dios en sí hizo fue que mucho tiempo antes teniendo confianza y según su nombre en Dios grande esperanza se aparejaba para la corona que Dios le guardaba y así se daba a las vigilias orando sin cesar; maceraba la carne con disciplinas y ayunos peleaba varonilmente contra las tentaciones quebrantaba su propia voluntad sujetándola a la ajena para que el cuerpo obedeciese al ánima y el ánima y cuerpo a Dios y ya traía la cruz del Señor e iba en pos de él siguiéndole por imitación / estas preparaciones del martirio son los granos de la granada que hacen el ánima blanca ya salió la flor que es el olor suave de la buena fama por la /503 v./ fragancia de las virtudes y de aquí procedieron los preciosos frutos que son los que dice el apóstol FRUCTUS SPIRITUS EST CHARITAS GAUDIUM PAX EXA. ISTE EMISSIONES SUNT PARADISUS, en este huerto, en esta ánima de este justo así cercada y llena de virtudes y regada de la gracia del Espíritu Santo que es fuente viva sellada y regada con los documentos de la Escritura Sagrada y con los ejemplos de sus padres así crecieron las plantas en el huerto de este mártir como los cedros del Libano hasta la alteza y corona del martirio, Adam por la inobediencia perdió los frutos del paraíso y halló espinas y cardos y este hijo de San Francisco por la obediencia halló frutos de paraíso EMISSIONES TUE PARADISUS EXA.

Todas estas virtudes y gracias son granos blancos en el ánima del justo que la emblanquecen y disponen para recibir el martirio porque sobreviniendo la caridad que echa fuera el temor y hermosea el ánima y como manto cubre y abraza todas las virtudes suple los defectos, negligencias y faltas y con su ardiente virtud madura y vuelve /504/ los granos blancos colorados e inflamados y entre los crueles tormentos da virtud de la paciencia la cual tiene obra perfecta que es la corona del martirio y así estrujada la granada con crueles heridas destila sangre muy preciosa confesando la fe con ferviente amor de Jesucristo y ésta es la razón por que el mártir tiene preeminencia y es de mayor dignidad que el confesor de muchos años de penitencias y oraciones y el mártir en breve le excede porque la del mártir es caridad perfecta y acabada que como dice el Señor MAIOREM CHARITATEM NE ME HABET, QUAM UT ANIMAM SUAM PONAT QUIS PRO AMIÇIS SUIS / que si así no fuese esta caridad mediante la cual el mártir es hecho un espíritu con Dios y su ánima más está en Dios que en el cuerpo / las saetas o el doloroso quebrantamiento de los dientes y muelas o con el cuchillo que entró por la garganta traspasaría y sacaría el ánima de allí / pero no puede porque Dios tiene el ánima ya en su mano ya no hay quien la perturbe ni perjudique ni venza estando en la mano de Dios JUSTORUM ANIME IN MANU /504 v./ DEI SUNT ET NON TANGET ILLOS TORMENTUM MORTIS, allí los tiene Dios guardados defendidos, conservados, prescritos que nunca jamás los olvidará, VISI SUNT OCULIS INSIPIENTIUM MORI; ILLI AUTEM SUNT IN PACE / piensan los simples y necios que padecen y mueren los mártires y en la verdad están en paz durmiendo en gran paz / IN PACE IN ID IPSUM DORMIAM, ET REQUIESCAM y ya que Cristo tiene en salvo sus mártires dice a su esposa la Iglesia de este mártir y de su compañero de quien adelante se dirá / DABO TIBI POCULUM EX VINO CONDITO ET MUSTUM MALORUM GRANATARUN MEORUM / darte he oh esposa mía a beber patu que alegra y embriaga sangre reciente fresca y nueva de mis mártires muertos por la confesión de mi nombre darte he nueva y fresca alegría en el triunfo de mis siervos / ciertamente muy precioso y admirable convite es éste en aquel Nuevo Mundo donde poco antes y de muy antiguos años tanta sangre se derramaba y tantos morían en sus sacrificios todos dedicados /505/ y ofrecidos al demonio y por amor de él muertos como parece en muchos capítulos de la primera parte / y de Jesucristo no había memoria y de su Iglesia ver que ya hay quien muera con amor y por amor de Jesucristo quien por él derrame su sangre de voluntad y con paciencia reciba crueles martirios gran regocijo es, ya éstos predican, defienden, y mueren por el Evangelio, fe, y amor, de Jesucristo lo cual es inefable alegría y nuevo gozo a su esposa la Iglesia GAUDEAMUS ERGO OMNIES IN DOMINU como ella lo manda que tiene plena autoridad.

Dos cosas dice fray Torivio que nota para sí y que por ellas querría mucho alabar y bendecir a Dios la una ver que el primer mártir de aquel nuevo mundo tomó Dios del humilde y bajo estado de los menores y de los legos donde había muchos y antiguos sacerdotes con gran deseo de martirio por Jesucristo y con esta hambre y sed pasaron el mar y fueron entre aquellos infieles de Occidente y que dé Dios a que este /505 v./ humilde lego la primer corona del martirio / la otra es que este primer mártir fue hijo de aquella nueva Iglesia porque en aquella provincia del santo Evangelio tomó el hábito trece años antes que le martirizasen de donde dice que toma argumento y señal que Dios quiere hacer grandes mercedes aquella su nueva esposa.

# CAPÍTULO SEXTO

Del martirio que padeció fray Antonio de Cuellar y cómo fue muy llorado de los indios y cómo a los frailes menores Dios les dio ser los primeros en el martirio y doctrina de aquellas partes.

Celebrado el capítulo provincial dice fray Torivio en su *Libro* donde fue fray Antonio de Cuellar proseguido y reelegido por guardián de la casa de Eçatlam se despachó y partió para allá en fin del mes de mayo de mil quinientos cuarenta y uno y que llegó a Eçatlam mediado junio y que halló la tierra muy alborotada y muchos pueblos alzados /506/ y puestos en guerra y que había habido algunos reencuentros entre los indios y españoles y que en ellos habían muerto muchos indios de una parte y de otra y casi treinta españoles y que luego que fray Antonio llegó comenzó a tratar paces entre los españoles y algunos pueblos de los indios que tenían menos culpa y trajo muchos de paz y se tornaron asentar y asegurar como de antes estaban porque los españoles y los indios lo amaban mucho y él se daba tan buena maña mediante la gracia de Dios que todos le tenían por padre y por esto habían rogado mucho en el capítulo que no lo mudasen a otra parte porque tenía puesto muy buen orden en lo espiritual y temporal y en todo le daba Dios gracia y entonces convenía mucho su vuelta aquella tierra para la pacificar y que como anduviese en aquellas obras de ángel de paz entre todos nutriendo y aumentando amor y caridad y destruyendo la discordia y guerra que los demonios sembraban /506 v./ llególe una obediencia de su provincial para que fuese a llevar un fraile a otra casa o monasterio que estaba en un pueblo llamado Çapotlam porque con él iría consolado y seguro y dejando el fraile en el monasterio a la vuelta tornóse con algunos indios compañeros y vínose por un pueblo llamado Ameca que está cuatro leguas de Eçatlam.

Este pueblo de Ameca era uno de los que el siervo de Dios fray Antonio había recogido y poblado en un buen asiento trayendo los indios de los montes donde estaban derramados y cada casa por sí muy apartadas una de otra viviendo como salvajes y los había juntado para que junto a su iglesia en su pueblo viviesen como hombres y oyesen y deprendiesen la doctrina cristiana cuando entró en el pueblo vio que estaba medio despoblado que los más de los indios andaban en el monte alzados y de guerra y llamados por parte de fray Antonio luego que /507/ supieron que era venido y que los convidaba con la paz vinieron muchos y otros no quisieron venir y se juntaron con otros que andaban de guerra asegurados y consolados los que habían venido de paz un viernes que se contaron doce días de agosto día de la bendita Santa Clara ayuntado el pueblo les predicó y dicha la misa bautizó muchos niños y después de comer se partió para se ir a su monasterio de Eçatlam de donde como se ha dicho era prelado y en medio del camino hay una sierra y en ella estaban indios de guerra escondidos y como el siervo de Dios entró en lo alto del monte salieron a él con sus arcos y flechas y como vio que se venían para él de mal arte y como los amaba volvió para ellos riéndose que ésta era su costumbre cuando hablaba mostrar el rostro alegre con una risa graciosa y honesta y por mucho que les habló de paz respondiéronle con muy crueles saetas y tan sin piedad le tiraron /507 v./ que entre otras le dieron con una por el rostro y con otra en las narices que penetró hasta el cerebro como si fuera su cruel enemigo el que les había sido verdadero y amoroso padre y caído en tierra le dieron muchos palos y pedradas en los dientes y en la boca y por todo el cuerpo y lo dejaron por muerto en aquel monte solo herido y con muchas llagas derramando sangre y padeciendo crueles dolores los indios compañeros del bendito padre fueron con mucha brevedad a dar mandado a los españoles y a los indios y luego sin dilación fueron donde estaba y llegaron primero los de Ameca de donde había salido que estaba más cerca y lo hallaron muy al cabo y lleváronle aquella noche a su pueblo aplicándole todas las medicinas y remedios que pudieron y vivió el sábado llamando y bendiciendo a Dios y rogando por aquellos que en la verdad habían sido sus bienhechores y el domingo de mañana vigilia de la asunción de nuestra Señora dio el espíritu al Señor.

/508/ Cuando los frailes de Eçatlam con otros españoles e indios llegaron era ya difunto los que estaban en Ameca quisieron mucho retener el cuerpo y enterrarle allí pero los frailes no lo consintie-

ron y lo llevaron a su monasterio / ayuntóse mucha gente que lloraban y lamentaban la muerte del padre amantísimo y lo llevaron a
Eçatlam y anduvieron parte del domingo y muy gran parte de la noche y fueron por otro camino aunque con rodeo porque era seguro.

El día de nuestra Señora después de sepultado había venido muy
gran número de gente y todos llorando la cruel muerte fueron tantos los llantos y con tanta tristeza que unos a otros se causaban
nuevo dolor tanto que ni los frailes podían hacer el oficio ni nadie
se podía contener sin derramar muchas lágrimas renovándoseles
el dolor cuando se les acordaba el paternal amor que les tenía, y el
amor con que todos como padre le amaban y chicos y grandes
llorándole lo predicaban por mártir de /508 v./ Jesucristo gózome
dice fray Torivio hermano Antonio que te halló en obras de fraile
menor y de siervo de Dios predicando, celebrando, bautizando, y
pacificando los discordes, y con paciencia recibiendo cruel muerte no hay quien te juzgue sino por mártir de Jesucristo pues en su
servicio y por su amor tal muerte padeciste.

La Iglesia de Dios en sus principios fue fundada con muchas
persecuciones de tiranos y de enemigos sus contrarios y con muerte
y sangre de apóstoles y mártires se consagró y en aquella nueva
Iglesia y nueva planta de la Iglesia romana no han faltado ni faltan
y cuanto más y más tuviere tanto con más prosperidad florecerá
porque así fueron perseguidos los profetas y apóstoles que fueron
ante nosotros y con esto torna fray Torivio a decir oh mártir Antonio heríasles tú con las tres saetas de Jonathas con saeta de pedernal y justa exhortación, con saeta de fraternal y discreta corrección,
y con saeta de esperanza de perdón, y ellos /509/ a ti te hicieron
con saetas contrarias con saeta de cruel pena, con saeta de acerbí-
simo dolor; con saeta de mortal aflicción, aquí se cumplió lo que
dice el Propheta, GENS MAGNA CONSURGET A FINIBUS TERRE: SAGITAS AT
ARCUM ARRIPIET, CRUDELIS EST ET NON MISERETUR. En estos fines de la
tierra se levantó esta gente cruel y sin misericordia con arcos y
saetas crueles asaetaron y mataron a los que debieran recibir
y abrazar con amor estos benditos mártires pueden decir a Dios
haciéndole gracias pusístenos Señor delanteros para que disparas-
en y soltasen en nosotros las saetas y tus saetas de amor están
fijadas en nosotros.

Aquí hace fray Torivio una larga digresión citando autoridades
de la Sagrada Escritura moralizándolas y aplicándolas a su orden

y al cabo dice que no fueron malos todos los indios de Eçatlam porque entre ellos hubo muchos buenos que sustentaron la fe que les habían predicado en especial dos hijos del señor viejo que se opusieron /509 v./ contra los que se alzaban y que los alzados tenían consigo un ídolo y a los que se iban para ellos si eran bautizados les hacían lavar la cabeza como quien trae el bautismo y que luego adorase al ídolo y que tomaron allá un mancebo que se había bautizado y le dijeron que se lavase y adorase al ídolo y que él respondió que antes del bautismo y antes que conociese a Dios adoraba al demonio pero que después que conoció a Dios y quién era el demonio y los ídolos que no lo haría y que en todo les obedecería pero no en aquello de negar a Dios ni adorar los ídolos y porfiándole a que hiciese lo que le decían si no que lo matarían él perseveró en la confesión de la fe y por ello le mataron y dice que también ha oído y sido informado que los tres muchachos que murieron con fray Juan de Esperança pudieron huir y que no quisieron sino morir allí con el siervo de Dios.

# CAPÍTULO SÉPTIMO

De la cruel muerte que padeció un niño de su propio /510/ padre porque le amonestaba que fuese cristiano y dejase la idolatría y embriaguez.

Dice fray Torivio que al principio cuando los frailes menores fueron a Nueva España habiendo de entender en la conversión de los naturales de ella les pareció que convenía que los hijos de los señores y principales se recogiesen en los monasterios y que para esto dio mucho favor don Hernando Cortes que a la sazón gobernaba aquella tierra y para todo lo demás que tocaba a la doctrina cristiana y que como los indios lo amaban y temían obedecían con buena voluntad lo que mandaba aunque al principio se les hizo de mal dar sus hijos y algunos de los principales señores los escondían y en su lugar daban otros y los enviaban acompañados con tres o cuatro para que los sirviesen como a hijos de señores para mejor disimular el secreto otros daban algunos de sus hijos y escondían los que más amaban y después que vieron que eran bien /510 v./ tratados, enseñados, y favorecidos, los que se criaban en la casa de Dios voluntariamente y rogando con ellos los traían a los monasterios y con esto se descubrió presto el secreto de los que habían escondido porque unos niños descubrían a otros y unos hermanos a otros y así aconteció en Tlaxcallam en especial de uno que había escondido su padre que lo descubrió un su hermano y su padre que se llamaba Acxotenclat y no es este el que era capitán general en la provincia de Tlaxcallam y este que era muy principal tenía sesenta mujeres y de las más principales señoras tenía cuatro hijos los tres de ellos envió al monasterio y el mayor y más bonito hijo de una de las más principales mujeres y el que más amaba lo dejó en su casa escondido y pasados algunos días que ya los niños del monasterio descubrían los secretos así de idolatrías como de los escondidos aquellos tres hermanos dijeron a los frailes cómo su padre había escondido en su casa a su hermano mayor y sabido se lo pidieron a su padre y luego lo trajo y era muy

681

bonito y de diez o doce años desde /511/ ha pocos días siendo ya algo enseñado pidió el bautismo y en él se le puso nombre Cristobal y luego mostró ser buen cristiano y lo que él oía y le enseñaban en la casa de Dios luego lo enseñaba a los vasallos de su padre que era de los mayores señores de Tlaxcallam y también a su padre le decía que dejase los ídolos y los pecados y la embriaguez porque ya era tiempo que conociese que los ídolos eran figuras del demonio y la embriaguez muy gran pecado y que llamase a Dios del cielo el cual era Señor nuestro y tan piadoso que le perdonaría y que conociese el error que hasta entonces todos habían tenido que así era verdad y así lo enseñaban los padres que sirven a Dios y enseñan la verdadera fe.

Era el padre muy encarnizado en guerras y envejecido en maldades y sus manos llenas de sangre y de homicidios y según después pareció los dichos del hijo no le entraron a lo interior, ni pudieron ablandar tan duro corazón y así se quedó seco hecho piedra como antes estaba y como su hijo vio los ídolos del padre y de sus vasallos quebró todos los que pudo haber y las tinajas y vasijas en que tenían vino porque siempre lo bebían para se embeodar /511 v./ y era mucho lo que bebían dijéronle a su padre sus criados cómo su hijo Cristobal quebraba todos nuestros ídolos y los tuyos y derrama tu vino y el nuestro y nos echa en vergüenza y en pobreza ésta es manera de hablar de los indios y otras que aquí se dicen que no conforman con nuestro romance / demás de estos sus criados y vasallos una de sus mujeres muy principal en quien tenía un hijo lo indignaba mucho y lo inducía a que matase a Cristobal por que éste muerto heredase su hijo que se dice Bernandino y así fue por que éste heredó el señorío ésta se llamaba Xochipapaloçim que quiere decir flor de mariposa y ésta le decía tu hijo Cristobal te echa en pobreza y en vergüenza y el Cristobal no dejaba de amonestar a su padre y a todos los de casa que dejasen los ídolos y los pecados y les quebraba los ídolos y aquella mujer tanto indignó a su marido y él que era cruel que determinó de matar al hijo mayor que era este Cristobal y secretamente envió a llamar a todos sus hijos diciendo que quería hacer una fiesta y cuando los tuvo juntos llevólos a un aposento dentro de su casa y luego tomó a Cristobal /512/ que tenía determinado de lo matar y dijo a los otros que se saliesen fuera y el uno de ellos que se decía Luys salidos fuera oyó llorar a Cristobal a quien amaba mucho subióse a una azotea y por una ventana vio cómo el cruel padre tomó por los cabellos a Cristobal y lo echó en el suelo dándole muy crueles coces y era un hombre valentazo y como así no lo pudo matar encarnizado y olvidado del amor paternal tomó un palo de encina y con una crueldad bestial le dio muchos palos por todo el cuerpo y el niño continuamente llamaba a Dios en su lengua y decía Señor Dios mío habed merced de mí y si tú quieres que yo muera, muera yo, y si quieres que viva líbrame de esta crueldad de mi padre sea Señor como tú quisieres y estando ya el padre cansado cesó de le dar palos y el muchacho probó a levantarse y quiso salirse de allí y la cruel Xuchipapalaçim lo detuvo aunque ya el padre lo dejaba ir.

En esta sazón supo la madre de Cristobal que estaba en otro aposento algo lejos que su hijo estaba casi muerto y vino desolada con entrañas de madre y /512 v./ no paró hasta entrar a su hijo que estaba caído en tierra llamando a Dios que como era la cosa que más en su corazón ardía no se acordaba de la madre y queriéndolo ella tomar que no tenía más que aquél para lo apiadar como madre el cruel marido se lo estorbaba y llorando y querellándose le decía por qué matas a mi hijo cómo has tenido manos para tratar tan cruelmente a tu propio hijo matarásme a mí primero para que no viera tan cruelmente atormentado un solo hijo que parí porque lo has así tratado porque te aconsejaba como hijo que te ama como padre y tú lo has hecho con él como enemigo déjame llevar mi hijo y si no quieres mátame a mí y deja a él que es niño e hijo tuyo en esto aquella bestia fiera tomóla por los cabellos y acoceóla muy cruelmente y llamó a quien se la quitase de allí y vinieron unos indios y llevaron a la triste madre que más sentía y lloraba los tormentos del hijo que los suyos y el padre viendo que el niño estaba con buen sentido aunque muy llagado lo mandó echar /513/ en un gran fuego de muy encendidas brasas de cortezas de encina secas de que hacen en aquella tierra lumbre a los señores y está el fuego muy ardiente y dura mucho y en ello le revolvía de una parte y de otra crudelísimamente y el muchacho siempre llamando a Dios y quitado de allí casi muerto dicen que el padre entró por una espada o puñal para lo acabar de matar y que no halló y quitado el niño del fuego lo envolvieron en unas mantas y él con mucha paciencia se encomendaba a Dios y era ya casi noche y estuvo padeciendo aquel dolor del fuego y de las heridas toda aquella noche con mucho sufrimiento y todavía con voz baja y desmayada llamando a Dios y por la mañana dijo que le llamasen a su padre y venido le dijo oh padre no pienses que estoy enojado sino muy alegre y sepas que me has hecho muy gran bien y mucha honra me has dado más que vale tu señorío y luego murió llamando a Dios y mandó el padre que lo enterrasen a un rincón de su casa y puso mucho temor a todos para que /513 v./ no dijesen su muerte y habló a aquellos sus hijos que se enseñaban en el monasterio y les dijo no digáis nada porque si lo sabe el capitán me ahorcará éste era don Hernando Cortes a quien todos los indios llamaban el capitán y le tenían gran temor.

No contento con lo hecho aquel parricida mas añadiendo mal a mal que así es que cuando el pecado no es purgado con algún sacramento acarrea otros pecados porque ABISSUS ABISSUM IN VOCAT tuvo temor de su mujer madre del difunto niño inocente y que se descubriría la muerte de su hijo y mandóla llevar a una su estancia que está en el camino que va de Mexico a la Veracruz que está cerca del puerto de Sanct Juan de Hulua y a los que la llevaron mandó que la matasen y muy secretamente la enterrasen y cuando aquel homicida del propio hijo y mujer pensó que sus pecados estaban muy secretos y escondidos, los descubrió Dios y fue que pasando un español por su tierra maltrató /514/ a unos vasallos suyos y ellos se le vinieron a quejar y fue con ellos a donde quedaba el español y lo trató muy mal y cuando se escapó de sus manos dejándole cierto oro y ropa no pensó que había hecho poco y llegado a Mexico dio queja de él ante la justicia y como Acxotencatl era de los más principales señores de aquella provincia después de los cuatro supremos fue menester que fuese a ella un pesquisidor con poder del gobernador para poder hacer justicia y fue a ello Martin de Calahorra vecino de Mexico persona de confianza y hecha pesquisa y formado proceso contra Acxotencatl que estaba preso por la queja del español y vuéltole su oro y ropa pensó Acxotencatl que con esto estaba ya libre y que lo soltarían se comenzaron a descubrir algunos indicios de la muerte del hijo y de su mujer y muy en breve se vino a saber la verdad de cómo él los había muerto y fue sentenciado a muerte por estos homicidios y por otros gravísimos delitos y fue el proceso en grado de apelación ante /514 v./ el gobernador y se confirmó la sentencia y con esto hizo juntar el Martin de Calahorra algunos españoles para hacer ejecutar la sentencia porque tenía temor de Acxotencatl que era muy valiente hombre y muy emparentado y no mostraba temor sabida la sentencia y cuando lo llevaban a ahorcar iba diciendo ésta es Tlaxcallam y cómo vosotros tlaxcaltecas esforzados consentís que yo muera y no sois para me quitar de las manos de estos pocos no sois vosotros tlaxcaltecas esforzados sino cobardes, los españoles no iban con poco temor pero como la justicia venía de lo alto no bastó su ánimo ni sus muchos parientes y multitud del pueblo y así aquellos pocos españoles lo llevaron a la horca y fue ahorcado y según sus maldades su ánima descendería a los infiernos.

Leemos dice fray Torivio que Dios descubrió las sepulturas de los gloriosos mártires San Juan y San Pablo que secretamente Terençiano había martirizado por mandado del emperador Juliano /515/ Apostata y los sepultó secretamente dentro de sus casas así descubrió Dios la muerte y sepultura de aquel niño inocente Cristobal y luego que se supo dónde el padre lo había enterrado fue un fraile llamado fray Andres de Cordova por su cuerpo con muchos indios principales y había más de un año que era sepultado y decían algunos de los que fueron con el fraile que el cuerpo estaba seco y no corrompido y traído lo enterraron en una capilla donde entonces decían misa y acabada la iglesia del monasterio de la Madre de Dios trajeron a ella sus huesos.

Paréceme dice fray Torivio que es muy de notar la muerte de este niño que murió en su inocencia porque demás de ser niño había pocos días que era bautizado y así por ser el tiempo breve no le dio lugar para pecar ni la edad lo convidó a ello en especial trayendo aquel santo fervor que traía de enseñar así a su padre como a sus vasallos / dos cosas dice que le hacen estimar en mucho su muerte / la una el continuo llamar a Dios en sus tormentos que casi no se le quitaba de la boca su memoria y la otra la causa de su muerte que fue por enseñar la verdad y destruir /515 v./ la falsedad por engrandecer la virtud y vituperar los vicios, porque Dios fuese adorado y el demonio aborrecido y por esto quebraba los ídolos porque no fuesen adorados y derramaba el vino por que los hombres no se embriagasen con él y por los muchos males y ofensas de Dios que de esto resultaban.

A todos dice que es manifiesto que Dios corona los santos y que leemos de la gloriosa Santa Cristina que es una de las grandes y gloriosas santas del cielo que porque quebró los ídolos de su padre Urbano adelantado le hizo dar crueles tormentos y que su martirio es de los gloriosos que se cuentan entre los mártires y que el de este inocente niño parece tener harta semejanza al suyo y otros muchos que tuvieron tan poca edad fueron martirizados y son canonizados y que así es de creer que este niño fue mártir y que como tal está coronado y gozando de Dios.

# CAPÍTULO OCTAVO

De la muerte y martirio que padecieron otros dos niños de Tlaxcallam.

Dice fray Torivio que dos años después de la muerte de aquel bendito niño Cristobal llegó a Tlaxcallam un padre dominico llamado fray Bernandino de Minaya /516/ con otro compañero que iban a la provincia de Uaxayacac y que a la sazón era guardián en Tlaxcallam el padre de buena memoria fray Martin de Valençia y que los padres dominicos lo iban a ver y a le rogar les diese algunos muchachos que por Dios quisiesen ir con ellos a la obra que ellos iban y que se ofrecieron a ello dos niños muy bonicos hijos de muy principales señores y que al uno llamaban Antonio y que éste llevó consigo un criado de su edad que se decía Juan y el otro niño se llamaba Diego y que al tiempo que se querían partir les dijo el padre fray Martin hijos míos mirad que habéis de ir fuera de vuestra tierra a padecer trabajos y vais entre gente que aún no conocen a Dios siento vuestro trabajo como de hijos y aun temo que os han de matar por esos caminos por eso miradle bien antes que os mováis y que respondieron los niños padre para eso nos han enseñado la palabra de Dios y su fe pues no había de haber entre nosotros quien se ofreciese a este trabajo por Dios aparejados estamos para ir con los padres y para recibir de buena voluntad cualquier trabajo /516 v./ por Dios y si él fuere servido de nuestras vidas ¿por qué no las pondremos por él? ¿pues primero murió él por nosotros? y que dijeron ¿no mataron a San Pedro crucificándolo y San Pablo degollándolo? y ¿no fue desollado San Bartolome? ¿por Dios? y que esto dijeron ellos porque en aquella semana habían oído el sermón de San Bartolome y tenían en la memoria lo que el predicador les había dicho / entonces dándoles el padre fray Martin la bendición se partieron con los padres dominicos para Tepeyacac que está casi diez leguas de Tlaxcallam y aquella sazón no había allí monasterio de frailes y lo hay ahora de San Francisco y antes eran visitados de los que residían en Uexoçinco que está otras diez leguas de allí, y allí iban de tarde en tarde y muy pocas veces y luego se volvían y por esto estaba aquella provincia llena de ídolos aunque no públicos luego que allí llegó el padre fray Bernardino de Minaya envió aquellos niños a que buscasen por las casas de los indios los ídolos y se los trajesen y en esto se ocuparon tres o cuatro días y ya que cerca de los aposentos no habían ídolos desviáronse una legua de allí a los buscar en otros pueblos que /517/ se llaman Guahuctincham y a otro que llaman los españoles el pueblo de Orduña y el nombre propio que tiene quiere decir Casa de Piedra y de unas casas de él sacó aquel niño llamado Antonio unos ídolos y con él iba su paje llamado Juan y a esta sazón algunos señores y principales se habían hablado y concertado de los matar según después pareció porque les quebraban los ídolos que ellos tenían por dioses.

Vino aquel Antonio con los ídolos que había recogido del pueblo que se dice Casa de Piedra a buscar en el otro que se dice Quahutincham y entró en una casa y no estaba allí más que un niño guardando la puerta y con él se quedó su criado Juan y luego vinieron los indios principales con unos palos de encina y en llegando descargaron en el muchacho llamado Juan que había quedado a la puerta y al ruido salió Antonio y como vio la crueldad de aquellos sayones y que tenían casi muerto a su criado y que no cesaban de le dar palos díjoles por qué matáis mi compañero que no tiene él la culpa y yo soy el que os quitó los ídolos porque son diablos y no dioses /517 v./ y si por ellos lo habéis tomadlos allá y dejad a ese que no tiene culpa y yo soy el que os los quitaba y no él y diciendo esto echó delante de ellos una haldada de ídolos que traía y ya tenían muerto al Juan y luego dieron en el Antonio y él llamando a Dios y amparándose con las manos le dieron la misma muerte que al otro y en anocheciendo tomaron los cuerpos de aquellos benditos niños que dicen que eran de la edad del Cristobal y los llevaron al otro pueblo que se dice Casa de Piedra y allí los echaron en una barranca muy honda pensando que no se pudiera saber pero como faltó el niño Antonio luego pusieron mucha diligencia los padres dominicos en lo buscar y lo encargaron mucho a un alguacil que residió en Tepeyacac y pusieron gran diligencia en los buscar porque cuando se lo dieron en Tlaxcallam se lo encargaron mucho porque era nieto de un gran señor de allí que se llamaba Xicotencatl que fue el que recibió los españoles cuando entraron en aquella tierra y los favoreció mucho y los sustentó dándoles de su hacienda porque éste y Maxixçaçim /518/ mandaban toda la provincia y este niño había de heredar al abuelo y así le heredó otro su hermano llamado Luis de Moscoso Xicotencatl y tiene el señorío / los niños muertos aparecieron porque luego hallaron rastro por donde habían ido y donde habían desaparecido y supieron quién los había muerto y presos los homicidas confesaron el delito y dijeron que bien conocían cuán gran mal habían hecho y que merecían la muerte y rogaron que los bautizasen antes que los matasen y dice fray Torivio que le parece que ya en éstos comenzaban a obrar las oraciones y la sangre y martirio de aquellos benditos niños inocentes pues no habían ellos sido predicados ni enseñados mas de la paciencia e inocencia con que vieron morir los que ellos habían muerto.

Luego fueron por los cuerpos de los niños y traídos los enterraron en una capilla donde decían misa que entonces aún no había iglesia llorábanlos mucho y afligíanse aquellos padres dominicos por la cruel muerte que habían dado a tan tiernos niños y tenían mucho dolor y pena de lo que había de sentir el siervo /518 v./ de Dios fray Martin cuando lo supiese y enviáronle los homicidas y diéronse a unos indios para que los llevasen a Tlaxcallam y cuando el señor y los principales de Quahutincham lo supieron temiendo que también a ellos alcanzaría parte de la pena dieron unas joyas de oro a un español que estaba en aquel su pueblo por que teniese que los presos no fuesen a Tlaxcallam y a él dio parte de las joyas a otro que tenía cargo de Tlaxcallam y éste salió al camino e impidió la ida y todo fue en daño de ambos porque aquel alguacil fue por ellos y los azotaron muy cruelmente y no gozaron del oro y como se supo el negocio en Mexico envió la justicia por los presos y los ahorcaron y el señor de Quahutimcham después murió también ahorcado con otros principales por cuyo mandado los niños habían sido muertos.

Cuando el siervo de Dios supo la muerte de los hijos que había criado espiritualmente y como habían ido con su licencia y bendición lo sintió mucho y los lloraba como a hijos aunque por otra parte se consolaba en ver que había en aquella /519/ tierra quien muriese confesando a Dios y por destruir la idolatría y las ofensas de Dios pero cuando se acordaba de lo que habían dicho al tiempo de su partida no podía dejar de llorar en especial sobre lo que dijeron ¿pues no mataron a San Pedro y a San Pablo y desollaron a San Bartolome pues aunque nos maten a nosotros no nos hace Dios muy gran merced?

De Tlaxcallam dice fray Torivio ha Dios tomado las primicias en esta tierra aquí entró primero la fe y fue recibida y favorecida, Tlaxcallam lo mismo significa que Betlem casa de pan donde Dios se hizo pan nuestro y vida nuestra a donde nació la vida, con mucha razón de esta casa nacen y toman principio tan buenos fundamentos de nuestra fe y por esto se podrá llamar Tlaxcallam de Juda que es fe pues de ella tomó Dios quien muera por la fe y mueran confesando la fe estos tlaxcaltecas tenían más obligación que otros de ofrecer las primicias porque ésta es Bethlem casa de la natividad de Dios donde se han de ofrecer las primicias según /519 v./ estaba mandado PRIMICIAS TERRE TUE DEFERES IN DOMUM DOMINI DEI TUI / éstos ofrecieron las primicias de los primogénitos y herederos de mayorazgos primicias no de viejos que los de aquella tierra estaban envejecidos en pecados sino de los niños inocentes éstos salieron de la casa de Bethlem natividad de Jesus y se ofrecieron a la casa de la cruz y tormento casa última de Jesu éstas son las primicias que Dios busca diciendo IBI QUERAM PRIMITIAS VESTRAS, ET IN ODOREM SUAVITATIS SUSÇIPIAM VOS / olor suavísimo ofrecieron estos niños pues Dios lo recibe con suavidad.

También Belethlem dice que se interpreta DOMUS BELLI casa de guerra que muy bien conviene a Tlaxcallam porque de ella salieron los conquistadores que ayudaron a ganar y a conquistar toda la Nueva España y en todas las partes que hubo conquista anduvieron hasta que todo estuvo de paz asimismo en lo espiritual fue casa de guerra como parece en la batalla o conquista que tuvieron los niños de la casa de Dios con los ministros de la casa del demonio como adelante /520/ se dirá cuando al principio se fundó Tlaxcallam dice que se llamó Texcallam que quiere decir casa hecha en barranca porque se principió en unas barrancas y después que creció el pueblo y la tierra que es muy fértil de pan llámase Tlaxcallam que quiere decir casa de pan es muy gran cosa, y muy poblada, y muy llena de gente belicosa que tenía continua guerra con Mexico y con toda su tierra y con todas las provincias que la cercan y de todas se defendía y bastaba para todas y todos eran contra ella MANUS EJUS CONTRA OMNES, ET MANUS OMNIUM CONTRA EAM, y la amparaba Dios para obrar en ella lo que se ha dicho o Tlaxcallain

690

casa de pan; casa llena y abundante, casa de guerra, y de victoria de ti salieron los primeros bellatores que hacen guerra al demonio y asimismo hacen guerra y fuerza para ganar el reino del cielo porque REGNUM ÇELORUM UIM PATITUR, ET VIOLENTI RAPIUNT ILLUD.

En las órdenes de Santo Domingo y San Agustin ha habido y hay religiosos de gran vida y ejemplo y no sé si algunas de éstas dos benditas órdenes han padecido martirio en lo que propiamente llamamos /520 v./ Nueva España pero porque fray Torivio al fin de aquel su *Libro* pone la descripción del universo y al fin de ella dice estas palabras.

En la Nueva Esperia o España está Mexico casi en medio / al norte tiene el puerto o ciudad de la Veracruz de Sanct Francisco / al mediodía Guaxaca, Guatimala, Sanct Salvador, Nicaragua, Yucatam, Chiapam, al poniente Michiuacam, Çacatlam, Xalisco al norte ártico dice que pone a Panuco y la Florida, y dice que se debía llamar aquella tierra Nueva Esperia porque sobre ella aparece y reina la estrella y planeta llamada Esper, y Luçifer que por esta razón nuestra España se llamó otro tiempo Esperia.

En Mexico y sus provincias yo sé que ha habido algunos religiosos en todas las tres órdenes que allí hay así legos como sacerdotes de muy gran penitencia y tengo noticia que fray Domingo de la Anunçiaçion y fray Viçente de las Casas dominicos muy grandes siervos de Dios muy antiguos en la Nueva España escriben la vida de los religiosos de su orden que hicieron vida ejemplar y trabajaron muchos años en doctrinar y predicar a los naturales de aquella tierra y a los /521/ españoles que en ella residían y no sé si alguno de la orden de San Agustin ha tenido este cuidado y porque yo no tengo entera relación ni la he podido haber aunque lo he procurado no trato aquí de ello y porque fray Torivio como se ha dicho pone en todas provincias de la Nueva España a la Florida pone aquí la relación del suceso de fray Luis Cançer que fue aquella tierra a predicar la ley evangélica.

# CAPÍTULO NUEVE

En que se refiere el suceso de fray Luis Cançer y los demás que con él fueron a la Florida y es relación que de ello dio uno de los que fueron con él.

Los frailes que fueron a la Florida salieron de Sanct Juan de Lua e hicieron su viaje en treinta y tantos días a la Habana a tomar bastimentos y dos indios lenguas naturales de la Florida que allí estaban que llevaron para intérpretes.

Los frailes eran cuatro el principal de ellos se llamaba fray Luis Cançer y el otro fray Gregorio de Beteta, y fray Juan Garçia y fray Diego de Salamanca y llevaron un navío y una chalupa con seis marineros /521 v./ cuatro grumetes y por maestre y piloto a un Juanes de Harana.

Partieron de la Habana en fin de abril y llevaron los dos indios por lenguas que eran naturales del pueblo del Spiritu Sancto que en lengua de la Florida se llama Pofui navegaron con buen tiempo hasta tomar la tierra de la Florida en seis días y para reconocer dónde estaban y a qué parte habían arribado fueron en la chalupa ciertos marineros a tierra y no osaron salir porque decían haber visto venir indios por debajo del agua a la chalupa de que mostraban venir temerosos y no vieron indio ninguno en tierra y así estuvieron allí aquella noche.

Otro día siguiente salieron en la chalupa a tierra fray Gregorio y Juan Viçioso y Bartolome Matheos y no hallaron indio aunque salidos en tierra procuraron de los buscar y así volvieron al navío donde estuvieron aquella noche.

Otro día siguiente visto y entendido que estaban en el puerto del Spiritu Sancto que es a donde iban *que está hasta costa* / que está hoy a la costa de la Nueva España y fueron con poca vela y con la sonda en la mano por la costa y muy junto a la tierra por no errar /522/ el puerto y se metieron tanto en la tierra que muchas veces se hubieran de perder porque en muchas partes no hallaban dos brazas de hondo y pedía el navío más de braza y media de manera que les fue forzoso meterse a la mar y en desviándose un poco no veían la tierra y era el agua de la mar tan clara que debajo de ella contaban las peñas y piedras siempre esperando de dar en una de ellas y perderse y así estuvieron diversas veces sin esperanza de salvarse por ser tan baja la tierra y tan baja el agua que a cada paso tocaba el navío y aunque no andaba metido en la mar más de cuatro leguas no veían la tierra y así anduvieron cuatro días unas veces acercándose a tierra por verla con gran riesgo y peligro y otras veces haciéndose a la mar.

Muchas veces surgieron cuando veían la tierra y con la chalupa iban a ella, fray Gregorio y fray Juan y Juan Viçioso y Bartolome Matheos y marineros llevando las lenguas y saltaban en tierra y entraban por ella una y dos leguas, porque todo su deseo era topar indios /522 v./ y saber dónde estaba el puerto que buscaban para que los frailes comenzasen a hacer el fruto que deseaban y nunca los frailes los dejaron sacar ningún género de armas ni arcabuces porque decían que la palabra de Dios y no las armas los había de conquistar y traer a lo bueno.

Fue Dios servido que nunca toparon indio porque como veían el navío andar por la costa estaban recogidos todos en ciertas partes en cuadrillas y usó Dios de mucha misericordia con ellos de que no acertasen a donde estaban porque verdaderamente acabaran todos juntos porque iban tan necios como se verá por esta Relaçion porque si la mano y voluntad divina no los sustentara diversas veces se perdieran así en la mar como en la tierra por no llevar maestro diestro y por la mucha confianza de los frailes que decían y afirmaban que tenían por más dificultoso hallar los indios que amansarlos y combatirlos.

Y sobre todo hacían oración cada día y rogaban a nuestro Señor les deparase indios /523/ para ellos hacer fruto y poner por obra su santo propósito y de esta manera anduvieron más de un mes que no pudieron ver indio ni topar en el puerto y anduvieron todos trabajados y muy mohínos porque demás de lo dicho eran entradas las aguas y pasaban tan grandes refriegas con la mar y los aguaceros que muchas veces pensaron ser anegados.

Fue Dios servido que a diez de julio salieron a tierra como otras veces lo habían hecho en la chalupa en la cual iba fray Luis y fray Diego y un donado y Juan Viçioso y Bartolome Mateos con las lenguas y hallaron un estero por el cual metieron la chalupa dos tiros de ballesta y vieron ciertas casas de paja en lo alto de ellas que se aparecían por encima de un cerro pequeño de que tuvieron gran alegría y todos quisieron saltar en tierra salvo Juan Viçençio y Bartolome Matheos que lo defendieron y así salió luego el dicho fray Diego solo y súbese en un árbol y estando en él salieron de entre las matas unos indios sin armas y pusiéronse debajo del árbol mirando al fraile.

Y como el dicho fray Diego vio los indios /523 v./ muy regocijados y alegres dio voces llamando diciendo que eran indios de paz oído en la chalupa que el fraile decía salieron a tierra fray Luis y el donado y los indios intérpretes y llegados a donde estaba el fraile y los indios los abrazaron y los frailes y los indios se hincaron de rodillas dando a nuestro Señor por la buena apariencia que hallaban en los indios y tenían por acabada la jornada y así dijeron las letanías hincados de rodillas y los indios asimismo con ellos puestas las manos.

Visto por los que estaban en la chalupa lo que pasaban salieron todos en tierra y a todos abrazaron los indios y otros que de nuevo vinieron en cantidad de setenta u ochenta los cuales les hicieron mucha fiesta y los recibieron cantando dándoles cantidad de pescado muy bueno sin maíz ni sal ni otra cosa que no lo alcanzan allí.

Entre todos estos indios hubo uno solo que entendiese las lenguas que llevaban y por éste se les dijo a lo que iban y el bien que los frailes iban a hacer encareciéndoselo cuanto fue posible a lo cual /524/ respondieron que se holgaban mucho de ello y que fuesen todos al pueblo donde estaba el cacique que los aguardaba.

Esto era por la mañana y así acordaron los frailes que el uno se quedase y fuese con los indios y el donado con el cual llevaban porque era hombre del campo para que diese industria de arar y el otro fraile que fuese al navío a dar aquellas tan buenas nuevas de tan buen recibimiento. Y así quedó con los indios el fray Diego de Salamanca vizcaíno de nación y el dicho donado y la una de las indias.

Y así se apartaron con concierto que los que quedaban en tierra se fuesen por ella al puerto del Spiritu Sancto que no estaba de allí cinco leguas y que llevasen el navío allá otro día y que por ninguna vía se apartasen de allí donde los dejaban aquel día porque idos al navío volverían luego a la tarde a traerles comida y rescate para

694

dar a los indios y que si por caso no los hallasen allí que lo tuviesen por mala señal y así se volvieron a la chalupa diciendo a los indios que a la tarde volverían allí y que el día /524 v./ siguiente se juntarían todos en el puerto del Spiritu Sancto porque ya iban a llevar el navío allá.

Con esto se embarcaron y llevaron a un indio con ellos que dijo que quería ir a ver el navío y que pues habían de volver que se volvería con ellos llegados al navío los frailes mostraron al indio muchas cosas y le hicieron entender que todo era para dárselo a los indios de lo cual y de verlo se holgaba mucho si no fue de ver un cabrón que llevaban en el navío que en viéndolo se quiso echar a la mar y se espantaba de él en mucho grado. A este indio dieron los frailes de vestir y de comer y mucho rescate y todo lo que le daban guardaba y nunca quiso comer si no fue pescado y bizcocho y se estuvieron con él hasta la tarde preguntándole por señas y por un vocabulario de su lengua muchas cosas y a todo respondía de arte que le entendían como si hablara en nuestra lengua porque son todos los indios de aquella tierra muy entendidos en hacer señas tanto que entienden y se dan a entender como en España los mudos.

/525/ Aquella tarde se volvieron a tierra con fray Luis y llevaron al indio y como entraron en el estero y no vieron ningún indio ni a los frailes parecióles mal iban entonces en la chalupa con fray Luis y Juan Viçioso y Bartolome Matheos y les pareció mal no hallar la gente ni los frailes en la playa Juan Viçioso se puso en la proa defendiendo que nadie saliese a tierra estando en esto el indio se echó al agua diciendo que iba a llamar los indios que aguardasen allí bien hubo entre ellos quien quisiera asir el indio pero el fraile no lo consintió diciendo que no alborotasen los indios y así estuvieron muy gran rato sin que viniese indio ninguno aunque los llamaron.

Visto que no salían ni parecían dio a la vela para se volver y en viéndolos salieron indios del arcabuco diciéndonos en lengua castellana, amigos, amigos, cuchillada, no ballesta, toma pescado da acá machete da acá camisa, Baltasar de Gallegos no bueno Juan de Añasco no bueno y otras muchas palabras visto esto tornaron a tomar la vela y volvieron a tierra rogando mucho Juan Viçioso al fraile que él /525 v./ ni otro no saliesen en tierra y llegado cerca volvió el indio que había ido al navío y trajo pescado y dijo que los frailes que habían dejado allí estaban con el cacique en su casa que fuesen todos allá estando hablando con este indio otros dos que estaban en la playa decían toma pescado amigos amigos, come, come.

Mientras estaban en esto un marinero mancebo que se llamaba Andres de Malaga sin que nadie lo viese se echó al agua que le daba a la cinta y Juan Viçioso que estaba en la proa le dijo con ásperas palabras que tornase a la chalupa el cual respondió que luego volvería que iba a tomar aquel pescado y diciendo esto llegó a los indios y abrazólos y estuvo hablando con ellos preguntándoles por los frailes y otras cosas por señas al cual hicieron entender que estaban con el cacique diciendo bueno cacique siéntate come, come y lo oían los de la chalupa y con estas señas y palabras concertaron con él que fuesen a las casas y echándole los brazos encima de grande amistad se fue con ellos y aunque muchas veces /526/ le llamaron no quiso volver que no bastaron amenazas ni otras palabras para se lo estorbar y así le llevaron los indios en medio hasta que pasaron del cerrillo que estaba antepuesto a las casas y tras ellos se fueron todos los indios que por allí se habían mostrado que serían treinta.

Y así quedaron los que estaban en la chalupa con mucha tristeza y sospecha de sucederles tan mal lo que deseaban pero el fraile mostraba tener esperanza y los consolaba diciendo que esperaba en Dios que se había de hacer todo bien y así estuvieron hasta que el sol se puso dando voces a las cuales acudió el marinero y se puso sobre el cerrillo estando dos indios delante de él y otros dos detrás y todos juntos con él y dio voces diciendo padre fray Luis salga vuestra caridad en tierra y todos los demás porque los indios están de paz muy alegres y el padre fray Diego está predicando a mucha gente de indios y dice que salga vuestra caridad en tierra y todos los demás.

Respondió fray Luis hermano ya es noche y hora de ir al navío por tanto veníos acá o decid a fray Diego que se asome /526 v./ ahí y que luego saldremos en tierra y que si no que luego nos volveremos tornó el marinero a responder ya he dicho que los indios están de paz vuestra caridad salga en tierra y traiga la cruz al cual respondió fray Luis hermano decid al donado o a fray Diego que se asome ahí que a vos no os doy crédito porque creo que el enemigo habla en vos.

Estas y otras muchas palabras pasaron con él y estando tan confusos todos / Juan Viçioso le dijo hermano Andres de Malaga aclaraos y decidnos si estáis contra vuestra voluntad y si es así socorreros hemos respondió el marinero y dijo señor Juan Viçioso por amor de Dios me socorred porque lo he menester y diciendo esto mostró en el órgano de la voz que lloraba al cual los indios llevaron a empujones y nunca más lo vieron.

Así quedaron todos con gran tristeza de ver llevar delante de sus ojos uno de sus compañeros sin lo poder socorrer así tornaron al navío y aquella noche concertaron los frailes que fuesen al puerto del Spiritu Sancto otro día y que allí podrían saber de los frailes y /527/ compañeros perdidos porque decían los frailes que la india intérprete que estaba en tierra les había dicho cómo venían a hacerles mucho bien y que por ventura no los habrían muerto y que tenían esperanza en Dios que todo se haría como cumplía a su santo servicio.

Así partieron otro día llevando el navío y chalupa y llegaron al puerto del Spiritu Sancto y aquel día no hicieron otra cosa sino señalar y marcar el canal con boyas para otro día meter el navío y así fue que otro día le metieron sin contraste alguno y fueron cinco leguas por el puerto adelante que tiene de largo once leguas y de ancho una y más y menos a las veces y de canal a la boca poco más de un tiro de piedra y surgieron cinco leguas de la mar la bahía dentro y otro día fueron con la chalupa y en tres o cuatro días no pudieron ver indio alguno porque todos estaban en el pueblo que se llamaba Pofui aunque hallaron algunas caserías que eran despobladas.

No teniendo ya esperanza de saber de los perdidos ni topar indio fueron un día al aposento que tuvo Soto el capitán /527 v./ y hallaron siete u ocho indios y llamándolos vinieron y por el vocabulario que los frailes habían hecho concertaron que saliese un fraile de la chalupa al agua y que vendría un indio a hablar con él y así partieron el camino y se juntaron a hablar donde les daba el agua a la rodilla donde estuvieron hablando gran rato visto por el otro fraile fray Juan Garçia que la plática duraba tanto salió del navío y fue donde estaba fray Gregorio hablando con el indio y de tierra entró otro indio de manera que estaban dos a dos y en la plática dijeron los dos indios a los frailes que todos los que habían quedado en tierra estaban buenos con el cacique y que si los querían ver se fuesen con ellos allá.

Y así dejaron los frailes concertado con ellos que otro día volverían y que traerían todo lo que había en el navío y se quedarían todos con ellos / con este concierto se volvieron los frailes a la chalupa y se fueron todos al navío y los frailes muy consolados porque aún creían que no eran muertos los /528/ compañeros porque decían que los indios les habían dicho que porque se había juntado toda la gente de aquella comarca no venían los compañeros y que harto tenían que les predicar y cada uno de los frailes tenía en vida a los que estaban en tierra pensando que les llevaban ventaja en la obra que hacían otro día volvieron al dicho aposento de Soto que se llamaba Pofui estaba en una loma algo alta y cerca del agua y fueron a las casas todos tres frailes y llevaron cantidad de rescate y todo género de ganado y aves y cosas para poblar y llegados a vista del pueblo hallaron cantidad de indios e indias muchachos y todos de paz y estando queda la chalupa un rato cerca de tierra y sin salir nadie fuera acaso pasó por la orilla del agua la india lengua que habían dejado con el fraile y aunque estaba ya desnuda como los demás fue conocida y llamada de ellos por su nombre que se llamaba Madalena la cual respondió en castellano no soy Madalena a la cual dijo fray Gregorio que sí era que por qué mentía la cual india tornó a responder /528 v./ en castellano yo os digo verdad que con Narvaez vine aquí y al cabo de muchas razones la india se acercó y se dio a conocer.

Visto esto los frailes salieron en tierra todos tres y Juan Viçioso y Bartolome Matheos el cual tenía platicado con los frailes de se quedar con ellos y asimismo Juan Viçioso por la amistad que tenía a fray Gregorio y Bartolome Matheos.

Estando todos cinco en tierra hicieron sacar de la chalupa dos terneros y ovejas y cabras y un cabrón de ver éste espantaban e hiciéronle volver a la chalupa que no consintieron que quedase en tierra asimismo sacaron una perra preñada y algunas gallinas y todos los animales y aves ataron en una cuerda a la hila y los muchachos que eran en cantidad lo llevaban recogido y como todo iba en el cordel y cada cosa iba por su parte y la perra se volvió a la chalupa todo lo demás flecharon los muchachos de que los hombres mostraron grande enojo contra ellos.

La india lengua que en tierra estaba no quiso hablar ni responder ni alzar /529/ la cabeza por cosa que le dijeron si no era cuando los indios se lo mandaban en lo cual mostraba bien el temor de la muerte que había visto dar a los compañeros.

698

Por mandado de los indios les dijo que por qué no traían el navío y lo que en él estaba que la codicia de esto y pensando que lo trajeran fue causa que no los matasen a todos y era Dios servido de no les dar habilidad porque estando en tierra los que estaban menos de cincuenta indios que fueran al navío le señorearan.

La india les daba bien a entender en su semblante que no holgaba que estuviesen en tierra no osaba responder ni alzar los ojos y cuando dijo por mandado de los indios que trajesen las cosas del navío entremetió palabras diciendo en mí conoceréis cómo están vuestros compañeros y jamás osó hablar otra palabra mas bien se entendió el mal que había.

Y en este tiempo los indios que estaban más cerca de los frailes les quitaban la ropa que tenían vestida pidiéndosela y asimismo a Juan Viçioso y a Bartolome Matheos y así les demandaron los sayos y les intentaron de quitar /592 v./ los jubones y lo demás si aguardaran y a Juan Viçioso le quitaron una daga que traía en la cinta diciendo da acá machete.

Visto esto por Juan Viçioso y Bartolome Matheos buenamente y con toda disimulación se metieron en la chalupa con el propósito de no volver más a tierra de manera que a los frailes quitaban todo lo que llevaban salvo los hábitos a ruego de la india que les rogó que no los desnudasen y cuando acabaron de quitar a los frailes lo que llevaban llevándolos a un tiro de piedra apartados del agua y como quitasen los alpargates al que era viejo y vio que iba mal el negocio por lengua de la india dijo a los indios que era viejo y que no podía andar descalzo que le dejasen volver por alpargates entendido esto respondieron los indios que eran bien y que todos se volviesen y que tornasen otro día y trajesen todo cuanto tenían que parecía que andaban haciendo burla y así vinieron a la chalupa los dos frailes y el viejo con propósito de no volver más a tierra fray Gregorio que quedó /530/ con los indios diciendo que no quería volver al navío sino que quería ir a buscar sus compañeros perdidos y así fue con los indios dos tiros de piedra los cuales acordaron que no era bien llevarle diciendo que por él perderían toda la presa y así se volvió a la chalupa muy enojado con los indios porque no le habían querido llevar entrado que fue en la chalupa le abrazó Juan Viçioso y le rogó que no se curase más de los indios pues tenían tanta desvergüenza y el fraile le respondió que diera por bien empleada su muerte por no volver a la chalupa porque tenía entendido sus compañeros no eran muertos y así se volvieron al navío y aquella noche concertaron fray Luis y fray Gregorio de volver a tierra con mucha parte del rescate para quedarse de hecho con los indios que fray Juan no tenía tal pensamiento y así los dos fueron a tierra el día siguiente víspera de San Juan y llevaron consigo el rescate y otras cosas y fray Juan y los demás se quedaron en el navío y entrados en la chalupa fueron su vía.

Los que quedaron en el navío vieron salir de la tierra una canoa y acercarse al /530 v./ navío estándola mirando tuvieron diversos juicios sobre la venida de la canoa la cual paró delante del navío y no venía en ella más de una persona y estuvo queda que no osó llegar y un marinero lo comenzó a llamar en lengua de Mexico y el que en ella venía habló y dijo de esta manera, cristiano, cristiano el cual alzó las manos juntas al cielo visto un caso semejante sospecharon ser cristiano llamáronle en lengua castellana la cual entendió y se acabó de acercar al navío y entró dentro echando en la mar el arco y las flechas que traía diciendo cristiano soy por cierto y no hablaba palabra concertada y con grande pena decía Soto, Soto / porque según pareció había venido en la armada de Soto y entrado en el navío hincado de rodillas y puestas las manos dijo nuestra Señora de Guadalupe dos o tres veces y queriendo hablar no podía decir cosa concertada porque había quedado muchacho en poder de los indios y había olvidado la lengua porque había más de diez años que había quedado sirviendo a los indios recibía gran pena en no poder hablar.

/531/ Como él había visto ir la chalupa a tierra volvió los ojos hacia allá y comenzó hacer ademanes y mostrar pena porque la chalupa iba a tierra y llegádose a Juan Viçioso le abrazó diciéndole por señas que hiciese volver la chalupa que había mucha gente de indios por el campo en diversas partes y creyendo que decía verdad se determinaron de soltar dos tiros y entendido por aquel hombre que se llamaba Juan Muñoz que querían soltar los tiros él se daba más prisa y arremetió al fogón y trajo lumbre para ello y en fin se tiraron seis tiros primero que los frailes arribasen al navío cuando el Juan Muñoz vio que habían vuelto la proa para se venir eran grandes las señales que daba de alegría riendo y pateando y meneando los brazos porque sabía el peligro que les estaba aparejado si en tierra saltaran tomaron la relación de lo que Juan Muñoz dijo por donde se entendió ser muertos el fraile y el donado.

No será justo dejar de decir cómo éste se salvó el cual dijo que entendido /531 v./ que estaban en la costa le ponían muy grandes guardas y una noche se salió y habiendo en el agua muy buenas canoas porque faltando alguna no lo siguiesen no quiso tomar ninguna de ellas y tomó una canoa quebrada la cual remedió como pudo y de noche navegaba y de día se emboscaba a sí y a la canoa y subido en pinos altos veía a los que le buscaban al cabo de cuatro noches que remó el día siguiente llevó al navío víspera de San Juan.

Vueltos los frailes al navío según dicho es después de haber entendido y visto lo que Juan Muñoz decía, fray Gregorio decía aquel hombre ser ángel enviado de Dios a tal tiempo para que no se perdiesen el fray Luis decía al contrario y que aquél había venido a le estorbar aquella santa obra que hacer querían y altercando el uno y el otro sobre esto en favor de lo que ésos tenían cada uno daba autoridades de la Sagrada Scriptura y para acordar lo que mejor fuese se apartaron los frailes a solas y viendo el Juan Muñoz papel y tinta en las manos de Juan Viçioso se lo pidió y aunque /532/ no acertaba a escribir a derechas tampoco como hablar / escribió de arte que se pudo entender cómo gran cantidad de gente estaba junta en el pueblo de Pofui y gran cantidad de canoas para tomar la chalupa y matarlos a todos en volviendo allá y luego tomar el navío que era lo que ellos deseaban porque según de ellos se conoció Juan Muñoz decía las armas y los clavos deseaban sobre todo extremo y todas las cosas de hierro porque son faltos de ellas y de todo metal visto por Juan Viçioso lo que aquel hombre había escrito y la agonía que ponía en darlo a entender tomó el papel y metiólo a los frailes que estaban en consulta entre los cuales hubo grandes porfías sobre sustentar lo que dicho es visto por el fray Luis Cançer que todos le contradecían y excusaban la salida en tierra y que nadie quería salir con él con grandes ruegos y halagos atrajo a todos a que a él solo echasen en tierra y el día siguiente que era día de San Juan dijo misa en una isleta que estaba /532 v./ cerca del navío y después de misa dijo un sermón sustentando lo que hacer deseaba y poniendo ejemplos y autoridades de la Sagrada Scriptura y rogando a todos que le favoreciesen hasta echarle en tierra.

Acabado su sermón fray Gregorio de Beteta que veía tan a la clara el peligro manifiesto le rogó que de nuevo mirase lo que hacía y no quisiese ser homicida de sí mismo mostrándole con muchas autoridades que no lo debía hacer y ninguna cosa que le dijo fue parte para le apartar de su propósito y así se volvieron al navío y pasaron aquel día de San Juan en aquellas pláticas y visto por el Juan Muñoz que no era creído y que fray Luis no se había querido apartar de aquel propósito y que afirmándose en él decía fray Luis que Juan Muñoz era diablo con lágrimas mostraba lo que le pesaba y tornó a tomar tinta y papel y escribió diciendo que él no era diablo sino hombre y cristiano bautizado y que creía /533/ en la Santísima Trinidad y que nuestro Señor Jesucristo había recibido muerte y pasión por él y que pues no era creído que fuesen a tierra y que allá lo verían y que él no pensaba ir allá por no venir otra vez en manos de los indios porque sabía la muerte que le darían.

Abastecida la chalupa de tiros y de espadas y rodelas y ballestas para los que allí iban entraron en ella y aunque Juan Muñoz dijo que no iría allá aunque diversas veces había sido rogado de los frailes visto que Juan Viçioso había entrado en la chalupa se entró con él tomando una espada y una rodela porque al Juan Viçioso había cobrado grande amor y habiéndose apartado la chalupa obra de dos leguas del navío vino un temporal de tierra que ensoberbeció la mar y con grande trabajo volvieron al navío y gran temor de no poderse asir del navío porque la mar andaba brava y el aire más y temían que no los metiese a la mar y fray Juan /533 v./ el viejo que en el navío estaba tuvo especial cuidado de hacerles echar muchos cabos en que se asiesen y de esta misma manera les sucedió cuatro días arreo y jamás el fraile le quiso mudar de su propósito aunque todos decían que era milagro y Juan Muñoz más que de conversable con bárbaros se tornaba predicador y parecía que el Espíritu Santo hablaba en él y era cosa misteriosa oírle el trabajo y agonía con que hablaba así por no se poder aclarar como por la pena que recibía de lo que sabía que les estaba aparejado en tierra.

Al cuarto día llevaron dos rejones y fueron determinados de no volver al navío o de hundirse todos y viéndose en las necesidades que los días pasados al medio el camino echaron los rejones y estuvieron sobre ellos hasta que pasó la furia que no fue tanta como los otros días y pasada fueron su viaje.

Antes que entrasen en el ancón vieron cantidad de canoas en ramadas a la una y a la otra parte de la /534/ tierra donde vieron claro que habían menester las manos porque asimismo vieron en tierra cantidad de gente en la playa y vieron que por encubrir los arcos y las flechas los traían en los pies.

Pareció a los que sabían tratar las armas que no era justo entrar en el ancón pues que podían echar al fraile en la playa sin entrar en el ancón de esto se afligía el fraile y con grandes ruegos rogó que no conociesen los indios que le desfavorecían que lo fuesen a echar donde solían desembarcar / a los marineros pareció que tenía razón y culpaban a los que lo defendían diciendo que eran de poco ánimo y especialmente Juan Viçioso que era el que propuso la plática y a ruego de fray Gregorio hubieron de entrar y porque creyeron que sería menester a cada uno se dijo lo que había de hacer hasta poner la mecha a un marinero en la mano y decirle cuándo y a qué tiempo había de pegar fuego iban cinco marineros y Juan Viçioso y Bartolome Matheos y Juan Muñoz y los dos frailes y dos grumetes y entraron en el ancón que tenía /534 v./ de anchura setenta u ochenta pies y llegaron a la costa donde parecían los indios de los cuales era capitán un indio viejo grande de cuerpo.

Llevaron encubierto y tendido en la chalupa a Juan Muñoz y por industria suya vino Juan Viçioso a plática con el capitán de los indios al cual dijo que bien sabía que habían muerto los otros sus compañeros y que aquel fraile quería saltar en tierra que no lo hiciesen así con él porque no iba a les hacer mal esto y todo lo que se hablaba decía el Juan Muñoz palabra por palabra a Juan Viçioso de que los indios y el capitán de ellos estaban admirados y respondía que cómo sabía su lengua y que quién era el que les hablaba que les decía en su lengua lo que quería y los entendía a ellos a los cuales respondió que el que les hablaba era ángel enviado de Dios que les entendía sus pensamientos y que bien sabían que estaban a punto para matarlos a todos que no lo intentasen porque no saldrían con ello y se perderían todos respondió el indio pues que tú lo /535/ sabes no lo podemos negar y también debías saber que yo no fui en la muerte de vuestros compañeros que mataron y no los mataran si entendieran que no nos veníades a hacer mal mas salga ese que decís y los que más quisiéredes que no os haremos mal y os haremos mucha honra.

Y oyendo esto el fraile se despidió de todos y se hincó de rodillas y les absolvió el compañero, y saltó en tierra y se fue para los indios y el capitán y otros se vinieron para él y lo abrazaron y

703

alzando el fraile el dedo hacia el cielo dijo Dios / y los dos indios hicieron lo mismo y luego se allegaron otros dos indios y entre todos cuatro hubo mucha porfía si le mataban allí o le llevaban al cacique y lo entendía el Juan Muñoz desde la chalupa y entendido que le querían matar y por industria del Juan Muñoz les dijo el Juan Viçioso bien entiendo lo que tratáis no le matéis que moriréis todos por ello y creyendo aquel capitán viejo que todo lo que se decía era por lengua de Juan Muñoz dijo /535 v./ a voces sal fuera esclavo que bien vemos que estáis ahí sal fuera que te queremos ver y así se levantó el Juan Muñoz y dijo es verdad perros que aquí estoy mostrándoseles con una espada y rodela en las manos el cual pasó muchas pláticas con ellos mas no fue parte para los apartar de su mal propósito.

Y así comenzaron andar con el fray Luis llevándole dos indios en medio los brazos echados por el pescuezo y visto que le llevaban al sacrificio determinaron de saltar en tierra y desabordar la chalupa sintiendo el fray Luis el estruendo de los remos y de las armas aunque le llevaban más que de paso volvió el rostro y dijo que le dejasen ir que no le alborotasen los indios y luego como saltó en tierra le dijeron que los indios le querían matar que así lo entendían en la chalupa de lo cual los indios platicaban y que estaban puestos de le defender el cual respondió rogándoles que no lo hiciesen sino que se hiciesen a lo largo que mientras más lejos estuviesen de él mejor le iría y así lo llevaron hasta llegar a un /536/ árbol y allí salieron otros dos indios a él y le abrazaron y el postrero que lo abrazó le dio con una maceta por un lado que lo derribó y habiéndole dado el golpe el fraile dio una gran voz y a esta voz dio la gente que estaba en cubierta un grande alarido y acudieron las canoas y otros a pelear con los demás donde se vieron en necesidad porque llegaron a echar mano de la chalupa que estaba en tierra donde se vio el valor de los marineros que todos se tendían por lastre y ninguno hizo lo que le estaba mandado para la necesidad bien es de creer que los demás hacían su deber y del fraile se decía que ningún capitán del mundo hizo mejores obras ni proveyó con mejor acuerdo ni con mayor ánimo lo que convenía porque demás de pelear como un Cesar con una espada y rodela daba los golpes de llano de lo cual pesaba a todos el que mejor allí obró no hizo más de pelear como bueno y el fraile demás de hacer lo que es dicho viendo que otro compañero había pegado fuego a

un tiro tomó un remo y botó el batel de arte que nadó en que verdaderamente les dio la vida a todos / y esto hizo /536 v./ habiéndose derribado la gente en el suelo de temor del tiro que habían soltado
la cual si se levantara asir del batel no fuera nadie parte si Dios no
para los sacar de él porque lo que les dio la vida después de Dios
fue que desde un tiro de piedra antes que llegasen los indios soltaron los arcos para echar mano de la chalupa que como ya estuviese nadando y se viniese desviando un poco no tenían riesgo ni
temor si no eran los marineros que tendidos por lastre a voces pedían confesión y *a un hombre* y al uno de ellos que a voces decía
su culpa que en el navío había entrado a Madelena por la ventani-
lla, los indios eran cantidad y como no hicieron la presa que pensaban estaban maravillados y en corrillos en la playa mostrando el
hábito del fraile y diciendo injurias porque no salían a tierra a los
cuales respondieron con los versos de arte que ninguno paró y
los más de ellos se fueron a las canoas que serían casi doscientas
y con gran alarido y estruendo de los remos les ocuparon la boca
de la bahía.

Y puesta pavesada en la chalupa porque /537/ era baja de bordo
y avergonzados los marineros del fraile diciendo bellacos pelea
por vivir una hora más se ofrecieron de restaurar lo perdido aguardaron el viento de tierra que era cierto de cada tarde y cuando le
tuvieron asestaron contra las canoas los cuatro versos y el primero
fue por alto aunque cerca de las orejas por el cual se comenzaron a
temer y al segundo que dio en una canoa todos comenzaron a huir
y algunos dejaban las canoas y se echaban a nado y en este tiempo
otro tiro dio en otra canoa que acabó de desparramar el nublado y
les quedó libre la salida y así salieron sin contraste y fueron al
navío a vela y remo y al salir de la bahía les dieron una rociada de
flechas.

Luego aquella noche se determinó la vuelta y visto que en el
navío no había más de cuatro botijas de agua y que Juan Muñoz se
ofreció a llevarles donde la tomasen sin zozobra pusieron en plática de ir por ella y los marineros contradijeron que no querían agua
ni beber sino morirse y que luego se fuesen y fueron otro día por el
agua y el maestre que se había ofrecido /537 v./ de ir con los otros
al tiempo del efecto no quiso ir y fue el contramaestre y dos grumetes y con condición que no habían de salir en tierra si no era
Juan Viçioso y Juan Muñoz y Bartolome Matheos y así fueron a

media noche por no ser vistos ni sentidos y sin ninguna zozobra tomaron el agua aunque en ello pasaron trabajo porque por no errar el río saltaron en tierra media legua de él y vinieron por la costa y el batel por el agua y cada rato pensaban que se había ido el maestre con el batel y los había dejado en fin tomaron agua y cuando amaneció la tenían en las pipas cuando el sol reía Juan Muñoz viéndose alegre de su libertad y de haber tomado el agua sin contraste comenzó a acuchillar unas palmas que estaban en el arenal y como él solía irse a la sazón el maestre que estaba en el navío tenía guarda en la gavia y vieron relucir la espada ya comenzaban a decir que peleaban en tierra y que los habían muerto comenzaron a tomar el ancla y a dar velas y salirse del puerto contra voluntad de los frailes.

/538/ Visto por fray Gregorio la maldad del maestre saltó en la chalupa y tomó un grumete consigo que marinero no quiso ir ninguno y sólo el fraile fue en su demanda y los topó cerca de tierra de que no llegó poca alegría a sus ánimos porque veían que se iba el navío y así fueron hasta que lo alcanzaron porque se pasaron en la chalupa y dejaron al contramaestre y grumetes en el batel y alcanzado el navío hiciéronlo volver a surgir hasta que llegó el batel y llegado el batel alzaron velas y aunque tenían la canal del puerto tanteada con boyas según dicho es tocó el navío en tanto grado que pensaron perderse y los marineros que le habían de gobernar y ayudar dejáronle culear y acudían a la chalupa y ganáronles por la mano dos soldados que entraron primero dentro y Bartolome Matheos viendo desamparado el timón de los marineros le tomó y gobernó de arte que sacó el navío del trabajo y fue Dios servido que salidos a alta mar en veinte y tantos días llegaron a Sanct Juan de Lua.

Esto es lo que se sabe del suceso de fray Luis Cançer en su ida a predicar a los naturales /538 v./ de la Florida el cual muy docto y muy experimentado en negocios de Yndias fray Bartolome de las Casas obispo que fue de Chiapa a *La docena objeçion* que el egregio doctor Gines de Sepulveda cronista del emperador nuestro señor de gloriosa memoria coligió de la *Apología* que contra él hizo el dicho obispo pretende excusar de la culpa que parece quererle poner el dicho doctor en *La doce objeçion* y lo llama bienaventurado y felicísimo y aunque se pudieran decir sobre esto algunas cosas lo dejo por algunos respectos justos y bastará ver lo que dice el doctor Navarro en el capítulo once número cuarenta del *Manual de confessores* y por ello constará si fue acertado o no lo que el dicho fray Luis hizo habiéndoselo contradicho fray Gregorio de Beteta dominico varón muy docto y de tan gran habilidad que decía de él el doctísimo fray Francisco de Victoria, catedrático de prima de teología en Salamanca que si siguiera las letras fuera una de las más señaladas personas de su orden y por sus letras, habilidad /539/ y *religión se le dio el obispado de Cartagena** en Yndias y no se pudo acabar con él que lo aceptase y yo lo traté y comuniqué en la Nueva España siendo allí oidor y por la experiencia que tenía de semejantes negocios hizo gran contradicción al dicho fray Luis y lo mismo otros de los que con él iban por haber entendido por indicios claros la intención de los indios como todo consta de la sobredicha relación.

---

* A fray Gregorio de Beteta se le dio el obispado de Cartagena y el papa Jullio 3° le mandó so pena de excomunión lats. sententis lo aceptase, y así lo aceptó, y Su Majestad le envió a la provincia de los Aruacas a la conversión de aquella gente con provisiones muy favorables para que doquiera que llegase le diesen lo que pidiese esto fue el año de 54 y venido de allí se fue a Roma y renunció al obispado como lo afirma don Francisco de Beteta su sobrino que vino a España el año de 86 en nombre de todos los obispos de la Nueva España a traer el concilio provincial que celebraron en Mexico y a otros negocios graves el cual es maestre escuela de Tlaxcala.

# CAPÍTULO DIEZ

En que se refiere lo que sucedió a fray Domingo de Bico y de otro su compañero de la orden de Santo Domingo en la provincia de la Vera Paz estando allí doctrinando y predicando a los naturales de ella.

En el monasterio de Santo Domingo de Guatimala traté y comuniqué muy particularmente el tiempo que allí fui oidor a fray Domingo de Bico muy estimado de todos por su religión y vida ejemplar aunque a la contina andaba enfermo por la gran penitencia que hacía y por lo mucho que trabajaba en predicar a los españoles y en la doctrina y conversión de los naturales de aquella tierra y en doctrinar /539 v./ y predicar a los negros y a los indios que están en servicio de los españoles que son muchos los domingos y fiestas cuando se hallaba en Guatimala y porque nunca quería estar ocioso tenía por costumbre y por ordinario de escribir tres pliegos de papel en la lengua de los indios para su doctrina y de sermones para les predicar y andando yo visitando los pueblos que hay junto a una provincia que llaman la Vera Paz y los españoles la llaman Tierra de Guerra la cual trajo de paz fray Luis Cançer que murió en la Florida por la orden que el obispo de Chiapa que entendió en lo mismo juntamente con él refiere en la respuesta a *La doce objeçion* del doctor Sepulveda de que ya se ha hecho mención me escribió cómo iba a doctrinar y predicar a los naturales de aquella tierra y yo le escribí que quería ir con él y que me aguardase en el primer pueblo a la entrada de ella ciertos días y como no pude acabar la visita de los pueblos que tenía entre manos vista mi tardanza no me aguardó y porque no fui digno de ir con él a tan santa jornada se fue con otro su compañero y con dos o tres muchachos /540/ indios que traía consigo para los doctrinar y llegado a un pueblo de aquella provincia comenzó a entender en la predicación y doctrina de los que en él vivían y como lo supieron otros indios de una provincia que llaman Lacandon que aún no estaban de paz enviaron amenazar a los de aquel pueblo porque dejaban predicar

708

a los frailes y luego vinieron ellos a punto de guerra y estando fray Domingo y su compañero recogidos en un BUHIO o casa de un indio después de haber predicado entraron los indios muchachos que traía consigo y le dijeron cómo los de Lacandon venían con sus arcos y flechas y de mal arte y él salió a ellos mostrándoles muy alegre rostro les habló en su lengua y la respuesta que le dieron fue tirarle algunas flechas y lo mismo a su compañero y los mataron y no tengo memoria si mataron también a los muchachos porque con tantos caminos como después anduve se me perdieron los memoriales que tenía de esto y de otras muchas cosas que ahora me hacen gran falta para lo que escribo y habiendo robado el pueblo y amenazado a los que en él vivían si de allí adelante dejaban predicar otros frailes se tornaron a su tierra muy contentos.

/540 v./ Aunque en la muerte de fray Domingo y de su compañero concurrieron las tres cosas que son necesarias para que uno se diga ser mártir que son CAUSA RATIONABILIS PROPTER DEUM, y muerte, y voluntad constante hasta el fin para la sufrir como lo declara Santo Antonio en la tercera parte de la *Suma* título treinta y uno y para la causa cita al divino Agustino que dice PENA párrafo PER SE NON FAÇIT MARTYREM SED CAUSA y no señala el lugar donde lo dice y es en la epístola cincuenta *Ad Bonifaçium* y San Çiprian obispo de Carthago y mártir santísimo que fue antes que el glorioso Agustino en el libro de *Dupliçi martyrio* columna séptima dice NON SUPLICIUM FAÇIT MARTYREM SED CAUSA y lo cita San Gregorio en el *Registro* libro segundo capítulo treinta y seis aunque no dice dónde y en el capítulo primero de RRELIQUIS ET VENERATIONE SANCTORUM EXA se dice que ninguno sea honrado ni tenido por santo sin autoridad de la Iglesia romana aunque haya hecho milagros y pues esto es así no osaré yo afirmar que todos los susodichos o alguno de ellos se tengan por mártires /541/ pues la Iglesia no los ha declarado por tales ni los que se anticipan a quebrar los ídolos de los infieles como se dice en el capítulo sesenta del *Conçilio Ylibertino* cuyas palabras son éstas SICUIS IDOLO FREGERIT ET IBIDEM FUERIT OCCISUS QUIA IN EBANGELIO NON EST SCRIPTUM, NE QUE IN VENITURAB APOSTOLIS UNQUAM FACTUM PLACUIT IN NUMERUM EUM NON RECEPI MARTYRUM y el glorioso San Agustin, en la *Epistola cincuenta a Bonifacio* y en el libro de *Verbis domini sermone* sexto de PUERO CENTURIONIS reprende ciertos herejes que se llamaban circumllionis porque iban a las solemnidades célebres de los paganos donde había multitud de gente y les quebraban los ídolos por que los matasen creyendo que ello servían a Dios y que por esto serían tenidos por mártires donde dice NECFACIATIS ITA QUANDO IN POTESTA VESPEA NON EST UT FACITUS ILLA, PRAVORUM HOMINUM EST: FURIOSORUM ET ÇIRÇUMLLIONUM: UBI POTESTATEM NON HABENT SERVIRE ET VELLE MORI y cita la autoridad del Deuteronomio capítulo séptimo donde se dice CUM DATA VOBIS FUERIT TERRA IN POTESTATE TUNC ARAS /541 v./ ERUM DESTRUETIS y así dice San Agustin UBI NOBIS NON EST DATA POTESTAS SI NON FACIAMUS / como en los gentiles, UBI DATA EST NON PERMITTIMUS / como en los malos cristianos idólatras, esto refiere el doctísimo maestro fray Domingo de Soto en el *Sumario de la apologia que hizo el obispo de Chiapa contra el doctor Sepulveda* y porque como él dice nadie piense que habla de la falta del poder cuanto al hecho explicase que no entiende sino cuanto al derecho. MULTI PAGANI / INQUIT / HABENT ISTAS ABOMINATIONES IN FUNDIS SUIS: NUN QUID ACCEDEMUS ET CONFUGEMUS? PRIVIS ENIM AGAMUS UT IDOLA IN EORUM CORDIBUS FRANGAMUS: QUANDO CHRISTIANI ET IPSI FACTI FUERINT: AUT INVITANT NOS AD TAM BONUM OPUS: AUT PREVEMUNT NOS. MODO ORANDUM EST PRO ILLIS: NON AUTEM IRASCENDUM ILLIS / y más abajo / NONNE ANTE NOS SUNT LOCA IN QUIBUS SUNT? AUT VERE IGNORAMUS UBI SUNT ISTA? como quien dice bien sabemos dónde están los ídolos / ET TAMEN NON FACIMUS QUIA NON DEDIT IN POTESTATEM DEUS: QUANDO DAT DEUS IN POTESTATEM? QUANDO CHRISTIANUS EST CUJUS RES EST. Muchas palabras dice que añade allí San Agustin en esta /542/ razón para confirmar que no tienen los cristianos poder para destruir ni castigar la idolatría de los infieles según lo dice San Pablo. DE HIS QUI FORIS SUNT NIHIL AD NOS hasta arrancársela primero de los corazones por la doctrina evangélica y traerlos por la fe a nuestra jurisdicción y confirmólo el obispo por el mismo San Pablo que primero cuenta todas indignidades y vicios de los gentiles entre los cuales pone la idolatría y discurriendo por los otros pecados añade QUID ENIM AD MES DE HIS ATTINET QUI FORIS SUNT JUDICARE añadió a la postre el ejemplo de los apóstoles y de los mártires que de ninguno se lee que destruyese los ídolos sino por doctrina como San Pablo ACTORUM quince que por razón concluyó a Dionisio la falsedad de su ídolo o por milagro como San Bartolome hizo al mismo demonio que saliese de su estatua y la desmenuzase y por la misma razón que no les podemos quitar la idolatría dice que ni los podemos castigar por ella por falta de jurisdicción y la razón que de todo esto en general trajo fue porque como los hombres no /542 v./ puedan

710

vivir sin algún dios no podemos prohibirles que honren sus dioses sin les enseñar la falsedad de ellos y la verdad de nuestro verdadero Dios / esto es lo que dice Soto refiriendo al dicho obispo y lo que dice que los hombres no pueden vivir sin algún dios se confirma por lo que dice Tullio en el libro primero de las *Tosculanas questiones** donde dice UT PORIO FIRMISSIMUM HOC AFFERRI VIDEATUR CURDEOS ESSE CREDAMUS: QUESTION NULLA GENS TAN FERA: NEMO OMNIUM TANSIT IN MANIS CUJUS MENTEM NON IMBUERIT DEORUM OPINIO y allí Felipho Beroaldo en su Comento dice PERSUASUM, IN SITUM QUESTION A NATURA EST CUNCTIS MORTALIBUS DEOS ESSE, ET QUAM VIS VARIA SIT INTER HOMINES OPINATIO AT QUESTION DISSIDIUM NEMO TAMEN FERME EST, QUI DENEGET PLECARE ENIM ARISTOTILES / INQUIT / ET AMAT. TULIO REPETITUM EST SI ESSENT HOMINES QUI SUB TERRA SEMPER ABITAVISSENT ET DE INDE REPENTE EVADERE, IN HEC LOCA, QUE NOS IN COLIMUS AT QUESTION EXIRE POTUISSENT PULCHRITUDINE MUNDI, CURSIBUS QUESTION STELLARUM ORDINATISSIMIS CONSPECTIS, PROFECTO ET /543/ ESSE DEOS, ET HEC TANTA OPERA DEORUM ESSE ARBITRARENTUR. Esto dice Tullio más largo en el libro segundo *De natura Deorum* y en el libro primero *De legibus* dice ITA QUE EX TOT GENERIBUS párrafo ANIMALIUM NULLUM EST ANIMAL PRETER HOMINEM QUOD HABEAT NOTITIAM ALICUAM DEI IPSIS QUESTION IN HOMINIBUS NULLA GENS EST NEQUE TAM IMMANSUETA NEQUE TAM FERA, QUE NON ETIAM SI IGNORENT, QUALEM HABERE DEUM DECEAT TAMEN HABENDUM SCIAT. Y en el libro segundo de la *Natura Deorum* dice ITAQUE INTER OMNES OMNIUM GENTIUM SENTENTIA CONSTAT: OMINIBUS ENIM INNATUM EST ET IN ANIMO QUASI IN SCULTUM ESSE DEOS, QUALES SINT VARIUM EST: ESSE NON NEGANT y Lactantio Firmiano en el capítulo segundo del libro primero *Divinarum institutionum* que es de falsa RELIGIONE dice NEMO EST ENIM, TAM FERUS MORIBUS QUI NON AD OCULOS SUOS IN CELUM TOLLENS TAMET SI NESÇIAT CUJUS DEI PROVIDENTIA REGATUR HOC OMNE QUOD CERNITUR, ALIQUAM TAMEN ESSE: INTELLIGAT EX IPSA RERUM MAGNITUDINE /543 v./ MOTU, DISPOSITIONE, CONSTANTIA, PULCHRITUDINE, COMPARATIONE, y el real Propheta mucho tiempo antes que ellos dice en el salmo dieciocho CELI ENARRANT GLORIAM DEI, ET OPERA MANUM EJUS ANUNTIUT FIRMAMENTUM ET CETERA no con palabras sino con su ornato tan maravilloso con que se muestra a todas las gentes del universo de donde vienen a conocer que hay algún Dios que lo crió y que lo rige y gobierna y en ver que a un día sigue otro y a una noche otra y en ver la gran-

* "nulla o eniqus on collar aliquem deus". [Nota al margen.]

deza del cielo, la hermosura del sol, y de la luna, y de las estrellas, y su orden, y variedad, y su perpetuo curso de donde se conoce su omnipotencia, su sabiduría, y bondad y lo que más de maravillar es que este conocimiento de Dios se extiende hasta los animales porque según dice Plinio en el capítulo primero del libro octavo de la *Natural historia* los elefantes veneran y adoran las estrellas y el sol y la luna y en aquel capítulo y en los siguientes dice cosas admirables de ellos y Solino /544/ en el capítulo treinta y siete dice que cuando la luna nueva resplandece van en manadas juntos a los ríos y se bañan en ellos y después con el movimiento de veneración que pueden saludar el nacer del sol y Luis del Marmol Caravajal también trata de ellos y la *Historia de la Yndia de Portugal* y todos ellos y otros autores dicen cosas casi increíbles de ellos en otra parte se ha dicho de la infinidad de dioses que tenían y adoraban los gentiles y porque el doctor Sepulveda conforma con el obispo en lo que se ha dicho sobre el quebrar de los ídolos de los gentiles será bien referir lo que él dice.

Dice pues Sepulveda en la *Sexta objeçion* que se ha citado que lo que San Agustin habla en el *sermón sexto de Puero Centurionis* en lo que toca al quebrar de los ídolos todo va enderezado contra el furor de ciertos herejes que se llamaban circumlliones los cuales iban a las solemnidades muy célebres de los paganos donde había gran multitud de gente a quebrar los ídolos por que los matasen creyendo que en aquello servían a Dios y eran mártires como el mismo San Agustin /544 v./ lo refiere en la *Epistola çincuenta a Bonifaçio* reprendiendo aquella locura y diciendo que no la pena hace al mártir sino la causa, y acá dice no manda Dios absolutamente quebrar los ídolos sino cuando los tengamos en nuestro poder como hizo Daniel cuando quebró el ídolo que le dio el rey Dario en su poder Daniel 14 y al pueblo de Ysrrael mandó que quebrasen las estatuas después que se hubiesen apoderado de la tierra de promisión y no a tiempo que no se pueden quebrar sin escándalo y peligro de los fieles como era en tiempo de San Agustin que había muchos idólatras y muy poderosos entre los cristianos y si les quisieran quebrar los ídolos lo defendieran y hubiera grande alboroto entre los cristianos y los gentiles porque aunque el emperador era cristiano no quería usar de tanto rigor contra los gentiles como Constantino había usado después del cual fue Juliano Apostata que persiguió los cristianos y por la gran resistencia que hubo en los gentiles contra aquella ley de Constantino otros emperadores disimulaban /545/ con los gentiles en el uso de los ritos por evitar escándalos en el imperio como se ve por lo que escribió San Ambrosio en las *Epistolas* treinta y treinta y una por las cuales se ve que en sus tiempos eran tan poderosos los gentiles que no solamente habían muchos en el Senado romano mas aun el prefecto de la ciudad era gentil que se llamaba Simacho y esto es lo que dice Santo Thomas 2ª 2ᵉ ar. XI INFIDELIUM RITUS NON SUNT ALIQUALITER TOLLERANDI: NISI FORTE AD ALIQUOD MALUM VITANDUM AD VITANDUM SCANDALUM VEL DEÇIDIUM QUOD EX HOC POSSET PREVENIRE: VEL YMPEDIMENTUM EORUM QUI PAULATIM SIC TOLLERATI CONVERTUNTUR AD FIDEM: PROPTER HOC ENIM ET HERETICORUM ET PAGANORUM RITUS ALIQUANDO ECCLESIA TOLLERAVIT, QUANDO ERAT MAGNA INFIDELIUM MULTITUDO / así que San Agustin que fue en tiempo de San Ambrosio aunque más mancebo dice que los cristianos no quebraban los ídolos de los gentiles porque no tenían poder ni facultad de lo hacer sin escándalo y peligro ni eran obligados por ley divina si no se pudiese hacer sin tales /545 v./ inconvenientes como sería cuando los cristianos fuesen tantos y tan poderosos que lo pudieran hacer a su salvo y sin peligro o cuando los gentiles se volviesen cristianos que entonces ellos mismos les ayudarían a los quebrar y así se ha de entender aquella ilustre autoridad de San Agustin porque por ser lícita y santa la fuerza de quitar la idolatría a los gentiles a su despecho con pena de muerte y con perdimiento de bienes como lo hizo Constantino el mismo San Agustin lo testifica con aprobación de todos los cristianos 23 QUESTION 4 capítulo NON INVENITUR y Santo Thomas en el lugar próxime allegado y San Gregorio en la *Epistola sesenta* del libro nueve que por este hecho alaba a Constantino esto es lo que dice Sepulveda / de esta ley de Constantino hace mención Eusebio en el capítulo cincuenta y uno CUM SEQUENTIBUS libro tercero de *Vita Constanti* y Sozomeno en el capítulo cuatro del libro segundo de la *Historia ecclesiastica* y de los circunmilliones en el capítulo Rremittumtur y en el capítulo circunmilliones 23 QUESTION 5 donde dice la glosa CIRCUNMILLIONES RESTITUTUM PROPIUM /546/ NOMEN y no dice más palabra y San Ysidro libro octavo *Ethymologiarum* capítulo quinto los llama circumgelliones como se refiere en el capítulo QUIDAM versículo circumgelliones 24 QUESTION 3 donde dice ÇIRCUMGELLIONES EO QUESTION AGRESTES SINT QUOS SCOTOPICOS VOCANT. SUPRADICTE HERESIS HABENTES DOCTRINAM, HI AMORE MARTYRII SEMET IPSOS

PERIMUNT UT VIOLENTER DE HAC VITA DISÇENDENTES MARTYRES NOMINENTUR y trata de ellos el doctísimo maestro fray Alonso de Castro libro décimo *Adversus hereses* IN VERBO MARTYRIUM IN 3a HERESI.

Para que se entienda bien lo que el glorioso San Agustin dice en el Sermon de Puero Centurionis será bien referir las palabras enteramente que dice en la columna penúltima /HOC ENIM/ INQUIT/: DIÇIMUS CHARITATI VESTRE NE FACIATIS ISTA, QUANDO IN POTESTATE VESTIA NON EST UT FACIATIS ILLUD. PRAVORUM HOMMINUM EST FURIOSORUM CIRCUNLLIONUM. ET HABI POTESTATEM NON HABENT SE VIRE, ET VALLE MORI PROPERANT SINE CAUSA AUDISTIS QUE VOBIS LEGIMUS OMNES QUI NUPER IN MAPALIBUS /546 v./ AFUISTIS, CUM DATA FUERIT VOBIS TERRA IN POTESTATEM. PRIUS AIT IN POTESTATEM ET SIC DIXIT QUE FAÇIENDA SUNT ARASER EORUM /INQUIT / DESTRUETIS. LUCOS EORUM COMINUETIS, ET OMNES TITULOS EORUM CONFRIGETIS. CUM ACÇEPERITIS POTESTATEM HOC FACITE UBI NOBIS NON EST DATA POTESTAS NON FAÇIMUS, UBI DATA EST NON PRETER MITTIMUS MULTI PAGANI HABENT, ISTAS ABOMINATIONES IN FUNDIS SUIS, NUNQUID ACCEDIMUS ET CONFRIGIMUS / PRIUS ENIM AGIMUS, UBI IDOLA IN EORUM CORDE FRANGAMUS, QUANDO CHRISTIANI ET IPSI FACTI FUERINT, AUT INVITANT NON AD TAN BONUM OPUS, AUT PREVENIUNT NOS, MODO ORANDUM EST PRO ILLIS NON IRASCENDUT ILLIS. Véase lo que dice Theodoreto en el capítulo treinta y ocho libro quinto *Historie ecclesiastiçe* y se refiere en el capítulo treinta libro diez de la *Historia tripartita* y por Nicephoro capítulo die cinueve libro catorce *Historie ecclesiastiçe* donde se dice que Abdas o Audas obispo de Persia porque destruyó el templo del fuego que los persas adoraban y lo tienen por dios sin tiempo conveniente /547/ mandó destruir las iglesias de los cristianos y a él lo mandó matar donde se dice que no lo hizo bien Abdas y citan lo que San Pablo hizo en Athenas y véase lo que se dice adelante al fin del capítulo 21.

Hase referido esto tan largamente para advertir algunos que en las conquistas de los indios inconsideradamente se arrojan a les quebrar sus ídolos y de ello nacen escándalos y aun indignación para no se rendir y estar muy pertinaces lo que no sería si como se ha dicho les diesen primero a entender su engaño con buenas y blandas razones y esto basta por ahora.

# CAPÍTULO ONCE

En que se refieren algunas cosas que don Estevan de Salazar monje de la Cartuja de Portaceli dice de algunos religiosos de las tres órdenes que hay en la Nueva España que son San Francisco que fue la primera y Santo Domingo y San Agustin.

Don Esteban de Salazar monje de la Cartuja de Portaceli en el capítulo segundo del /547 v./ *Discurso* cuarto sobre el Credo varón muy docto y de gran religión al cual conocí y traté en Mexico siendo fraile de la orden del glorioso San Agustin donde residió algunos años y le hablé en España siendo ya monje de la Cartuja donde yo creo que se pasó por vacar mejor al estudio a que es muy aficionado y tan docto en las lenguas hebrea, y griega, y latina que pienso que en España no hay quien le haga ventaja y muy famoso teólogo y gran predicador como lo muestran las obras que tiene escritas. Dice que tanto se había enseñoreado el demonio del hombre y tan tiranizado lo tenía por el pecado y tan ciego que casi preciándose de cuán sujeto lo tenía le hacía hacer y adorar cosas tan torpes y feas y con ritos tan sucios y nefarios que el pudor humano y común vergüenza impiden que no se publiquen y dicen que bien se ve hoy esta gran ceguedad y error de los hombres poseídos del demonio que lo sirven en los ídolos en ambas Yndias Oriental y Occidental donde aún le adoran aunque en la de Occidente ha sido tan maravilloso /548/ el fruto del santo Evangelio que ha corrido más de cuatro mil leguas de costa de anchísima tierra destruyendo con su celestial y soberana luz de tal manera la tiniebla del demonio y errores de la idolatría que hay provincias colmadísimas de gentes donde apenas se hallará rastro de lo que fueron y entre ellas con razón tiene la cumbre el imperio de la Nueva España donde envió Dios conforme a su oráculo por Esayas capítulo dieciocho a aquella gente desechada y olvidada ángeles tan veloces y nubes de tan soberano vuelo que desde el año de mil quinientos diecinueve que se ganó con ser harto mayor que Europa casi no queda rastro en ella de gentilidad ni de idolatría, habiendo

715

servido en el ministerio y apostolado de conversión de aquellas gentes las tres ilustrísimas y observantísimas religiones de mendicantes de España menores que fueron los primeros y predicadores y agustinos con incomparable celo y suceso y que han tenido varones tan esclarecidos en toda religión y virtud santidad y erudición que habemos /548 v./ entendido haber resplandecido algunos con singulares maravillas y dice que conoció y trató algunos de ellos cuya vida y ejemplo maravilloso no era inferior a la fama y esclarecido nombre que tenían / con estos oficiales ha hecho su negocio Cristo y con esta gente ha rendido aquel mundo y traído aquellas gentes a la verdad y gloria del Evangelio y al conocimiento de un solo Dios verdadero de la increíble multitud de demonios e ídolos que con ceremonias y ritos inhumanos y nefandos adoraban y dice que todas las figuras grandes y pequeñas que él ha visto entre aquellas gentes occidentales de demonios en piedras, y en madera, y en oro, y plata, y en otras cosas ninguna ha visto que no sea horrenda, abominable, fea, verdaderamente diabólica.

En el capítulo tercero del discurso dieciséis dice si comparo el mundo viejo y conocido con el nuevo descubierto, conquistado, poblado, y doctrinado, por los muy católicos reyes de España y sus ministros y vasallos me atreveré a decir que es nada lo que los antiguos /549/ conocieron respecto de lo que vemos pues son más de diez mil leguas de costa las que en él se han descubierto y cada día se descubren más, como lo afirma el obispo de Chiapa en la *Relaçion que hizo de las Yndias y de aquel nuevo mundo* pasan de seis mil leguas de costa de tierra firme, descubierta conquistada y convertida por la predicación de los apóstoles de nuestro tiempo que en él han sido las tres sacratísimas órdenes de mendicantes, predicadores, menores y agustinos en las cuales es tan innumerable la multitud de gentes, naciones, pueblos, provincias, reinos, señoríos, imperios de diversas lenguas que profesan en unidad el Evangelio y la doctrina de la santa Iglesia católica romana que aunque había mucho que decir en esto lo habré de dejar pues basta lo dicho para el argumento que tratamos donde también trata si el Evangelio fue predicado en todo el mundo por los sagrados apóstoles y porque esto lo habemos ya tratado en otra parte no hay para qué lo referir aquí.

/549 v./ En el capítulo quinto del mismo discurso dieciséis dice por cosa maravillosa y divina tengo haber nuestro Señor llamado

716

para aquel mundo para fundación del Evangelio y para la conversión de aquellas gentes que todas tres órdenes mendicantes de predicadores y menores, y agustinos varones esclarecidos de grande santidad y erudición cuyas vidas evangélicas acompañadas de una caridad nunca vista y de fervor, y devoción, e inocencia han sido edificación no de una gente ni de un pueblo sino de un mundo cuya costa tiene diez mil leguas y han ellos en él rendido al Evangelio muchos millares de ellas, y muchos de ellos han regado aquella nueva planta con su bendita sangre y entre estos varones admirables hay comúnmente don de lenguas y que en un año y en menos deprenden algunas muy más difíciles que la griega, con tanta expedición, que predican y confiesan en ellas fácil y extemporáneamente y dice que aunque él trató /550/ familiarmente y conoció algunos de estos varones ilustres de quien se cuentan grandes maravillas y milagros especialmente del padre venerable fray Francisco de la Cruz y del padre fray Geronimo Ximenez al cual dice que oyó cantar atribuyéndolo a la santidad de un predicador que siendo prior del monasterio de San Agustin de Medina del Campo que faltándoles el trigo en un año estéril y no hallando quién se lo diese ni se lo prestase creció un poco que les quedaba tan copiosamente que fue remediada su necesidad y dice que quien conoció familiarmente la suma religión penitencia, lágrimas, y continua oración de aquel varón incomparable fray Antonio de Rroa que se espante en oír que resucitó un niño muerto con otras muchas maravillas que de él se cuentan muy grandes y dignas de su gran virtud y santidad y dice que sería cosa larga tratar del ministerio y oficio del religiosísimo padre fray Juan de Moya de cuya profundísima /550 v./ humildad y abstinencia nunca oída y perpetua oración nadie podrá decir que en él vio y hubo de quien decían los indios admirados de un ejemplo tan peregrino de virtud y santidad en su lengua decimos nosotros que éste es verdadero santo el cual andando en una tierra destempladísima con el exceso del calor siendo ya muy viejo y muy quebrado por suplir la falta que aquella gente tenía de ministros predicándoles y confesándolos se pasaban ocho y diez días sin beber y mucho tiempo sin comer más que solas unas raíces que se llaman batatas curando con su bendición y un poco de aceite llagas, y fístulas incurables y dice que estos tres ha puesto del gloriosísimo padre San Agustin donde dice que él nació en el Señor y se crio por espacio de veinticinco años

717

y enseñaron por poner casas auténticas y poder hablar de lo que ha visto y tratado mucho tiempo y muy familiarmente dejando las /551/ debidas alabanzas del clarísimo varón en santidad y erudición el padre maestro fray Alonso de la Veracruz de la misma orden que por ser como es su hijo y discípulo podría ser sospechoso aunque dice que no ignora la rara e inestimable santidad y virtud de muchos varones esclarecidos de las órdenes de los predicadores y menores que él conoció en la administración de aquel apostolado un fray Jacobo de Daçia, un fray Juan Frocher, un fray Torivio Motolinea, de la orden de San Francisco, un fray Thomas de San Juan, un fray Domingo de la Cruz, maestro en teología, un fray Cristobal de la Cruz de la orden de Santo Domingo de quien dice que hablará muy poco y que para gloria de Dios y edificación de los que esto leyeren dirá sola una cosa que habiéndolo nuestro Señor cubierto de lepra para apurar con tan terrible ejercicio de paciencia este su siervo y queriéndole hacer aposento aparte por consejo de los médicos y diciéndoselo con mucho sentimiento sus prelados, porque habiendo él gobernado aquella provincia de la Nueva España tenía a cargo la crianza de los nuevos religiosos les respondió con /551 v./ alegría, que en buena hora aunque les hacía saber que aquella lepra era para él y esto bastó para los que lo conocían para lo dejar (con ser la enfermedad tan abominable y contagiosa) entre los demás sin se haber pegado ni tocado otro de aquel accidente y parece que su respuesta fue conforme a la de Hieremias capítulo diez donde dice PLANE HEC INFIRMITAS AREA EST, ET PORTABO ILLAM.

Muchas maravillas dice fray Estevan de Salazar que podría contar que nuestro Señor ha hecho respondiendo por su misericordia a la devoción y fe de los indios y en testimonio de la verdad de su santo Evangelio pero que solamente dirá que con echar el volcán de Tlaxcallam formidables golpes de fuego casi siempre, desde que a su pie se fundaron monasterios y se puso en ellos el Santísimo Sacramento nunca más lo ha echado y que echaba tanto humo y ceniza que la llevaba el aire muchas leguas, y que en un pueblo hacia la Oesteca hay un género de serpientes pequeñas cuya ponzoña es tan aguda y pestilencial que dentro de cuarenta y dos horas mata y que no se halla remedio /552/ para ella y que un jueves santo al tiempo que encerraban al Santísimo Sacramento entró en la iglesia un indio y se llegó a la mujer del que tenía aquel pueblo en encomienda y le dijo cómo una de aquellas serpientes le había mordido y le pidió remedio y que ella le dijo ya sabes que no lo hay para ese veneno y que le mostró el Santo Sacramento y le dijo ves allí a Dios que es el remedio de todos los hombres pídeselo a él con devoción y fe en su gran misericordia que él te curará y que el indio se hincó de rodillas ante el Santísimo Sacramento y se estuvo allí con gran devoción hasta que lo desencerraron y que entonces se levantó y se fue a su casa bueno y sano.

Esto que se ha dicho es en suma lo que él dice y lo he ido salteando y otros autores hay que también dicen algunas cosas y de fray Antonio de Rroa oí en Mexico algunas cosas de su gran penitencia y entre otras me dijeron que traía ceñida sobre sus carnes una cadena de hierro y encima vestida una cota de malla y al tiempo que esto escribo vi una *Relaçion /552 v./ muy larga que envió un fraile agustino* a su provincial en que dice que tenía un crucifijo de tan admirable figura que en viéndolo movía grandísima devoción y que parecía haber sido labrado milagrosamente y que después de sus días se trajo de un pueblo de indios donde él lo dejó a Mexico y que fue cosa maravillosa la infinidad de gente así de españoles como de indios que por todo el camino lo acompañó y que en cualquier pueblo por donde pasó se le hizo solemnísimo recibimiento y que por todo el camino se trajo con grandísima pompa y majestad y con mucha música de voces y de diversos instrumentos y refiere algunos muy notables milagros que hizo por todo el camino en que sanó tullidos, hidrópicos, y heridos que estaban desahuciados de los médicos y a punto de muerte y que de Mexico lo salió a recibir la Real Audiencia y el Cabildo de la Iglesia Mayor y de la Ciudad y todo el pueblo y que se puso en la iglesia de San Pablo donde hay religiosos agustinos y está en una /553/ población de indios que llaman de Sanct Juan que está a un lado incorporada con la ciudad de Mexico y adelante se referirán otros milagros que ha obrado nuestro Señor con los naturales de aquella tierra y con esto tornemos a nuestro intento.

719

# CAPÍTULO DOCE

En que se refiere el orden que tuvieron los doce primeros frailes franciscos que fueron a la Nueva España en doctrinar los naturales de ella como lo dice fray Torivio en el capítulo cuarto y en otros siguientes en la primera parte de aquel su *Libro* y cuándo se puso el Santísimo Sacramento en aquella tierra y la solemnidad que se hacía donde se ponía y cómo se celebraban las fiestas.

Dicho sea cómo llegados los primeros doce frailes franciscos a Mexico que vista y entendida la grandeza de aquella tierra y la necesidad que los naturales de ella tenían de ser industriados en nuestra santa fe católica después de se haber encomendado a nuestra Señora con lo demás que se dijo en el capítulo segundo / dice /553 v./ fray Torivio que al principio recogieron en sus casas a los hijos de los señores y que salieron tan bonitos y hábiles que les ayudaban mucho y les descubrían los ritos y las idolatrías y muchos secretos de las ceremonias de sus padres y que esto era muy gran motivo y materia para predicar y confundir sus errores y engaños y la ceguedad en que estaban y les declaraban quién era y es el verdadero Dios y que por su inmensa bondad quiere que todos los hombres se salven y les declaraban quién era aquel a quien servían y que era y es enemigo muy cruel del humanal linaje y que como tal desea y procura nuestra condenación para nos llevar a los tormentos en que él está y que procurasen la salvación de sus ánimas y que les decían otras cosas a este propósito y que todo les era muy gran fastidio y dice cuán metidos estaban en sus crueles sacrificios y borracheras y que eran muy continuas y que después de beodos veían visiones y se tornaban muy crueles y se herían y mataban unos a otros donde refiere otras cosas abominables y de gran bestialidad y que no /554/ dejaban sus sacrificios y la idolatría y que les pareció que no se había de hacer aquella guerra con solo cuchillo o espada de la palabra de Dios sino añadiendo ayunos y oraciones y disciplinas y que entonces invocaron con gran instancia el favor divino y de su seráfico padre San Francisco pa-

720

triarca de los pobres conociendo ser dado por singular abogado de aquella pobre gente después de nuestra Señora y de los ángeles, y que escribían a España a personas devotas y prelados de la Iglesia en especial a los de su orden para que con sus oraciones les ayudasen encomendándolos a nuestro Señor para que fuese servido de les dar su gracia y favor para destruir la idolatría y costumbres brutales de aquella tierra y que estando en esto envió Dios a fray Juan de Çumarraga primer obispo de Mexico que trabajó fielmente por adornar su iglesia y sus ministros en que gastó cuatro años toda la renta del obispado y que era casi nada lo que para sí gastaba y que la atavió rica y graciosamente tanto como las muy aderezadas iglesias catedrales /554 v./ de las antiguas de España y que con esto no le faltaron trabajos y aflicciones hasta le hacer venir a Castilla y por que la antigua serpiente no emponzoñase alguno de los convertidos levantaron la señal y preciosísimo estandarte de la santa Vera Cruz en grande número de cruces y que como en aquella tierra hay altas montañas hicieron cruces muy altas y que otras muchas pintaron muy graciosamente y que mirándolas algunos grandecillos que habían sido heridos de la ponzoña de la idolatría y otros muchos fueron librados de diversas asechanzas y apariciones y engaños del demonio como dice que lo oyeron y lo supieron de algunos de ellos y dice que les estorbaban el paso y les salían al encuentro dos géneros de enemigos que eran los que ellos llaman PAPAS que son los principales de los sacerdotes de los ídolos y los señores principales y los viejos envejecidos en muchos vicios y que Dios mató muchos de ellos y que han venido sus memorias y sus tierras a los creyentes y que lo mismo ha hecho Dios y hace contra los que contradicen por muchas vías y estorbos la conversión de aquellas gentes.

/555/ En el capítulo sexto dice que tomaron los frailes por abogados a los doce apóstoles y que leían y revolvían sus vidas muchas veces y lo que San Lucas escribió de ellos y que a honra y gloria suya se edificaron muchas iglesias y retablos y en aquel capítulo y en los siguientes dice la manera que tuvieron en destruir los ídolos y sus templos y del favor que don Hernando Cortes dio para ello y que de la piedra y madera de ellos edificaron las iglesias.

En el capítulo doce y trece dice que cuando los frailes comenzaron a soltarse en la lengua y a les predicar en ella y que como ya no servían a los demonios venían a oír la palabra de Dios los domingos y fiestas y que habiéndoles declarado quién Él es y lo que para esto convenía comenzaron a venir al bautismo y muchos pobrecitos desarrapados de que dice hay muchos en aquella tierra y que venían llorando por sus pecados y vida pasada gastada en servicio al demonio y que se comenzó a encender en ellos fuego de devoción y comenzaron a deprender /555 v./ en su lengua el PATER NOSTER y Ave Maria, y Credo y Salve Regina con los mandamientos todo puesto en un gracioso canto llano y que fue tanta la prisa que se dieron a lo deprender que se estaban hechos montoncillos en los patios de los monasterios hincados de rodillas tres y cuatro horas cantando y en sus casas y ermitas y barrios y deprendiendo las oraciones y que de día y de noche no se oía otra cosa y que asimismo deprendieron otras muchas oraciones y la doctrina cristiana y la enseñaron a otros y que en esto y en otras cosas ayudaron mucho enseñándose los unos a los otros y en el capítulo trece dice que cuando pensaron que toda la idolatría era destruida tuvieron aviso cómo tenían muchos ídolos escondidos y en aquel capítulo y otros siguientes dice lo que en ellos se hizo y se trabajó y refiere las fiestas que tenían y sacrificios que hacían que eran muchos y de muy gran crueldad como ya se ha dicho y dice cómo se acabó la idolatría y sus templos, fiestas y sacrificios.

/556/ En el capítulo treinta y cuatro dice fray Torivio que los tres o cuatro años primeros después de que se ganó Mexico en sólo San Francisco había sacramento y que el segundo lugar en que se puso fue Tlezcuco y que como se iban haciendo las iglesias de los monasterios se iba poniendo en ellas y cesaban las apariciones e ilusiones del demonio y que antes aparecía a muchos y los engañaba y espantaba y les decía que por qué no le servían y adoraban como solían pues era su dios y que los cristianos presto se habían de volver a su tierra y que otras veces les decía que no les había de dar agua ni llover y se vio claramente su mentira y falsedad porque nunca llovió tanto ni tuvieron tan buenos años como después que se puso el Santísimo Sacramento y dice que esto ha sido muy notado por los naturales y que como en esto y en otras cosas que les decía ha salido mentiroso, y con la presencia del Santísimo Sacramento se han destruido sus engaños y poder y dice que ha quedado la tierra tan quieta y en paz como /556 v./ si nunca en ella se hubiera invocado el demonio y que ha quedado espantado y temeroso en ver con qué solemnidad, gozo, y alegría se ponía el Santísimo Sacramento y las grandes fiestas que para ello se hacían y que para ello se convidaban unos pueblos a otros y que con esto se animaban y despertaban y que cuando se llevaba el Santísimo Sacramento algún enfermo primero barrían todas las calles por donde había de pasar y las henchían de juncia y espadañas y de hierba y hojas verdes de árboles y que iban echando rosas y su cruz alta delante y mucha gente que siempre le iba acompañando y rezando por el enfermo y que las pascuas y fiestas del Señor y de nuestra Señora y de la advocación de sus pueblos las celebran con gran regocijo y solemnidad adornando para ello sus iglesias muy graciosamente con muchos ramos y flores que echan por el suelo y hierbabuena y juncia y espadañas y que por donde ha de pasar la procesión hacen muchos arcos triunfales adornados /557/ con diversidad de rosas y flores de que hacen escudos grandes y chicos de labores de ellas y piñas muy de ver y que si no las hay en sus pueblos envían por ellas a otros diez y doce y quince leguas a la tierra caliente donde las hay todo el año y que salen los señores y principales muy ataviados con camisas blancas y labradas y plumajes de muy ricas plumas y que bailan y dicen cantares en su lengua de la historia de la fiesta que celebran que les han ordenado los frailes y que en muchas comienzan a media noche en la vigilia de la fiesta y que tienen muchas lumbres en sus patios que son muy grandes y que en ellos tienen su capilla porque no cabe la gente en las iglesias y que cantan gran parte del día.

Todo el camino o calles por donde ha de pasar la procesión dice que lo tienen adornado de una parte y de otra aunque algunas veces es grande el trecho por donde andan y que todo el suelo está cubierto de juncia y espadañas y hojas de árboles y rosas y flores de muchas maneras y a trechos sus altares para descansar.

La noche de la vigilia de la natividad dice /557 v./ que ponen muchas lumbres en los patios de las iglesias y en los terrados de sus casas encienden candela y que como son muchas de azotea en que hacen los fuegos y van las lumbres en algunas partes y una legua y dos parece como un cielo estrellado y que es toda esta noche muy general el canto y atabales y campanas que han hecho muchas y que ponen gran devoción y alegría en considerar que entre una gente que pocos días antes estaba tan metida en la idolatría y de tan poco tiempo cristiana no haya memoria de lo pasado y que oyen las tres misas y que los que no caben en la iglesia están en la puerta y en el patio y que rezan y hacen sus ceremonias en se levantar a su tiempo e hincarse de rodillas y en adorar cuando los otros que están dentro, y que es de creer que no con menos merecimiento pues vienen una legua y de dos y que así se enseñan a oír misa con el deseo y voluntad cuando están malos o van camino y dice que entrando él en una iglesia algo lejos del monasterio halló la gente del pueblo junta porque habían tañido a misa y que dijeron la doctrina cristiana y que después cantaron el PATER NOSTER y Ave Maria y que tañido /558/ como a la ofrenda cada uno reza por su bajo y que luego tañeron como al SANCTUS y se hirieron todos en los pechos como cuando alzan y que tañeron a la plegaria.

La fiesta de los reyes dice que la regocijan mucho y que algunos años representan el auto del ofrecimiento y que traen la estrella de bien lejos porque todos saben hacer los cordeles para ello y que en la iglesia tienen a nuestra Señora con su precioso hijo en el pesebre y le ofrecen incienso y avecitas que buscan para aquel día y que cada día tienen más devoción a esta fiesta.

En la fiesta de la purificación dice que traen sus candelas a bendecir y lo que de ellas les queda después de haber andado la procesión lo guardan y tienen en mucho para sus enfermedades y truenos y rayos.

El domingo de ramos dice que adornan y enraman todas las iglesias y que los frailes les bendicen los ramos teniéndolos ellos en las manos porque es tanta la gente que no bastarían muchas cargas porque es mucha la que acude y que éste se ha tomado por mejor medio y que es muy de ver las diferencias y divisas /558 v./ que traen ellos y encima cruces de flores y rosas blancas y coloradas y de otros colores y que levantadas en alto parece un muy hermoso jardín o floresta y que por el camino que ha de andar la procesión tienen puestos árboles grandes y que en ellos suben los niños y unos echan ramos al tiempo que pasan las cruces y otros cantan BENEDICTUS QUI BENIT IN NOMINE DOMINI EXEMPLA y otros echan sus mantas en el camino y que son tantas que todo lo cubren y que guardan mucho estos ramos y que dos o tres días antes del miércoles de la ceniza lleva cada uno el suyo a la puerta de la iglesia y que se hace un gran montón de que se hace la ceniza y que la reciben con gran devoción para comenzar la penitencia y ayuno de la cuaresma y que se abstienen de sus propias mujeres y que en algunas partes se visten aquel día hombres y mujeres de negro y que el jueves santo y los otros días siguientes acuden a los divinos oficios y que a la noche hacen la disciplina y que son cofrades de la cruz de Cristo y lo mismo todos los viernes del año y en la cuaresma tres días en la semana en sus iglesias los hombres a una /559/ parte y las mujeres a otra antes del Ave Maria y algunas veces después de anochecido con sus lumbres y cruces se van de una iglesia a otra disciplinando y que la del jueves santo es muy de ver y muy general y que en algunas partes son más de cinco mil los disciplinantes y en otras muchos más de siete y ocho y diez y doce mil y en Tlaxcallam quince o veinte mil hombres y mujeres y muchachos cojos y mancos y entre los cojos dice que vio uno que era cosa notable de mirar porque tenía ambas piernas secas de las rodillas abajo y de rodillas y ayudándose con una mano se iba con la otra disciplinando que en sólo andar tenía gran trabajo y que se disciplinan con disciplinas de sangre y que los que no alcanzan ni pueden haber aquellas estrelletas se azotan con disciplinas de cordel que no escuecen menos y que llevan en la procesión muchas hachas de tea de pino que dan mucha lumbre como ya se ha dicho en otra parte, su procesión y disciplina dice que es de mucho ejemplo y edificación a los españoles /559 v./ que se hallan presentes tanto que dice que muchos de ellos compungidos van llorando y que aunque llevan quien les cante la letanía y otros cantos conformes al tiempo como es tanta la gente y larga la procesión aunque van de ocho en ocho órdenes y diez y doce con mucho concierto van ellos también cantando el PATER NOSTER y Ave Maria, y Credo y Salve que muchos de ellos por todas partes dice que lo saben cantar y que el refrigerio y colación que tienen después de bien disciplinados es lavarse con agua y ají que acá llaman chile / el día del glorioso Baptista y de los Apóstoles dice que los celebran con gran solemnidad y el de todos Santos y que el día de la conmemoración de los difuntos dan sus ofrendas cada uno como puede porque aunque son pobres toman de su pobreza para buscar candelillas y que es la gente del mundo que menos se mata por dejar ni adquirir para sus hijos y las tierras y casas que heredaron aquéllos las dejan y que se contentan con muy chica morada y menos hacienda / que los más de ellos no alcanzan más que una /560/ pobre manta y una estera en que duermen y una olla y una piedra para hacer sus tortillas de maíz y dos o tres gallinas y viven dos y tres

725

casados en una pobre y pequeña casa porque no todos la tienen y allí se encierran con su mujer e hijos y gallinas y dentro hacen lumbre para tener algún abrigo y para se defender de los mosquitos que son sin número y les dan gran tormento y lo mismo el humo de la lumbre que es mucho porque esto procuran por los mosquitos y como la casa es pequeña y las puertas cerradas es un martirio muy grande lo que con esto padecen y aun todavía no se pueden bien defender de los mosquitos y que algunos son zancudos y otros tan pequeños y mucho más que pulgas y éstos tan enojosos que casi no hay defensa para ellos y arden como fuego sus picaduras.

Refiere fray Torivio cosas de gran admiración que se hicieron y representaron por los indios en Tlaxcallam un día de Corpus Cristi del año de mil quinientos treinta y ocho que el día de la natividad de San Juan Baptista que fue lunes siguiente se representó la anunciación de San Juan hecha a su padre Zacharias y su /560 v./ natividad y que antes que se lo diesen al mudo Zacharias las escribanías que pedía por señas fue muy de ver y de reír ver lo que le daban haciendo que no lo entendían y refiere muchas y muy singulares invenciones y representaciones que se hicieron estos días y con esto acaba la primera parte de aquel su *Libro*.

Y en el capítulo primero de la segunda parte de aquel su *Libro* dice que cuando lo comenzó a escribir diez o doce años antes tenía anotadas muchas cosas de que al presente no tenía memoria y que por ser nuevas causaban admiración y que después han sucedido muchas y muy admirables y que no eran tan notadas como las primeras por ser como eran nuevas y para ejemplo de esto trae lo de los cinco panes y dos peces con que hartó el Señor cinco mil hombres y que se nota más que el milagro de cada día hace en hartar tanta infinidad de criaturas y que a este propósito dirá en aquella segunda parte algunas cosas de los primeros que recibieron la fe y de los impedimentos que hubo en el bautismo y del buen aprovechamiento de los naturales de aquella tierra y aunque todo esto lo trata muy largamente como testigo de vista solamente referiré lo que más hace a nuestro intento.

# CAPÍTULO TRECE

/561/ En que se dice cómo comenzaron los mexicanos y los de Quahutitlam a venir a la doctrina y al bautismo y los pueblos de la laguna dulce y se refiere una revelación hecha en España que se cumplió en aquella tierra y cómo un cacique de Cuitlauac yendo muy de mañana en una canoa oyó un canto celestial y que era éste muy buen cristiano.

Dice fray Torivio que ganada y repartida aquella tierra entre los conquistadores reservó Dios para sí lo que propiamente es suyo que son las ánimas y que esta parte fue de los frailes que fue como la tribu de Levi que quiere decir ASUMPTUS, tomados y enviados aquella tierra que al principio donde tenían casa y aposento comenzaron a conversar con los indios y a los visitar y que esto fue en Mexico, Tlaxcallam y Huexoçinco donde se habían repartido los frailes y que cuando hubo más se tomaron casas en otras partes y que en el año de mil quinientos cuarenta cuando él escribía aquello había cuarenta casas de que dice que había tanto que decir que no bastaría cuanto papel había en la Nueva España mas que siguiendo la brevedad que a todos place dirá lo que /561 v./ vio y supo en los pueblos donde moró y anduvo y que lo que dijere de algún pueblo o provincia será del tiempo que allí moró.

El primer año cuando llegaron los frailes aquella tierra dice que los mexicanos se comenzaron a juntar un día y otro los del Tlatelulco y que allí iban los frailes a los doctrinar y a bautizar niños y que los mexicanos estuvieron muy fríos cinco años o por el embarazo de las obras de Mexico o porque los viejos tenían poco calor y que después despertaron muchos de ellos e hicieron iglesias y frecuentaban mucho el ver misa cada día y que recibían los sacramentos devotamente.

Los primeros pueblos a que salieron frailes a doctrinar dice que fueron Quahutitlam cuatro leguas de Mexico y Tepoçotlam porque en la casa de Dios estaban los señoritos de aquellos pueblos que eran sobrinos o nietos de Moctençumaçim y de los más principa-

727

les que en casa había y que por su respeto comenzaron allí a doctrinar y a bautizar los niños y se prosiguió la doctrina y fueron aprovechando y que siempre fueron de los primeros y delanteros en toda buena doctrina y cristianidad y lo mismo sus sujetos y sus vecinos.

Dice que el mismo año primero el custodio fray Martin de Valençia de santa memoria /562/ con un compañero que sabía bien poco de la lengua fue a visitar los pueblos de la laguna dulce que apenas sabían dónde estaban ni cuántos eran y que comenzaron por Xuchimilco, y Coyohucam y que allí los venían a buscar y a llamar de los otros pueblos y que con gran instancia les rogaban que fuesen a sus casas y pueblos y que los salían a recibir al camino los del pueblo porque ésta es su costumbre y hallaban la demás gente ayuntada. Y que entonces les predicaban por escrito y por intérpretes y después bautizaban los niños y que en el entretanto fray Martin de Valençia tenía por costumbre orar íntimamente y rogar al Señor tuviese fruto su santa palabra en los corazones de aquellos infieles y los alumbrase a la luz y verdad de su santa fe y que los indios señores y principales delante de los frailes destruían y quebraban sus idolatrías y levantaban cruces y señalaban lugares y sitios para hacer iglesias y que así anduvieron por todos aquellos pueblos que son ocho muy principales y de mucha gente y se juntaban y pedían ser enseñados y el bautismo para sí y para sus hijos y que los frailes muy admirados /562 v./ y consolados de ver tan buen principio daban gracias a nuestro Señor que dándoles gran confianza y cierta esperanza que de aquellas gentes se habían de salvar muchos y que en breve habían de venir a la fe como luego sucedió y que entonces dijo fray Martin de Valençia a su compañero muchas gracias sean dadas a la bondad divina que veo ahora cumplirse lo que en otro tiempo me mostró el Espíritu como ya se ha dicho en su vida y dice fray Torivio que entre los pueblos de la laguna dulce el que más diligencia puso para llevar frailes para que los enseñasen y en juntarse la gente para ello y en destruir los templos del demonio con gran voluntad fue Cuitlauac que está fundado sobre agua y que por esto los españoles le llamaron cuando la primera vez lo vieron Veneçuela y que uno de tres señores que allí había era un buen indio y que por ser hombre de más manera y antiguo gobernaba todo el pueblo y que envió dos o tres veces a buscar los frailes y que llegados al pueblo no se apartaba de ellos de día y gran parte de la noche oyendo la palabra de Dios y preguntándoles cosas que deseaba saber de nuestra fe y que se bautizaron muchos niños /563/ y que los primeros fueron los hijos y sobrinos de este buen hombre y tras ellos otros muchos y que él rogó mucho al padre fray Martin que lo bautizase y que vista su santa importunidad y que era hombre de mucha razón le bautizaron habiéndole primero catequizado y se llamó don Francisco que fue muy conocido de los españoles y que en tanto que él vivió hizo aquel pueblo ventaja a todos los demás de la laguna por su buen ejemplo y buen celo y gobierno y que trajo muchos niños al monasterio de San Francisco y tuvo con ellos tanta vigilancia que precedieron a los que muchos días antes habían venido y que aprovechó tanto de día en día en el conocimiento de Dios y en la guarda de sus mandamientos que yendo un día muy de mañana en una canoa por la laguna oyó un canto muy dulce y de palabras admirables y dice fray Torivio que él las vio y tuvo escritas y otros muchos y que juzgaron que había sido canto de ángeles y que de allí adelante fue aún aprovechando y en su postrimera enfermedad habiendo confesado y llamando siempre a Dios falleció y que su vida y fallecimiento fue gran edificación entre los indios y especialmente /563 v./ en aquel su pueblo y que edificaron iglesias y que la principal de ellas es de San Pedro príncipe de los apóstoles y que es grande y de tres naves y que en ella trabajó mucho aquel buen hombre.

# CAPÍTULO CATORCE

En que se trata cómo se comenzó a enseñar la doctrina cristiana en Tlezcuco y su tierra y en otros pueblos y cuándo se comenzaron las procesiones y de la mucha gente que se bautizó como lo trata fray Torivio.

Los dos primeros años dice que salían poco los frailes del pueblo donde residían así porque sabían poco de la tierra y de la lengua como por tener bien en que entender donde residían y que el tercero año comenzaron en Tlezcuco donde se ayuntaba cada día mucha gente con gran fervor y deseo de deprender la doctrina cristiana y que vino mucha gente al bautismo y que con su buen ejemplo hacían otros pueblos lo mismo y que como aquella provincia es muy poblada en el monasterio y fuera de él no se podían valer ni dar a manos porque era mucha la gente que vino al bautismo y que después de haber andado por los pueblos sujetos a Tlezcuco que son muchos y muy poblados /564/ pasaron a otros pueblos y que lo mismo hacían en otras provincias donde había frailes y que saliendo a visitar algún lugar les salían al camino de otros pueblos a les rogar que fuesen también a los visitar y a les decir la palabra de Dios y que muchas veces otros poblezuelos salían de través y los hallaban ayuntados con su comida aparejada esperando y rogando a los frailes que comiesen y que los enseñasen y que acontecía venir mensajeros de otros pueblos a los buscar y rogar que fuesen a ellos y andaban tras los frailes importunándolos y cuando iban se les hacía muy buen recibimiento / en Tepeapulco dice que la primera vez que a él fueron frailes que fue una tarde y que estaba la gente junta y les predicaron y doctrinaron y que en espacio de tres o cuatro horas supieron muchos persignarse y santiguarse y el PATER NOSTER y dice que porque esto parece imposible dice el aviso que en esto tenían para que deprendiesen con facilidad lo que les enseñaban era decirles dos o tres palabras muchas veces hasta que las sabían muy bien y sabidas aquellas añadían

730

otras dos o tres y las /564 v./ decían con las primeras y esto bien sabido iban añadiendo palabras hasta acabar la oración que se les enseñaba.

Otro día de mañana dice que acudió mucha gente y enseñados y habiéndoles predicado lo que convenía a gente que ninguna cosa sabía ni había oído de Dios y que la recibían con deseo y buena voluntad se apartaron con el señor y con los principales y les dijeron cómo sólo Dios del cielo era verdadero y universal Señor y creador del cielo y de la tierra y quién era el demonio a quien ellos hasta entonces habían servido y adorado y cómo los tenía engañados con otras cosas a este propósito y que en esto se veía su buena voluntad y buen corazón si ellos mismos quebrasen sus ídolos y su idolatría derribando sus profanos templos sin alguna tardanza y que luego delante los frailes que esto les dijeron en el patio delante los templos del demonio destruyeron y quemaron toda la idolatría que allí tenían y que esto también se hizo en otras partes.

El quinto año de la llegada de los frailes a aquella tierra dice que fue de tantas /565/ aguas que se perdían los maizales y se caían muchas casas y que hasta entonces entre los indios se habían hecho procesiones y que este año compelidos de la necesidad salieron en Tlezcuco en procesión con una cruz y que había muchos días que no cesaba de llover y que plugo a nuestro Señor por su divina clemencia que desde aquel mismo día cesaron las aguas para confirmación de la tierna fe de aquellos nuevamente convertidos y que luego hicieron muchas cruces y banderas de santos y otros atavíos para sus procesiones y que los indios de Mexico fueron allí a sacar muestras para lo mismo y dende a poco tiempo comenzaron en Huexoçinco e hicieron muy graciosas mangas de cruz y andas de oro y pluma muy lucidas y que lo mismo se comenzó a hacer por todas partes y ataviar sus iglesias y hacer retablos y ornamentos y salir en procesiones y los niños y que muchos deprendieron danzas nuevas de Castilla para más adornar sus procesiones y regocijar sus fiestas.

De los pueblos donde había frailes dice que poco a poco salían adelante y se iba extendiendo la palabra de Dios y el fuego de la caridad y fe del Señor se dilataba y se aumentaban los creyentes y que de otros muchos pueblos acudían a procurar y rogar por /565 v./ frailes y se iban multiplicando casas y por muchas partes ensanchándose la fe y conocimiento de Jesucristo y que en mu-

731

chas partes deseaban que siquiera los fuesen a visitar y que cuando los veían por sus pueblos se gozaban mucho con ellos y los obedecían en todo lo que les decían y les predicaban porque veían que todo era santo y bueno y que lo que antes habían tenido era error y ceguedad y que esto se hizo bien en Yacapichtlam y Uaxtepec porque para ello dieron mucho favor y ayuda los que gobernaban estos pueblos porque eran quitados de vicios y que no bebían vino y aborrecían la embriaguez que es raíz de muchos pecados / de Cuahunauac que fue la quinta casa que se tomó el segundo año dice que salió un fraile intérprete a visitar las provincias de Couixco y Tlachco donde hay muchos pueblos y de mucha gente y que fue muy bien recibido y se bautizaron muchos niños y se comenzaron a labrar iglesias y que como no podían los frailes andar por todos los pueblos cuando estaban en uno venía la gente de los comarcanos a ser enseñados y a oír la palabra de Dios y a bautizar sus niños y como entonces era tiempo de las aguas que comienzan por abril y cesan en fin /566/ de septiembre poco más o menos y habían de venir de un pueblo a otro y entre ambos estaba un arroyo y una noche creció tanto que parecía un gran río y la gente que venía quedó de la otra parte y esperó allí con gran paciencia hasta que acabaron la misa y de predicar y que algunos de ellos pasaron a nado y fueron a rogar a los frailes que les fuesen allí a decir las palabras de Dios y que cuando fueron estaba toda la gente junta a donde se estrechaba el río y ellos de una parte y el predicador de otra les predicó y los consoló y no se quisieron ir sin que primero les bautizasen sus hijos y que para esto hicieron una pobre balsa de cañas y en ella medio en brazos y medio por el agua pasaron los frailes a bautizar los niños y dice que era muy de ver cómo venía aquella gente a oír la palabra de Dios a ejemplo de los que en otro tiempo salían a oír la palabra del glorioso San Juan Baptista y que a él y al muy escogido patriarca San Joseph habían tomado mucho antes los frailes por sus abogados e invocaban su favor e intercesión y con esto fueron aumentados y conservados los que se bautizaban que eran muchos y se esperaba que vendrían al bautismo muchos más /566 v./ como de hecho venían cada día en gran número y dice fray Torivio que hasta el año de mil quinientos treinta y seis cree que se habían bautizado más de cuatro millones y que se funda en lo que adelante dirá y todos los días dice que acudían y venían niños y adultos sanos y enfermos de los pueblos y provincias donde residían frailes y de otras comarcanas y cuando andan visitando salen a los caminos con los niños y enfermos a cuestas y viejos decrépitos a pedir bautismo y que mucha de la gente común que no tenía más que una mujer y pocos impedimentos se casaban IN FAÇIE ECCLESIE después de bautizados y que los muchachos bautizados y enseñados enseñaban y traían a bautizar a sus padres y a otros muchos y que unos a otros se enseñaban y que cuando van al bautismo unos lo piden rogando e importunando y que otros lo piden de rodillas y otros alzando y poniendo las manos gimiendo y congojándose y encogiéndose / y que otros suspirando y llorando reciben el bautismo y que así visiblemente o por señas visibles se ve ir desterrado el demonio que poseía aquellas ánimas y que esto se ha ya visto por /567/ muchos ejemplos en la Nueva España y que de ellos dirá algunos.

En México dice que pidió el bautismo un hijo de Moctençuma que fue el gran señor de Mexico y que por estar enfermo fueron a su casa y lo sacaron en una silla para lo bautizar y que haciendo el exorcismo cuando el sacerdote dijo NETE LATEAT SATHANA comenzó a temblar en tanta manera el enfermo y la silla en que estaba tan recio que al parecer de todos los que allí se hallaron les pareció que salía de él el demonio.

En Tlezcuco dice que una mujer que era ya bautizada con un niño en brazos que aún no era bautizado pasando de noche por el patio de las casas del demonio, salió a ella el demonio y echaba mano del niño para se lo tomar y ella llamando el nombre de Jesus a gran prisa y cuando cesaba de lo llamar tornaba a se lo querer quitar y que con esto salió de aquel temeroso lugar nombrando el dulcísimo nombre de Jesus y que otro día por la mañana llevó a bautizar el niño y a que lo señalasen de la señal de la cruz y que como ya en los pueblos donde moran frailes y en sus sujetos casi todos los adultos se habían bautizado es muy de ver los niños que traen al bautismo y que había día que en Tlaxcallam bautizaban /567 v./ cuatro y cinco veces y que hay semana que se bautizan trescientos y cuatrocientos y quinientos niños de pila y con los de una legua a la redonda ochocientos y que si hay algún impedimento o descuido en visitar los pueblos que están a dos y a tres leguas después hay tantos que ponen admiración.

Dice fray Torivio que en algunas grandes enfermedades que ha habido en aquella tierra de que estaban las casas llenas de enfermos y morían muchos andaban los frailes por los pueblos y por los montes bautizando muchos y que recibían con muy buenas muestras y señales el bautismo y que asimismo acudían muchos de muy lejos a se bautizar con sus hijos y mujeres sanos y enfermos y cojos y ciegos arrastrando y padeciendo gran trabajo y hambre por ser como es gente muy pobre.

El número de los bautizados dice que los cuenta él por dos maneras la una por los pueblos y provincias que se han bautizado y la otra por el número de los ministros que habían entendido en esta obra que serían entonces sesenta sacerdotes frailes franciscos y que los otros sacerdotes se han dado poco a bautizar si no ha sido algunos que han bautizado /568/ algunos niños y algunos adultos y al cabo del capítulo once dice que después que se sacó en blanco lo que allí dice se habían bautizado en los pueblos que allí refiere más de quinientos mil porque la cuaresma del año de mil quinientos treinta y siete en sola la provincia de Tepeacac se habían bautizado por cuenta más de sesenta mil ánimas y que en los pueblos nombrados se habían bautizado hasta el año de mil quinientos cuarenta más de seis millones porque hubo frailes que un año con otro habían bautizado veinte mil y dende arriba.

No creo yo que en el mundo ha habido donde en tan poco tiempo y con tan pocos ministros se haya tanto multiplicado la fe de Jesucristo ni que tanta multitud de gentes se haya convertido y bautizado porque como allí dice fray Torivio en ningún tiempo dejaron los frailes de ocuparse en esta santa obra y que cada día les daba Dios más gusto y les acrecentaba el calor el buen aprovechamiento de aquellas ánimas cierto es gran gloria y muy gran mérito para ante la divina majestad el que aquellos felicísimos religiosos ganaron y si ser ocasión para que sola una ánima se salve lo paga Dios con gran premio quien lo fue para que tantas gentes lo conociesen y se bautizasen /568 v./ y se salvasen como es de creer que muy gran cantidad de ellas se habrán por la misericordia de Dios salvado cierto es que les habrá dado muy gran premio y gloria así a ellos como a los gloriosos San Francisco y Santo Domingo y San Agustín fundadores de las tres órdenes que en aquella tierra tanto han trabajado y trabajan padeciendo muchas injurias y contradicciones como dice fray Torivio que las hubo sobre el administrar del sacramento del bautismo en que hubo muchos y diversos pareceres después que a aquella tierra fueron clérigos y religiosos de las tres órdenes mendicantes agustinos y dominicos y franciscos que fueron de nuevo porque a los unos parecía que se debían guardar las ceremonias que se guardan en España y en esto hacían gran fuerza y que no se satisfacían de la manera que los otros lo administraban y que cada uno quería seguir su parecer ora por buen celo ora porque los hijos del viejo Adam somos muy amigos de nuestro seso y tarde se quiebra en nosotros la propia voluntad y los que nuevamente fueron querían corregir y enmendar las obras de los primeros y hacer si pudiesen que del todo /569/ cesasen y se olvidasen y que solamente prevaleciesen las suyas porque ésta es costumbre antigua entre los mortales y que los que esto querían trabajaban poco en deprender la lengua de los indios y en bautizarlos y que este estorbo y parecer no fue ligeramente dicho antes esta opinión fue causa que algunas veces cesasen de administrar el bautismo que no pudo ser sin detrimento de los que lo lastaban principalmente de los niños y enfermos que morían sin bautismo ciertamente dice fray Torivio éstos tendrán queja de los que dieron causa que el bautismo no se administrase en aquellos tiempos aunque dice que ellos pensaban que su opinión era muy santa y su celo muy justo y dice que cree que la misma queja tendrán otros que venidos al bautismo en especial niños y enfermos mientras se detenían en ceremonias cuando venían a lo esencial eran ya muertos / ésta dice que fue indiscreción porque con estos tales ya querían guardar ceremonias habían primero de bautizar el enfermo asegurado lo principal después podían hacer el otro oficio.

Los que primero habían venido dice daban también sus razones y causas por qué administraban /569 v./ el bautismo de aquella manera y decían que no sin consejo ni acuerdo habían procedido más con toda madureza porque demás de la oración con que siempre clamaban a Dios les diese lumbre y gracia en tan arduo negocio como era la conversión de aquellas gentes se habían llegado al consejo de personas santas y doctas en especial de un religioso muy docto teólogo llamado fray Juan de Trento de quien ya se ha hecho mención y de otro compañero suyo también muy docto y que estos dos padres con los otros doce consultaron con mucho acuerdo cómo debían proceder en la doctrina y en el bautismo de aquellos naturales y que asimismo se allegaron a algunas instrucciones que habían llevado de España de personas doctas y de su

735

ministro general y que dieron razones y causas del modo que habían tenido en proceder y que alegaban doctores y derechos suficientes y que ellos bautizaban a necesidad y falta de clérigos y que por entonces tenían experiencia que hasta que cesase la multitud que venía al bautismo y mucho más en los años pasados que se habían bautizado muchos y los ministros eran tan pocos que no podían dar el bautismo con las ceremonias que hace el cura en España bautizando uno o dos /570/ donde abundan los ministros y los que se han de bautizar son pocos y que en aquella nueva conversión cómo podía un solo sacerdote bautizar a dos o tres mil ánimas en un día y algunos días muchos más y dar a todos saliva, flatu, candela, y alva etcétera y hacer en cada uno todas las otras ceremonias y a tiempo meterlos en la iglesia donde no las había aún hechas. Esto dice que no lo podrán bien sentir los que no vieron la falta en los tiempos pasados. Y que cómo podrían tener candela encendida con gran viento bautizando en los campos y patios de las casas y que cómo podrían dar saliva a tantos y que era imposible guardar las ceremonias con todos donde no había iglesias ni pilas ni copia de ministros sino que uno solo había de bautizar y confesar, y desposar, y velar, y enterrar, y predicar sin otras muchas cosas de más esencia y obligación que las ceremonias del bautismo, y demás caridad como rezar el oficio divino, decir misa, catequizar los catecúmenes, deprender la lengua, ordenar y componer sermones en la misma lengua de los indios examinar matrimonios y enseñar la /570 v./ doctrina cristiana y a los niños a leer y escribir, y cantar, consolar los afligidos, concordar los discordes, y defender y librar los pobres de los más poderosos y que en lo que Dios dijo como consta por el capítulo último de San Matheo se encierra todo lo esencial del bautismo que es lo que se debe guardar inviolablemente con adultos porque es derecho divino y refiere el modo que se tuvo en el bautizar y cómo se juntaron de todas las iglesias que en aquellas había obispos y prelados y los de la Audiencia Real y otros letrados donde se alteró la materia con muchas razones y que se envió la relación de todo a España y el modo que se había tenido hasta entonces en el bautizar y que visto por el Consejo Real de Yndias y por el arzobispo de Sevilla respondieron que se debía continuar lo comenzado hasta que se consultase con su santidad y en aquel capítulo dice cuán necesario es saber la lengua de aquellas gentes y tener noticia y experiencia de su calidad y necesidad y allí y en el capítulo siguiente refiere muchas razones en defensa del modo que se había tenido /571/ en bautizar sin guardar todas las ceremonias que en ello se guardaban en España y en el capítulo catorce pone la cláusula del papa Paulo tercero en que declara ser más principal la necesidad del catecismo que no las otras ceremonias por ser derecho divino y porque se alargó mucho en esto da la razón del motivo que para ello tuvo en el capítulo quince y en el capítulo dieciséis dice que en el año de mil quinientos treinta y nueve de cinco obispos que había en la Nueva España se juntaron los cuatro y determinaron que se guardase la bula de Paulo tercero y que en el catecismo lo remitieron al ministro del bautismo y que abreviaron el exorcismo rigiéndose por un misal romano y que se ponga óleo y crisma a los que se bautizaren donde refiere otras cosas que sobre esto pasaron y se determinaron y que no se admitió por urgente necesidad haber muchedumbre que bautizar y pocos ministros y éstos tener muchas cosas a que corresponder tocantes a la conversión y a su propio estado de más esencia como se ha dicho que las /571 v./ ceremonias del bautismo y que pues el papa en su bula claramente remite a la conciencia de los ministros que ellos vean cuál sea urgente necesidad porque ellos que tienen la mano en la obra y que no querrán encargar su conciencia lo pueden mejor ver y conocer que otros aunque pareciesen más letrados y que donde está la letra clara no se sufre de aclaración y dice que tiene por más acertado lo que el papa manda y que el Espíritu Santo lo alumbró para dejar la determinación de cuál sea urgente necesidad en manos de los ministros que no de los obispos.

En aquella sazón que los obispos se juntaron dice fray Torivio que fue puesto silencio al bautismo de los adultos y que en muchas partes no se bautizaban sino niños y enfermos y que esto duró tres o cuatro meses hasta que se determinó lo que se ha dicho y que en este tiempo PARVULI PETRERUNT PANEM, ET NON ERAT QUI FRANGERET EIS, muchos andaban hambrientos a buscar el bautismo y no lo hallaban y que oyendo Dios su clamor /572/ proveyó a su necesidad y deseo y entre otras les abrió Dios una puerta y comenzaron a ir a un monasterio que está en un pueblo que se dice Coahuquechollam y que los frailes estuvieron dudosos si los recibirían o no pero que como al que los traía no hay quien le pueda resistir no fue en su mano dejar de bautizarlos y que comenzaron a ir de doscientos en trescientos y que siempre iban creciendo y multiplicándose hasta venir a millares unos de dos jornadas y otros de tres y de cuatro y más y que en aquella sazón se ofreció de ir él aquella casa y cuando lo vio quedó admirado y le pareció que no le habían dicho la mitad de lo que ello era porque cuando vio venir aquellos pobrecitos de tres y cuatro jornadas con tanta devoción y encogimiento a buscar el bautismo entendió cuánta diferencia había de oírlo a verlo y que venían chicos y grandes viejos y viejas sanos y enfermos y que los ya bautizados traían a sus hijos a que los bautizasen y otros a sus padres y el marido a la mujer y la mujer al marido y que llegando /572 v./ los aposentaban y los enseñaban y aunque los más de los adultos venían enseñados y se sabían persignar y santiguar y el PATER NOSTER y el Ave Maria y el Credo se lo tornaban ahí a decir y a los catequizar en las cosas de la fe y en lo que se requiere para recibir el bautismo y se estaban dos y tres días aparejando para ello y que era tanto el fervor que traían que en tañendo la campana de maitines todos eran en pie y daban mil vueltas al PATER NOSTER y al Ave Maria, y Credo, y Salve, y que al tiempo que los bautizaban venían muchos con lágrimas / quién dirá como él dice que éstos venían sin fe pues venían de tan lejos a buscar el santo sacramento del bautismo sin que nadie los compeliese a ello aunque la tierra de aquella comarca es muy fragosa y de muy grandes barrancas y sierras y que todo lo pasaban con muy pobre comida en busca del bautismo y que entraron en la iglesia dos viejas asida la una de la otra que casi no se podían tener y se pusieron con los que se querían bautizar y que el que los examinaba las quiso /573/ echar de allí diciendo que aún no estaban bien enseñadas y la una de ellas dijo ¿a mí que creo en Dios me quieres echar fuera de la iglesia? ¿por qué lo haces así qué razón hay para que a mí que creo me eches fuera de la iglesia de Dios pues si tú me echas fuera de la casa del misericordioso Dios a dónde iré? no ves de cuán lejos vine, si me echas sin bautizar en el camino me moriré, mira que creo en Dios no me eches de la iglesia y que aquella sazón quiso Dios traer por allí al sacerdote que los había de bautizar y gozándose de la plática de la buena vieja consoló a ella y a su compañera y las dejó con los que luego se habían de bautizar que en cinco días que allí él tuvo otro sacerdote y él bautizaron por cuenta catorce mil y doscientos y tantos y dice que aunque el trabajo no era poco porque a todos ponían óleo y crisma sentían un no sé qué en bautizar aquellos más que a otros y que su devoción se la ponía a ellos y espíritu y fuerzas para los consolar a todos y que no se les fuese ninguno desconsolado y que algunas veces les predicaban sus intérpretes porque ellos quedaban muy cansados del bautismo /573 v./ y con trabajo por el gran calor que en aquella tierra hace y que era por julio cuando allí fue, después de bautizados dice que era cosa notable verlos ir tan consolados, y regocijados alegres y muy gozosos con sus hijuelos a cuestas que parecía que no cabían en sí de alegría y dice que en todos guardaron los frailes menores lo que Paulo tercero mandó por su bula y lo que determinaron los obispos *y que sabe de cierto que no lo hicieron así* algunos porque bautizaron millares de indios sin les poner óleo ni crisma y sin catecismo en el mismo tiempo dice que vinieron muchos de la misma manera de tres y cuatro jornadas al monasterio de Tlaxcallam a pedir bautismo aunque no duró tanto como en Coahuquechollam por que en el mayor fervor y cuando venían los impidieron y todos los que venían al bautismo dice que demás de venir algunos de tres y cuatro jornadas pasaban ríos y arroyos con mucho trabajo y peligro su comida era paupérrima y que apenas les llegaba para la vuelta porque a muchos se les acababa en el /574/ camino y que las más veces dormían donde les tomaba la noche debajo de un árbol en el campo y dice que le parece que ponían aquellos pobres indios más diligencia en buscar su espiritual remedio que la cananea y que con todo esto muchas veces les niegan el bautismo y que quiere Dios y manda que de gracia y sin interés se den los sacramentos y que podrán decir los indios el agua del bautismo por precio y con trabajo lo buscamos y con deseo y lágrimas lo pedimos y no lo hallamos pues a estos que los habían de andar buscando son así despedidos y desconsolados dice que era lástima ver lo que aquellos tristes hacían cuando les dijeron que no los podían bautizar y que había en el patio de Cuahuquechollam más de dos mil pidiendo bautismo y en el de Tlaxcallam pocos menos y que comenzaron a llorar y a decir muchas lástimas y que decían oh desventurados de nosotros cómo volveremos desconsolados y tristes a nuestras casas venimos de tan lejos y muchos de nosotros enfermos que nos duelen los pies y todo el cuerpo oh con cuánta hambre y trabajo venimos y si fuéramos bautizados todo se nos tornara en alegría y consolación y así /574 v./ todo se nos vuelve en tristeza y dolor, y ¿cómo el bautismo y el agua de Dios nos niegan? pues ¿cómo nos predican que Dios es misericordioso y que a brazos abiertos recibe los pecadores y nosotros nos envían y nos echan tan desconsolados para que nos muramos por el camino sin bautismo? Estas y otras lástimas y quejas dice que decían y que era gran lástima oírlos y que los sacerdotes que se hallaron presentes bautizaron a los niños y los enfermos y algunos que no los podían echar de la iglesia ni del patio y que llorando alcanzaron el bautismo porque si les decían que en ninguna manera los podían bautizar respondían pues en ninguna manera nos iremos sin el bautismo aunque sepamos morirnos aquí y dice fray Torivio que él no se halló en aquella sazón presente aunque era morador en una de aquellas casas y que en ambas bautizó muchos de los que así venían y que a los sacerdotes que se hallaron presentes no los excusaría de culpa porque más razón fuera que en tal caso obedecieran al sumo pontífice Jesucristo y a su vicario cuya autoridad /575/ tenía que a otro ningún prelado y que quién no verá la crueldad que con éstos se hizo ser muy contra la voluntad de Dios y contra toda caridad y que con cuánta razón se quejaran aquellos pobres indios de quien en tanto bien les estorbó y que cree si vieran lo que pasaba nunca lo estorbaran y que sería razón creer a los que lo ven y a los que tratan los indios y que no son conocidos aquellos pobrecitos y que se han de curar como el gusanito de seda al calor de los pechos y con leche de amor y que si así los crían hacen seda y brocado y que visten al rey y al papa y a los que en aquella tierra pasan sin capa y que no saben sino trabajar y enriquecer a todos y ellos solos quedan pobres y que si los tratan con temor y con truenos caen espantados y muertos y que quien tratare con los indios algunos años verá que son muy hábiles y muy dóciles y que es de ver cómo vienen al bautismo hasta los mudos y ciegos y que a la sazón que esto dice vinieron a se bautizar más de quince mudos y que en ambas casas se bautizaron más de cien mil ánimas y que los mudos hacían muchas señales levantando los ojos y manos al cielo humillándose y encogiéndose /575 v./ y poniendo las manos en la cabeza señalaban que pedían bautismo y que vinieron muchos ciegos y que fue cosa muy notable ver a dos de ellos que eran marido y mujer y ambos ciegos asidos por las manos y que los guiaban tres hijuelos suyos que traían consigo para los bautizar y que después de bautizados iban tan contentos alegres y regocijados que bien parecía darles Dios consolación y lumbre interior con su divina gracia y en los capítulos que se han citado y en otros dice cosas muy notables sobre el bautismo y la devoción con que aquella pobre gente acudía a lo buscar y a lo pedir y las he ido abreviando por venir a tratar de la devoción con que acudían a se confesar.

# CAPÍTULO QUINCE*

En que se trata de la gracia y lumbre que nuestro Señor comunica aquellos naturales y cómo y cuándo comenzó en aquella tierra el sacramento de la penitencia y el fervor que los indios tienen en lo buscar con otras cosas a este propósito muy notables.

En el capítulo dieciocho dice fray Torivio que de los que reciben el santo sacramento de la penitencia ha habido y cada día /576/ hay y pasan cada hora cosas notables que la mano de Dios no abreviada mas muy liberal distribuye y hace mercedes a aquellos naturales que crio a su imagen y que las más o casi todas son notorias solamente a los confesores por donde ellos en secreto ven y magnifican la gran bondad de Dios que así trae los pecadores a penitencia y levanta de la tierra al menguado y del estiércol de los pecados lleva para sí aquellos pobres y que cree que de muchos de ellos se podrá decir lo del Propheta que delante Dios estarán con gran constancia justificados contra los que los afligieren y les pusieron en angustia y trabajo y que plega al Señor que de ninguno de los que ahora les son contrarios se diga lo que allí se sigue, éstos que en otro tiempo menospreciábamos y los teníamos por bestias los cuenta Dios entre los justos y nosotros que burlábamos de ellos nos quedamos atrás en muy bajo lugar y que para que se vea la fe y devoción con que muchos de aquellos naturales venían a la confesión dirá algunas cosas más en general que en particular. Este santo sacramento dice que se comenzó en Tlezcuco entre los naturales el año /576 v./ de mil quinientos veintiséis y que poco

* "Todo esto que se dice en loor de los indios hablando gentilmente se puede moderar porque ni es acertado estar mal con ellos ni desfavorecerlos ni para remediar sus necesidades es conveniente tener otra opinión de ellos de lo que son que en el un extremo y en el otro hay peligro comúnmente son gente flaca y miserable y de harto poca capacidad y por esto obligan mal a compadecerse de ellos y ayudarles y darles la mano. Quien esto escribe los ha tratado por espacio de 30 años y administrádolos en su lengua y visitado la Nueva España". [Nota al margen.]

742

a poco los iba despertando Dios quitándoles las imperfecciones y tinieblas escandalosas y administrándoles su gracia y que andando el tiempo han venido a se saber confesar y decir distinta y enteramente sus pecados y muchos de ellos con lágrimas íntimas del corazón y que otros se confiesan por los mandamientos diciendo en cada uno en lo que han ofendido a Dios y que los que han aprendido a leer traen sus pecados escritos y con mucha particularidad de circunstancias los confiesan y que más claramente muestran comenzar a escribir la ley de Dios en sus corazones mostrándola también de fuera en obras y que limpiando sus conciencias aparejan morada para Dios en sus ánimas y que no se contentan con se confesar una vez en el año sino también en las pascuas y fiestas principales y que hay muchos que no esperan a estos días sino que en sintiéndose agravados de algunas culpas muy presto trabajan limpiarse de ellas por el sacramento de la penitencia y que otros no esperan a que se les ponga el sol en pecado mortal si pueden haber confesor.

/577/ Dice fray Torivio que como eran muchos los que buscaban la confesión y pocos los confesores pocos se podían confesar a cuya causa dice que andaban muchos de un confesor en otro y de un monasterio en otro como canes hambrientos que andan buscando y rastreando la comida tanto que parecía cumplirse en ellos lo que dice el real Propheta CONVERTENT AD VESPERAM ET FAMEM PACIENTUR UT CANES, ET CIRCUIBUNT CIVITATEM, no hay nadie que vea a aquellos convertidos a la tarde y al fin de los tiempos que no confiese ser cumplida en ellos esta profecía y que no tienen en nada ir a se confesar quince y veinte leguas y que si en alguna parte hallan quien los confiese luego hacen hilo como hormigas y que como unos pueblos son mayores que otros y la gente convertida más en unas partes que en otras donde hay monasterios y los confesores aún no pueden confesar a todos y que a tiempos no se pueden valer con los enfermos y que así no pueden confesar a los que acuden de otras partes y que donde hallaban puerta de confesión abierta acudían a ello con muy gran voluntad y que era muy común especialmente en la cuaresma poner grandísima solicitud para se confesar y que no /577 v./ les parecía que era cristiano el que así no lo hacía y que los de Teouacam fueron los primeros que salieron a buscar confesión y que iban hasta Huexoçinco que hay veinticinco leguas a se confesar y que pusieron tan gran diligencia por llevar frailes a su tierra y con tanta perseverancia que los alcanzaron y que demás de haber ellos aprovechado mucho en toda bondad y cristiandad ha sido aquel monasterio una candela de gran resplandor y muy provechoso porque ha hecho grandísimo fruto en todos los pueblos comarcanos y en otros muchos porque de allí se visitan muchos pueblos y provincias y que es gente muy dócil y sincera más que la mexicana y que es gente dispuesta para toda virtud y que se han traído aquel monasterio grandísima cantidad de ídolos y que los mixtecos, zapotecos, pinones, mazatecos, teotliltecos, mixes, que toda es gente muy dócil obedientes mansos, y dispuestos para ser doctrinados han acudido a ser enseñados y a demandar bautismo y que esto ha sido cosa de gran admiración y que vino allí una señora de un pueblo llamado Tecçiztepec con muchas cargas de ídolos para que los /578/ quemasen y le enseñasen lo que había de hacer para conocer y servir a Dios y que después de enseñada y aparejada se bautizó y que por ser a Dios grata dijo que no se quería ir a su casa sino estar algún tiempo oyendo la palabra de Dios y darle gracias por el gran beneficio y mercedes que le había hecho y que trajo consigo dos hijos y que al que había de heredar el señorío mandó que se enseñase así por lo que a él convenía como para enseñar y dar buen ejemplo a sus vasallos y que estando esta sierva del Señor en tan buena obra y con vivos deseos de servir a Dios le dio una enfermedad de que en breve tiempo murió llamando a Dios y a Santa Maria y dice fray Torivio que de creer es que la que no quiso volver a su pobre morada y a su señorío de la tierra por más amar y conocer a Dios que ese mismo Señor la llevó al señorío del cielo para reinar siempre con sus ángeles.

En el año de mil quinientos cuarenta día de pascua de resurrección dice fray Torivio que vio en aquel pueblo de Teouacam una cosa muy de notar y es que vinieron a oír los oficios divinos de la semana /578 v./ santa y a celebrar la pascua indios señores y principales de cuarenta provincias y algunos de cincuenta y sesenta leguas sin ser compelidos ni llamados y que entre ellos había doce naciones de lenguas distintas y que todos después de confesar y adorar a Dios bendecían a su gloriosísima madre y Señora nuestra Santa Maria que así se llama aquel monasterio la Concepción de Nuestra Señora y que se admiraron mucho de ver esto los españoles que se hallaron presentes que había muchos y que siempre traen consigo los que vienen a estas fiestas otros a se bautizar y a se casar y a se confesar y que los de Teouacam que otro tiempo iban lejos a buscar la confesión ahora venían otros de muy más lejos a se confesar a su pueblo.

En el capítulo diez de la tercera parte dice fray Torivio que el contino y mayor trabajo que tienen y han tenido los religiosos son las continuas confesiones que todo el año es como una cuaresma a cualquier hora del día y en cualquier lugar así en las iglesias como en los caminos y que sobre todo son los continuos enfermos que son de muy gran trabajo porque como los /579/ agravan las enfermedades y muchos de ellos nunca se han confesado y la caridad manda ayudarlos y disponerlos como a quien está IN ARTICULO MORTIS si no ANIMA TUA PRO ANIMA SUA / para que vayan en camino de salvación y muchos son sordos otros llagados y dice que en aquella tierra *los confesores no* se han de ser delicados ni asquerosos para poder sufrir estas cargas y que a esta necesidad provee Dios a los ministros de caridad que OMNIA SUFERT, OMNIA SUSTINET, CHARITAS PATIENS EST, BEGNINA EST. Y que muchos días son tantos los enfermos que los confesores están rogando a Dios alargue el día para que se acaben de confesar.

Dice que muchos de los indios restituyen lo que son a cargo antes de venir a los pies del confesor teniendo por mejor pagar aquí aunque queden pobres que no en la muerte o que se les niegue la absolución y que de esta manera hay cada cuaresma muchas cosas nuevas y notables y que en los primeros años aconteció que yéndose a confesar un indio y puesto a los pies del confesor le dijo que no podía /579 v./ ser absuelto si no restituía lo ajeno porque así lo manda la ley de Dios y lo requería la caridad del prójimo y que luego aquel día trajo diez tejuelos de oro que cada uno pesaría cinco o seis pesos que era la cantidad de lo que debía y se dio orden como lo hubo su dueño y que quiso más quedar pobre que no que se le negase la absolución y que para esto no fueron menester largas amonestaciones ni muchas idas y venidas aunque la hacienda que le quedó no montaría la quinta parte de lo que restituía y con esto quiso pasar y con su trabajo por ser absuelto y por no esperar en purgatorio a que sus hijos y albaceas lo restituyesen por él pues él lo podía hacer en su vida y que vienen a se confesar como dicho es de muy lejos mayormente en la cuaresma y que están esperando todo el día ayunos sin comer por se confesar y están un día y otro aguardando y aun muchos días por no se ir sin confesar y aunque los confesores eran pocos viendo la perseverancia que tenían alcanzaban lo que pretendían con su justa importunación y entre los muchos que de lejos habían venido a buscar la confesión dice que dirá de uno que cree que fue el primero /580/ que de los adultos salió en aquella tierra a buscar confesión y que Dios le llevó de la confesión de sus pecados a la alabanza de los ángeles al cielo entre sus escogidos y fue que un principal de un pueblo llamado Quahuquechollam que se llamaba Juan con su mujer e hijos por espacio de tres años iba las pascuas y fiestas principales al monasterio de Huexoçinco y que estaba en cada fiesta ocho días o diez aparejándose y confesándose él y su mujer y algunos de los que consigo traía que como era el más principal después del señor y casado con una señora del linaje de Moctecçuma le seguían muchos así de su casa como otros que atraía con su buen ejemplo y que algunas veces venía también el mismo señor principal con otros muchos y que unos se bautizaban otros se desposaban y muchos se confesaban porque en su pueblo no había monasterio ni lo hubo dende a cuatro años y que como en aquel tiempo pocos despertaban del sueño de sus errores se edificaban mucho así los naturales como los españoles que lo veían y se maravillaban tanto de aquel Juan que decían /580 v./ que les daba grande ejemplo así en la iglesia como en su posada y que éste una pascua de navidad o de los reyes traía hecha una camisa que entonces no las vestían más que los que se criaban en la casa de Dios y mostrándola a su confesor le dijo que traía aquella camisa para que se la bendijese y se la vistiese y que pues había venido muchas veces y solamente se había confesado que le rogaba que entonces le quisiese confesar y comulgar porque cierto su ánima deseaba mucho recibir el cuerpo de su Señor Jesucristo y que esto decía con tanta eficacia que el confesor viendo tan buena confesión y buena enmienda y aprovechamiento en su vida y que no solamente se despojaba de las viejas vestiduras corporales y vestía el cuerpo de camisa blanca y limpia pero que también se despojaba del hombre viejo y se quería vestir del nuevo Cristo le concedió lo que justamente le demandaba y religiosamente pedía y que después se conoció que aquel que le quería llevar luenga jornada le movía a pedir el viático y provisión para el camino porque cuando se confesó y comulgó estaba sano y bueno /581/ y desde a tres o cuatro días adoleció y murió llamando y confesando a Dios y dándole gracias por las mercedes que le había hecho quien dudara dice fray Torivio sino que aquel a quien él venía a buscar a casa y tierra ajena le llevó a la propia del cielo y de las fiestas terrenales a las eternas y celestiales y dice que cree que fue éste el primero que recibió el Corpus Christi en aquella tierra de Anauac y que la devoción de este buen viejo que era ya hombre de días y de sus compañeros que él había animado y despertado era mucha parte para que los frailes fuesen a visitar su pueblo y que mostraban bien su fe y devoción en ver cómo los salían a recibir y en se ayuntar a la doctrina más en este pueblo que en otros porque primero salía este Juan con sus amigos y criados y traía muchas rosas de que hay muchas en aquel pueblo y muy buenas y desde a poco venía el señor con los demás principales con más rosas y cacao que es un brebaje muy estimado que ellos tienen y que refresca mucho a los que tienen calor y vienen de camino y que después venía la madre del señor y la mujer de este Juan muy acompañadas /581 v./ de mujeres con rosas y que el señor de este pueblo de Cuahuquechollam que se decía don Martin con sus principales procuraban con gran instancia llevar frailes a su pueblo y que después que los hubieron hicieron un devoto monasterio y que han aprovechado mucho en sus vidas y que la gente de ahí es de buena masa y que se ha hecho buena cristiandad allí y en los pueblos vecinos y comarcanos y que su ejemplo ha convertido muchos y que es aquella casa como un espejo a donde vienen muchos a se bautizar y a se doctrinar y confesar.

# CAPÍTULO DIECISÉIS

En que se trata del buen ejemplo que daban los viejos y cómo hacían penitencia y cómo daban libertad a sus esclavos y restituían lo que poseían con mal título y cómo cumplen las penitencias y de cómo se confesaban por figuras y de dos mancebos que estando para morir fueron llevados en espíritu a las penas y a la gloria.

Dice fray Torivio que la bondad divina alumbra la obstinada vejez que suele causar en los viejos la larga y mala costumbre /582/ y que trae Dios en aquella tierra muchos viejos y viejas a penitencia y que sacan fuerzas de flaqueza para ayunar y se disciplinar en especial en Tlaxcallam y que a cualquiera que lo viere pondrá admiración y mucho más en los ver venir a la confesión en que Dios les da mucho sentimiento de sus pecados y que los sienten y confiesan con muchas lágrimas y dolor y que muchos viejos ayunan la cuaresma y frecuentan las iglesias levantándose cuando oyen la campana de maitines a orar y llorar sus pecados y muchas veces a se disciplinar sin que nadie les imponga en ello, oh buen Jesu y como te preguntan aquellos simples callando y con silencio dicen maestro bueno y ¿qué haremos para alcanzar la vida eterna? Y tú mi Dios les enseñas y respondes sin ruido de palabras el camino del cielo y veo a ellos ir vía recta, y yo pobre que esto escribo y leo me quedo muy frío y más seco que un palo que por mis pecados y grande ingratitud no soy sino para el fuego / de estos viejos los que tienen para hacer limosnas buscan los pobres para los vestir y para les dar /582 v./ de comer en especial en las fiestas y que esto no se acostumbraba en los tiempos pasados y que apenas había quien mendigase sino que el pobre y el enfermo se allegaba algún pariente o a la casa del señor principal y que allí pasaban mucha miseria y que otros se morían de hambre y que ahora como ya los viejos despiertan del sueño de la vieja vida pasada dan a los otros ejemplo y aunque éstos por la bondad de Dios son muchos dice fray Torivio que dará de uno de la Villa de Cuahunauac que cuando aquél comenzó había pocos alumbrados y que éste fue el primero de toda la tierra.

Moraba en aquella villa un viejo que era de los principales de ella que se llamaba Pablo y que todo el pueblo tenía por ejemplo y que ponía freno a los vicios y espuelas a la virtud y que era entre los fríos ferviente, y entre los dormidos despierto y que continuaba mucho ir a la iglesia y dice fray Torivio que siempre lo veía las rodillas desnudas en tierra y que aunque era muy viejo y todo cano estaba muy derecho y que con esto animaba a los otros principales y a los demás de /583/ aquel pueblo y que perseverando en su buena cristiandad se fue a confesar generalmente y que luego estando bien confesado enfermó y que otras dos veces purificando su conciencia con el sacramento de la penitencia hizo testamento aunque entonces no se acostumbraba sino que dejaban las casas y heredades a sus hijos y que el mayor si era hombre lo poseía y tenía cuidado de sus hermanos y hermanas como lo tenía de todos el padre en su vida y que como iban creciendo y casándose partía con ellos según lo que tenía y lo mismo hacía con los sobrinos y que todas las mantas y ropas de los señores y principales después de traídas algunos días que como eran blancas y delgadas presto se envejecían o se ensuciaban las guardaban y las enterraban con ellas cuando morían y que algunos llevaban gran número de ellas y otros pocas según la costumbre de la tierra y que en algunas partes enterraban con los señores joyas, y oro, y piedras, y que en otras partes las dejaban a sus hijos y si era señor ya sabían según sus costumbres que el hermano o el hijo habían de heredar y que algunas veces señalaba el padre al tiempo de su muerte algún hijo muy amado e hijo de señora a quien quedase el señorío y era obedecido.

/583 v./ Al entierro de este buen viejo que se ha dicho que se llamaba Pablo dice fray Torivio que lloraban su muerte y más la falta de su buen ejemplo que no fue poca porque estaba muy dormida aquella gente y que parece de menos ley y de menos quilates de buen sentimiento que otra y que predicó en su entierro el que lo enterró tomando motivo de aquellas palabras ECCE MODO MORITUR JUSTUS ET NEMO PERÇIPIT CORDE.

Cada día dice que va creciendo la fe en aquellos naturales y que la muestran cerca del amor de Dios y del prójimo y que restituyen los esclavos que poseían y los ponían en libertad y los favorecían y ponían en estado de matrimonio y les ayudaban y daban

con que viviesen y que no se servían de sus esclavos con la servidumbre y trabajo que se sirven los españoles sino que los tenían
como medio libres en sus estancias y heredades y que ahí labraban cierta parte para sus amos y otra para ellos y que los que no
tenían esta parte tenían otros conciertos y modos como servir a
sus amos y que tenían sus casas y mujer e hijos y que no eran tan
penosa la servidumbre que por ella se huyesen y que se vendían
y compraban /584/ estos esclavos y que esto era muy usado entre
ellos y que ya no se vendían sino que muchos de los convertidos
tornan a buscar y a rescatar los que habían vendido si los podían
haber y si no que se afligían y se dolían de corazón y que restituían
el precio que habían habido y recibido por ellos rescatando y liber-
tando otros y dice fray Torivio que estando escribiendo esto vino a
él un indio pobre y que con gran aflicción de espíritu le dijo de
ciertas cosas que era a cargo y que le mostró un tejuelo de oro y
que le dijo que aquella era la cantidad que le dijiese cómo y a
quién lo había de restituir y que había vendido un esclavo y no lo
podía descubrir y que a quién había de dar el precio de aquel oro y
que si lo daría a pobres y que éste y los demás que libertaban sus
esclavos se despojaban de lo que tenían con ser pobres por no ir
contra la ley de Dios y del prójimo.

Asimismo dice que se restituían las heredades que poseían en
sabiendo que no las podían tener con buena conciencia ahora las
hubiesen heredado o adquirido según sus costumbres antiguas for-
cibles y de las que poseen con buen título que no piden a los macehuales y vasallos que tienen en ellas tanto como solían rentar lo que
antes les daban y que no quieren recibir servicios extraordinarios.

/584 v./ Los señores y principales dice que tienen mucha solicitud y cuidado en hacer buen tratamiento a sus macehuales y vasallos
y procuran cómo sean buenos cristianos enseñándoles las cosas de
nuestra santa fe y que bien considerado vaya cumpliendo la ley y
los profetas pues por Dios aman al prójimo y tienen cuidado de
mandar a su gente que se bauticen los niños luego en naciendo y a
los adultos que se confiesen a lo menos una vez en el año.

El ejercicio y ocupación de aquellos naturales dice fray Torivio
que más parece de religiosos que de gentiles recién convertidos
porque tienen mucho cuidado de guardar la ley de Dios y de cumplir y hacer cuanto el confesor les manda aunque sea dificultoso y
áspero, y penoso, y en detrimento de su hacienda y si les dicen que

no vienen bien aparejados y que vuelvan a recordarse bien de sus pecados y que hecho esto vuelvan tal día tornan al día señalado y traen sus vidas y pecados escritos los que saben escribir y los que no lo saben los traen por figuras demostrativas por donde se confiesan clara y distintamente y dice que él confesó muchos hombres y mujeres por escrito y por caracteres y figuras y que se maravillaba y mucho más de las mujeres cuando veía que sabían escribir y traían escritos de su mano sus pecados porque muchos señores y principales y viejos y señoras habían deprendido leer y escribir.

/585/ Si alguno por le probar o porque así convenía se le suspendía la absolución por algunos días para que hiciese algunas diligencias antes de le absolver eran tan ciertos al término que no faltaban día aunque fuesen de pueblos de muy lejos que no parece que sienten el camino ni el trabajo que en ir y venir pasaban por se ver absueltos y que cuando el confesor ve que no conviene mandar ayunar algunos porque por sus culpas no se les debe imponer ayuno, dicen por qué no me mandas ayunar que bien lo podré hacer aunque sea flaco o pobre y tengo poco que comer Dios me esforzará y que muchas preñadas aunque saben y se les ha predicado y dicho que no son obligadas ayunar no dejan por eso de hacerlo y que muchos cuando no les mandan que se azoten preguntan que cuántas veces se han de disciplinar y que en muchas partes se disciplinan ordinariamente todos los viernes y en la cuaresma todos los lunes y miércoles y viernes y se van a sus pueblos y barrios y de en iglesia en iglesia disciplinándose y que en esto excede Tlaxcallam a todos los pueblos de Nueva España y que lo mismo hacen en tiempos de falta de agua y de salud.

Otros dice que preguntan después de absueltos a cuántos pobres han de dar mantas o darles de comer en tal fiesta o pascua y dice que /585 v./ cuando ve aquellos que ahora comienzan a conocer a Dios estar tan dispuestos y aparejados para imprimir toda virtud y viéndose así tan pesado y tan sordo a las inspiraciones divinas recibe gran confusión y se compunge oyéndolas y lo mismo viendo sus necesidades y cuán pobre y trabajosamente pasan la vida y que éstos de quien algunos que poco saben y entienden menos hacen burla y los tienen en poco podría ser que les precedan en el reino de Dios y que otros que los ven y comunican están muy edificados de ellos y se compungen y lloran viéndolos y dan muchas gracias a Dios que así los ha convertido.

Una cuaresma dice que estando él en Cholollam eran tantos los que del mismo pueblo y de fuera de él se venían a confesar que no se podía valer a sí ni a ellos y que por los consolar y porque mejor se aparejasen les dijo que no había de confesar sino a los que trajesen sus pecados escritos o por figuras que es cosa que aquéllos saben bien hacer y entender y que comenzaron tantos a traer sus pecados escritos que tampoco se podía valer y que con una paja iban apuntando y él con otra ayudándoles y así se confesaban mejor y muy brevemente y muchos generalmente porque por aquella vía satisfacían /586/ bien sus conciencias y que era menester preguntarles poco porque lo traían todo escrito unos con tinta otros con carbón con diversas figuras y caracteres que solos ellos los entienden y lo dan bien a entender y que andaban tras él con sus papeles importunándole y diciendo que muy brevemente dirían sus pecados porque todos los traían escritos y que les dijese las palabras de Dios y los absolviese y les mandase lo que habían de hacer que no había más que lo que ahí decían.

En Tlaxcallam dice que falleció viernes de ramos del año de mil quinientos treinta y siete un mancebo natural de Cholollam llamado Benito que estando bueno y sano se fue allí a confesar y que desde a dos días enfermó y que estaba en una casa lejos del monasterio y que dos días antes que falleciese estando muy malo ya mortal vino al monasterio y que más parecía del otro mundo que de éste y que le dijo que se venía a reconciliar porque se quería morir y que después de se haber confesado y descansado un poco le dijo que había sido llevado su espíritu a las penas del infierno donde del grande espanto había padecido gran tormento y grandísimo miedo y que diciendo esto temblaba y estaba como despavorido /586 v./ y que en aquel lugar espantoso levantó su ánima a llamar a Dios y a le pedir misericordia y que luego fue llevado a un lugar de mucho placer y alegría y de gran deleite y que el ángel que lo llevaba le dijo Benito Dios quiere haber misericordia de ti ve y confiésate muy bien y aparéjate que aquí has de venir por la clemencia de Dios y dice fray Torivio que se espantó de verle venir tan flaco y mortal y poder andar el camino que anduvo y que por esto le hizo creer lo que le dijo y también porque lo conocía mucho y se había criado en la casa de Dios y que murió al tiempo que dijo.

Otro mancebo natural de un pueblo llamado Chiaoutempa que es una legua de Tlaxcallam y él se llamaba Juan y que tenía cargo de saber los niños que nacían y recogerlos el domingo y llevarlos a bautizar dice que enfermó gravemente y que antes de su muerte fue su espíritu arrebatado y llevado por unos negros por un camino muy triste y penoso a un lugar muy oscuro y de grandísimos tormentos y que queriéndolo echar ahí los que lo llevaban dio grandes voces llamando y diciendo Santa Mariae y que esta *e* añaden en el vocativo y que decía como alegando /587/ de su derecho Señora por qué me echan aquí yo no recogí a los niños y los llevaba a la casa de Dios, pues en esto no servía yo a Dios y a vos señora Santa Maria pues valedme y líbrame de estas penas y tormentos que yo me enmendaré de mis pecados Santa Mariae libradme de estos negros y que librado y sacado de aquel peligro y confortado con el favor que la reina de misericordia le envió tornó al cuerpo su espíritu y que su madre lo tenía por muerto y que cuando despertó dijo estas cosas y otras muchas de grande admiración y espanto y proponía gran enmienda en su vida y que luego procuró la confesión y que en aquel buen estado y propósito firme de bien vivir murió de aquella enfermedad.

Muchos de estos naturales ya convertidos dice que han visto diversas y muchas revelaciones y visiones y que algunos de ellos por el buen testimonio de su vida y por la manera y simplicidad con que cuentan la visión parece llevar camino de verdad y que las deja de escribir porque piensa que no será creído y también porque algunas de ellas pudieron ser ilusiones y que los que han visto y tratado aquellas gentes se maravillaban de los que en tan poco tenían, y llorando dicen que están espantados /587 v./ de ver sus vidas y grande ejemplo y cristiandad y que muchos por esto se han convertido a bien vivir y otros que los aborrecían y estimaban en menos que a sus caballos después que los han visto ser buenos cristianos los aman de veras y los defienden y vuelven por ellos y otros que los maltrataban y no les decían otro nombre sino perros los llaman hermanos y dicen que llevan mejor camino que ellos para el cielo.

# CAPÍTULO DIECISIETE

De las opiniones que hubo sobre el administrar del sacramento de la eucaristía a los indios y de algunos milagros que sobre esto han sucedido y del trabajo que se pasó en el examen que se hacía para los matrimonios / y de la gran devoción de aquella gente.

Dice fray Torivio que el santísimo sacramento de la eucaristía se daba en la Nueva España a muy pocos de los naturales de ella y pocas veces y que sobre ello había dos opiniones o pareceres y que unos decían que no se les diese porque no tenían de ellos tanta confianza cuanta era menester y por que no aconteciese recibirlo alguno en pecado y porque les parecía temprano y que otros decían que era razón darlo a los que había cuatro o cinco años y más que eran /588/ cristianos y se habían confesado muchas veces y que iban bien aprovechando en la virtud y cristiandad y sabían discernir entre el pan material y sacramental y entender cuándo la hostia está por consagrar y cuándo ya consagrada y son de edad de discreción y piden con devoción y reverencia que se les dé el Santísimo Sacramento y el confesor está bien satisfecho de su confesión fe, y cristiandad y de su buena vida que no hay razón por que a estos tales se les deniegue tan gran bien y remedio pues ese mismo Señor manda a todos sus miembros que lo reciban para que tengan vida y vivan espiritual y temporalmente y lo manda con pena y amenaza diciendo si no comiéredes mi carne y bebiéredes mi sangre no tendréis vida en vosotros y el que come este pan vivirá para siempre etcétera y que la Iglesia conforme a esto también manda a hombres y mujeres que cuando llegasen a los años de discreción que comúnmente el varón señalan catorce años y a la mujer doce que comulguen y que pues la Iglesia no hace diferencia del rico, ni del pobre, ni del esclavo al libre, y dice MANDUCAT DOMINUM PAUPER SERVUS, HUMILIS por lo cual dice fray /588 v./ Torivio que no le podrán persuadir que no se dé este santo sacramento a los ya dichos máxime que muchos de la primera opinión ni sabían la lengua de ellos, ni la deprendieron, ni pueden ser buenos jueces ni saber las conciencias, y vidas por las confesiones y que en este caso quién hay que no desee celar la honra de Dios y su gloria pues no hay otro interés más de servir los ministros a nuestro maestro y *redentor Jesucristo* y que pues él lo manda y *lo quiere no debe*\* el siervo cerrar la puerta de la caridad en cosa tan necesaria a la salud espiritual y que cree que a los que tuviesen las condiciones ya dichas demandando el sacramento de la vida si los sacerdotes se lo negasen, ese mismo pontífice Jesucristo se lo daría o enviaría quien se lo administrase según dice que parece por el ejemplo siguiente.

En Huexoçinco el año de mil quinientos veintiocho dice que estando un mancebo ya casado de los criados de la casa de Dios llamado Diego hijo de Miguel hermano del señor de ahí estando aquel mancebo enfermo y habiendo confesado pidió el Santísimo Sacramento una /589/ y muchas veces con mucha instancia y como disimulasen con él no se lo dando y él no aflojando en su fe y demanda vinieron a él dos frailes en el hábito de San Francisco y lo comulgaron y que luego desaparecieron y que el Diego enfermo quedó muy consolado y que entrando su padre a le dar de comer y diciéndole que comiese le dijo que ya había comido lo que él deseaba y había menester y que no había de comer más que porque estaba satisfecho que no había menester comer y que el padre admirado de esto le preguntó quién le había dado de comer y que respondió el hijo no vistes aquellos dos padres que salieron de aquí ahora pues ellos me dieron lo que yo deseaba y que tantas veces lo había pedido y que desde a poco falleció.

Dice fray Torivio que muchos españoles que no cumplen este mandamiento de la Iglesia piensan que aciertan en no comulgar con decir que no son dignos y que lo dejan por reverencia y acatamiento de tan alto misterio y que yerran en ello porque si por dignidad hubiese de ser ni los ángeles ni los santos bastarían, mas que Dios quiere que nos tengamos por indignos confesando y haciendo lo que en nosotros es y que así lo dice el apóstol, PROBET AUTEM SE IPSUM HOMO /589 v./ ET SIC DE PANE ILLO EDAT, ET DE CALICE BIBAT. Y que el cura que a tal niega el sacramento peca mortalmente y cita

---

\* "Si Deus benignus ut quid sacerdoscius austurus vellet apparere c. alligant 26 question 7". [Nota al margen.]

a Grabiel in 4ᵐ QUESTIONE 1 DISTINTIONE 13 padre de misericordias es Dios y que su mano liberalísima está abierta para dar al que demandare, y abrir al que llamare, y que le hallará el que fielmente le buscare. Y que no es aceptador de personas y que pues todos pecamos y tenemos necesidad de su gracia vamos a la fuente, y por mejor decir a la mar de las riquezas de Dios que sin hacer mengua en sus tesoros todos volveremos ricos y que es muy reprensible la negligencia del necesitado* en no pedir cuando en el dador no hay escasez sino gran liberalidad para todos.

Después de lo de arriba escrito dice que fue consultado con el sumo pontífice Paulo tercero y se le dio relación de la capacidad y habilidad y cristiandad de aquellas gentes y cómo demandaban el Santo Sacramento y el deseo con que lo buscaban y que lo remitió a ciertos cardenales y doctores y que fue determinado que no se les negase el Santísimo Sacramento y que fuesen admitidos entre los otros fieles a la santa comunión y dice que después /590/ acá hay muy gran diferencia porque han aprovechado mucho en cristiandad y que en la congregación que el visitador Tello de Sandoval hizo en que estaban cinco obispos y frailes de todas las órdenes y muchos clérigos que fue el año de mil quinientos cuarenta y seis por todos se determinó que se diese el Santo Sacramento a los indios como consta por la conclusión cuarta y para lo que se ha dicho de la comunión se vea lo que se dijo en el diálogo once número trece CUM SEQUENTIBUS en los *Discursos de la vida humana.*

En el capítulo veintinueve y en otros siguientes trata fray Toribio del matrimonio y del trabajo que en esto se pasó en especial con los señores que tenían muchas mujeres y se les hacía muy de mal dejarlas y en se averiguar cuál era la primera y legítima mujer y como plugó a nuestro Señor darles su gracia para venir en esto y que era tanta la gente que acudía a se casar que no se podían valer los religiosos porque también tenían muchos que bautizar y que confesar y que para esto andaban de pueblo en pueblo y que a los caminos los salían a buscar para lo mismo y tenían hechas ramadas y levantada su cruz y allí su librillo de agua y sal con su jarro /590 v./ para que los bautizasen y que había entre ellos muchos niños y viejos y enfermos y que hubo día que un religioso bautizó en un pueblo mil quinientos entre chicos y grandes des-

---

* "Obid. sed si quis peturet qui dare vellet erat. 3 dipon. ellgi. 7". [Nota al margen.]

pués de haber dicho misa y predicado al pueblo y que a todos puso óleo y crisma y confesó quince enfermos y que acabó a más de una hora de la noche y al fin del capítulo treinta y uno dice que un pueblo procuró mucho que les diesen frailes para estar en él y que como no lo pudo alcanzar dijeron a un fraile que les fuese a predicar que pues no podían haber frailes ni eran dignos de ello que les diesen siquiera un hábito de San Francisco y que los domingos y fiestas lo ponían en un palo levantado en alto y que creían que Dios le daría lengua para que les predicase y con esto estarían consolados.

Para el examinar de los matrimonios dice que había en cada parroquia quien conocía a los que se querían casar y que con ellos venían sus parientes y se ponía gran diligencia en averiguar la verdad y que todos traían sus mujeres para que ellas hablasen y alegasen en su favor y para que se tomase la legítima y satisficiese a las otras para se alimentar y así a los hijos que en ellas tenían /591/ y que había algunos casos inauditos y tan dificultosos que los ponía en grandísima perplejidad y trabajo y en muchos capítulos trata de la muchedumbre de indios que acudían a pedir bautismo y a se casar y a pedir frailes que los doctrinasen y refiere los muchos trabajos que en esto se pasaron por asperísimas sierras y montañas y la gran falta que había de ministros para tan gran multitud de gente como a ellos acudía pidiendo doctrina y frailes y que los industriasen y es cosa de lástima ver lo que sobre esto dice y refiere / asimismo dice que tienen gran devoción con el agua bendita y con cuentas para rezar y que procuran que se las bendigan y que procuran algunas de perdones y que las tienen en mucho y que no les parece que no es cristiano el que no tiene cuentas y disciplina y que les arma bien el disciplinarse porque no es gente que popa y regala sus carnes y que oran en sus pobres casillas y buscan lugar para ello y que allí tienen una cruz y delante de ella oran con toda reverencia y que los señores y principales hacen en sus casas sus capillas adornadas con imágenes y con todos los demás atavíos que pueden y que de día en día van aprovechando /591 v./ mucho todos y que tienen gran devoción a los templos y gran temor a la excomunión y si acaso riñen algunos se hacen luego amigos y se vienen absolver y dice que es gente que les dura poco la ira que son más mansos que ovejas y que como han visto que los españoles devotos besan la mano al sacerdote procuran ellos lo mismo en especial cuando acaban de predicar o de decir misa tanto que dan trabajo a los sacerdotes.

Cuando se mudan los frailes de una casa para otra hacen mucho sentimiento y lloran muy de corazón mostrándose muy agradecidos con los que les han mostrado el espíritu y palabra de salud y vida y que van con ellos para los despedir y que por no se estorbar unos a otros están en paradas muchos de ellos a dos y tres leguas y más despidiéndose de ellos en particular con lágrimas dándoles gracias por lo que con ellos han trabajado llamándolos maestros y padres suyos y que cada día acuden a buscar misa y que los domingos y fiestas están cuando amanece esperando a que abran la puerta de la iglesia y que vienen muchos de media legua y de una a oír /592/ misa y en el invierno con harto frío y poca ropa y que están hasta que se acaba el sermón y la misa mayor y que unos traen rosas que ofrecer, y otros mazorcas de maíz o ají, o copalli, y alguna candelilla por no parecer que vienen vacíos ante la presencia de la majestad divina y que después vuelven a sus casas con mucha paciencia y alegría y que cuando hay procesión vienen los caminos llenos cada parroquia por sí con su cruz y bandera cantando unos TE DEUM LAUDAMUS otros himnos de nuestra Señora, otros el PATER NOSTER y el Ave Maria y otros los mandamientos en su lengua y que van muchos a prima y a vísperas aun entre semana no sólo donde hay monasterios sino también en sus parroquias donde hay algunos muchachos que se han enseñado en los monasterios que saben decir las horas de nuestra Señora y han deprendido los salmos y el canto con sus antífonas y que hay muchos muchachos y casados que saben ayudar y oficiar la misa en canto de órgano y que su salutación es deo gracias o Dios te dé paz o loado sea Jesucristo.

Cada día dice que se ofrecen cosas nuevas y que demás de lo que se ha dicho del fervor con que buscan el bautismo y la confesión hay muchos que cuando se van a confesar /592 v./ han restituido lo que son a cargo y que no esperan a que el confesor se lo mande y que algunos eran tan pobres que por poco que restituían no les quedaba cosa alguna y que confesándose uno que no tenía más que una manta y que era a cargo de otra y que probándole el confesor para ver qué contrición traía le dijo que lo ajeno se había de restituir y que él con fervor se quitó la manta y la puso apartada de sí para que la diesen a los pobres y quedando desnudo y puesto de rodillas dijo en su lengua ahora ni tengo, ni debo nada, ni lo quiero.

A los que se da el Santo Sacramento dice que lo reciben con gran aparejo de oraciones y de limosnas, y de ayunos que cuando lo reciben fuera de la cuaresma ayunan primero una semana o dos y unos casados marido y mujer queriéndose comulgar la pascua de resurrección ayunaron toda la cuaresma no comiendo más que a tercero día una vez y que el lunes, y el miércoles, y viernes ninguna cosa comían y el martes, y el jueves, y sábado una sola vez y que si algún enfermo ha de recibir el Santísimo Sacramento se hace llevar a la iglesia y que muchos lo reciben con muchas lágrimas y que /593/ muchos casados se confiesan antes de se velar y que se confesarían muchos más si hubiese confesores y que los que se han casado clandestinamente o en grados prohibidos ellos mismos vienen a denunciar de sí y que siempre traen en la boca a Cristo diciendo Cristo es mi Dios y mi Señor y que está tan olvidada la idolatría como si nunca fuera y que es aquella gente la más dispuesta del mundo para se salvar y que parecen ser de aquellos pobrecillos de quien quiere Dios que se hinche su casa y que en muchas partes ellos mismos destruyeron los templos de los demonios y quebrantaron y quemaron los ídolos y edificaron y edifican a Dios muchas iglesias y hacen monasterios rogando con ellos a los religiosos y los van a buscar con muchos ruegos e importunidad en especial cuando hacen capítulo que van de muchas y longincuas provincias a los procurar y que casi lo mismo hacen cuando van algunos nuevamente de Castilla y que en muchas partes han hecho y hacen hospitales donde consuelan y curan los enfermos y pobres y que de su pobreza los proveen abundantemente porque como son muchos aunque cada uno de poco se junta mucho porque es continuo de manera que los hospitales están bien /593 v./ proveídos y ellos saben también servirlos que parece que nacieron para ello y así ninguna cosa les falta y que de cuando en cuando van a buscar a los enfermos por toda la provincia y dice que en Tlaxcallam hicieron el año de mil quinientos treinta y siete un hospital con su cofradía para lo sustentar y servir y para enterrar los difuntos y celebrar las fiestas y que se intitula de la encarnación y que aquel día estaba acabado y que yendo a él en procesión solemne el mismo día metieron en él más de ciento treinta enfermos y pobres y el día de resurrección adelante fue mucha y muy abundante la ofrenda que ofreció todo el pueblo para los pobres así de maíz, y frijoles, y ají, ovejas, y puercos, como de gallinas de la tierra que fueron ciento cuarenta y que de las de Castilla fueron tantas que no se pudieron contar y que ofrecieron otras muchas cosas y que cada día ofrecen los pobres de su pobreza tanto que cuando no había más que siete meses que el hospital estaba poblado valía lo que tenía en tierras y ganado casi mil pesos y que no sólo con los enfermos del hospital pero con los demás pobres se van mucho ejercitando en las /594/ obras de misericordia dando de comer al hambriento y de vestir al desnudo y que las fiestas buscan pobres que vestir y que visitan y consuelan los enfermos y desconsolados y que van muchos a los entierros de los difuntos y que redimieron cautivos y esclavos que había muchos en aquella tierra y en muchas provincias los ahorraron y que en Tlaxcallam pasaron de veinte mil y que demás de darles libertad pusieron graves penas al que comprase o vendiese esclavo porque de otra manera habían de vivir en su cristiandad que vivieron en su gentilidad y que casi todos chicos y grandes saben los mandamientos y todo lo que debe creer y guardar y que si cometen algún pecado mortal trabajan que no se les ponga el sol sin primero se reconciliar con Dios por la confesión si pueden y si no con la contrición porque temen morir en pecado mortal y que tienen sus devociones ordinarias y tiempo señalado para se dar una vez o dos al día a la oración mental y que para cada un día tienen repartidos sus ejercicios y que un día piensan sus pecados y trabajan tener dolor intenso por ellos, otro día meditan la muerte, otro día el juicio así particular /594 v./ como general otro día las penas de purgatorio y del infierno otro día la pasión del Señor otro la resurrección y la gloria del paraíso y que también se ejercitan en contemplar la vida de nuestro Señor Jesucristo por sus pasos y misterios y que muchos traídos por el Espíritu Santo han hecho voto de guardar todos los ayunos y fiestas de la santa madre Iglesia aunque han sido reservados de ello por privilegio apostólico y aunque sus confesores les van a la mano por que no caigan con la carga por ser tan nuevos en la fe.

En la provincia de Mechiuacam dice que un don Juan señor principal y natural de un pueblo que llaman Tepeuacam leyendo en la vida del glorioso San Francisco que estaba traducida en su lengua vino en él tanta devoción y tanto espíritu que con muchas lágrimas y voces hizo voto de vivir en el hábito y vida que San Francisco instituyó y que perseverando en su propósito dejó el hábito que traía y buscó sayal muy vil y se vistió de él muy pobremente y luego libertó muchos esclavos que tenía y les predicó y enseñó la ley de Dios y los atrajo cuanto pudo a la guarda de sus /595/ mandamientos y que como buenos cristianos se amasen unos a otros y que si él hubiera tenido antes conocimiento de Dios y de sí mismo que antes los hubiera libertado y que se dolía siendo él pecador por los haber tenido por esclavos siendo todos comprados y libertados por la sangre de Jesucristo y que de allí adelante supusiesen que eran libres y que les rogaba mucho que fuesen buenos cristianos y que también renunció el señorío y que las joyas y mueble que tenía lo repartió entre pobres y demandó el hábito muchas veces en Michiuacam y que como allí no se lo dieron se fue a Mexico con la misma demanda y que viendo el obispo de ahí su devoción y constancia lo amaba y quería mucho y si él pudiera lo quisiera consolar y que siempre perseveró con su capotillo de sayal dando siempre muy buen ejemplo y que venida la cuaresma se tornó a Michiuacam para oír en su lengua los sermones y para se confesar y que después de pascua tornó al capítulo que se celebró en Mexico perseverando en su demanda y lo que se le concedió fue que en el mismo hábito que traía anduviese entre los frailes y que si les pareciese tal su perseverancia y vida le darían el hábito de la aprobación y como era señor y muy conocido fue de gran ejemplo en toda la provincia de Michiuacam y no dice fray Torivio si se le dio el hábito.

/595 v./ Aquellos chiquillos dice que revela Dios lo que muchos grandes no quiere que vean y que al tiempo del alzar de la hostia consagrada algunos de aquellos naturales han visto un niño muy resplandeciente y otros a nuestro Señor crucificado y que cuando veían esto no podían estar sin caer sobre su faz y que quedan muy consolados y llenos de admiración que han visto sobre un fraile cuando les predica estar sobre su cabeza una corona muy hermosa que parecía de oro y como de fuego y otros han visto en la misa sobre el Santísimo Sacramento un globo como llamas de fuego y que a uno que venía muy de mañana los domingos y fiestas a la iglesia y hallando la puerta cerrada mirando al cielo vio que se abría y que por aquella abertura parecía que allá adentro estaba muy hermoso el cielo y que esto vio dos veces y que él que venía

761

de mañana a buscar a Dios en su casa por estar la puerta cerrada hallaba el cielo abierto y dice que Dios por su misericordia se manifiesta aquellos pobrecillos que lo buscan con su simplicidad y pureza de corazón y se cumple lo que se dice en el Evangelio BEATI MUNDO CORDE QUONIAM IPSI DEUM VIDEBUNT.

# CAPÍTULO DIECIOCHO

En que se trata del sentimiento que hicieron los de Xochimilco /596/ y Cholollam y otros pueblos cuando supieron que en un capítulo los dejaban sin frailes y de la diligencia que pusieron para los haber.

Dice fray Torivio que en el capítulo que los frailes menores celebraron en Mexico el año de mil quinientos treinta y ocho a diecinueve de mayo que fue la cuarta dominica después de pascua pareció convenir por falta de frailes que algunos monasterios cercanos de otros no fuesen conventos sino como vicarías y que estuviesen sujetos a otros y que de allí los proveyesen y visitasen y que así fuesen enseñados los de aquellas provincias esto sonó en los oídos de los indios y que los dejaban sin frailes y que se los quitaban del todo y que como se leyó la tabla del capítulo que siempre la están esperando los indios y los señores tienen puestos mensajeros como en postas para saber a quién les dan por guardián y predicador que los enseñe y como para algunas casas no se nombraron frailes señalados sino que de otras los proveyesen y una de ellas fue Xochimilco que es pueblo de mucha gente y está en la laguna dulce cuatro leguas de Mexico y aunque se leyó la tabla un día tarde otro día por la mañana /596 v./ ya todos lo sabían y tenían en casa tres frailes y que fue todo el pueblo por la mañana con otros de alrededor al monasterio y entraron en la iglesia que no es pequeña y se hinchó de gente sin otros muchos que había en el patio que serían diez mil ánimas y que todos de rodillas delante del Santísimo Sacramento comenzaron a clamar y a llorar y rogar a Dios que no consintiese que los dejasen tan tristes y desconsolados pues los había hecho a su imagen y semejanza y los había redimido y muerto por ellos en la cruz y los había traído al conocimiento de su santísimo nombre y fe no los privase tan presto de sus padres y maestros ni los dejase tan necesitados y desconsolados porque quedaban como niños chiquitos sin madre y que cada uno de por sí decía y componía palabras de oración viva y que todos lloraban con mucho sentimiento y a voces y que muchos se iban a llorar y consolar con los frailes que allí tenían y que ellos también lloraban en los ver tan doloridos y que por mucho que trabajaban de los consolar no se podían los unos ni los otros contener de llorar y que los indios decían a los frailes que bien sabían que los mandaban ir a otras /597/ partes que los perdonasen que no los habían de dejar ir sino ponerles guarda que de día y de noche los velasen y que acudía más gente de los pueblos y que acordaron de ir a Mexico y que los unos ni los otros no se acordaban de comer y que otro día a misa entraron en la iglesia de San Francisco con tanto ímpetu y lloro delante del Santísimo Sacramento y orando y clamando con lágrimas manifestaban a Dios la causa de su tristeza unos implorando la intercesión de la reina del cielo y otros llamando a San Francisco y otros a los ángeles y que así cada uno hacía su oración con vivas lágrimas y que hacían llorar a los frailes y que trabajaban de los acallar y consolar como a hijos y que ellos les decían padres nuestros por qué nos desamparáis ahora después de bautizados y casados nos dejáis. Acordaos que muchas veces nos decíades que por nosotros habíades venido de Castilla y que Dios os había enviado para nosotros necesitados y huérfanos y ahora nos queréis dejar a quién iremos que los demonios otra vez nos querrán tragar y engañar y atraer a su idolatría y que los frailes les dijeron no os dejamos hijos míos desamparados /597 v./ sino que os queremos visitar y enseñar con todo cuidado y también queremos ver vuestra fe y no os habemos de dejar ni olvidar que para morir con vosotros venimos y por la palabra y Evangelio de Cristo os engendramos y sois nuestra consolación y alegría y sois nuestra riqueza y nuestro tesoro y ahora nos habéis obligado más que nunca y nos ponéis nuevo espíritu para de nuevo trabajar con vosotros que no buscamos ni queremos sino a vosotros y no buscamos parientes ni deleites de la carne ni del mundo sino vuestro aprovechamiento y veros perfectos en el amor de Cristo y dice que el provincial los consoló de palabra cuanto pudo y que viendo que no aprovechaban palabras compadeciéndose de ellos les dio dos frailes que llevasen consigo para que los enseñasen y predicasen, y que fue tanta la consolación que sintieron que toda su tristeza se les convirtió en alegría y que para más los consolar les dijo que no los dejasen venir si no fuesen otros en su lugar y que iban aquellos pobrecitos acallantados con sus padres y que les iban contando el desconsuelo que ellos y los que habían quedado en el pueblo /598/ habían sentido y que como fueron algunos con la nueva salieron los del pueblo a los recibir al camino con gran gozo y llegados a la iglesia del monasterio hicieron oración y dieron gracias al Señor y se consolaron todos viendo que venían para quedar con ellos y pusieron guardas para que de día y de noche velasen que no se les fuesen.

Cholollam dice que era otra de las casas que quedaban sin guardián y que había de ser visitada de otra casa y que de allí a Mexico hay veinte leguas y que como supieron la nueva acudieron al monasterio muchos indios con el mismo sentimiento que tuvieron los de Xochimilco y lloraron agriamente en la iglesia delante el Santísimo Sacramento y también otros tres frailes que allí había y que después de haber llorado con ellos los consolaron y que tanto era su deseo y dolor de perder a sus maestros que no les detuvo la distancia del camino ni el tiempo que era de aguas y que casi olvidados de lo que habían de comer se fueron a Mexico más de mil y con grande ímpetu entraron en San Francisco llorando y demandando frailes diciendo que se compadeciesen de ellos y de todos los demás que quedaban en su pueblo muy desconsolados y tristes y que /598 v./ si ellos por ser pecadores no los merecían que los que en el pueblo habían quedado eran los buenos cristianos y que por ellos lo hiciesen y que no los enviasen desconsolados pues no tenían otra consolación sino la palabra de Dios que les enseñaban sus maestros y que todo lo demás veían que era pobreza miseria, y trabajo y que ellos más que otras gentes tenían en este mundo trabajo y tormento y que perseveraron en su demanda hasta que les cumplieron su deseo y lo que pedían y que los que habían venido tristes volvieron consolados y consolaron a los otros.

Mucho dice fray Torivio que se debe notar la fe y sentimiento de aquellas gentes y cómo alcanzan con Dios lo que los hombres no les pueden dar porque cuando estaban más descuidados de que fuesen frailes de Castilla llevó Dios por las lágrimas de aquellos veinticinco frailes como veinticinco ángeles con que hubo para suplir la falta que los necesitaba a dejar aquellas casas y que también cuando el general de su orden y todos los provinciales estaban determinados que no pasase fraile a Yndias y se tenía cerrada la puerta y perdida la esperanza humana inspiró Dios en el emperador /599/ y que procuró un breve del papa Paulo para sacar de las provincias de España ciento veinte frailes y se cumplió lo que dice el Propheta VOLUNTATEM TIMENÇIM IPSE SE FAÇIET, ET DE PRECATIONEM EORUM EXAUDIET porque como allí dice fray Torivio ¿qué no dará Dios al que pide perseverando? Y ¿cómo no hallará lo que busca con confianza? Y ¿por qué no abrirá Dios las entrañas de su misericordia al que llama con fe? Y que porque no faltan detractores que quieren oscurecer y apocar las obras de aquellos naturales se supo de cierto que los principales de Xochimilco quisieron impedir a los indios la ida a Mexico y que no fueron parte para ello y les decían dejadnos que vosotros no buscáis lo que nos conviene y si lo buscáis también nosotros queremos ir a llorar delante Dios que misericordioso es y Él nos consolará y que lo mismo hicieron los de Cholollam diciendo que era largo el camino y que en fin fueron muchos y se quedaron las mujeres que había muchas que querían ir con ellos.

Dice fray Torivio que los frailes son y han sido los que enseñan la doctrina a los indios encomendados a españoles y /599 v./ los que descargan sus conciencias porque se los encomiendan con condición que tengan cargo de los instruir y administrar en nuestra santa fe católica y que blasonan allá mucho los españoles de su fe pero que no hacen tanto sentimiento por la falta de ministros, como han hecho y hacen los indios por la de sus maestros como parece por lo que se ha dicho y por lo que adelante se dirá.

Dice que en los capítulos que en aquella tierra se celebran demás de tratar en ellos las cosas que pertenecen a la religión y conservación de su estado como se hace en España también y principalmente se trata de lo que toca a la conversión de los naturales y a la administración de los sacramentos y de todo lo necesario para poner aquella gente en toda buena pulicía cristiana y dice que por estas causas los capítulos son largos porque se ofrecen grandes necesidades como en cosa tan nueva y tan ardua que no bastan fuerzas ni saber humano sino que lo ha hecho y guiado aquel artífice divino y que a esta causa se detuvieron en aquel capítulo que se celebró en Mexico y que se leía la tabla en la vigilia de la /600/ ascensión ya tarde y aunque hay de Mexico a Coahtitlam cuatro leguas el mismo día ya noche llegó la nueva al señor del aquel pueblo y los principales de él y que se conmovió todo el pueblo y fueron luego clamando y llorando al monasterio de que los frailes

que ahí estaban se maravillaron no sabiendo la causa de su alteración y sentimiento y que sabida procuraron de los consolar lo mejor
que pudieron y que muchos de ellos fueron a amanecer a Mexico
donde llorando hablaron al provincial con tanta angustia que no
pudo tener las lágrimas y le dijeron por qué nos quieres dejar pues
somos tus hijos y nos habéis bautizado ya sabes cuán flacos somos si no hay quien nos hable y esfuerce y nos enseñe lo que habemos de hacer para servir a Dios y para salvar nuestras ánimas
no nos dejes padre por amor de Dios quién confesará a los enfermos cada día se morirán sin confesión, quién bautizará tantos
niños como cada día nacen, quién confesará las preñadas, qué
haremos de nuestros hijos chiquitos que andan en la casa de Dios
quién mirará por los cantores quién nos dirá los días que son
de ayuno y quién nos enseñará las fiestas que /600 v./ habemos de
guardar, las grandes fiestas y pascuas que solíamos celebrar con
gran regocijo y alegría ahora se nos tornarán en lloro y tristeza, oh
cuán sola quedará nuestra iglesia, y nuestro pueblo sin padres solos andaremos como huérfanos sin consolación ¿cómo y el Santo
Sacramento que nos guarda consuela y abriga nos lo habíades de
quitar? Esto y otras cosas dice que dijeron que eran para quebrantar los corazones de piedra y que el provincial los consoló que no
los pudo resistir ni pudo dejar de llorar con ellos y que les dio dos
frailes y que el uno era el guardián que habían antes tenido y que
los salieron a recibir casi por todo el camino que hay de Mexico a
Cuahtitlam aunque sabían que iban para se volver con ramos y
flores y cantos, y limpiando el camino y quitando las piedras, llorando, y sollozando, y entrados en la iglesia los que allí cupieron
los quiso hablar y consolar el religioso pero dichas cuatro o cinco
palabras comenzaron todos a llorar y dar voces y clamores y que
ninguna cosa les pudo decir de lástima y porque era ya tarde lo
dejó y que no los podían echar de la iglesia /601/ y que cuando se
fueron pusieron guardas toda la noche y que otro día de mañana
como era fiesta tan principal les predicó y que no faltó llanto en el
sermón y que acabado se anduvo la procesión por el patio que lo
tenían bien ataviado y que después de dicha misa no se quiso ir
mucha gente de la iglesia ni del patio ni a comer.
 Después de medio día dice que se juntaron todos los principales
del pueblo y de la provincia y que hicieron al religioso una larga y
lastimosa plática y aunque les decía que no les dejaban y que siem-

pre irían frailes a los consolar no se satisfacían ni se cesaban de llorar y que con humildad dijeron ya vemos y sabemos que tú no has de estar aquí pues te mandan ir a otra casa pero querríamos detenerte hasta que vengan otros padres que tengan cargo de nosotros y nos guarden por eso perdónanos y que les dijo que no podía hacer otra cosa sino lo que le mandaba su prelado y quiere que me vaya mañana y lo que él me mandare es como si me lo mandase un ángel de parte de Dios y si vosotros me detenéis no será mía la culpa y que le rogaban que los perdonase y que escribiese en su favor y que una mujer llorando le rogó que la confesase pues la cuaresma no la había confesado y que /601 v./ no había comido carne ni la comería hasta confesarse y que en esto se pasó aquel día y que a la noche tornaron a poner guardas y que otro día viernes queriéndose ir el fraile con su compañero salieron al patio y comenzaron con lágrimas y clamores a le rogar que no se fuese y que no los dejase huérfanos y sin padre y que los cercaron sin los dejar pasar adelante con lágrimas y clamores a Dios y que vuelto el fraile a casa llamó al señor y a los principales y les rogó que mandasen al pueblo que los dejasen ir y dijeron que aprovecha que no lo han de querer hacer y que se fue a salir por otra parte secretamente y antes de haber andado un cuarto de legua supo la gente por dónde iban y fueron tras ellos todos desalados y que el religioso les habló y riñéndoles les dijo que no eran cristianos pues no lo dejaban ir, ni querían que obedeciese a su prelado y que dijeron sí queremos que le obedezcas pero también querríamos que no nos dejes solos y desabrigados hasta que vengan otros padres y que en esto habían enviado a decir al provincial cómo los querían de detener y que envíase otros y les tornaron a rogar que por amor de Dios los dejasen e hiciesen un poco de calle y que /602/ de ahí a un poco llegó otra mucha gente para los detener y que por ruegos y por la reverencia que les tenían los dejaron pasar un poquillo y allí estaba otro escuadrón de mancebos y los tomaron en volandillas harto honestamente y con mucha reverencia y cubrieron con sus mantas un poco de los pies que se les parecía y ninguna mujer dejaban llegar a ellos y les decían que no recibiesen pena ni se enojasen contra ellos que a su casa los llevaban, como tú nos ayuntaste andando descaminados y como padre nos llevaste a la casa de Dios, así ahora nosotros como tus hijos te llevamos a tu casa, perdónanos que no queremos darte enojo ni

ofenderte, por ventura enojarse ha Dios con nosotros que buscamos quién nos enseñe sus carreras y mandamientos vosotros nos
decís que Dios mira los corazones pues nuestro corazón no piensa
que ofende a Dios porque la tristeza y el amor que os tenemos nos
torna como locos y que ya que llegaban cerca de casa les dijo el
padre que lo dejasen que él se iría pero no lo dejaron hasta que lo
metieron por la portería y que el guardián se subió en el púlpito y
dijo al señor del pueblo ¿qué quiere esta gente? y que respondió
/602 v./ que no los dejes desconsolados y que esperes que ya habemos enviado a Mexico y que respondió ya os he dicho que no os
habemos de dejar sino acudir a visitaros vosotros no sabéis el pecado en que habéis caído pues sabed que el que pone manos en
algún fraile y lo detiene con violencia está excomulgado y que
oída esta palabra todos quedaron como mudos pero que luego les
tornó a decir consolándolos que no habían incurrido en la excomunión porque no lo sabían mas ya que lo sabían podrían incurrir
en ella y que en esto llegó uno de Mexico que trajo nueva cómo
habían alcanzado del provincial que enviaría frailes para estar allí
y que luego vinieron otros a decir que ya venían dos frailes camino y con esto los dejaron ir y que fueron recibidos con mucha
alegría y consolación de todos.

Aquí nota fray Torivio la gran perseverancia que aquella gente
tuvo en procurar quien los industriase en las cosas de nuestra santa fe y el poco caso que se hace entre algunos de nosotros de tantos
milagros, apóstoles, y predicadores, mártires, y doctores, que cada
día nos envía Dios para que nos enseñen el camino de la verdad
y de nuestra salvación y cuán resfriada /603/ está esta caridad y
cuánto más grave es oír la fe y no la cumplir que morir en la gentilidad y refiere algunas autoridades de la Sagrada Escriptura por
donde pretende probar que la predicación y conversión de aquellas gentes estaba profetizada en muchas partes del Testamento
Viejo y Nuevo y dice que podría preguntar alguno cómo tan gran
número de gentes y tantos millares de años estuvieron olvidados
hizo el yugo y dominio del demonio y dice que los juicios de Dios
son justos y muy profundos y que quién bastará a los escudriñar y
que estaba aquel nuevo mundo tan escondido a los hombres cuanto estaba alongado de Dios por sus enormes pecados tanto que las
escrituras y las profecías que a la letra hablan de él las aplicaban y
entendían de otras tierras como dice que parece por lo que Esayas

profetizó en el capítulo último que estando en Assia después de haber profetizado de la vocación de los gentiles de aquellas partes profetiza de los de Africa y Europa cuya cabeza dice que es Ytalia y Greçia y que luego se sigue ET MITTANT EXEIS /603 v./ QUI SALVI FACTI FUERINT AD GENTES IN MARE IN AFRICAM, ET LYDIAM, TENENTES SAGITAM: IN ITALIAM, ET GRECIAM, AD INSULAS LONGE, AD EOS QUI NON AUDIERUNT DE ME, ET NON VIDERUNT GLORIAM MEAM, ET ANUNCIABUNT GLORIAM MEAM GENTIBUS, ET ADDUCENT OMNES FRATRES VESTROS DE CUNCTIS GENTIBUS DOMUM DOMINO ETA ASSUMANT EXIS SACERDOTES, ET LEVITAS, DICIT DOMINUS, y dice que está claro que aquellas gentes que ni vieron, ni oyeron la gloria de Cristo de su resurrección y asunción y que aunque muchos son de parecer que aquéllos no sean promovidos al sacerdocio cuando sea llegada la hora se cumplirá lo escrito y que no bastará estorbo humano para lo impedir.

Esto dice Motolinea pero los doctores dan algunas razones por qué el hijo de Dios tardó tanto tiempo y dilató su encarnación Santo Thomas párrafo 2 questione 106 ar. 2 da algunas y el licenciado Alonso de Villegas en el *Flos sanctorum* en la fiesta de la anunciación dice que buscan los santos razón y ocasión de esta obra que fue hacerse Dios hombre y que la ocasión fue la ofensa del primer hombre /604/ que para del todo quedar satisfecha y que a Dios se le diese tanto como se le quitó convenía hacerse Dios hombre y pagar por el hombre porque habiendo sido la ofensa infinita por parte del ofendido que fue Dios convenía que la satisfacción fuese infinita, y esto no era posible si el que satisficiese no fuese Dios, y satisfaciendo Dios como satisfizo hecho hombre diósele a Dios tanto como se le quitó, hízosele tanto servicio como se le había hecho de servicio y ofensa por manera que fue la ocasión de hacerse Dios hombre, la ofensa del hombre cometida contra Dios y que no hay buscar razón de esta obra sino la bondad de Dios porque no cae debajo de merecimiento tal obra, porque por sólo ser Dios quien es y querer hacer bien y misericordia al hombre se hizo hombre y no porque hombre alguno ni todos juntos lo hubiesen merecido tardóse Dios en hacer esta obra algunos millares de años después que el mundo tuvo necesidad de que se hiciese porque se echase de ver más la miseria humana y desease más su remedio y lo estimase en más cuando se lo diesen, y también porque habiéndose Dios de hacer hombre en mujer ninguna había habido en el mundo que tuviese las partes que debía tener la que había de ser madre /604 v./ de Dios, con cualquiera cosa que hagamos por Dios se contenta, por un jarro de agua fría dice que dará el cielo y con todo eso en escoger madre fue difícil de contentar muchas mujeres famosas había habido el mundo y de ninguna de ellas se pagó Dios para la escoger por madre porque cualquiera de ellas tuvo algún repelo por donde no mereció esta dignidad sola una hubo en quien no se halló falta ni se vio repelo, junto con tener todas las gracias y virtudes que debía y podía tener la que había de ser madre de Dios que fue la sagrada Virgen Maria esto dice Villegas y ningún autor alega para ello y fray Francisco Ximenez patriarca de Jerusalem que fue mucho antes que él en capítulo nueve en orden de la *Vida de Cristo* que es el libro segundo dice tardó el hijo de Dios tanto tiempo su encarnación según que dicen los santos doctores por manifestar el rigor de su justicia en cuanto tan luengo tiempo estuvo fuera de paraíso el santo patriarca Adam con otros muchos santos padres y que antes que quisiese descender quiso que fuese muy luengo tiempo deseado y reclamado, llorado, y suspirado / lo segundo tardó Dios tanto por que el hombre conociese su miseria y que no era suficiente /605/ a conocer la vía de salud así como parece cuando el hombre estuvo tiempo sola ley de natura en el comienzo del mundo que entonces dejando a Dios iban adorar los ídolos y después que fue dada la ley a Moysen no era bastante a la guardarla: así como leemos en los *Hechos de los Apostoles* de manera que el hombre conoció claramente que era bestial e impotente por sí mismo para haber salud y que la había de haber por gracia del salvador y redentor Jesucristo que lo informó por su santa ley y lo fortificó por su gracia y por esta razón tornase a él, y llamó tanto hasta que lo oí y vino / lo tercero que según dice San Agustin en el libro trece de *Trinitate* este beneficio de la santa encarnación es el mayor que el hombre jamás pudo recibir de Dios en esta vida y por tanto debía ser luengamente deseado y esperado por que fuese por nosotros más amado y más preciado / lo cuarto tardó tanto porque como dice el mismo San Agustin viendo nuestro Señor Dios que el pecado contra natura se hallaba entre los hombres fue casi en punto de no se encarnar tanto le es abominable y dice San Geronimo que por que semejante pecado no se hallase en natura humana /605 v./ de quien él se había de vestir quiso que en la noche que él nació muriesen cuantos sodomitas había en el mundo y así fue hecho esto es lo que dice este docto varón y Origenes en el capítulo sexto del libro segundo *De principis* trata de este divino misterio de la encarnación de nuestro Señor y salvador Jesucristo. Y Santo Antonino latísimamente en la cuarta parte título QUINCE PER TOTUM.

# CAPÍTULO DIECINUEVE

En que se refieren algunas profecías que fray Torivio aplica a la conversión de los indios y de la devoción que tienen a la cruz y al nombre de Jesus.

En el capítulo cuarenta y en otros siguientes refiere fray Torivio otras profecías de Esayas y las aplica a la conversión de los indios y en el capítulo cuarenta y uno dice que aunque nuestro Señor Jesucristo que por su propia persona principalmente vino a predicar a los judíos que son llamados ovejas de la casa de Ysrrael pero porque otras andaban hechas salvajes que también tenía a su cargo encomendadas por su eterno padre que eran los gentiles de quien también y en mayor número se había de hacer su Iglesia y que por esto dijo el eterno padre a su dilecto hijo /606/ PARUM EST UT SIS MIHI SERVUS AD SUSCITANDAS TRIBUS JACOB, ET FEÇES YSRAEL CONVERTENDAS. Es Dios tan avariento de ánimas y tiene el corazón tan ancho y hambriento que dice a Cristo hecho siervo en nuestra humanidad asunta, poco es que me despiertes las tribus de Jacob que son los judíos que están muertos en pecados y en infidelidad a la vida de la fe, y las heces de sus pecados conviertas en virtudes, esto muy poco es sino que se extienda el precio de tu redención a la redondez de la tierra y que por esto dice DE DITE IN LUCEM GENTIUM UT SIS SALUS MEA QUESTONE AD EXTREMUM TERRE quiero que seas por mí enviado saluda todos los gentiles y por ti reciban la luz de la verdadera fe / esto dice Dios padre santo de Ysrrael el cual dio a su hijo por redención de su Iglesia el cual recibió ánima muy humilde no sólo por ti serán convertidos los reyes, y príncipes, filósofos y sabios de Oriente pero también los de Occidente simples sin letras e idiotas que es ABOMINATAM GENTEM AD CERUUM DOMINORUM que gente jamás se vio en ninguna parte del mundo así abatida, y maltratada, ultrajada, y tan menospreciada como los indios, y cual fue así tratada y hechos esclavos por tan vil precio /606 v./ y sin causa y sin justicia como ellos y de éstos te di que fueses redentor y luz: AD HUC DICENT IN AURIBUS TUIS FILY STERILITATIS TUE y aun dirán estos estériles que antes ningún fruto daban a la Iglesia AUGUSTUS EST NIHI LOCUS FAC SPAÇIUM NIHI UT HABITEM. Y porque ha de pasar adelante y ha de ser muy dilatada y enseñadas en aquellas partes la fe y creencia de Jesucristo por eso pide espacio y lugar donde quepa su generación que ha de ser y crecer tanto que cuando sea bien informada, nuestra madre la santa madre Iglesia de Rroma con grande admiración, DICAT IN CORDE SUO QUIS GENUIT NIHI ISTOS? EGO STERILIS EN NON PARIENS, TRANSMIGRATA ET CAPTIVATA: ET ISTOS QUIS ENUTRIVIT? yo que antes de ahora ningún hijo de salvación aquí engendraba y siempre aquí fui estéril todo lo gozaba aquel león bramador, todo lo tragaba aquel dragón insaciable EGO DESTITUTA ET SOLA: ET ISTI UBI ERANT? IN TENEBRIS ET IN UMBRA MORTIS. Como hijos del primer Adam por el temor que le causó su pecado. UBI ERANT / tan apartados, escondidos, y alongados, esparcidos, derramados, y emboscados, haciendo vida de salvajes más que de hombres ¿quién me los ha engendrado /607/ y allegado? no los hombres ni por industria humana mas por virtud divina ayuntados porque dice Dios: ECCE LEVABO AD GENTES MANUM MEAM, ET AD POPULOS EXALTABO SIGNUM MEUM: Yo por mi sola bondad y clemencia levantaré mi poderosa mano a convertir y llamar estos gentiles y en sus pueblos y provincias ensalzarse a mi señal que es mi cruz y pasión por cuya virtud alanceados los demonios y su idolatría AFFERENT FILIOS SUOS IN ULNIS, ET FILIAS SUAS SUPER HUMEROS PORTABUNT. Está tan ensalzada en toda aquella tierra la señal de Jesucristo y su bendita cruz por todos los pueblos y caminos que en ninguna parte de la cristiandad está más ensalzada a donde tantas y tan altas cruces haya y en especial las de los patios de las iglesias que son muy altas cruces y cada domingo y cada fiesta las adornan con muchas rosas, y con flores, espadañas, y ramos en las iglesias y altares tienen de oro y plata y pluma no macizas sino de hoja de oro y plata sobre cruces de palo, otras muchas han hecho y hacen de piedras turquesas que hay muchas en aquella tierra aunque llanas /607 v./ y después de hecha la cruz de palo y puesto un fuerte betún o engrudo lo van ablandando con fuego y asentando las turquesas labradas y cubren toda la cruz y entre ellas ponen algunos CHALCHIUTLES que también son piedras preciosas y las finas son esmeraldas y las hay en aquella tierra harto buenas y los lapidarios dicen que son de mucho valor y son estas cruces muy vistosas y de una piedra blanca muy transparente y muy clara hacen también muchas cruces con sus pies muy bien labradas del grandor de un palmo y algo más y de éstas ponen muchas en el medio de los altares como portapaces.

Casi en todos los retablos en el medio de ellos pintan la imagen del crucifijo y como no tienen oro batido ponen las diademas y otros atavíos de los retablos de hoja de oro, otros crucifijos hacen de bulto así de palo como de corazones de mazorcas de maíz y son tan livianos que un crucifijo de una braza lo levantara un muchacho con una mano delante de la santa señal de la cruz dice fray Torivio que han acontecido algunos milagros y lo que más es loado Dios ensalzado y puesto en los corazones de los /608/ indios en tanta manera que frecuentemente meditan la muerte y pasión que el hijo de Dios en ella padeció por nos redimir y salvar y muchos de ellos dice que ayunan los miércoles y se abstienen de sus propias mujeres por devoción y reverencia de este misterio además de otros ayunos como ya se ha dicho.

Los que antes con temor daban algunos de sus hijos dice que ya los traen y ruegan que sean recibidos y enseñados en la casa de Dios. ET AFFERENT FILIOS SUOS IN ULNIS, ET FILIAS SUAS SUPER HUMEROS PORTABUNT / oh ¿cuán a la letra dice que se cumple esto quien así trajo sus hijos a la casa de Dios no sólo a ser bautizados mas a ser enseñados? y ¿a dónde tanto número de hijos han dado para ser instruidos y enseñados en la fe? en algunos monasterios dice que se enseñan trescientos y en otros cuatrocientos, y quinientos, y seiscientos y setecientos y monasterios de cerca de mil según son los pueblos y provincias y que son tan dóciles y mansos que más ruido dan diez o doce muchachos españoles que mil indios y que sin éstos se enseñan aparte hijos de señores y principales y que muchos de los hijos de los pobres les enseñan en los patios la doctrina cristiana por la mañana y que luego van ayudar a sus padres.

/608 v./ Traer los hijos sobre los hombros dice que nunca así se vio cumplido como en aquella tierra porque es costumbre general en aquellas partes que en naciendo el niño le hacen una cuna pequeñita de palos livianos y de red en que ponen los niños en naciendo y que en levantándose la madre lo lleva sobre sus hombros a la iglesia y a donde quiera que va y que en siendo en edad de medio año que a mala vez se puede asir del cuello de la madre lo pone desnudito en sus espaldas y le echa una manta encima con que lo cubre dejándole la cabeza de fuera y la ata delante a sus pechos y que así andan con ellos por los caminos y adonde quiera

775

que van y que allí se van durmiendo y que en naciendo o pasados pocos días aunque sea de una y de dos leguas los traen a que los bauticen y que muchas veces en acabando de nacer el primer manjar que gustan es la sal que les dan en el bautismo y que antes es lavado con el agua de espíritu santo que guste la leche de su madre porque es general costumbre que tienen los niños un día natural sin mamar y pasado ya que está con apetito le ponen la teta y los pañales pequeños y pobres y bien ásperos que luego le arman de trabajo y penitencia.

/609/ En lo que se sigue dice que es de notar la duda que el Propheta pone y pregunta qué hace diciendo, NUNQUID TOLLETUR A FORTE PREDA? AUT QUOS CAPTUM FUERIT AROBUSTO SALVUM ESSE POTERIT? y dice que es de ver quién sea este fuerte y quién el robusto y quién el que les ha de quitar el robo violento / tan grande ha sido la tiranica sujeción con que el demonio enemigo antiguo del linaje humano se enseñoreaba de aquella gente y que parecía casi imposible haber quién quitase de sus manos y garganta aquella gente y que por eso dice que NUNQUID TOLLETUR A FORTI PREDA? claro dice que está entenderse aquí por el fuerte aquel de quien dice San Lucas que como fuerte armado el demonio poseía aquella tierra y estaba encastillado pero si FORCIOR ILLO SUPERVENIENS VIÇERIT CUM UNIVERSA ARMA EJUS AUFERET, IN QUIBUS CONFUDEBAT, ET SPOLIA EJUS DISTRIBUET, Y que por eso dice lo que se sigue en el texto de Esayas: EQUIDEM ET CAPTIVITAS A FORTI TOLLETUR. Y que así lo que a los hombres parece imposible lo ha hecho Dios posible ET EST MIRABILE IN OCULIS NOSTRIS.

Este robusto que dice Esayas lo aplica fray Torivio a los españoles que con gran crueldad han destruido y despoblado muy gran /609 v./ parte de las Yndias no como hijos de Tubal hijo de Jabeth poblador de España y que más parecían semejantes aquel hijo de Cham Robusto Nembroth, opresor, matador, y cazador de hombres y que se mire lo que Dios dice ET QUOD ABLATUM FUERIT, AROBUSTO SALVABITUR, y que ese mismo señor de la majestad que es el celador dice, EOS VERO QUI JUDICAVERUNT TE, EGO JUDICABO, ET FILIOS TUOS, EGO SALVABO / con el duro castigo que en el texto se sigue. ET ÇIBABO HOSTES TUOS CARNIBUS SUIS. Y que así lo habemos visto cumplirse a la letra porque espantosamente han muerto a cuchillo dura muerte los que han sido crueles contra indios y que se traía por refrán en aquella tierrra, el que es con los indios cruel, lo será Dios contra él, lo mismo oí yo decir en Yndias a muchos y sé de algunos que fueron muertos a manos de indios habiendo ellos sido crueles contra ellos y muerto muchos en conquistas y fuera de ellas.

Por los beneficios y mercedes que Dios hace dice que se le debe hacimiento de gracias y que como el que ha hecho aquellas gentes ha sido tan grande que no bastan los convertidos para tan gran alabanza convoca y llama el Propheta a los cielos /610/ y a los moradores de ellos que son los ángeles, porque están en perfecta caridad de fruición y visión divina y son los que suplen por nosotros / como dice que lo hicieron en la natividad del Señor cantando gloria IN EXÇELSIS DEO etcétera y también porque les es gozo y alegre fiesta la conversión y penitencia de los pecadores dice el mismo Esayas antes de lo que se ha citado del capítulo cuarenta y nueve LAUDARE ÇELI ET EXULTA TERRA, JUBILATE MONTES LAUDEM: QUIA CONSOLATUS EST DOMINUS POPULUM SUUM, ET PAUPERUM SUORUM MISEREBITUR. Y que también la tierra y moradores de ella así mayores como menores deben alabar bendecir y glorificar a Dios por la merced y beneficio que han recibido.

Muchas profecías dice fray Torivio que se podrían traer del Viejo y Nuevo Testamento de la conversión de los gentiles de Occidente y refiere algunas y las aplica a este propósito y dice algo del gran fruto que en aquellas tierras se ha hecho y de su cristiandad y dice que no hay entre aquellas gentes reniegos, ni blasfemias contra el nombre de Dios, ni juramentos ni maldiciones y que de esto se queja Dios de otras generaciones por Esayas capítulo cincuenta y dos donde dice, DOMINATORES /610 V./ EJUS INIQUE AGUNT, DICIT DOMINUS, ET JUGITER TOTA DIE NOMEN MEUM BLASPHEMATUR, y dice que los indios tienen el nombre de Jesus por socorro y defensa contra las asechanzas y espantos del demonio nuestro adversario y que han sido muy muchas las veces que ha puesto las manos en ellos y que ha querido matar a muchos y aparecídoles espantosamente y diciéndoles con mucha furia ¿por qué no me sirves? ¿por qué no me llamas? ¿por qué no me honras como solías? ¿por qué me has dejado? ¿por qué te has bautizado? y que llamando éstos diciendo Jesus, Jesus, se han guarecido y escapado de sus manos aunque algunos con llagas y heridas y que el nombre del Señor los ha valido y que se ha bien cumplido bien lo del Propheta capítulo dieciocho PROVERBIORUM / TURRIS FORTISSIMA NOMEM DOMINI: AD IPSUM CURRIT JUSTUS ET EXALTABITUR. Y que ha Dios magnificado su benditísimo nombre en los corazones de aquellas gentes y que así lo muestran por señales de fuera porque en oyendo este santísimo nombre Jesus en el Evangelio y en otras partes del oficio divino se hincan de rodillas y dice que también derrama y ensancha Dios la virtud de este altísimo /611/ nombre de Jesus que aun en las partes no descubiertas y donde nunca fraile, ni clérigo, ni español, ha entrado ya está este bendito nombre ensalzado, pintado, y reverenciado y que en las iglesias está escrito, y pintado, de oro, y de plata y de pluma, y oro y que de todas estas maneras hay muy grande número y por las casas de los indios y que en muchas partes lo tienen entallado de palo con su festón y que cada domingo y cada fiesta lo enrosan de mil labores y maneras y colores de rosas.

Los indios dice que ni poseen oro ni plata ni buscan otra cosa principalmente sino la salud del ánima por la virtud del dulcísimo nombre de Jesus y que mucho número de enfermos viene tras el suave olor que de él se predica y que aquí se cumple lo que dice Hieremias en el capítulo treinta y uno CONGREGABO EOS AB EXTREMIS TERRE: INTER QUOS ERUNT ÇECUS ET CLAUDUS; ET PREGNANS, ET PARIENS SIMUL, CETUS MAGNUS REVERTENTIUM HUC, IN FLETU VENIENT: ET IN MISERICORDIA REDUCAM EOS / oh qué número tan grande de todos estos géneros de enfermos dice que se convierten en aquella extremidad de la tierra y fin de los tiempos. Y como /611 v./ confiesan el nombre de Dios de tal manera que el que lo viese diría que nunca así a la letra se cumplió esta profecía como allí se cumple y dice que la semana que esto escribía vinieron a la iglesia algunos a se confesar, y otros a se desposar, muchos ciegos, y tuertos, y cojos, y mancos, y que había entre ellos cuatro ciegos, A NATIVITATE, PREGNANS, ET PARIENS, ÇECUS MAGNUS y que a la confesión vienen como en el texto se dice IN FLETU. Porque vienen llorando y gimiendo y que después de confesados con hacimiento de gracias bendicen y alaban a Dios y que los ciegos con grande alegría besaban el hábito de San Francisco y las manos del confesor y gozosos y alegres se volvían y muy consolados y mostrando de fuera la misericordia y gracia que Dios les daba lo daban a sentir tanto que él confuso decía oh quién fuera uno de vosotros ciego al mundo y con los ojos del ánima mirara y conociera a solo Dios y anduviera como vosotros IN VIA RECTA de la fe católica y de la guarda de los mandamientos y a los hombres fuera ciego, pobre, y desechado como vosotros los sois que estáis /612/ puestos al rincón en los ojos del mundo cuántos de estos pobres y débiles, ciegos, y cojos convida y lleva Dios a la gran cena que aparejó para estos pobrecillos, pues los otros convidados por su ingratitud y pecados se excusan de ir a ella y que esto sea así verdad dice que esa misma verdad Jesucristo lo afirma y dice LUCE 14 DICO: AUTEM VOBIS, QUESTION NEMO VIRORUM ILLORUM QUI VOCATI SUNT GUSTABIT CENAM MEAM EXIÇITO IN PLATEAS, ET VICOS CIVITATIS, ET PAUPERES, AC DEBILES, ET CECOS, ET CLAUDOS INTRODUC HUC. ET AIT SERVUS. DOMINE, FACTUM EST UT IMPERASTI: ET AD HUC LOCUS EST, ET AIT DOMINUS SERVO: EXI IN VIAS EST SEPES ET COMPELLE INTRARE, UT IMPLEATUR DOMUS MEA DICO AUTEM VOBIS, QUESTION NEMO ILLORUM QUI VOCATI SUNT GUSTABIT CENAM MEAM, si lo que desechan y no quieren los que se tienen por ricos pertenece y lo da Dios a los pobres, y débiles, ciegos, y cojos. IN VERITATE COMPERI que es de éstos y que les pertenece legítimamente y por línea recta aquello de Santo Matheo capítulo octavo DICO AUTEM VOBIS QUESTION MULTI AB ORIENTE ET OCCIDENTE VENIENT ET RECUBENT CUM ABRAHAM ET ISAC, ET JACOB. IN REGNO ÇELORUM etcétera y dice que no sabe él si de Oriente fue tanto número de pobres y débiles, ciegos /612 v./ y cojos, como van e irán de aquel Occidente. Ahora se entienda a la letra corporalmente ahora espiritualmente que en todo cree que exceden los indios que estaban puestos en lo profundo del cieno muy necesitados en toda miseria. SED PROPTER MISERIAM IN OPUM ET GENITUN PAUPERUM ya Dios se levanta a los llevar y los manda llamar y que se les diga que vayan a las bodas, QUIA PARATA SUNT OMNIA lo que la letra suena de estas dos parábolas en cualquiera sentido dice que no sabe él dónde más enteramente se haya cumplido que en aquellos pobres de Occidente.

Dice fray Torivio que si Dios no hace ni dice palabra sin que primero la revele a sus siervos los profetas y que las obras maravillosas que Dios ha hecho y hace en aquella tierra y gente de ella lo reveló y profetizó por sus siervos los profetas según lo que dice Amos capítulo tercero QUIA NON FACIET DOMINUS VERBUM, NI SI REVELAVERIT SECRETUM SUUM AD SERVOS SUOS PROPHETAS, quién pues habrá que con admiración gozosa no se admire viendo las maravillas y misericordias que Dios hace con aquella gente y que por qué no se alegrarán los hombres de la tierra en /613/ cuyos ojos Dios obra estas cosas y viendo una cristiandad tan cumplida en tan poco tiempo, tan humilde, tan caritativa, tan pobre, tan obediente, y pronta para toda virtud y bondad viendo que Dios es glorificado en aquellas partes y decir con gran gozo y alegría con San Pablo segundo Corinthios 7 SUPER ABUNDO GAUDIO REPLETUS SUM CONSOLATIONE. Y regocijarse con aquella multitud convertida y decirle GAUDEBIT COR MEUM TECUM y que todos alabemos y glorifiquemos a Dios con hacimiento de gracias con lo íntimo de nuestras entrañas y digamos alabanzas, bendiciones, agradecimientos, confesiones, gracias, y glorificaciones, sobre ensalzamientos adoraciones y santificaciones sean a vos señor altísimo Dios nuestro amen, amen, amen.

Tras esto dice que una de las autoridades que en aquella tierra se cumple con gran admiración de los que lo quieren considerar es lo que dice David salmo cuarenta y cinco, VENITE ET VIDETE OPERA DOMINI, QUE POSUIT PRODIGIA SUPER TERRAM, AUFERENS BELLA USQUE AD FINEM TERRE. Venid y ved las maravillas del Señor que poderosamente ha alanzado las batallas de esta tierra /613 v./ y dice que es muy de ver y notar la paz que Dios ha dado a los moradores de la Nueva España donde eran las guerras y batallas tan continuas los vicios y pecados con que el rey de discordia la tenía tan sujeta y en toda confusión como otro infierno. UBI NULLUS ORDO. En lo temporal como eran las continuas guerras que en aquella tierra tenían unos reinos con otros y unas provincias con otras que así andaban aprehender hombres para sacrificar a los demonios como andan los cazadores tras las liebres y venados. Gran admiración dice que es ver que ahora ninguno alza arma contra otro sino que todos están en tanta paz que puede ir un español o un indio cargado de barras de oro doscientas y trescientas leguas por montes y sierras por poblados y despoblados sin temor que haya quien le diga qué es lo que lleva y que en lo espiritual ya se ha dicho la paz y quietud que Dios ha dado a aquellos naturales que además de la buena cristiandad que en ellos ha *obrado ya no hay memoria*\* de idolatría, ni de rito antiguo sino que están como si hubiera mil años que hubiera pasado.

/614/ En el capítulo cuarenta y tres que es el final de la segunda parte de aquel su *Libro* dice fray Torivio que teme que se ha de relajar y enfriarse la conversión y cristiandad de los indios porque los ministros sobrevienen con otros deseos y ejemplos que los primeros porque anduvieron pobres, humildes, y castos y favorecían y amaban los indios no les pedían diezmos, ni derechos por la administración de los sacramentos y que para su sustento el rey daba a cada obispo la parte que le cabía de los diezmos que los

---

\* "Plugiese a Dios que así fuese. Pero lo contrario ha aparecido en muchas partes / también lo afrenta el autor Folio 8 vuelta." [Nota al margen.]

españoles pagaban y que el año que no llegaba a quinientos mil maravedíes el rey se los mandaba a cumplir y que se daban a la hospitalidad según que su estado los obliga y que trabajaron de hacer hospitales y que don fray Juan de Çumarraga primer obispo de Mexico hizo uno y lo dotó muy bien donde se curan los enfermos de bubas y llagados y de otras enfermedades contagiosas y les administran sus necesidades con mucha diligencia y caridad y que en todo dio muy buen ejemplo y que fue obispo y fraile menor siempre y dice otras cosas sobre esto bien de notar y que pasan cosas que si no se remedian se podrá bien decir que la conversión y cristiandad que comenzó a florecer ya se secó.

/614 v./ En una congregación de personas muy doctas y de santo celo y vida y que entre ellos estaba un obispo y dos maestros en santa teología y otras muchas personas muy leídas tratando de esta materia dice que les vio afirmar a todos que el clérigo o fraile que en aquella tierra se atrevía a estar solo en un pueblo peca gravemente y lo mismo que el que lo pone si no tiene dos condiciones que sea perfecto en las virtudes así como en la caridad de Dios y del prójimo, en la paciencia, y humildad, en la pobreza, y castidad por los muy grandes y muy continuos peligros que se ofrecen, y que sea docto por la necesidad y dificultad que hay en el administrar los sacramentos y que si entre los padres del yermo no era lícito morar solo sino al que por muchos años se había ejercitado en oración y penitencia cómo lo será el sacerdote que tiene vivas las pasiones y a este propósito se vea fray Francisco Ximenez patriarca de Jerusalem en el capítulo 282 del *Vita Christi* folio 174.

# CAPÍTULO VEINTE

En que se trata de la ayuda que los niños discípulos de los frailes menores les dieron en enseñar la doctrina cristiana y en destruir la idolatría.

/615/ Dice fray Torivio que en el principio cuando los frailes se vieron en aquella gran tierra cercados de tantas gentes y pueblos y ser ellos tan pocos sin saber la lengua ni tener intérpretes compelidos de la necesidad comenzaron a probar para cuánto eran estos discípulos hijos de señores y de principales que tenían en los monasterios de San Francisco donde se enseñaban y les impusieron para que les ayudasen lo primero a enseñar al pueblo los principios de la doctrina cristiana que ya sabían ellos y que enseñaban a los otros muy bien y que aunque en esto aprovechaban mucho los impusieron también los frailes en predicar la palabra de Dios porque mediante ella se infunde la fe, FIDES EX AUDITU. Porque ni los frailes sabían la lengua ni componer sermones en ella y que tomados los más hábiles y mejores cristianos de ellos para que como intérpretes de los frailes predicasen lo necesario a la conversión de los indios en especial de los señores y principales porque convertidos éstos se sabía que los otros presto se convertirían porque dice que aquella gente en extremo obedecen y siguen a sus señores y que así comenzaron generalmente a todos los que se ayuntaban los domingos y fiestas y otras veces particularmente a los señores que venían a los monasterios y los frailes /615 v./ iban a sus casas mostrándose con ellos muy afables y familiares hermanos suyos y que llevaban por intérpretes a sus propios hijos y que en todo los hallaban fieles y verdaderos y en extremo hábiles que no solamente decían lo que los frailes les mandaban sino que añadían mucho más confutando y destruyendo con vivas razones que habían aprendido y lo sentían y creían así y con ello reprendían y reprobaban los errores, ritos, e idolatrías de sus padres declarándoles la fe y creencia de un solo Dios y enseñándoles cómo habían estado engañados y en grandes errores y ceguedades teniendo por dioses a los demonios enemigos del género humano y que tenían y tienen tanta memoria que si una vez los frailes les decían algunas cosas y otra vez callando aquéllas les decían otras al mismo propósito retenían lo uno y lo otro y se les acordaba y que así los enseñaban con buena gracia y mucha osadía y eficacia por manera que éstos ayudaron mucho a la conversión y la Iglesia hizo mucha alhaja de ellos guardando siempre que o predicasen delante los frailes o muy examinado lo que en otras partes habían de enseñar y que siempre decían como eran intérpretes de los padres y que si en algo erraban /616/ que era suya de ellos la falta porque en las palabras de Dios y en lo que los padres decían y enseñaban no había error ni mentira y que ha sido tanta la ayuda que aquellos intérpretes han dado que han llevado la voz y sonido de la palabra de Dios a todos los confines de Nueva España en lo que estaba de paz y que algunos que no veían ni sabían más de que éstos predicaban dice que lo contradecían diciendo que algunos había traviesos aunque en la verdad dice que poco se ha hallado contra ellos y que no era razón condenar la multitud de los buenos ni dar con todo al través y que los que se han criado en los monasterios han ayudado y ayudan mucho a la fe y doctrina cristiana y al culto divino y que algunos de ellos rigen los pueblos con justicia y tienen alcaldes y regidores y su cabildo concertado y en algunas partes gobernadores y dice que éstos son los principales celadores de la fe y la confiesan y predican y que si éstos no hubieran ayudado a los frailes aunque todo el día y todo el año trabajaran se pudiera decir de ellos lo que dijo Getro al a su yerno Moysem STULTO LABORE CONSUMERIS, ULTRA VIRES TUOS EST HOC NEGOCIUM EXODI 18 por manera que tomaron el consejo que Moysen tomó /616 v./ ayudándose de sus discípulos convertidos a Dios y que esto no es cosa nueva sino muy de imitar pues los santos apóstoles lo hicieron aunque tuvieron el don de las lenguas en España dice que más convirtieron los discípulos de Santiago que no él y que San Pablo se ayudó de muchos de sus discípulos como aparece en el capítulo último Ad Romanos párrafo 1. Corinthios 16 y en otras partes.

Asimismo dice que los discípulos de los frailes ayudaron mucho para destruir las idolatrías y hechicerías y ritos diabólicos que tenían infinitos, así en sus templos y casas como en cuevas y en los montes: descubriéndolos a los frailes porque los primeros años cuando los padres aún eran idólatras tenían los hijos encerrados en

783

unos aposentos bien hechos junto a los monasterios y cuando salían los frailes llevaban algunos de ellos consigo y que como sabían los secretos destruyeron infinidad de ídolos e insignias del demonio de que estaba llena toda la tierra.

Los españoles dice que cuando entraron en aquella tierra a la conquista de ella destruyeron muchos templos e ídolos del demonio aunque los principales ídolos los escondieron y tornaron luego a levantar /617/ su idolatría y a servir a sus dioses de manera que el demonio tenía su tiránica jurisdicción en toda aquella tierra hasta que los frailes dice que cree que inspirados por Dios vieron que convenía mucho destruir luego al principio los templos del demonio y sus ídolos y ritos diabólicos porque en tanto que los indios tuvieran enhiestos y levantados sus templos y sus ídolos en ellos y los ministros del demonio sirviéndolos y predicando al pueblo poco dice que pudieran aprovechar los frailes y que por esto luego al principio ellos y sus discípulos dieron con todo ello al través que mandó y destruyendo y quebrantando sus ídolos y templos y con esto dice que se les quebraron mucho las alas a todos los indios viendo sus templos y sus dioses por el suelo.

En Tezcuco dice que cuando quemaron el principal templo del demonio que era el mayor y más alto de toda la Nueva España hizo grandísimo sentimiento todo el pueblo y que la gente que estaba en el mercado que era mucha levantó la voz e hicieron tan gran llanto que se alteró todo el pueblo mostrando que aún tenían esperanza de permanecer y adorar a sus dioses y dice que de esta destrucción de la idolatría quisieron algunos reprender a los frailes /617 v./ y que la razón y causa por que ellos se movieron demás de lo dicho fue porque la idolatría y adoración de los ídolos es de directo contra el primer mandamiento de Dios a quien se debe toda honra y gloria en todos los siglos y en todo lugar y ésta no la quiere dar a los ídolos y que éste sea el primer mandamiento de Dios dice que parece en lo que dice en el capítulo veinte el Exodo NON HABEBIS DEOS ALIENOS CORAM ME. NO FACIES TIBI SCULPTILE NE QUESTION OMNEM SIMILITUDINEM QUE EST IN CELO DE SUPER, ET QUE IN TERRA DE ORSUM, NEC EORUM QUE SUNT IN AQUIS SUBTERRA, NON ADORABIS EA, NE QUESTION COLES. Todas estas maneras de adoración e idolatría que aquí veda Dios dice que tenían y adoraban los indios y que así quiso Dios que pereciesen según aquello de Micheas capítulo quinto. ET PERIRE FACIAM SCULPTILIA TUA ET ESTATUAS TUAS, DE MEDIO TUI: ET NON ADORABERIS

ULTRA OPERA MANUM TAURUM: ET EVELLAM LUCOS TUOS DE MEDIO TUI, y entre las maldiciones se dice Deuteronomio capítulo veintisiete MALEDICTUS HOMO QUI FACIT SCULPTILE ET CONFLATILE ABOMINATIONEM DOMINI OPUS MANUM ARTIFICUM PONIT QUESTION ILLUD IN ABSCONDITO. ET RESPONDEBIT OMNIS POPULUS, E DICET AMEM. Maldice Dios al que hace ídolos y al que los consiente /617/ pudiéndolos vedar y destruir y dice fray Torivio que esto es responder amén. Y dice que es maravilla de los que han querido reprender la destrucción de la idolatría pues dice Dios Deuteronomio doce SUBVERTITE OMNIA LOCA IN QUIBUS COLVERUNT GENTES QUAS POSSESSURI ESTIS ETCETERA DISSIPATE ARAS EARUM, ET CONFRIGITE ESTATUAS ETCETERA y que está manifiesto al que bien lo ha entendido cómo Dios manda destruir los templos del demonio las aras, y altares, ritos e ídolos así de metal como de piedra y madera con todos los géneros de idolatría.

Y que la causa por que los frailes destruyeron la idolatría fue por guardar el segundo mandamiento semejante al primero porque habían de tener dolor y lástima del prójimo viendo aquellos indios hechos a la imagen de Dios adorar las piedras y los palos y ser hechos esclavos del demonio y no impedirlo pudiendo aunque costase la vida y que tenemos ejemplo de la santa Rrachel mujer del patriarca Jacob que por quitar la ocasión de la idolatría a su padre Laban le hurtó los ídolos Genesis treinta y uno donde dice Nicolao de Lyra que no fue propiamente hurto.

Y que esta idolatría y adoración del demonio /618 v./ había de cesar y ser destruida dice que parece Miche capítulo primero donde se dice ET OMNIA SCULPTILIA EJUS CONÇIDENTUR ET OMNES MERCEDES EJUS COMBURENTUR IGNE ET OMNIA YDOLA EJUS PONAM IN PERDITIONEM y que de esta manera lo hicieron los frailes de San Francisco que mandó y destruyendo y derribándolo todo y que ya no hay cosa de ello enhiesta sino la cruz de Jesucristo y su santa fe así por toda la tierra como en los corazones de los naturales de ella y dice que no sólo fue destruida la idolatría sino también los nombres de los dioses o demonios conforme a lo que dice Dios por Zacharias capítulo trece, DISPERDAM NOMINA YDOLORUM DE TERRA, ET NON MEMORABUNTUR ULTRA y que eran muy muchos y en mayor número que los que tenían los romanos y que aunque eran tantos se han bien cumplido las palabras del Señor porque ya no hay memoria de ellos y que no le llaman sino el malo y que concuerdan con estas profecías lo que se dice SAPIENTIE catorce NE QUESTION ENIM ERANT YDOLA AB

INITIO, NE QUESTION ERUNT IN PERPETUUM ET IDEO BREVIS ILLORUM FINIS EST INVENTUS no habían de durar para siempre y que por eso en breve que fue en los años primeros que la verdad y fe de Jesucristo se predicó luego fue el fin de la /619/ idolatría y que se cumplió otra profecía de Ezechiel capítulo sexto que dice ET INTERIBUNT ARE VESTRA, ET CONFRINGENTUR: ET CESSABUNT YDOLA VESTRA, ET CONTERENTUR DE LUBRA VESTRA ET DELEBUNTUR OPERA VESTRA. ET SCIETIS QUIA EGO SUM DOMINUS.

Esto dice fray Torivio para defensa y aprobación de lo que los frailes primeros de su orden hicieron en derribar los templos y destruir los ídolos, y mete mucho la mano en ello pero de lo que se dijo en el capítulo diez constará si fue acertado o no especialmente que dice que aquella sazón estaban los indios determinados de se alzar y que no osaban los españoles salir de Mexico porque los tenían en poco los indios y que querían hacer sacrificios a sus ídolos y demandarles favor contra los cristianos y que los frailes menores que no había otros en la tierra se opusieron a ello por que no fuese Dios de nuevo ofendido y que impidieron y destruyeron la idolatría y que esto fue a los indios gran desmayo para no se levantar y que Dios quiso hacer la conquista espiritual por pocos y pobres que no fue menos que la corporal que fueron muchos en ella y que nunca más han tornado a idolatrar pero con todo eso se vea lo que se dijo en el capítulo diez y lo que se dirá al fin del capítulo siguiente.

# CAPÍTULO VEINTIUNO

/619 v./ En que se refiere un hecho notable que hicieron los niños de Tlaxcallam el año primero que se comenzaron a enseñar que mataron al que se llamaba dios del vino que en aquella tierra era muy reverenciado.

En el capítulo veintiocho de la tercera parte de aquel su *Libro* dice fray Torivio que aquella tierra fue figura de Egipto y que así como en ella en la entrada del niño Jesus cuando allá se fue huyendo del furor de Herodes en su divina presencia cayeron los ídolos de Egipto según estaba profetizado por Esayas capítulo diecinueve ECCE DOMINUS ASCENDIT SUPER NUBEM LEVEM, ET INGREDIETUR EGYPTUM, ET MOVEBUNTUR SIMULACRA EGYPTI, A FAÇIE EJUS. Así en aquella tierra ante la faz del Señor de la majestad en la entrada de su santa fe y de su palabra y sacramentos en especial el de la santísima eucaristía donde real y verdaderamente asiste Dios poderoso cayeron y fueron destruidos los ídolos y los templos y nombre del demonio y sus ministros como dice que al principio lo quiso figurar un hecho y notable contienda que acaeció en la ciudad de Tlaxcallam entre los discípulos del demonio y de los que se enseñaban en la casa de Dios que el primer año que los frailes menores poblaron en aquella ciudad que fue año de mil quinientos veinticuatro recogieron los hijos de los señores y de los principales para les enseñar la doctrina de nuestra santa fe /620/ y los que servían en los templos del demonio no dejaban de ministrar y servir a los ídolos y decir al pueblo que no dejasen los dioses porque aquéllos eran verdaderos y no el que predicaban los frailes y los niños de la casa de Dios y de Santa Maria y que así lo sustentarían y que por esta causa salió uno de estos ministros del demonio al mercado vestido de las insignias del dios del vino que era uno de los más principales dioses y muy llamado y honrado y que los vestidos de esta insignia pocas veces salían fuera de los templos o patios del demonio y que cuando salían les tenían gran acatamiento y reverencia tanto que apenas osaba la gente alzar los ojos a los mirar al rostro y que este que

787

salió vestido de las insignias que se han dicho andaba por el mercado comiendo o mascando de unas piedras agudas que allí usan en lugar de cuchillos y que cortan dulcemente como una navaja de ambas partes sino que luego saltan y se mellan y que éste para mostrarse feroz y que hacía lo que otros no podían hacer las andaba mascando por el mercado y mucha gente tras él y que a esta sazón venían los niños que se enseñaban en el monasterio de se lavar en el río y habían de atravesar por el mercado y como vieron tanta gente junta ir tras el demonio preguntaron qué era aquello y que les dijeron que era su dios y que los niños dijeron no es dios sino diablo que os miente y os engaña y que en medio del mercado estaba una cruz y que iban los niños /620 v./ a le hacer acatamiento y que allí se detuvieron un poco y que se fue hacia ellos el que traía las insignias del demonio y comenzó de les reñir y mostrárseles muy enojado y decirles que presto habían de morir todos porque le tenían enojado dejando su casa e ídose a la de Dios y de Santa Maria y que luego los más grandecillos con ánimo y osadía le dijeron que no le tenían miedo y que él era mentiroso y que ellos no se habían de morir y que no había más que un solo Dios señor del cielo y de la tierra y de todas las cosas y que él no era dios sino diablo o su figura y que era un malo y que Dios es muy bueno y que el ministro del demonio afirmaba que era dios y deshonraba y espantaba los niños para les poner temor mostrándose muy enojado contra ellos y que había alrededor de ellos infinita gente diciendo él que era dios y los niños que no era sino diablo y que uno de ellos dijo veamos quién morirá nosotros o este malo y que se bajó por una piedra y dijo a los otros niños Dios nos ayudará echemos de aquí este diablo y tiróle la piedra y luego acudieron los otros niños y que aunque al principio el demonio hacía rostro como cargaron todos los niños comenzó a huir y los niños tras él con gran grita tirándole piedras y que se les iba pero que permitiéndolo Dios y mereciéndolo sus pecados y su gran soberbia en llamarse dios tropezó y cayó que no hubo caído cuando lo tenían muerto /621/ y cubierto de piedras y que era cosa muy de ver oír a los niños decir matamos al diablo que nos amenazaba y nos quería matar ahora verán los macehuales que es la gente común como no era este dios sino malo y mentiroso y Dios y Santa Maria son buenos.

Acabada la contienda y muerto el loco desventurado dice Motolinea que no parecía que habían muerto hombre sino demonio y que como cuando la batalla rompida por los que queda el campo están alegres y victoriosos y los otros desmayados y caídos así quedaron los que servían y creían en los ídolos y los indios del mercado espantados, y los niños muy ufanos diciendo que no había otro dios sino el del cielo y su hijo Jesucristo salvador del mundo y que Santa Maria su madre les había ayudado contra aquel malo y que los que hasta entonces sus padres habían tenido eran diablos mentirosos y que así habían de morir como aquel que ya quedaba muerto y que ellos nunca pensaron matarle que Dios y Santa Maria le habían muerto y que los niños de la casa Santa Maria vivirían para servir a Dios / en esto dice fray Torivio que ya habían venido muchos de los ministros de los ídolos y que quisieron poner las manos en los muchachos sino que Dios les puso temor y estaban despavoridos atónitos y espantados en ver muerto al que había salido a poner temor y espanto a los otros y que le habían muerto los niños.

/621 v./ Los niños dice que se fueron para el monasterio muy regocijados y que entraron diciendo que habían muerto al diablo y que los frailes no los entendían y que llamaron al intérprete y que entonces entendieron que habían muerto a uno que traía las insignias del demonio y que espantados los frailes del hecho y queriéndolos castigar y amedrentar preguntaron quién lo hizo y que respondieron juntamente que todos y que les preguntó otra vez su maestro quién tiró la primera piedra y que respondió uno y dijo yo y que entonces lo mandaba azotar diciendo que cómo había hecho tal cosa en matar hombre y que respondió él y los otros que no era sino diablo y que se hacía dios y que era mentiroso y que Dios y Santa Maria les habían ayudado que ellos nunca pensaron matar ni herir a nadie y que antes aquel que quedaba muerto los quería matar a ellos si pudiera y que en aquello vieron los macehuales que Dios había librado a los niños que se enseñan en la casa de Santa Maria que así se llama el monasterio de los frailes la madre de Dios y que habían dado su pago aquel malo como lo merecían sus obras su soberbia y que decían si no los creían que fuesen a donde estaba y verían cómo era el diablo y que decían esto por las insignias del demonio de que estaba vestido y que entonces fueron los frailes al lugar donde estaba el desventurado /622/ y vieron un gran montón de piedras y que quitando de ellas vieron cómo estaba vestido del hábito del diablo y tan feo como el mismo demonio y que no fue la cosa de tan poca estima que por sólo este caso comenzaron muchos indios a ver y conocer las mentiras del demonio y dejarlo y venirse a oír la palabra de Dios.

No me parece que va dice fray Torivio fuera de propósito este hecho y batalla que los muchachos de la casa de Dios tuvieron con aquel ministro del demonio y con los demás y los vencieron con lo que después se siguió al vencimiento que los muchachos de Ysrrael tuvieron contra Benadad rey de Siria acompañado de treinta y dos reyes e innumerable ejército y no salieron sino doscientos treinta y dos muchachos en la delantera y tras ellos en la retaguardia siete mil del pueblo de Ysrrael y vencieron y destruyeron a toda aquella muchedumbre de gente. EGRESI SUNT ERGO PUERI PRINÇIPUM PROVINÇIARUM AC RELIQUIS EXERCITUS SEQUEBATUR EOS, ET PERCUSSIT UNUS QUIS QUESTIONE VIRUM QUI CONTRA SOVENIEBAT FUGERUNT QUESTIONE SYRI, ET PERSECUTUS EST EOS YSRRAEL.

La delantera dice que han llevado en aquella tierra los niños y que ellos fueron los que primero se bautizaron y se enseñaron la doctrina cristiana por todas las partes de aquella tierra y que hay partes que han entrado más de cien /622 v./ leguas y por otras doscientas donde han enseñado la fe y la doctrina cristiana y la han sustentado contra el demonio y sus ministros y que asimismo en la conversión de aquellas gentes ha echado Dios en la delantera a los pequeños y que los mayores van en la zaguera y que no es esto cosa nueva acerca de Dios que así lo hace y lo ha hecho muy muchas veces en la conquista corporal y espiritual según parece por lo aquí alegado y en otras muchas partes de la Sagrada Escritura que con pocos y chicos hace Dios grandes hazañas para que a Él solo sea la gloria y honra de todas ellas detraían cuanto quisieren los grandes de los chicos y pequeños y los mayores de los menores y no se contenten sino de sus propias cosas y de sus pareceres que Dios no quiere favorecer sino a los que dejadas las cosas del mundo buscan las de Cristo porque la caridad NON QUERIT QUE SUA SUNT SED QUE JESUCHRISTI.

Dice fray Torivio que si los niños no hubieran ayudado a la obra de la conversión sino que solos los intérpretes lo hubieran de hacer todo que le parece que fuera lo que escribió el obispo de Tlaxcallam al emperador diciendo nosotros los obispos sin los frailes intérpretes somos como halcones en muda y que así lo fueran los frailes sin los niños.

Torna fray Torivio a loar lo que se hizo en derribar los templos y los ídolos y dice que de haberse así /623/ acertado o por mejor decir haberlo Dios por su bondad así guiado hay un muy notable ejemplo del santo y muy glorioso abad Abraham que habiéndolo enviado un obispo a convertir un pueblo de gentiles y que habiendo muchas veces predicado por palabra y ejemplo y viendo que esto no bastaba y que el patrimonio de sus padres no estaba gastado lo empleó en hacer una devota iglesia en aquel pueblo incrédulo y que como todavía estuviesen duros en su idolatría se puso a lo que viniese y determinó quebrantarles los ídolos y que por ello los gentiles le dieron muchos palos y muy crueles azotes que casi lo dejaron por muerto pero que luego que se vieron sin ídolos se convirtieron y adoraron a Dios y se bautizaron y que es de creer que este santo era regido por el Espíritu Santo y que el principio de la conversión de aquellos gentiles fue quitarles los ídolos y que si así no se hiciera en aquella tierra estuviera todavía llena de ídolos y de idolatrías aunque dice que a gentiles de otra arte y otro poder y libertad y a gentes de letras y también en algunos tiempos y coyunturas notadas veces convendrá quitarle los ídolos pero que quien tuviere experiencia y conocimiento de aquellas tierras y gentes de ella verá cómo fue muy bien y cosa muy acertada y aun muy necesaria hacerse como se hizo y que Dios lo ha guiado como se ha dicho.

/623 v./ Esto dice fray Torivio y como no alega autor para lo que refiere de aquel santo abad Abraham he procurado buscar si hay alguno que lo diga y para ello he visto las *Historias eclessiasticas* de Eusebio Çesariense, y de Socrates Constantipolitano, y de Theodoreto, y de Sozomeno y de Euagrio, y la de Nicephoro, y a Juan Cassiano *De institutis çenobiorum* y las *Collationes* de los padres del yermo y ninguno he hallado que trate de ello empero como el mismo fray Torivio dice se ha de tener atención a los tiempos y coyunturas porque no todas veces convendrá quitarles los ídolos y dice que aquella sazón los que gobernaban la tierra estaban en bandos y los indios para se levantar bien parece que no tuvieron consideración con el tiempo y sazón y dice que esta destrucción de la idolatría quisieron algunos reprender pero creo que no debían reprender la destrucción de ella sino el modo por no aguardar tiempo y sazón para ello pues entonces no la había y pudiera suceder por ello mucho mal a todos y por otro tanto reprende Theodoreto en el libro quinto capítulo treinta y ocho o treinta y nueve según otra translación y Neçephoro libro catorce capítulo diecinueve de sus *Historias ecclesiasticas* y se refiere en el capítulo treinta de la *Tripartita* al obispo de Persia llamado Abdas o Audas varón como ellos /624/ dicen adornado de muchas virtudes que con celo no en tiempo oportuno como dice Theodoreto y en cosa menos necesaria como dice Niçephoro derribó el templo del fuego que los persas tienen y adoran por dios y que como lo supo el rey lo mandó llamar y mansamente lo reprendió por lo que había hecho y le mandó que tornase a edificar el templo y que como no quiso venir en ello el rey le amenazó y dijo que lo mandaría matar y que destruiría las iglesias de los cristianos y que como esto no aprovechó mandó derribar las iglesias y que a él lo mandó matar y dice Nicephoro que por esto alcanzó corona de mártir y Theodoreto dice que merece ser honrado con muchas coronas porque dicen que igual maldad y herejía es adorar el fuego y edificarle templo pero que haberlo derribado ni fue bien considerado por no lo haber hecho en sazón ni en tiempo oportuno y que San Pablo cuando fue Athenas vio que la ciudad estaba llena de ídolos y que ninguna ara, ni altar derribó sino que con razones les probó su ignorancia y les enseñó la verdad y que de lo que Abdas hizo demás de haber sido causa para que se mandasen derribar las iglesias se siguió gran persecución contra los cristianos que duró treinta años en que padecieron muy grandes tormentos y muy crueles y diversos géneros de martirios por manera /624 v./ que estos autores tan graves culpan aquel santo obispo por lo que hizo pues por ellos se siguieron tantos daños como se pudieran también seguir de lo que fray Torivio dice que hicieron los frailes en tiempo no conveniente si Dios como él dice no pusiera temor y desmayo en los indios para no se levantar como lo trataban y lo querían intentar.

Por lo que hicieron los frailes en destruir los templos y quebrantar los ídolos hace lo del capítulo treinta y tres Exodi donde entre los demás preceptos que dio y mandó guardar Dios al pueblo de Ysrrael antes que entrase en la tierra de promisión se dice NON ADORABIS DEOS ALIENOS, NEC COLESEOS, NON FAÇIES OPERA EORUM: SED DESTRUES EOS, ET CONFRINGES STATUAS EORUM. Donde dice la *Glosa ynterlineal*. UT OMNIS MEMORIA EORUM DESTRUATUR. Y Nicolao de Lyra dice TEMPLA EORUM DISIPANDO ET STATUAS EORUM COMMINUENDO FRUSTRATIM, NE REMANEAT ALIQUA MEMORIA EORUM. Y por Esayas capítulo treinta les manda Dios lo mismo donde dice ET CONTAMINABIS LAMINAS SCULTILIUM ARGENTITUI, ET VESTIMENTUM CON FLATILIS AURI TUI, ET DISPERGES EA SICUT IMMUNDITIAM MENSTRUATE EGREDE REDIÇES EI, ET DABITUR PLUVIA SEMINITUO UBICUM QUESTIONE SEMI MINAVERIS IN TERRA, ET PANIS FRUGUM TERRE ERIT UBERRIMUS, ET PINGUIS donde dice San Geronimo sobre la palabra /625/ ET DABITUR PLUVIA NON PRIUS / INQUIT / DABITUR PLUVIA SEMINI SPIRI-TUALI, ET PANIS TERRE UBERRIMUS AT QUESTIONE PINGUISSIMUS, NISI YDOLA DE ARGENTATA, ET DE AURATA FUERINT COMMINUTA, ET REPUTATA INSTER QUI LINIUM. De donde se colige que el Evangelio no hace fruto si primero no se destruyen los ídolos y sus templos y sus sacrificios y adoraciones como hizo el gran Constantino como lo refiere Eusebio Çesariense en el capítulo cincuenta como en otros siguientes del libro tercero *De la vida del mismo Constantino* y Sozomeno en el capítulo tercero y cuarto libro segundo de la *Historia ecclesiastica* pero todo esto es así y se ha de entender guardando el modo y orden que se dijo en el capítulo diez.

# CAPÍTULO VEINTIDÓS

Donde se dice cómo las niñas se recogieron y enseñaron y cómo ellas también enseñaron a las mujeres y se refieren dos buenos ejemplos de ellas de castidad y la pura confesión que hacen los indios.

Dice fray Torivio que se recogieron y enseñaron las hijas de los señores y principales en muchas provincias de la Nueva España sola disciplina y enseñanza de mujeres devotas espirituales que para esta santa obra envió la emperatriz nuestra señora de gloriosa memoria con favores para que les hiciesen casas honestas y competentes donde pudiesen ser enseñadas /625 v./ las niñas honestamente y que esta doctrina duró diez años porque como aquellas niñas no se enseñaban más que para ser casadas y que supiesen coser y labrar y que el tejer lo saben muy bien las naturales y hacer telas de muchas labores y que mucha de la ropa que tejen para mantas de hombres o GUIPILES que los españoles llaman camisas va tejida con algodón teñido de colores o de pelo de conejo que es como sirgo o como lana merina fina y que también hacen camas graciosas y vistosas más que costosas / la obra que es de pelo de conejo aunque se lave dice que no recibe detrimento antes queda cada vez más blanca porque es teñida en lana y que ya en aquella tierra se hace seda y teñida con los colores de allá las labores que son de algodón dice que no se sufre lavarlas porque todo lo mancha porque es teñido el algodón en hilo y de lana merina de las ovejas se hacen muy buenas obras tan buenas y mejores que de pelo de conejo y que ésta la estiman mucho los indios y que de toda esta obra labraban aquellas niñas y que después como sus padres vinieron al bautismo no fue necesario enseñarlas más de cuanto supiesen bien ser cristianas y vivir en ley de matrimonio. En estos diez años que se enseñaron dice que algunas que entraron algo mujercillas se casaban y enseñaban a otras / en el tiempo que estuvieron recogidas /626/ dice que deprendieron la doctrina cristiana y el oficio de nuestra señora romano y que lo decían devotamente en sus monasterios a sus tiempos y horas y aun algunas después de casadas antes que cargarse el cuidado de los hijos proseguía sus santos ejercicios y devociones y que fue cosa muy de ver en Uexoçinco un tiempo que había copia de casadas nuevas y que cerca de sus casas tenían una ermita de nuestra Señora a donde acudían de mañana a decir prima de nuestra Señora hasta nona y que era cosa muy devota verlas y decir sus vísperas cada día y cantar las antífonas y salmos e himnos y la MANIFICAT y que tenían hedomedaria y cantoras que comenzaban los salmos y antífonas todo de coro sin saber leer y que las niñas tenían en sus casas algunas viejas devotas para porteras y guardas y que con éstas salían a enseñar así en los patios e iglesias como a las casas de señoras y que convertían muchas a se bautizar y a ser devotas cristianas y limosneras y que siempre ayudaron a la doctrina de las mujeres y que unas a otras se enseñaban el PATER NOSTER y Ave Maria el Credo y Salve y los Mandamientos y los otros rudimentos que los muchachos enseñan los hombres.

Una cosa muy notable dice que aconteció /626 v./ en Mexico a una india doncella que era muy molestada y requerida de un mancebo soltero y que como se defendiese de él despertó el demonio a otro para que intentase la misma maldad y que como ella también se defendiese ayuntáronse ambos para le hacer fuerza y que para ello la anduvieron aguardando algunos días y que saliendo a la puerta de su casa a prima noche la tomaron y la llevaron a una casa yerma y ella defendiéndose varonilmente llamando a Dios y Santa Maria ninguno de ellos pudo haber acceso con ella y como cada uno por sí no pudiese se ayuntaron ambos y que como no pudieron acabar nada con ella por ruegos le dieron de bofetadas y puñadas y la mesaron muy cruelmente y que a todo perseveraba con más fortaleza en defensa de su honra y aunque ellos no dejaron toda la noche de la impugnar le dio Dios a quien llama a tanta fuerza y que a ellos así los embarazó y desmayó que nunca en toda la noche pudieron prevalecer con ella y quedó ilesa y guardada su integridad y que ella por guardarse con seguridad se fue luego por la mañana a la casa de las niñas y contó a la madre lo que le había acontecido con los que le querían robar el tesoro de su virginidad y que fue recibida en compañía de las hijas de los señores aunque era pobre /627/ por el buen ejemplo que había dado y porque la había Dios guardado de su mano.

En otra parte dice que aconteció que una casada enviudó siendo moza y que la requería y aquejaba un casado y que como no se pudiese defender de él un día se vio solo con ella y encendido con su torpe deseo y que ella con fervor de espíritu lo reprendió y le dijo cómo intentas y procuras de mí tal cosa piensas que porque no tengo marido que me guarde así de ofender conmigo a Dios y ya que otra cosa no mirases sino que ambos somos cofrades de la hermandad de nuestra Señora y que en esto la ofenderíamos mucho y que con razón se enojaría con nosotros y seríamos indignos de nos llamar cofrades de Santa Maria y de tomar sus candelas benditas en nuestras manos por esto era mucha razón que tú me dejases y ya que tú no quieras dejarme por amor de nuestra Señora cuyos cofrades somos sabe que yo estoy determinada de antes morir que cometer tal maldad y dice que fueron estas palabras de tanta eficacia y tan impresas en el corazón del casado que así le compungieron que luego respondió tú has ganado mi ánima que estaba ciega y perdida tú has hecho como /627 v./ buena cristiana y sierva de Santa Maria y yo te prometo de me apartar de este pecado y de me confesar y hacer penitencia de él.

En muchos pueblos de la Nueva España en especial en Tlezcuco, y Cuahutitlam, y Xochimilco, dice que había algunas mujeres viudas que parece no apartarse del templo de Dios viviendo en oraciones y ayunos y en vigilias a ejemplo de aquella Santa Ana viuda que adoró, confesó, y predicó al infante Jesucristo en el templo y que por la buena vida y ejemplo de éstas han despertado muchas del sueño de los pecados y que éstas visitan y consuelan los enfermos curándolos primeros de la espiritual enfermedad atrayéndolos con sus palabras a que luego se confiesen y curen primero del ánima según lo manda la santa madre Iglesia y que así muchos enfermos y sanos vienen aparejados al sacramento de la penitencia contritos y satisfechos.

Nadie dice que podría creer cuán por entero y cuán escrupulosamente se confiesan los indios y que muchos no se satisfacen si a lo menos no se confiesan una vez generalmente aunque le dicen los confesores que basta acusarse lo que hicieron antes del bautismo y ya que una confesión no los /628/ quieren algunos oír sino la que cometieron después del bautismo / no sosiegan hasta que se confiesan de toda su vida / algunos porque no saben si recibieron el bautismo con tanta contrición y aparejo como convenía y era menester y que muchos de ellos no se contentan con lo que ellos saben y se acuerdan sino que preguntan a sus padres si los llevaron siendo niños a la casa del demonio y cuántas veces, y si los sacrificaban de las orejas o si les dieron a comer carne humana u otros manjares dedicados al demonio.

Muchos dice que hay que se acusan y dicen desde el vientre de mi madre pequé y que al primero que esto oyó le dijo anda ya dí tus pecados y deja a tu madre y que le dijo no te enojes que te digo la verdad porque estando yo en el vientre de mi madre me ofreció y prometió al demonio y que otros dicen demás de me ofrecer mis padres al demonio cuando mi madre me tenía en el vientre embeodándose y ella comiendo carne humana me cabía a mí parte del manjar y del pecado y yo pecaba allí también y que otros se acusan del trabajo que dieron a sus madres en el vientre y que esto lo dicen tan en seso que los confesores huelgan que digan su confesión por el orden que la traen pensada /628 v./ y no les van a la mano y dice que San Agustin en el libro *De confessionibus* comienza desde el trabajo y pena que dio a su madre estando en el vientre y que así parece que uno mismo es el maestro de entonces y el de ahora.

Cuán de pensar dice que es cómo sea este maestro y Señor con aquellos pecadores humildes y cómo sea con los justos soberbios a los pecadores humildes que se vienen acusando dice que no los quiere confundir, acusar ni reprender porque SI NOS METIPSOS DIJUDICAREMOS, NON UTI QUESTIONE JUDICAREMUR UNO párrafo AD Corinthios 12 a los justos soberbios dice que esconde Dios los bienes y les descubre y manifiesta las faltas y defectos que tienen como a Symon fariseo que no le trajo a la memoria el bien que había hecho en le hospedar y convidar en su casa y le mostró las faltas diciendo aunque me llamaste a tu casa no me diste beso de paz, ni untaste con óleo mi cabeza, ni me diste agua para lavar mis pies. No hizo cuenta de los manjares que el justo soberbio le había dado y relátale lo que le había faltado y a la humilde pecadora Magdalena encúbrele sus pecados y defectos y manifiesta sus buenas obras y servicios diciendo ésta después que aquí entró /629/ no cesa de lavar y regar mis pies con agua de sus ojos ni de limpiarlos con sus cabellos ni ha cesado de me los besar y los ha ungido con óleo y por tanto REMITTUNTUR EI PECCATA MULTA QUAM DILEXIT MULTUM / oigan esto dice los pecadores humildes y gócense que nunca tal se lee de rey ni de señor que así magnifique y muestre su misericordia con los pecadores pues la multitud de sus pecados son encubiertos y olvidados y sus pequeños servicios son estimados y remunerados.

Ésta es la suma de lo que fray Torivio dice en muchos capítulos de la segunda parte de aquel su *Libro* donde trata largamente de lo que se ha dicho y cita y alega muchas autoridades de la Sagrada Escritura y las aplica a lo que trata que por ser muy largo las he dejado y porque no he tenido tiempo para más porque me dan prisa por aquel su *Libro* para lo llevar a Mexico en la flota de este año de ochenta y cuatro que se irá muy en breve y estoy ya en los setenta y tres años de mi edad y he trabajado y no poco por ver y escribir lo que se ha dicho.

# CAPÍTULO VEINTITRÉS

Donde se dice cómo en la Nueva España fue donde primero se comenzaron a adoctrinar los naturales de las Yndias y se refiere una plática que un principal hizo a los de su pueblo al principio de su conversión.

/629 v./ Aunque la Española y Cuba y otras islas y gran parte de tierra se descubrieron y ganaron primero que la Nueva España no se trató de la cristiandad de los naturales o si se trató fue tan tibiamente que ningún fruto se sacó de ello y lo mismo fue en la Nueva España hasta el año de quinientos veinticuatro que fueron doce frailes de la orden de San Francisco que con otros tres que habían ido aquel mismo año antes que ellos y otros dos que habían ido con los españoles que fueron a la conquista de aquella tierra comenzaron a entender en la conversión y doctrina de aquellas gentes y así se puede decir que la Nueva España fue donde primero se predicó en las Yndias la ley evangélica y donde primero vinieron los naturales de ellas en conocimiento de Dios nuestro Señor y redentor de todo el género humano y pues en los Actos de los apostoles se hace particular mención de los primeros que después de subido a los cielos el hijo del eterno padre Dios y hombre verdadero recibieron su ley por la predicación de sus sagrados apóstoles y discípulos y se refieren algunas cosas particulares que los nuevamente convertidos hicieron todo para gloria y alabanza del Señor que tales obras hacía ha sido bien a mi /630/ parecer haber referido lo que se ha dicho que sucedió en los principios de la conversión de los naturales de la Nueva España que todo ha sido para gloria y alabanza de nuestro Señor que tales obras hizo en aquellas gentes y aunque se han dejado de referir otras muchas cosas referiré una plática que hizo un principal a los de su pueblo cuando comenzaron a venir al bautismo que es la siguiente.

Mira los que aquí estáis y oís la predicación de Dios verdadero que toméis bien lo que de su parte viene y se os da, pues se os ha abierto su casa y descubierto su secreto y se esparce y derrama ya

799

por predicación lo que los padres trajeron y nos declaran y predican mira que el padre es como un árbol grande extendido y copado debajo del cual se recibe sombra y aire, consuelo, y doctrina y mira bien esto tú que eres principal o labrador, señor, o vasallo, rico o pobre y no lo tengas en poco y tú cualquiera que seas pobrecillo te debes consolar mucho sentado o andando o caminando o afligido lloroso o triste buscando la vida temporal acuérdate de esto tú que eres mujer cuando estás a tu hilaza o en tu labor o trabajo o criando tus hijos no dejes de tomar lo bueno y lo que de Dios alguno te dijere o avisare y pusiere en el corazón como preciosas joyas al cuello.

/630 v./ Tú que eres labrador acuérdate de Dios por donde fueres subiendo o bajando con tu carga y bordón tomando el sudor cansado esperando donde llegues a te arrimar yendo angustiado con esta doctrina de Dios te has de ir esforzando y consolando y si no lo tomas como se te da indignarás a Dios y darte ha enfermedad o muerte piensas ser tan recio y fuerte como piedra o árbol aunque te quieras volver piensas meterte en algún agujero o sierra o cueva y huir de Dios mira que si se enoja castiga cuando le es dada ocasión, somos lodo y como lodo nos deshará cuando fuere servido oye y toma lo que te cumple donde has de ir pobre de ti con estas cosas de Dios te consolarás en tus trabajos mira que andas y vives en la falda de Dios ponte debajo de su mano y debajo de su abrigo y amparo porque Él sabe cuándo llegará tu fin no somos recios sino muy flacos y mortales mira el cielo donde está la gloria y riqueza de nuestro Señor Jesucristo que da a los que le creen, sirven, y aman pues eres guiado oye y toma bien la doctrina y no la pongas el olvido mas ponla y siéntala en el corazón para bien vivir y para te salvar. Si no tomares las cosas de Dios mira que se mostrará su cárcel y tormento de los dañados y de los demonios del infierno con /631/ quien te echará y entonces dirás cierto así me lo dijo el padre oh si lo tomara oh desdichado de mí mira que te da Dios y te muestra lo que no vieron tus padres alégrate y gózate con ello y dale gracias vuélvete a las espaldas por consideración y di a tu corazón no sabías tú ni sentías esto antes como ahora se te dice y da de parte de Dios encomiéndate a Él de corazón y mira que no te ensoberbezcas por más que sepas o entiendas de las cosas de Dios.

Es Dios como a manera de una muy hermosa ave so cuyas alas todos se abrigan, se acogen, y amparan es padre que en este mundo a todos nos llama rige, y gobierna, mira que no hace fácilmente mercedes ni reparte sus dones cuando no hay fe y servicios y buenas obras para las merecer y con su gracia es purificada y limpia el ánima para vivir en su servicio el tiempo que fuere servido que vivas en su templo y goces de él pues te alumbró el corazón y te ha librado y sacado de tantos desatinos como en tu infidelidad tenías y nos ha hecho tanta merced con la fe y doctrina no ceses de le dar gracias.

Alegraos todos con las mercedes de Dios que quiere perdonar al pecador por grande que sea si creyere y se llegare a él /631 v./ en sus manos estamos para alcanzar misericordia sin duda, llora y ten contrición de tus culpas y no digas es por ventura alimpiador o perdonador de pecados no digas ni pienses tal mas ten firmemente que sólo Dios verdadero nos puede perdonar humíllate e hinca tus rodillas ante él ante quien todos temen y tiemblan.

Disponeos y aparejaos a creer y ser cristianos los que aún no sois bautizados pues no sabéis cuándo moriréis por ventura os hará ahora Dios mercedes y misericordia dándoos el santo bautismo llegándote al bautismo como conviene te limpiará y limpiará tus pecados y guárdate de le ofender pero si en algún pecado cayeres con dolor de él acudirás a la confesión y alcanzarás misericordia como se nos predica a los que los mandamientos de Dios guardan consuela, y hace mercedes y los libra de los demonios.

Alegrémonos pues con tan grandes mercedes como Dios nos hace y ha hecho en habernos limpiado y purificado en el santo bautismo y nos ha hecho otras mercedes por su gracia alumbrándonos y sacándonos de tantos males ceguedades y /632/ errores en que estábamos démosle muchas gracias pues habemos oído y conocido su santa doctrina tan en público dada y no la esconde el padre mas dice todo lo que dio demandó y encomendó a sus apóstoles y discípulos y nos enseña ahora sus cosas divinas y sacramentos que todo el mundo debía oír con que nuestro Señor purga y limpia los pecadores y los perdona y libra del infierno tomemos pues esta santa doctrina que se nos dice y predica tomémosla y demos gracias a nuestro Señor y acordémonos de nuestra Señora Santa Maria virgen suplicándole devotamente ruegue por nosotros a su bendito hijo Jesucristo nuestro Señor para que por su intercesión nos dé siempre gracia para bien vivir y acabar en la santa fe católica que habemos recibido.

Por esto que sentían aquellas gentes de la ley de Jesucristo tantos años ha se podrá colegir lo que sentirán ya que algunos son buenos latinos y muy doctrinados verdad es que hay algunos viciosos y malos pero lo mismo es entre los españoles siendo hijos y nietos y más adelante de cristianos y nacidos y criados y doctrinados entre ellos / todos los religiosos /632 v./ afirman que hay gran cristiandad entre los que se están en su simplicidad natural que no tratan con españoles viciosos ni con los indios muy ladinos ni con mestizos y mulatos que suelen andar por los pueblos imponiéndolos en malas costumbres y lo saben y afirman porque tratan siempre con ellos trabajando en los doctrinar y confesar y enseñar la ley de Jesucristo y en los imponer en todas buenas costumbres y esto no lo puede saber el vulgo ni los que se mueven a seguir su opinión afirmando lo que no saben sino de oídas y sin fundamento alguno.

/633/ Soneto de Hernando Cortes.

Soneto de Francisco de Arzeo en loor de Hernando Cortes y de sus compañeros.

El esfuerzo el valor la virtud rara
de españoles y mexicanos se nos muestra
con felice ingenio y mano tan diestra
que hacen la historia más grata y más cara
qué voluntad pues habrá tan avara
de tan poca verdad y de tan poco lustre
que a Hernando Cortes varón tan Ilustre
no le dé la ventaja en cosa tan clara
pues el fiero Marte está admirado
oyendo leer lo que ha conquistado.

El guerrero fuerte y valeroso
que desea saber hechos notables
grandes hazañas y cosas loables
y hartar su ánimo generoso
lea esta relación que yo oso
decir y afirmar que de su cuento
quedará satisfecho y muy contento
y con gusto alegre y bien sabroso
porque es tal el discurso de esta historia
que a todos dará gusto y a Cortes gran gloria.

Homero griego y Virgilio mantuano
poetas famosos de ingenio y arte
no pintan tan bien a Pallas y a Marte
como nos lo pinta Cortes con lanza en mano
de día peleaba nuestro castellano
y de noche escribía las guerras que los indianos
tuvieron con él y con los cristianos
imitando al gran Çesar emperador romano
que valerosamente peleaba al día
y cuando los otros dormían él escribía.

/633v/ El esforzado ánimo y gran fortaleza
el ingenio la prudencia y arte
el valor y ser de Pallas y de Marte
aquí se nos describe en su grandeza
nunca ambos se vieron en tal alteza
ni se verán jamás tan contentos
sus apetitos rabiosos y muy cruentos
crueles enemigos de naturaleza
ni se verán ellos en tanta gloria
como nos lo muestra esta historia.

Las guerras los ardides de los mexicanos
y de Tlaxcallam provincia muy pujante
aquí se nos muestra en este lo elegante
con los hechos heroicos de los castellanos
y cómo Hernando Cortes con pocos cristianos
tan valerosamente pelearon
que memoria eterna nos dejaron
como también la tienen entre los indianos
cuyos hechos lector si saber queréis
leed esta historia y saberlos heis.

Veréis en ella a Marte y a Pallas
estar con Minerva confederados
y a todos tres tan justos y tan aliados
que usan entre ellos de iguales alas
subiendo a Cortes en tan alto vuelo
que hacen que pocos le alcancen de vista

porque usó de lanza y pluma tan lista
que otros mejores no ha visto el cielo
pues lo que escribió es de muy avisado
y con lanza en mano muy aventajado.

## Otro

/634/ Aquella luz tan clara de gloria vuestra
valeroso Cortes tanto os ennoblece
y a los que fueron en compañía vuestra
que los hechos de otros indianos oscurece
el animoso valor la mano diestra
a vos y a ellos engrandece
con que dejastes de voz eterna gloria
y en aquel nuevo mundo inmortal memoria.

Sacrificios crueles inhumanos
valeroso Cortes vos los quitases
en que habéis imitado a los romanos
que hicieron lo mismo en otras partes
habéislos quitado a los mexicanos
y en otros reinos propincuos y distantes
y quitastes el comer de carne humana
en toda la monarquía mexicana.

Qué gloria qué loor será bastante
para encarecer la cristiandad que se ha fundado
en gente tan bárbara y de nos tan distante
en aquel nuevo mundo por vos ganado
y para encarecer vuestro ánimo tan constante
en el favor que distes a los que han doctrinado
aquellas gentes indómitas y fieras
dándoles para ello favores en mil maneras.

# Otro

El belicoso Marte está elevado
y con él están Minerva y Pallas admiradas
en ver cómo Cortes ha conquistado
infinidad de gentes esforzadas
mirando están cómo las ha librado
de ser cruelmente sacrificadas
démosle pues eterna gloria
escribiendo con cuidado su historia.

En 7 marzo = 1616
[firma ilegible]
En Villa Carrillo*

* Esta nota aparece en una foja posterior al soneto. Consideramos que la escribió el lector anónimo del siglo xvii. [N. del e.]

# BIBLIOGRAFÍA DE LAS FUENTES CITADAS POR ALONSO DE ZORITA*

*Abaldo*, véase Ubaldis, Baldus de.

*Abulense, el*, véase Tostado, Alonso.

*Adriano Cardenal*, véase Hadrianus Castellensis.

(Agricola, Rodolphus)**
*Rodolpho Agricola*
Rodolphi Agricolae. Phrisii de inventione dialecta libri omnes et integri & recogniti. qui iam olim quidem in publicum prodierunt, sed trunci ac mutili nec minus item deprauati, nunc demum ad autographi exemplaris fidem, per Alardum Amstelredamum accuratibus emendati, & additis annotationibus illustrati. Cum aliis non parum multis eodem pertinentisus, (atq[ue], ijs sane iam nunc primum aeditis) quae uersa monstrabit pagina. Frankfurt, Minerva, 1967 (nueva edición).

*Agustin, San*, véase Augustinus, Aurelius.

*Alardo*, véase Aphtonius.

(Albertus Magnus)
*Alberto Magno*
    *De animalibus*
Alberti Magni Opera omnia. Ad fidem codicum manuscriptorum edenda, apparatu critico notis prolegomenis indicibus instruenda cur. Institutum Alberti Magni Coloniense, Monasterii Westf. Aschendorff, t. 7, p. 1: *De anima*, Ed. Clemens Stroick, 1968.

---

  * Elaborada por Wiebke Ahrndt.
  ** Entre paréntesis aparecen los nombres de los autores modernizados, seguidos, en cursivas, de las citas de Zorita. Esto a excepción de que Zorita haya escrito correctamente los nombres, en cuyo caso aparecerán solamente en cursivas.

*Alexander ab Alexandro*
  *Genialium dierum*
  Genialivm Diervm libri 6. Varia ac recondita eruditione referti: Nunc
  postrervm infinitis mendis, qvibvs anteasqulebat liber pulcherrimus,
  quanta fieri potuit diligentia perpurgati, atque in pristinum nitorem
  restituti. Frankofurt, Johann Presii, 1646.

(Alexandri Aphrodisiensis)
*Alexandro Aphrodiseo*
  Praeter commentaria scripta minora. Consilio et auctoritate Academiae
  litterarum Regiae Borussicae. Ed. Ivo Bruns, 2 vols., Berolini, G. Rei-
  mer, 1887-1892.

*Almirante*
*Quinquagenas, rrepuesta 26\**

*Alvarado, Pedro de* (1486-1541, aprox.)
  La quarta relación que Fernando Cortés gobernador y capitán general por
  su majestad en la Nueva España del mar océano envió al muy alto y muy
  potentísimo invictísimo señor don Carlos emperador semper augusto y
  rey de España nuestro señor; en la cual están otras cartas y relaciones
  que los capitanes Pedro de Alvarado y Diego Godoy enviaron al dicho
  capitán Fernando Cortés. Toledo, impresa por Gaspar de Ávila, 1525.

(Ambrosii, Sancti)
*San Ambrosio*
  *De vocaçione gentium*
  *Epistolas*
  *Super epistolam primam ad corinthios*
  *Sobre el C. X ad romanos*
  Mediolanensis episcopi. Opera omnia. Editio prae aliis omnibus com-
  pleta, quarum instar haberi potest. Ad manuscriptos codices vaticanos,
  gallicos, etc., belgios, etc., nec non ad veteres editiones, maxime vero
  ad Benedictam recensita et emendata. Accurante et Denuo Recognoscente J.-P. Migne, Bibliothecae Cleri Universal, sive cursum completorum in singulos scientiae ecclesiasticae ramos editore, 4 vols.
  Patrologiae. Cursus completus, seu Bibliotheca universalis, integra,
  uniformis, commoda, oeconomica, omnium ss. patrum, doctorum scriptorumque ecclesiasticorum sive latinorum, sive graecorum qui ab aevo

---

\* No fue encontrada la fuente exacta de esta referencia; en adelante, todas las que
aparezcan con asterisco se encuentran en el mismo caso.

apostolico ad tempora Concilii Tridentini (Anno 1545) pro latinis, et Concilii Florentini (Anno 1439) pro graecis floruerunt: Recusio chronologica. Omnium quae existitere monumentorum catholicae traditionis per quindecim prima ecclesiae saecula et amplius. Patrologiae latinae, tomus XIV-XVII, Parisiis, apud Garnier Fratres, editores et J.-P. Migne Successores, 1879-1887.

(Ammianus Marcellinus)
*Amiano Marcelino*
  *Libro*
  Res gestae (latín-inglés), traducción: John C. Rolfe, 3 vols., The Loeb Classical Library, tomos 300, 315, 331, fundada por James Loeb, LL.D., ed. E.H. Warmington, Londres, William Heinemann LTD, Cambridge, Mass., Harvard University Press, 1963, 1964.

(Anghiera, Peter Martyr d')
*Pedro Martyr*
  *Decadas*
  *Decadas oçeanos*
  *Historia de Yndias en latín*
  *A Margarita de Austria*
  Petrus Martyr ab Angleria, Pedro Martir de Anghiera, Pietro Martire d'Anghiera, 1457-1526.
  Opera. Legatio Babylonica, De orbe novo decades octo, opus epistolarum. Graz, Akademische Druck-und Verlagsanstalt, 1966.

(Anselmi, S.)
*San Anselmo*
  *Sobre el capítulo primero Ad colossenses*
  Ex beccensi abbate cantuariensis archirepiscopi. Opera omnia, nec non Eadmeri Monachi. Historia novorum et alia opuscula, labore ac studio: D. Gabrielis Gerberon. Monachi Congregationis S. Mauri, ad mss. fidem et aucia. Editio nova, opusculis recens editis, illustrata. Accurante J.-P. Migne, Bibliothecae Cleri Universal, sive cursum completorum in singulos scientiae ecclesiasticae ramos editore, 2 vols.
  Patrologiae. Cursus completus, seu Bibliotheca universalis, integra, uniformis, commoda, oeconomica, omnium ss. patrum, doctorum scriptorumque ecclesiasticorum sive latinorum, sive graecorum qui ab aevo apostolico ad tempora Concilii Tridentini (Anno 1545) pro latinis, et Concilii Florentini (Anno 1439) pro graecis floruerunt: Recusio chronologica. Omnium quae existitere monumentorum catholicae traditionis per quindecim prima ecclesiae saecula et amplius. Patrologiae latinae,

tomus CLVIII-CLIX, Parisiis, excudebatur et venit apud J.-P. Migne Editorum, 1853-1854.

(Antonio da Padova, Saint, 1195-1231)
*Santo Antonio*
   *Tercera parte de la Suma titulo treinta y uno*
   *Quarta parte titulo quinze Per totum*
   Alemán, Mateo (1547-1614?)
   Libro de San Antonio de Padva, de Mateo Alemán..., Tortosa, G. Gil, 1623.

*Anunciaçion, fray Domingo de la*, véase Domingo.

(Aphtonius)
*Alardo (doctísimo varón)*
   *Las anotaciones in progymnosmata Aphtonii Sophiste*
   *donde cita lo que Rrodolpho Agricola dice en otras partes*
   Progymnasmata, R. Agricola interpr. [...] illustrata. commentariis per Alardum, Amsterdam, Colonia Agrippina, 1532.

(Appianus Alexandrinus)
*Apiano alexandrino / Appian*
   Historia Romana (griego-inglés), Appian's Roman History, traducción: Horace White, 4 vols., The Loeb Classical Library, tomos 2-5, fundada por James Loeb, LL.D., ed.: E.H. Warmington, Londres, William Heinemann LTD, Cambridge, Mass., Harvard University Press, 1964-1968.

(Apuleius Madaurensis, Lucius)
*Apuleyo*
   *Floridorum*
   L[ucii] Apuleii [Madaurensis] Metamorphoseos, sive lusus asini libro 11 [De asino aureo], Floridorum 4..., Venetiis, Aldus, 1521.

(Aquino, Thomas de)
*Santo Thomas*
   Obras, 25 vols., Opera omnia, Parmae, Petri Fiaccadori, 1852-1873, Photolithographice Reimpressa, Nueva York, Musurgia Publishers, 1948.

(Arboreus, Johannes, Orden de Frailes Menores: O.F.M.)
*Fray Juan Arboreo (frayle franciscano)*
Primus (-Terius) tomus Theosophiae Ioannis Arborei [...] complectens sanam & luculentam difficillimorum locorum cum veteris tum noui testamenti expositionem, Parisiis, apud S. Colinaeum, 1540-1553.

*Argumanes, fray Juan de, provincial de la provincia de Sanctiago*
*Libro de las confirmidades de San Francisco*
Argomanes, Juan de, O.F.M.*

*Aristotiles* (384-322 a.C.)
*De caelo*
*Ethicorum*
*Problemas*
*De proprietatibus rerum*
*Rhetoric*
Obras en 23 vols. (griego-inglés): De caelo / On the Heavens, traducción: W.K.C. Guthrie; Nicomachean Ethics, traducción: H. Rackham; Problems, Aristotle's Physical Problems arranged according to their contents, 2 vols., traducción: W.S. Hett (tomo 1) y H. Rackham (tomo 2); De propietatibus rerum;* The "Art" of Rhetoric, traducción: John Henry Freese; The Loeb Classical Library, tomos 193, 273, 338, 316, 317, fundada por James Loeb, LL.D., Heruasgegeben von E.H. Warmington, Londres, William Heinemann LTD, Cambridge, Mass., Harvard University Press, 1926, 1960, 1961, 1965, 1967.

(Arze Ab-Otalora, Joannes, siglo XVI)
*Otalora*
  *Tratado de nobilitate*
De nobilitatis, & immvnitatis Hispaniae cavsis (quas hidalguia appellant) deque Regalium tributorum (quos pechos dicunt) iure, ordine, iudicio, & excusatione summa, seu tractatus. Authore Licentiato Ioanne Arze ab Otalora ex procuratore Fisci in Granatensi curia Regio auditore. Imperialicvm privilegio. Granatam, Sancho de Lebrija, 1553.

*Arzila y Çuñiga, don Alonso de*, véase Ercilla y Zúñiga.

*Ascençio*
*Comento De littera Pythagorae, que está entre los Opusculos de Virgilio**

(Augustinus, Aurelius, 354-430 d.C.)
*San Agustin*
  *Çibdad de Dios / De civitate Dei*
  *Libro de confession*
  *Libro de trinitate*
  *Libro de verbis domini*
  *Sermones*
  *Epistola cinquenta a Bonifaçio*
  *Epistola 79*
  Sancti Aurelii Augustini, Hipponensis Episcopi, Opera omnia, post lovaniensium theologorum recensionem..., Opera et studio Monachorum ordinis Sancti Benedicti. Accurante et Denuo Recognoscente J.-P. Migne, Bibliothecae Cleri Universal, sive cursum completorum in singulos scientiae ecclesiasticae ramos editore, 12 vols.
  Patrologiae. Cursus completus, seu Bibliotheca universalis, integra, uniformis, commoda, oeconomica, omnium ss. patrum, doctorum scriptorumque ecclesiasticorum sive latinorum, sive graecorum qui ab aevo apostolico ad tempora Concilii Tridentini (Anno 1545) pro latinis, et Concilii Florentini (Anno 1439) pro graecis floruerunt: Recusio chronologica. Omnium quae existitere monumentorum catholicae traditionis per quindecim prima ecclesiae saecula et amplius. Patrologiae latinae, tomus 32-34, 41, 42, Parisiis, apud Garnier Fratres, Editores et J.-P. Migne Successores, 1845, 1865, 1877, 1886, 1887.

*Aulo/Aulo Gelio*, véase Gellius, Aulus.

(Azpilcueta, Martín, El doctor Navarro, 1491-1586)
*el doctor Navarro*
  *Manual de confessores*
  Manval de confessores & penitentes [...] composto por ho muyto resoluto & celebrado doutor Martin de Azpilcueta..., Coimbre, 1566.

*Baldoin*, véase Ubaldis.

*Barrientos, el maestro* (catedrático y profesor de la lengua latina en Salamanca, 1518-1580 aprox.)
*"ha escrito la jornada que Pedro Melendez hizo a Florida"*
  Barrientos, Bartholomé, Vida y hechos de Pero Menendez de Auiles, cauallero de la hordem de Sanctiago, adelantado de la Florida: do largamente se tratan los conquistas y poblaciones de la prouincia de la Florida, y como fueron libradas de los luteranos, que dellas se auian

812

apoderado. Compuesta por el maestro Barrientos..., en Genaro García. Dos antiguas relaciones de la Florida; publicadas por primera vez por Genaro García, México: Tip. y Lit. de J. Aguilar Vera y Comp., 1902.

(Basilii)
*San Basilio*
  *Morales*
  *Sobre el capítulo octavo de Esayas columna tercera*
  Seleuciensis episcopi. Opera quae exstant omnia. Scripta vel scriptorum fragmenta quae supersunt. Accurante et Denuo Recognoscente J.-P. Migne, Bibliothecae Cleri Universal, sive cursum completorum in singulos scientiae ecclesiasticae ramos editore, 1 vol.
  Patrologiae. Cursus completus, seu Bibliotheca universalis, integra, uniformis, commoda, oeconomica, omnium ss. patrum, doctorum scriptorumque ecclesiasticorum sive latinorum, sive graecorum qui ab aevo apostolico ad tempora Concilii Tridentini (Anno 1545) pro latinis, et Concilii Florentini (Anno 1439) pro graecis floruerunt: Recusio chronologica. Omnium quae existitere monumentorum catholicae traditionis per quindecim prima ecclesiae saecula et amplius. Patrologiae graecae, tomus LXXXV, Parisiis, excudebatur et venit apud J.-P. Migne, Editorem, 1860.

(Beauxamis, Thomas)
*Bauxanys o Veauxamis, Fray Thomas, carmelita, doctor parisiense*
  *De fide et symbolo*
  De Fide & Symbolo, lib. IV, Parisiis, 1573 y 1574.

(Benavente, Toribio de, "Motolinía", O.F.M., 1482/91-1569)
*Fray Torivio Motolinea / Motolinia (de la orden de San Francisco)*
  *De las cosas de la Nueva España y de los naturales de ella*
  *Libro*
  Memoriales o libro de las cosas de Nueva España y de los naturales de ella, ed.: Edmundo O'Gorman, México, Universidad Nacional Autónoma de México, 1971.

*Benedicto Undecimo, el papa*
  *en Extravagante primera del título de previlegiis ad finem in versiculo circa tertium vero articulum*
  *en la Extravagante de privilegiis et excessibus columna 4*
  En Corpus Iuris Canonici, Opus uno Volumnie absolutum, Denuo editit Aemilius Ludovicus Richter, 2 partes, Decretum Gratiani, Extravagantes tum viginti, D. Ioannis Papae XXII, tum communes suae

integritati restitutae, Liber Quintus, Titulus VII: De privilegiis, cap. I: Benedictus XI, Lipsiae, Sumptibus Bernh, Tauchnitz Jun, 1839.

(Bernardi, S.)
*San Bernardo*
   *De consideratione ad euginium*
   clarae-vallensis abbatis primi, Opera omnia, sex tomis in quadruplici volumne comprehensa, post Horstium Denuo recognita, aucta et in meliorem digesta ordinem, nec non nons praefationibus, admonitionibus, notis et observationibus indicibusque copiosissimus locupletata. Tertius curis, D. Joannis Mabillon, Presbyteri et Monachi Benedictini e congregatione, S. Mauri, Editio Nova. Accurante et Denuo Recognoscente J.-P. Migne, Bibliothecae Cleri Universal, sive cursum completorum in singulos scientiae ecclesiasticae ramos editore, 6 vols.
   Patrologiae. Cursus completus, seu Bibliotheca universalis, integra, uniformis, commoda, oeconomica, omnium ss. patrum, doctorum scriptorumque ecclesiasticorum sive latinorum, sive graecorum qui ab aevo apostolico ad tempora Concilii Tridentini (Anno 1545) pro latinis, et Concilii Florentini (Anno 1439) pro graecis floruerunt: Recusio chronologica. Omnium quae existitere monumentorum catholicae traditionis per quindecim prima ecclesiae saecula et amplius. Patrologiae latinae, tomus 182, Parisiis, excudebatur et venit apud J.-P. Migne, Editorem, 1854-1862.

(Biblia Sacra)
*Sagrada Scriptura*
   Iuxta vulgatam versionem, 2 vols., Stuttgart, Württembergische Bibelanstalt, 1975.
   Libros citados por Zorita:
   *Vetus Testamentum:*
   Liber Bresith id est Genesis
   Liber Ellesmoth id est Exodus
   Liber Vaiedabber id est Numeri
   Liber Helleaddabarim id est Deuteronomium
   Liber Iosue Bennun id est Iesu Nave
   Liber Sopthim id est Iudicum
   Liber Samuhelis id est Regum primus et secundus
   Liber Malachim id est Regum tertius et quartus
   Liber Dabreiamin id est Verba Dierum qui grace dicitur Paralipomenon
   Liber Ezrae
   Liber Tobiae
   Liber Judith

Liber Hester
Liber Iob
Liber Psalmorum iuxta Septuaginta emendatus
Liber Psalmorum iuxta Hebraicum translatus
Liber Proverbium Salomonis
Liber Ecclesiastes
Liber Canticum Canticorum
Liber Isaiae Prophetae
Liber Hieremiae Prophetae
Liber Danhielis Prophetae
Amos Propheta
Micha Propheta
Liber primus et secundus Macchabeorum
*Novum Testamentum:*
Canones Evangeliorum
Evangelium secundum Mattheum
Evangelium secundum Marcum
Evangelium secundum Lucam
Evangelium secundum Iohannem
Liber Actum Apostolorum
Epistulae Pauli
Ad Corinthios I et II
Ad Timotheum I et II

*Bizarro, Pedro*, véase Pizarro, Pedro.

*Bobadilla*, véase Castillo de Bobadilla.

*Bobistan, Pedro, francés**
  *Breve discurso*
  *discurso de la excelencia y dignidad del hombre* (en francés)
  *Teathro del mundo* (en francés)

(Boccaccio, Giovanni)
*Juan Bocatio o Bocacio*
  *De Genealogia Deorum*
  Opere, tomos 10 y 11, Genealogiae deorum gentilium libri. A cura di
  Vincenzo Romano, 2 vols. (Scrittori d'Italia, N. 200, 201), Bari, Later-
  za, 1951.

(Bonfini, Antonio)
*Antonio Bonfinio / Bonficinio / Bonfino*
  *De las cosas de Ungria / de Rebus ungarie / Rerum ungariorum*
  Rerum ungaricarum decades tres quibus accesserunt Chronologia
  Sannonum & coronis Historia Ungaria, Basileae, ex Roberti Winter
  officina, 1549.

(Bonifacius VIII)
*Bonifaçio Octavo*
  *Capítulo primero § De rreligiosis domibus in sexto*
  Sexti libri decretalium, 3 vols., París, 1509.

(Budeus, Guillaume Budé, 1468-1540)
*Budeo*
  Omnia opera Gvilielmi Bvdaei Parisiensis, consiliarii regii, svpplicvm-
  qve libellorvm in regia Magistri, quaecumq[ue] ipso edita, & post de-
  cessum publica facta, ex dispersis, & iis emendatis exemplaribus, in
  unum corpus laboriose congerere potuimus: quorum tanta est doctrinae
  magnitudo atq[ue] uarietas, ut ad quodius genus studiarum, & potissimum ad prestantem Juris Ciuilis cognitionem adiuua[n]dam maximo
  usui omnibus liberatis uiris sint futura. Itaq[ue] quò diuersis optimè
  sit consultum, in Tomos quatuor ea ratione distinximus, ut & in
  uniuersum & separatim à studiosis literarum haberi possint. Librorum
  omnium inscriptiones sequens pagina ordine commemorat. Basileae,
  apud Nicolavm Episcopium Juniorem, 1557.

(Buechinger, Michael)
*Burclingero / Buchingero, Michael*
  *Historia ecclesiastica*
  *Historia ecclesiastica nueva* (en latín)
  Historia ecclesiastica noua. Qua brevi compendio res in Ecclesia gestae,
  Romanorumque pontificum a B. Petro vsqz ad Paulum IIII. descri-
  buntur. Moguntiae, F. Behem, 1560.

(Cabeza de Vaca, Álvaro Núñez, 1510-1558 aprox.)
*Cabeça de Vaca, Alvaro Nuñez*
  *escribió un libro de su larga peregrinación en la Florida*
  La relación que dió Alvar Núñez Cabeza de Vaca de lo acaescido en la
  armada donde iba por gobernador Pánfilo de Narváez, desde el año de
  veinte y siete hasta el año de treinta y seis que volvió a Sevilla con tres

de su compania. Zamora, impresso por Augustin de Paz y Juan Picardo, a costa de Juan Pedro Musetti mercader de libros, vezino de Medina del Campo 1542.

(Caesar, Gaius Julius)
*Çesar, Jullio*
  *De bello gallico*
  De bello gallico (latín-inglés), The Gallic War, traducción: H.J. Edwards, The Loeb Classical Library, tomo 72, fundada por James Loeb, LL.D., ed.: E.H. Warmington, Londres, William Heinemann LTD, Cambridge, Mass., Harvard University Press, 1966.

*Cano, Juan* (siglo XVI)*
*Historia de la Nueva España*
*Relacion de aquella tierra y de su conquista y se hallo en ella
la Rrelacion de la Nueva España que yo he visto de mano*

*Carpentario, Jacobo*, véase Charpentier, Jacques.

(Cassianus, Johannes)
*Juan Cassiano*
  *De institutes cenobiorum*
  Opera. Ex. rec. Michaeli Petschenig, parte 1ª, De institutis coenibiarum et de octo principalium vitiorum iemediis libri 12 (Corpus scriptorum ecclesiasticorum Latinorum, vol. 17), Vindobonae, Tempsky, Lipsiae, Freytag, 1888.

*Castillo, Julian del*, véase Del Castillo, Julián.

(Castillo de Bobadilla, Jerónimo)
*Bobadilla*
  *in parti libro 1 capítulo 3 número 6 cum antecedenti be et siq.*
  *libro 2 capítulo 2 número 4*
  Política para corregidores y señores de vasallos: en tiempo de paz y de guerra; y para jueces eclesiásticos, y seglares..., Amberes, 1704; Madrid, 1978 (nueva edición), 2 vols.

*Castro, fray Alonso de* (1495-1558)
  *Adversus hereses*
  Aduersus omnes haereses libri XII. Nunc denum diligentius recogniti, ac emendatius, quam antebac, typis excusi. Coloniae, excudebat M. Nouesianus, 1539.

Cervantes de Salazar, Francisco, el maestro (1515-1575 aprox.)
*Dialogos que andan con los de Luis Vives intitulado Mexicus exterior*
*Historia general de aquellas partes*
*Un libro que dirigió a Hernando Cortes*
Crónica de la conquista de la Nueva España, edición de Manuel Magallón, estudio preliminar e índices por Agustín Millares Carlo, Biblioteca de Autores Españoles desde la formación del lenguaje hasta nuestros días, Madrid, Atlas, 1971.

Çesar, Jullio, véase Caesar, Gaius Julius.

(Charpentier, Jacques, 1521-1574)
*Jacobo Carpentario*
  *Scholios sobre el Alçinoo platonico*
  *In comparationem Aristotilis cum Platoni*
  *De Deo*
  *Phaedro*
  *Philebo*
Platonis cum Aristotele in universa philosophia, comparatio. Quae hoc commentario, in Alcinoi Institutionem ad eiusdem Platonis doctrinam, explicatur... (2 vols.). Parisiis, ex officina I. du Puys, 1573.

Chichtoveo, véase Clichtoveus, Jodocus

Chronica de San Francisco
  *capítulo noveno del Libro noveno de la tercera parte*
  Córdoba y Salinas, Diego, fray, Crónica franciscana de las provincias del Perú, ed. nueva con notas e introducción de Lino Gómez Canedo, Washington, D.C., Academy of American Franciscan History, 1957.

(Chrysostomos, Johanes, 344-407 d.C.)
*Chrysostomo, San Juan*
  *Homilias*
  *Saçerdotes*
Opera omnia quae exstant. Accurante et Denuo Recognoscente J.-P. Migne, Bibliothecae Cleri Universal, sive cursum completorum in singulos scientiae ecclesiasticae ramos editore, 8 vols.
Patrologiae. Cursus completus, seu Bibliotheca universalis, integra, uniformis, commoda, oeconomica, omnium ss. patrum, doctorum scriptorumque ecclesiasticorum sive latinorum, sive graecorum qui ab aevo apostolico ad tempora Concilii Tridentini (Anno 1545) pro latinis, et Concilii Florentini (Anno 1439) pro graecis floruerunt: Recusio chro-

nologica. Omnium quae existitere monumentorum catholicae traditionis per quindecim prima ecclesiae saecula et amplius. Patrologiae graecae, tomus 47-64, Parisiis, excudebatur et venit apud J.-P. Migne, Editorem, 1863.

(Cicero, Marcus Tullius)
*Tullio / Tulio*
Opera en 28 vols. (latín-inglés), The Loeb Classical Library, tomos 30, 40, 141, 154, 198, 213, 230, 252, 268, 309, 348, 403, fundada por James Loeb, LL.D., ed.: E.H. Warmington, Londres, William Heinemann LTD, Cambridge, Mass., Harvard University Press, 1927, 1958, 1960, 1964, 1966-1968, 1970.
*Rethoricorum*
*De oratore*
A. Rhetorical Treaties en 5 vols.: tomo I: Rhetorica ad Herennium, traducción: Harry Caplan; tomos III y IV: De oratore, libro I-II, traducción: E.W. Sutton & M. Rackham.
*Oracion pro lege Manilia*
*Oracion pro Cluencio*
*Oracion pro Sestio*
*Oracion pro Milon*
B. Orationes en 10 vols.: Orations, tomo IX: Pro lege Manilia; Pro Cluentio, traducción: H. Grose Hodge; tomo XII: Pro Sestio, traducción: R. Gardner; tomo XIV: Pro T. Annio Milone, traducción: N.H. Watts.
*Tosculanas questiones*
*De las academicas questiones / Academicarum quaestionum*
*De divinaçiones / De divinatione*
*De finibus bonorum et malorum*
*De legibus*
*De natura deorum*
*Oficios*
C. Philosophical Treatises en 6 vols.: tomo XVI: De Legibus, traducción: Clinton Walker Keyes; tomo XVII: Tosculanas disputationes, traducción: J.E. King; tomo XVII: De finibus boborum et malorum, traducción: H. Rackham; tomo XIX: De natura Deorum. Academica, traducción: H. Rackham; tomo XX: De divinatione, traducción: W.A. Falconer; tomo XXI: De Officiis, traducción: Walter Miller.
*Epistolas familiares*
D. Epistolas en 3 vols.: Letters. Epistolas ad familiaris, tomos XXV-XXVII, traducción: William Glynn Williams.
*Servio Sulpiçio*

*epístola a Tullio en sus Epistolas familiares*
Sulpicius Rufus, Servius (106/105-43 a.C.), en Cicero, "Epistolas ad familiaris", tomo XXVII.

(Cieza de León, Pedro de, 1518-1560)
*Juan [sic] de Cieça*
*escribieron historias particulares de las partes donde estuvieron*
(véase también Agustin de Çarate y Diego Hernandez)
La crónica general del Perú, 6 libros, comentado por Horacio H. Urteaga, Colección Urteaga, Historiados Clásicos del Perú, tomo VII, Lima, Librería e Imprenta Gil, 1924.

(Clementis Alexandrini)
*San Clemente (discípulo de los apóstoles)*
*en una sus Espistolas*
Opera quae exstant omnia. Juxta edit. oxon. an. 1715, accedunt D. Nicolai Le Nourry. Commentaria in omnes Clementis Alexandrini libros. Accurante et Denuo Recognoscente J.-P. Migne, Bibliothecae Cleri Universal, sive cursum completorum in singulos scientiae ecclesiasticae ramos editore, 2 vols.
Patrologiae. Cursus completus, seu Bibliotheca universalis, integra, uniformis, commoda, oeconomica, omnium ss. patrum, doctorum scriptorumque ecclesiasticorum sive latinorum, sive graecorum qui ab aevo apostolico ad tempora Concilii Tridentini (Anno 1545) pro latinis, et Concilii Florentini (Anno 1439) pro graecis floruerunt: Recusio chronologica. Omnium quae existitere monumentorum catholicae traditionis per quindecim prima ecclesiae saecula et amplius. Patrologiae graecae, tomus VIII-IX, Parisiis, excudebatur et venit apud J.-P. Migne, Editorem, 1890-1891.

(Clichtoveus, Jodocus)
*Chichtoveo / Clithoveo / Clitoveo / Clitoneo*
*Tratado De vera nobilitate*
*De laude monasticae religionis*
De vera nobilitate opusculum: completam ipsius rationem explicans, & virtutes quae generis nobilitatem imprimis decent ac exornant depromens. adiectis passim grauibus authoru[m] cu[m] gentilium tum sacrorum sententijs scritpurae sanctae testimonijs, clarorumque viroru[m] exemplis. [Paris], In officina H. Stephani, 1512 (ff. 48).
De laude monasticae religionis opusculu[m]: vnde ipsa ceperit exordium, incrementu[m] et stabilimentu[m] dilucide declarans. Parisiis, in officina H. Stephani, 1513 (ff. 50).

820

(Compañía de Jesús, uno de los hermanos)*
*un libro que ha escrito uno de los hermanos de la compañía de Jesus,
en que trata de las cosas de Yndias*

(Concilium Illibertanum, Council of Elvira)
*Conçilio illibertino*
Eliberitanum Concilium in Hispania ante magnum Synodum Nicaenam
celebratum, en Routh, M.J., Reliquiae Sacrae, tomo 4, 1846, pp. 255-274.

(Sacrosanctum Concilium Tridentinum)
*teólogos y juristas y humanistas... en el catecismo que se ordenó por
decreto del sacro conçilio tridentino y se publicó por mandado del
Papa Pio Quinto.*
Additis declarationibus cardinalium comcilii interpretum, ex ultima
recognitione Joannis Gallemart, et citationibus Johannis Sotealli Theo-
logi, & Horatii Lucii, J.C., [Nec non remissionibus] Augustini Bar-
bosae. Quibus recens acceserunt utilissimae, additiones Balthascris
Andreae, J.C. Caesar-Augustani, cum decisionibus variis rotae Romanae eodem specantibus, e Bibliotheca D. Prosperi Farinacii, J.C. Editio
reformata et supra omnes superiores [...] cum indice librorum prohibi-
torum ex Prescripto concilii. Coloniae Agripinae, apud Franciscum
Metternich, 1728.

(Confessio catholica fidei christiana)
*En un sínodo provincial intitulado* confessio catholiçe fidei christiane
*que se tuvo en una ciudad de Polonia.*
Confessio catholica fidei christiana: vel potius Explicatio quodam Con-
fessionis à Patrutus facta in Synodo Provinciali, qua habita at Petri-
konia, anno Domini M.D.LI. Antverpia, in aditus J. Stalsii, 1559.

(Cordoba, Antonio de, O.F.M., 1485-1575)
*Fray Antonio de Cordova (françiscano)*
*Tratado de ygnorancia* (en latín)
*Questionario* (en latín)
Opera, libris qvinqve digesta, Venetijs, Lordanus Ziletti, 1569 (esta
edición incluye entre otras cosas: "De ignorantia" y "Quaestionarum
theologicum").

*Cortes, Hernando* (1485-1547, aprox.)
*las Cartas al emperador Carlos Quinto*
Cartas y documentos, edición de Mario Hernández Sánchez-Barba,
México, Editorial Porrúa, 1963.

*Costa, Juan, licenciado* (1549-1595)
  *Dialogos del gobierno*
  Govierno del civdadano, compvesto por micer Joan Costa [...] trata
  de como se ha de regir a si, su casa, y republica... Çeragoça, en casa de
  Joan de Altarach, 1584.

(Curtius Rufus, Quintus)
*Quinto Curzio*
  *Historia / Historia de Alexandro*
  Geschichte Alexanders des Grossen (latín-alemán), traducción: Herbert
  Schönfeld, München, Heineran, 1954 (Tusculum-Bücherei).

*Del Castillo, Julian*
  *Historia de los rreyes godos*
  Historia de los reyes godos [...] hasta los católicos reyes Don Fernan-
  do y Doña Isabel. Proseguida desde su principio con ad [...] hasta Don
  Filipe IIII por Gerónimo de Castro y Castillo. Madrid, Sánchez, 1624.

*Del Marmol Caravajal, Luis* (siglo XVI)
  *Descripçion de Africa*
  Descripción general de África. La publica reproducida en facsímil el
  Instituto de Estudios Africanos del Patronato Diego Saavedra Fajardo
  del Consejo Superior de Investigaciones Científicas, Madrid, 1953.

*Díaz del Castillo, Bernaldo (vecino de Guatimala; conquistador en aque-
lla tierra y en Nueva España y en Guacacinalco)* (1496-1584)
  *escribía la Historia de aquella tierra*
  Historia verdadera de la conquista de la Nueva España por Bernal
  Díaz del Castillo, uno de sus conquistadores. Única edición hecha
  según el códice autógrafo, ed.: Genaro García (2 vols.), México, 1904.

(Díaz de Toledo, Fernando, ¿-1457)
*relator*
  *in 3 parte Dialogorum*
  Las notas del Relator (notas breves), Burgos, Juan de Junta, 1548.

(Diodorus Siculus, siglo I a.C.)*
*Diodoro Siculo*
  *De la fortuna de Alexandro*

(Diogenes Laertius)
*Diogenes Laerçio*
De vitis clarorum philosophorum (griego-inglés). Lives of eminent philosophers, traducción: R.D. Hicks, 2 vols., The Loeb Classical Library, tomos 184, 185, fundada por James Loeb, LL.D., ed.: E.H. Warmington, Londres, William Heinemann LTD, Cambridge, Mass., Harvard University Press, 1965-1966.

(Dio Coccianus, Cassius, de Nikaia en Bythinia)
*Dion Niceo*
*Vida de Augusto Cesar*
Dio's Roman History, 9 vols., tomos IV-VII, traducción: Earnest Cary, The Loeb Classical Library, tomos 66, 82, 83, 175, fundada por James Loeb, LL.D., ed.: E.H. Warmington, Londres, William Heinemann LTD, Cambridge, Mass., Harvard University Press, 1961, 1968.

(Dionysius, Aeropagita)
*Dionisio*
Opera Dionysii. S. Dionysii Areopagitae Opera omnia quae exstant et comentarii quibus ill., studio et opera Balthasaris Corderii. Accurante et Denuo Recognoscente J.-P. Migne, Bibliothecae Cleri Universal, sive cursum completorum in singulos scientiae ecclesiasticae ramos editore, 2 vols.
Patrologiae. Cursus completus, seu Bibliotheca universalis, integra, uniformis, commoda, oeconomica, omnium ss. patrum, doctorum scriptorumque ecclesiasticorum sive latinorum, sive graecorum qui ab aevo apostolico ad tempora Concilii Tridentini (Anno 1545) pro latinis, et Concilii Florentini (Anno 1439) pro graecis floruerunt: Recusio chronologica. Omnium quae existitere monumentorum catholicae traditionis per quindecim prima ecclesiae saecula et amplius. Patrologiae graecae, tomus III-IV, Parisiis, excudebatur et venit apud J.-P. Migne, Editorem, 1857; ed. nueva: Brepols, Turnholti, 1963.

*Domingo de la Anunciaçion, fray* (Orden de Predicadores: O.P., 1510/11-1591)
Doctrina christiana breve y compendiosa, por via de dialogo entre un maestro y un discipulo, facada en lengua castellana y mexicana y conpuesta por el muy reverendo padre fray Domingo de la Anunciacion, vicario que al presente es de cuyoacan, de la orden del bien aventurado padre sancto Domingo. México, en casa de Pedro Ocharte, 1565.

(Driedoens, Jean, 1480?-1535)
*Driedon, Juan*
  *De dogmatibus extra canonem*
  D. Ioannis Driedonis a Tvrnhovt [...] De ecclesiasticis Scripturis et
  dogmatibus libri quatuor. Mendis compluribus ablatis ad primos cui
  fontes recens diligentissime restituti. officiosiori indice, & Scriptu-
  rarum ac patrum citationibus margini adscriptis. Louanii, ex officina
  Bartholomei Grauii, 1550.

*Duran, Juanote (gran cosmographo)*
*La geografia de la Nueva España*
  Geografía de la Nueva España en 18 tablas o mapas, según Nicolás
  Antonio.

*Enciso*, véase Fernández de Enciso, Martín.

(Enríquez de Rivera, Padrique)
*frayle de la orden de San Francisco*
  *un Libro del viaje de Jerusalem*
  Viaje de Jerusalem, Lisboa, 1608.

(Erasmus, Desiderius)
*Erasmo*
  *Adagio*
  *Epistola siguiente que comienza: Non debet charta*
  *Scholios*
  Opera omnia Desiderii Erasmi Roterodami: recognita et adnotatione
  critica instructa notisque illustrata. Amsterdam, 1969-1995.

*Erasmo y Mariano Victorio*
  *Scholios*
  Véase Erasmus.

(Ercilla y Zúñiga, Alonso de, 1533-1594)
*Don Alonso de Arzila y de Çuñiga*
  *El Avracana [sic]*
  La Aravcana de Don Alonso de Ercilla y Zuñiga. Dirigida a la Sacra
  Catolica Real Magestad del Rey don Philippe nuestro señor. Salamanca,
  en casa de Domingo de Portonarijs (impressor de Su Catholica Mages-
  tad, con privilegio de Castilla, y de Aragon), 1574.

*Escalante, Bernardino de*
*De las grandezas del reyno de la China*
*De la navegacion de la China*
*De la navegacion que los portugueses hacen a los reynos y provincias*
*del Oriente*
*una Relación que se dio al rey don Phelipe nuestro señor por un capi-*
*tán que se halló en la conquista de las islas del Poniente que llaman*
*Filipinas\**
Discurso de la navegación que los portugueses hacen a los Reinos y
Provincias de Oriente, y de la noticia que se tiene de las grandezas del
Reino de la China. Sevilla, Talleres de la Viuda de Alonso Escribano,
1577.

(Espinosa, fray Francisco de)*
*Fray Francisco Despinosa (dominico; provincial de su orden)*
*escribió las costumbres de los indios de la mixtheca*

(Estobeo, Juan / Johannes Stobaeus)
*Estoveo*
*sermon 42*
Johannis Stobaei Sermones e mss. codicibus emendatos at actos edidit
Nicol. Schow. Lipsiae, Libraria Weidmannia, 1797.

(Eugarius Scholasticus)
*Euagrio*
*Historia ecclesiastica*
Historia ecclesiastica (griego & latín), en Leontius Byzantinus: Opera
omnia, tomus 2, collegit et Denuo Recognavit J.-P. Migne, Bibliothecae
Cleri Universal, sive cursum completorum in singulos scientiae ecclesiasticae ramos editore, 5 vols.
Patrologiae. Cursus completus, seu Bibliotheca universalis, integra,
uniformis, commoda, oeconomica, omnium ss. patrum, doctorum scriptorumque ecclesiasticorum sive latinorum, sive graecorum qui ab aevo
apostolico ad tempora Concilii Tridentini (Anno 1545) pro latinis, et
Concilii Florentini (Anno 1439) pro graecis floruerunt: Recusio chronologica. Omnium quae existitere monumentorum catholicae traditionis per quindecim prima ecclesiae saecula et amplius. Patrologiae
graecae, tomus 86, p. 2, Parisiis, excudebatur et venit apud J.-P. Migne,
Editorem, 18[?].

(Eubulus)
*Eubulo*
   *Historia de Mithra en muchos libros*
   Ed.: Cumont, Franz Valery Marie, Textes et Monuments figurés relatifs
   aux mystères de Mithra, P.I. Bruxelles, H. Lamertin, 1899.

*Eulogio Martyr, San (electo arçobispo de Toledo)*
   *Apologetico*
   *in Memoriali Sanctorum*
   Memorialis Sactorum, libri tres, Documentum maytriale, Collectio
   S.S. Patrum. Ecclesiae Toletanae, S.S. P.P. Toletanorum quotquot extant
   opera nunc primum simul edita, ad codices mss. recognita nonnulli
   notis illustrata. Matriti, Joachinum Ibarra, 1782.

*Euripides*
   Obras (griego-inglés), traducción: Arthur Sanders Way, 4 vols., The
   Loeb Classical Library, tomos 9-12, fundada por James Loeb, LL.D.,
   ed.: E.H. Warmington, Londres, William Heinemann LTD, Cambridge,
   Mass., Harvard University Press, 1962, 1964-1966.

(Eusebii Pamphilii Caesareae Palestinae Episcopi)
*Eusebio Çesariense (obispo de cesaria en Palestina)*
   *Historia Ecclesiastica*
   *la Vida de Constantino Magno*
   *Vita constantinus*
   *De preparacione evangelica*
   *In oratione De laudibus Constantini*
   *la Oraçion que hizo en su alabanza*
   Opera omnia quae exstant, Curis variorum, Nempe: Henrici Valesii,
   Francisci Vigeri, Bernardi Montfauconii, Card. Angelo Maii edita; col-
   legit et Denuo Recognavit J.-P. Migne, Bibliothecae Cleri Universal,
   sive cursum completorum in singulos scientiae ecclesiasticae ramos
   editore, 5 vols.
   Patrologiae. Cursus completus, seu Bibliotheca universalis, integra,
   uniformis, commoda, oeconomica, omnium ss. patrum, doctorum scriptorumque ecclesiasticorum sive latinorum, sive graecorum qui ab aevo
   apostolico ad tempora Concilii Tridentini (Anno 1545) pro latinis, et
   Concilii Florentini (Anno 1439) pro graecis floruerunt: Recusio chronologica. Omnium quae existitere monumentorum catholicae traditionis per quindecim prima ecclesiae saecula et amplius. Patrologiae
   graecae, tomus XIX-XXIV, Parisiis, excudebatur et venit apud J.-P.
   Migne, Editorem, 1857.

(Eutropius, Flavius, siglo IV d.C.)
*Eutropio*
  *Historia Romana*
  Eutropii Breviarum Historiae Romanae, ed.: Detl. C.G. Baumgarten-
  Crusius alteram Henricus Rudolfus Dietsch, Lipsiae, Sumptibus et typis
  B.G. Teubneri, 1868.


Fernández de Enciso, Martín (1469-1530 aprox.)
*el bachiller Enciso (alguacil mayor que fue de tierra firme)*
  *escribió algo de aquella costa y gente de ella*
  Suma de geographia que trata de todas las partidas & prouincias del
  mundo: en especial de las indias. & trata largame[n]te del arte del ma-
  rear: juntame[n]te con la espera en roma[n]ce: con el regimie[n]to del
  sol & del norte: agora nueuamente emendada de algunos defectos que
  tenia en la impression passada. Sevilla, Jacobo Cronberger, 1519.

(Fernández de Oviedo y Valdés, Gonzalo, 1478-1557)
*Gonzalo Hernandez de Oviedo*
  *Historia general de las Yndias*
  Historia general y natural de las Indias, islas y Tierra Firme del Mar
  Océano, por el capitán Gonzalo Fernández de Oviedo y Valdés, primer cronista del Nuevo Mundo. Publícala la Real Academia de la Historia, cotejada con el códice original, enriquecida con las enmiendas y
  adiciones del autor, é ilustrada con la vida y el juicio de las obras del
  mismo por D. José Amador de los Ríos, 4 vols. Madrid, Imprenta de
  la Real Academia de la Historia, 1851-1855.


*Ficino, Marsilio*
  *De vita*
  *el argumento a sus Libros o Dialogos que tradujo de griego en latin*
  Opera omnia (2 vols.), con una lettera introduttiva di Paul Oskar Kris-
  tellen, Torino, Bottega D'Erasmo, 1962. Esta edición incluye: Marsilii
  Ficini Florentini Medicini atque Philosophi, in librum de vita, ad
  magnaninum Laurentium Medicem, patriae seruatorem, Epistola dedicatoria; y en el tomo II: Dionysii Aeropagitae translatio una cum suis
  argumentis.

*Filostrato*, véase Philostratos, Flavius.

(Florus, Lucius Annaeus)
*Floro, Lucio*
   Epitomae de Tito Livio bellorum omnium annorum 700, libri 2, traducción: Edward Seymour Forster, The Loeb Classical Library, tomo
   231, fundada por James Loeb, LL.D., ed.: E.H. Warmington, Londres,
   William Heinemann LTD, Cambridge, Mass., Harvard University Press,
   1929.

*frayle de la orden de San Francisco*, véase Enríquez de Rivera, Padrique.

(Fregoso, Antonio Fileremo)
*Fragoso, médico, licenciado*
   Dialogo de fortuna del magnifico cavallero Antonio Phileremo Fregoso,
   Venetia, Zopino & Vincentio, 1523.

(Fregoso, Battista, 1453-1504)
*Babtista Fulgoso*
   Baptistae Fvlgosii. Factorvm dictorum que memorabilium libri IX.
   Ap. Jvsto Gaillardo Campano, in Paris. Senatu aduocato, aucti &
   restituti. Prefixa est eiusdem Gaillardi, De vtilitate & ordine historiarum
   prefatio, depropta ex suis institutionibus historicis: Ad virum Clariss.
   S. Fizivm Baroné de Sauue, Regium Consiliarum, & IIII virum a
   secretis Franciae, primum. Index nominum de quibus in historia agitur.
   Parisiis, apud Petrum Cauellat via Jacobaea, sub intersignio Floris Lilii,
   158[9].

(Frontinus, Sextus Julius)
*Frontonio*
   Stratagemata (latín-inglés), The Stratagems and the Aqueducts of
   Rome, traducción: Charles E. Bennett, The Loeb Classical Library,
   tomo 174, fundada por James Loeb, LL.D., ed.: E.H. Warmington, Lon-
   dres, William Heinemann LTD, Cambridge, Mass., Harvard University
   Press, 1952.

*Fuentes, Alonso de\**
   *(Suma de los hechos notables de mugeres, aunque yo no la he visto, ni
   creo que se halla impreso)*

*Fulgoso*, véase Fregoso, Battista.

(Gellius, Aulus, 130-170 d.C. aprox.)
*Aulio / Aulo Gelio*
Noctes Atticae. The Attic Nights, traducción: John C. Rolfe (3 vols.),
The Loeb Classical Library, tomos 195, 200, 212, fundada por James
Loeb, LL.D., ed.: E.H. Warmington, Londres, William Heinemann LTD,
Cambridge, Mass., Harvard University Press, 1946.

*Genocrates*, véase Xenokrates.

*Gerónimo, san*, véase Hieronymus, Sanct Eusebius.

(Giraldi, Giglio Gregorio)
*Giraldo*
  *Historiae poeticae*
  *Historie poetice*
  Historia poetarum tam graecorum quam latinorum dialogi decem...
  Basielae, 1545.

*Godoy, Diego de* (siglo XVI)
  En Cortés, Fernando, La quarta relación que Fernando Cortés gobernador y capitán general por su majestad en la nueva España del mar
  océano envió al muy alto y muy potentísimo invictísimo señor don
  carlos emperador semper augusto y rey de España nuestro señor; en la
  cual están otras cartas y relaciones que los capitanes Pedro de Alvarado
  y Diego Godoy enviaron al dicho capitán Fernando Cortés. Toledo,
  impresa por Gaspar de Ávila, 1525.

*Gomez de Gomera, Francisco*, véase Lopez de Gomara, Francisco.

*Gonçales, Juan (clérigo capellán de la iglesia mayor de Mexico)*
Véase Francisco de Terrazas.

(Gregorius, Saint, obispo de Nyssa, siglo XVI)
*San Gregorio*
  *Dialogos*
  Dialogus de anima et resurrectione. De anima et resurecctione cum
  sorore sua Macrina dialogus. Ad codicum mss. fidem recensuit et
  illustravit J. Georgius Krabingerus. Lipsiae, in libraria Gistavi Wuttigili,
  1837.

(Guillelmi, Tyrensis)
*Guilermo arçobispo de tiro*
  *la Historia de la conquista de Jerusalem*
  Historia belli sacri cum continuatione (Historia rerum in partibus trans-
  marinis gestarum a tempore successorum Mahumeth usque ad annum
  Domini MCLXXXIV. Continuatio Gallica), en Arnulfi Lexoviensis
  Episcopi (siglo XII). Opera omnia. Juxta Nuperrimam editionem oxo-
  niensem accedit. Accurante et Denuo Recognoscente J.-P. Migne,
  Bibliothecae Cleri Universal, sive cursum completorum in singulos
  scientiae ecclesiasticae ramos editore, 1 vol.
  Patrologiae. Cursus completus, seu Bibliotheca universalis, integra,
  uniformis, commoda, oeconomica, omnium ss. patrum, doctorum scriptorumque ecclesiasticorum sive latinorum, sive graecorum qui ab aevo
  apostolico ad tempora Concilii Tridentini (Anno 1545) pro latinis, et
  Concilii Florentini (Anno 1439) pro graecis floruerunt: Recusio chronologica. Omnium quae existitere monumentorum catholicae traditionis per quindecim prima ecclesiae saecula et amplius. Patrologiae
  latinae, tomus CCI, Parisiis, excudebatur et venit apud J.-P. Migne,
  Editorem, 1855.


(Hermes Trismegisto, Mercurius, escrito en el siglo III a.C.)
*Mercurio Trimegisto / Tresmegisto*
  *De voluntate divina*
  Hermetica. The Ancient Greek and Latin writings which contain reli-
  gious or philosophical teachings ascribed to Hermes Trismegistus, 4
  vols., ed. y traducción: Walter Scott, Oxford, Clarendon Press, 1924.

*Hernandez de Oviedo, Gonzalo*, véase Fernández de Oviedo y Valdés,
Gonzalo.

*Hernandez, Diego\**
  *escribieron historias particulares de las partes donde estuvieron*
  (véase también Pedro de Cieça e Agustin de Çarate).

(Herodotus)
*Herodoto*
  Historiae en 2 vols. (griego-alemán), ed.: Josef Felix, Tusculum Bü-
  cherei, München, Heimeran, 1963.

(Hesiodus)
*Hesiodo*
  *Georgicas*
  Werke (griego-inglés), The Homeric hymns and Homerica, traducción: Hugh Gerard Evelyn-White, The Loeb Classical Library, tomo 57, fundada por James Loeb, LL.D., ed.: E.H. Warmington, Londres, William Heinemann LTD, Cambridge, Mass., Harvard University Press, 1967.

(Hieronymus, Sanct Eusebius, 331/340-420 d.C.)
*San Geronimo*
  *el libro primero y segundo contra Joviniano*
  *Epistola a Damaso, que es 142 en orden y comienza: et factum est anno quo mortuus est Ozias rex*
  *Epistola a Eusthochia que comienza: Avdifilia et vide, y es 22 en Orden*
  *Epistola a Fabiola, que comienza: In septuagessimo septimo psalmo, y es CXXII obras ordine*
  *Epistola a Geroncia biuda, que comienza: In veteri via*
  *Epistola a Pammachio que se intitula De optimo genere interpretandi*
  *Epistola a Pamachio, que comienza: Sancto vulnere, y es 25 en orden*
  *Epistola a Paulino: De institutione monachi, que comienza: Bonus homo, y es 13 en orden*
  *Epistola a Paulino, que comienza: Frater Ambrosius, y es 103 en orden*
  *Epistola a Rustico monge, que comienza: Nihil christiano felicius, y es 4 en orden*
  *Epistola a Tersifonte que comienza: non audacter*
  *Epistola a Theophilo que es la setenta y dos en orden y comienza epistolam*
  *Epistola a Oceano que comienza nunquam fili oceane y es ochenta y tres en orden*
  *Epistola a Vita, que es 132 en orden y comienza: Zenon nauclerus*
  *Epistola Ad Avitum que comienza: ante annos, que es 59 en orden*
  *Epistola ad heliodorum que es tercera en orden y comienza grandes materias*
  *Epistola 42, que comienza: Turpilius comicus*
  *Epistola sesenta y nueve que comienza ante annos çirciter decem*
  *Epitaphio de Nepotiano que comienza grandes materias a los que notiçias ni creatoris omnis homo pecus est*
  *In Regula monachorum*
  *Rregla monachorum*
  *De prinçipiis*
  *In danielam*

*Questiones o traditiones hebraicas sobre el Genesis*
*Prefaction a los libros de los Reyes*
*Prologo sobre Daniel*
*Sobre la epistola a los de Epheso*
*Super capitulum 18 mathei*
*Sobre el psalmo diezyocho*
Traditio Catholica. Saeculum v. Annus 420. Sancti Eusebii Hieronymi, Stridonensis Presbyteri: Opera Omnia, post monachorum ordinis S. Benedicti e Congregatione S. Mauri, sed potissimum D. Joannis Martiianaei, Accurante et Denuo Recognoscente J.-P. Migne, Bibliothecae Cleri Universal sive cursum completorum in singulos scientiae ecclesiasticae ramos editore, 9 vols.
Patrologiae. Cursus completus, seu Bibliotheca universalis, integra, uniformis, commoda, oeconomica, omnium ss. patrum, doctorum scriptorumque ecclesiasticorum sive latinorum, sive graecorum qui ab aevo apostolico ad tempora Concilii Tridentini (Anno 1545) pro latinis, et Concilii Florentini (Anno 1439) pro graecis floruerunt: Recusio chronologica. Omnium quae existitere monumentorum catholicae traditionis per quindecim prima ecclesiae saecula et amplius. Patrologiae latinae, tomus XXII-XXX, Parisiis, 1845-1889.

*Historia ecclesiastica e Historia tripartita*, véase Nicephoro, Theodoreto, Socratis Scholastici.

(Horaz)
*Horacio / Oraçio*
  *Arte poetica*
  Quinti Horatii Flacci De arte poetica liber ad Pisones. Add. sunt 2 Elegiae Friderici Videbrandi. Jenae, Ritzenhaym, 1563.

*Huehuetlatolli*, véase Olmos, Andrés de.

(Illescas, Gonzalo de, 1565)
*Yllescas, Gonzalo de, abbad de Sanct Frontes y beneficiado de dueñas*
  *Historia pontificial*
  Historia pontifical y catholica en la qual se contienen las vidas y hechos notables de todos los summos Pontificos Romanos [...] con mas vna breve recapitulacion de las cosas de España [...] dende Halarin Primero hasta don Philippe Segundo... Salamanca, D. de Partonarijs, 1569.

(Innocentius III)
*Innocencio Tercero, el papa*
  *De officio ordinarii*
  Romani Pontificis Opera omnia tomis 4 distributa. Accurante et Denuo
  Recognoscente J.-P. Migne, Bibliothecae Cleri Universal, sive cursum
  completorum in singulos scientiae ecclesiasticae ramos editore.
  Patrologiae. Cursus completus, seu Bibliotheca universalis, integra,
  uniformis, commoda, oeconomica, omnium ss. patrum, doctorum scriptorumque ecclesiasticorum sive latinorum, sive graecorum qui ab aevo
  apostolico ad tempora Concilii Tridentini (Anno 1545) pro latinis, et
  Concilii Florentini (Anno 1439) pro graecis floruerunt: Recusio chronologica. Omnium quae existitere monumentorum catholicae traditionis per quindecim prima ecclesiae secula et amplius. Patrologiae
  latinae, tomus 214-217, Parisiis, excudebatur et venit apud J.-P. Migne,
  Editorem, 1890-1891.

(Isidro de Sevilla, San / Isidorus Hispalensis)
*Isidro, San*
  *(libro octavo Ethymologiarum capítulo quinto los llama circum-*
  *gelliones como se refiere en el capítulo quidam versiculo circumgel-*
  *liones 24 questione 3); (libro 6 Ethimologiarum)*
  Etimologías [Etymologiae], Madrid, Ed. Católica, 1951.

(Isocrates, 436-338 a.C.)
*Ysocrates*
  *La Oracion yntitula de Paçe*
  Obras en 3 vols. (griego-inglés); tomo II, Oration I: "On the Peace",
  traducción: George Norlin, The Loeb Classical Library, tomo 229,
  fundada por James Loeb, LL.D., ed.: E.H. Warmington, Londres,
  William Heinemann LTD, Cambridge, Mass., Harvard University Press,
  1968.

(Jansenius, Cornelius)
*Jansenio*
  Cornelii Jansenii Augustinus, 3 vols., Lovanii, 1640. Nachdruck, Frank-
  furt, Minerva, 1964.

833

(Jovius, Paulus / Giovio, Paolo, 1483-1552)
*Paulo Jovio (obispo de Nocera)*
  *De Hernando Cortes en el libro sexto de sus elogios*
  *Historias*
  Pauli Jovii novocomensis Episcopi nucerini. Elogia. Virorum bellica
  virtute illustrum, Septem libris iam olim ab Authore comprehensa, Et
  nunc ex eiusdem Musaeo ad viuum expressis imaginibus exornata.
  Libro VI: 228-231, Ferdinandus Cortesius, Basileae, Petri Pernae
  Typographi (Opera ac studio), 1596.
  Pauli Jovii Regionum et insularum atque locorum Descriptiones vide-
  licet Britanniae, Scothiae, Hyberniae, Orchadaum, item Moscoviae et
  Larii Lacus, quibus <ut eius omnia scripta hoc postremo Volumine
  complecteremur> de Piscibus Romanis libellum [...] adiunximus. Basileae, Perna, 1578.

*Philo Judio*, véase Philo, Judaeus.

*Justiniano, emperador*
  Corpus iuris civilis. Recognoverunt adnotationibusque criticis instruc-
  tum. 1º Digesta. Eds.: Aemilius Herrmann & Eduardus Osenbrueggen,
  Lipsiae, Baumgartner, 1870.

(Justinus, M. Junianus, siglo II d.C.)
*Justino*
  *Abrebiador de Trogo Pompeyo*
  Justini Historiae Philippicae, ad optimas editiones collatae praemittitur
  notitia literaria accedit index. studiis societatis bipontinae. Editio
  Accurata. Biponti, ex Typographia Societatis, 1784.

(Juvenalis, Decimus Juius, 67 d.C.-?)
*Juvenal*
  *Las Satyras*
  Satiren (latín-alemán), Berlin, Leipzig, Georg Jacob Decker, 1777.


(Lactantius Firmianus, Lucius Coelius, 250-330 d.C. aprox.)
*Lactantio Firmiano / Latançio*
  *Divinas instituciones*
  *De ira Dei*
  *De opificio Dei*
  *De divino premio*
  *Regum*

Opera Omnia, Rec. Samuel Brandt et Georgius Laubmann. Tomo I: Divinae institutiones et epitome divinarum institutionum. Tomo II: Libri de opificio dei et de ira dei, Carmina fragmenta vetera de Lactantio testimonia (Corpus scriptorum ecclesiasticorum Latinorum, vols. 19, 27), Vindobonae, Tembsky, 1890, 1893, 1897.

*Laerçio, Diogenes*, véase Diogenes.

(Las Casas, Bartolomé de, 1474-1566)
*don fray Bartolome de las Casas (el obispo de Chiapa)*
*un Tratado que hizo sobre los esclavos*
*Brevissima rrelaçion*
*la Rrelacion de la destruiçion de las Yndias*
*Rrelaçion que hizo de las Yndias y del aquel nuevo mundo*
Este es un tratado que el obispo de la ciudad Real de Chiapa do[n] fray Bartholome de las Casas o Casaus compuso por comission del Consejo Real de las Indias: sobre la materia de los yndios que se han hecho en ellas esclavos. El qual contiene muchas razones y auctoridades juridicas: que pueden aprouechar a los lectores para determinar muchas y diversas questiones dudosas en materia de restitucion: y de otras que al presente los hombres el tiempo de agora tratan. Sevilla, en casa de Sebastian Trugillo, 1552.
Brevísima relación de la destrucción de las Indias, colegida por el obispo don Fray Bartolomé de las Casas o Casaus, de la Orden de Santo Domingo, Sevilla, 1552.
Las obras del obispo D. fray Bartolomé de las Casas, o Casaus, obispo que fue de la cividad real de chiapa en las Indias, de la orden de Santo Domingo..., Sevilla, en casa de Sebastian de Trugillo, 1552.
Historia de las Indias escrita por fray Bartolomé de las Casas, obispo de Chiapa, ahora por primera vez dada la luz por el Marqués de la Fuensanta del Valle y D. José Sancho Rayón (5 vols.), Madrid, 1875-76.
Apologética historia de las Indias, ed.: Manuel Serrano y Sanz, Historiadores de Indias (2 vols.), Madrid, 1909.

(Las Casas, Gonzalo de, siglo XVI)
*Gonçalo de las Casas*
*escribió de estas gentes*
Tratado de la gente de los chichimecas. Guerra de los Chichimecas. Noticia de la obra, José F. Ramírez. Conjeturas sobre quién pudo ser el autor, Luis González Obregón, Museo Nacional de Antropología, *Anales*, ep. 2,1, México, 1903.

(Las Casas, Vicente de, O.P., siglo XVI)
*Fray Vicente de las Casas (de orden de Santo Domingo)*
   Historia de Santo Domingo de la Provincia de Mexico. MS.- La habría
   comenzado a escribir Fr. Andrés Moguer la continuó nuestro Fr. Vicente, y la tradujo al latín Fr. Tomás Castelar, s.l., s.a.

(Las Navas, Francisco de, O.F.M., ?-1578)*
*Fray Francisco de las Navas*
   *Relacion*

*Latençio*, véase Lactantius Firmianus.

(Lebrija, Antonio de / Elio Antonio de Nebrija / Antonius Nebrissensis,
1441-1522)
*Lebrixa, Antonio de*
   *comento de esta Satyra de Persio*
   Comentaria Aelii Antonii Nebrissensis grammatici, in sex A. Persii
   [Aulus Persius Flaccus] Satyras. Parisiis, ex Officina Roberti Stephani,
   1527.

*Ledesma, Pedro de (vecino... de mexico)* (siglo XVI)
   Otros capítulos que dirige al rey, Pedro de Ledesma, sobre las cosas
   que conviene proveer en Nueva España para engrandecimiento de la
   Real Hacienda, México, 22 de mayo de 1563. Epistolario de Nueva
   España, IX:214-224, doc. 527, ed. Joaquín García Icazbalceta, Méxi-
   co, 1939-1940.

(Le Moine, Jean, Cardinal / Joannes Monachus)*
*Juan Monacho*
   *la vida de Alexandro Magno en un compendio*

(Leonis Magni, Romani Pontificis)
*Leon Papa, San*
   *In Sermone de Jejunio plenius opere doçetur quam voce*
   Sermones inediti. Sermo primus: In tempore jejunii, en Opera omnis,
   tomus III, curantibus Petro et Hieronymo Fratribus Balleriniis, accurante et Denuo Recognoscente J.-P. Migne, Bibliothecae Cleri Universal, sive cursum completorum in singulos scientiae ecclesiasticae
   ramos editore, 1 vol.

Patrologiae. Cursus completus, seu Bibliotheca universalis, integra, uniformis, commoda, oeconomica, omnium ss. patrum, doctorum scriptorumque ecclesiasticorum sive latinorum, sive graecorum qui ab aevo apostolico ad tempora Concilii Tridentini (Anno 1545) pro latinis, et Concilii Florentini (Anno 1439) pro graecis floruerunt: Recusio chronologica. Omnium quae existitere monumentorum catholicae traditionis per quindecim prima ecclesiae saecula et amplius. Patrologiae latinae, tomus 56, Parisiis, excudebatur et venit apud J.-P. Migne, Editorem, 1886.

*Leto, Pomponio*, véase Pomponius Laetus, Julius.

(Livius, Titus, 59 a.C.-17 d.C.)
*Tito Livio*
Ab urbe condita en 14 vols. (latín-inglés); tomo I: libro 1 y 21, traducción: B.O. Foster, The Loeb Classical Library, tomo 114, fundada por James Loeb, LL.D., ed.: E.H. Warmington, Londres, William Heinemann LTD, Cambridge, Mass., Harvard University Press, 1967.

*Lopez de Gomara, Francisco / Francisco Gomez de Gomera* (1511-1566 aprox.)
*Historia de la Nueva España*
*Historia general de las Yndias*
*De la conquista de la Nueva España*
Historia General de las Indias "Hispania Vitrix" cuya segunda parte corresponde a la conquista de México. Eds.: Pilar Guibelalde y Emiliano M. Aguilera, Barcelona, Editorial Iberia, 1965-1966.

(Lucanus, Marcus Annaeus)
*Lucano*
*Farsalia*
Pharsalia (latín-inglés). The civil war, traducción: James Duff Duff, The Loeb Classical Library, tomo 220, fundada por James Loeb, LL.D., ed.: E.H. Warmington, Londres, William Heinemann LTD, Cambridge, Mass., Harvard University Press, 1969.

(Lucian von Samosata, 120/125-fin de siglo II d.C.)
*Luciano*
*Dialogo Lucianus et Cinicus*
Obras en 8 vols. (griego-inglés); tomo VIII: 379-413: "The Cynic", traducción: M.D. Macleod, The Loeb Classical Library, tomo 432, fundada por James Loeb, LL.D., ed.: E.H. Warmington, Londres, William Heinemann LTD, Cambridge, Mass., Harvard University Press, 1967.

(Lucretius Carus, Titus)
*Lucreçio*
De rerum Natura (latín-inglés), traducción: William Henry Denham
Rouse, The Loeb Classical Library, tomo 181, fundada por James Loeb,
LL.D., ed.: E.H. Warmington, Londres, William Heinemann LTD,
Cambridge, Mass., Harvard University Press, 1966.

(Lucullus, Lucius Licinus)
*Vida de Luculo*
p. ej. en Plutarch, Vitae Parallelae (griego-inglés); Plutarch's Lives,
traducción: Bernadotte Perrin, 11 vols., The Loeb Classical Library,
tomo 47: "Cimon and Lucullus", fundada por James Loeb, LL.D.,
ed.: E.H. Warmington, Londres, William Heinemann LTD, Cambridge,
Mass., Harvard University Press, 1948.

*Lyra, Nicolao de*, véase Nicolaus de Lyra.


(Macchiavelli, Niccolo)
*Nicolao Machiavelo / Nicolas Machiaveli*
*Discursos sobre Tito hijo*
Tutte le opere de Nicolo Macchiavelli. Div. in 5 pt. et di nuovo con
somma accuratezza rist., s.l., 1550.

(Macrobius, Ambrosius Theodosius)
*Macrobio*
*"Sobre el sueño de Çipion"*
Obras, tomo 1: u.a. In somnium Scipionis commentarios, Lipsiae,
Teubner, 1963.

*Magno, Alberto*, véase Albertus Magnus.

*Maldonando, Juan\**
*el doctor Juan Maldonado (vecino de Sevilla; letrado; fiscal; oidor en
el Audiencia Real de nuevo Reino de Granada; alcalde del crimen en el
Audiencia Real de Mexico)*
*algunas cosas de aquella tierra*

*Marcelino, Amiano*, véase Ammianus Marcellinus.

*Marciano*, véase Martianus Capella.

*Marguesius, Andres**
  *Epistola dedicatoria ad Guillermum pellicerium, Mospeliensem epis-*
  *copum, que está al principio de la impresión de Plinio en marca menor*

(Marineo Siculom Lucio, 1444?-1536)
*Lucio Marineo Syculo/Siculo*
  *De las cosas memorables de España*
  Obra compuesta por Lucio Marineo Siculo coronista d'sus majestades
  de las cosas memorables de España. Alcala de Henares, en casa de
  Miguel de Eguia, 1533; Alcala de Henares, en casa de Juan de Brocar,
  1539.

*Marmol Caravajal, Luis del*, véase Del Mármol Caravajal, Luis.

(Marsilis, Hippolytus de, 1451-1529)
*Hipolito de Marsilis*
  *el Singular 362 que comienza statutem volens*
  Singu[laria] Hippo[lytus] de Mars[ilis] Sole[m]nis et pene diuini. U.I.
  doctoris ac profundissimi. Domini Hippolyti de Marsilis Bononiensis.
  Singularia noua LLLL. et vetera LLL. cum interlinearibus adnotationibus sub his signis [...] positis. Una cu[m] copiosissimo Repertorio
  singularia per alphabetum posito. S.l., 1531.

(Martial, Marcus Valerius / Martialis, 40-103 d.C. aprox.)
*Marçial*
  Epigrammas en 2 vols. (latín-inglés), traducción: Walter C. A. Ker,
  The Loeb Classical Library, tomo 94, fundada por James Loeb, LL.D.,
  ed.: E.H. Warmington, Londres, William Heinemann LTD, Cambridge,
  Mass., Harvard University Press, 1968.

(Martianus Capella)*
*Marciano*
  *De Musica*

(Martínez Guijerro, Juan / Siliceo, Juan Martínez, 1486-1557)
*Siliceo, Arzobispo de Toledo,*
  *De divino nomine Jesus*
  De divino nomine Jesus, per nome[n] tetra grammaton significato liber
  unus. Toleti, Excudebat Joanes Herrarius, 1550.

*Martyr, Pedro*, véase Anghiera, Peter Martyr d'.

*Martyr, San Eulogio*, véase Eulogio.

(Mauritius, Johannes, siglo XVI)
*Juan Mauriçio*
  *la Ley una de mulieriebus et in quo loco C.*
  Vtilissima simvl ac doctissima repetitio legis unicae C. quo loco mulier.
  munera subire soleant. D. Ioanne Mavritio. Praefecturae Burgundiae
  Senatore spectatissimo, auctore. Lugduni, apud Seb. Gryphivm, 1538.

(Mendieta, Gerónimo de, O.F.M., 1528-1604)
*Fray Geronimo de Mendieta (de la orden de San Francisco)*
  Historia eclesiástica indiana, ed.: Joaquín García Icazbalceta, Méxi-
  co, 1870.

*Mercurio Trimegisto / Tresmegisto*, véase Hermes Trismegisto, Mercurius.

*Mexia, Pedro*
  *Silva de varia leçion*
  Silva de varia lección. Agora ultimamente emend., y de la quarta par-
  te añadida. Anvers, Nucio, 1603.

(Madre Iglesia de Roma, Santa)*
*Nuestra Madre la Santa Madre Iglesia de Roma*
  *dicat in corde suo quis genuit mihi istos*

*Monacho, Juan*, véase Le Moine, Jean.

*Morales, Ambrosio de*
  *Historia*
  La cronica general de España, que continuava Ambrosio de Morales,
  prosiguiendo adelante de los 5 libros de Florian de Ocampo dexo escritos. Alcala de Henares, Yñiguez de Lequerica, 1577.

*Moro, Thomas*
  *De las gallinas de Utopia*
  The works of Sir Thomas More Knyght, sometyme Lorde Chauncellour
  of England, wrytten by him in the Englysh tonge, 1557, 2 vols.; Londres, Scolar Press, 1978.

*Motolinía*, véase Benavente, Toribio de.

*Navas, fray Francisco de las*, véase Las Navas.

*Navarro, el doctor*, véase Azpilcueta, Martín.

(Nazareo, Pablo, don)
*don Pablo (Caçique de Xaltocam)*
  *Relacion*
  Solamente tres cartas de Nazareo existen hoy.
  Dritter Brief des Don Pablo de Nazareo an Philipp II (17. März 1566).
  Briefe der indianischen Nobilität aus Neuspanien an Karl V und Philipp
  II um die Mitte des 16. Jahrhunderts (Doc. IIIc: 23-31), ed.: Günter
  Zimmermann, Beiträge zur mittelamerikanischen Völkerkunde, tomo
  10, München, Renner, 1970.

(Nicephorus Callistus Xanthopulus, 1256-1335 aprox.)
*Nicephoro*
  *Historia eclesiastica*
  *Historia tripartita*
  ...Ecclesiasticae historiae libri XVIII [...] editio postrema.
  Denum accessit Magni Avrelii Cassiodori tripartita, vt vocant, Histo-
  ria luculentur a mendis prope infinitis repurgata. Cum elencho capitum,
  & indice rerum ac verborum memorabilium locuplete. Francofvrti,
  impensis Nicolai Rhodii bibliopolae, 1618.

(Nicolaus de Lyra)
*Nicolao de Lyra*
  *Sobre el capítulo X Ad romanos*
  *En la Moralidad sobre el capítulo veintiuno de Esayas*
  *In Moralitate*
  Postilla super totam Bibliam, Straßburg, 1492. Nueva Edición, 4 vols.,
  Frankfurt, Minerva, 1971.

*"Novus orbis"*, véase Orbis, Novus.


*Olmos, fray Andrés de* (O.F.M., ?-1571)
  *Rrelaçion*
  *una breve Relacion*
  Solamente los Huehuetlatolli de Andrés de Olmos existen hoy.
  Huehuetlatolli. Testimonios de la antigua palabra. Edición facsimilar,
  Miguel León-Portilla (introducción) y Librado Silva Galeana (traduc-
  ción moderna), Comisión Nacional Conmemorativa del V Centenario

del Encuentro de dos Mundos, México, Secretaría de Educación Pública, Fondo de Cultura Económica, 1988.

*Ophanes*, véase Xenophanes.

(Orbis, Novus)
*Novus orbis* (un libro en latín)
Novus orbis regionum ac insularum veteribus incognitarum una cum tabula cosmographica, & aliquot aliis consimilis argumenti libellis, quorum omnium catalogus, sequenti patetit pagina. His accessit copiosus rerum memorabilium index. Adiecta est huic postremae editioni. Navigatio Caroli Caesaris auspicio in comitiis Augustanis instituta. Basileae, apud 10. Hervagium Mense Martio, 1537.

*Origenes*
*Cantica canticorum*
Opera omnia, Hexaphorum quae supersunt, Accurante et Denuo Recognoscente J.-P. Migne, Bibliothecae Cleri Universal, sive cursum completorum in singulos scientiae ecclesiasticae ramos editore.
Patrologiae. Cursus completus, seu Bibliotheca universalis, integra, uniformis, commoda, oeconomica, omnium ss. patrum, doctorum scriptorumque ecclesiasticorum sive latinorum, sive graecorum qui ab aevo apostolico ad tempora Concilii Tridentini (Anno 1545) pro latinis, et Concilii Florentini (Anno 1439) pro graecis floruerunt: Recusio chronologica. Omnium quae existitere monumentorum catholicae traditionis per quindecim prima ecclesiae saecula et amplius. Patrologiae graecae, tomus 16, p. 2, Parisiis, 1964.

(Orosius, Paulus)
*Orosio, Paulo*
Opera Omnia, Accurante et Denuo Recognoscente J.-P. Migne, Bibliothecae Cleri Universal, sive cursum completorum in singulos scientiae ecclesiasticae ramos editore.
Patrologiae. Cursus completus, seu Bibliotheca universalis, integra, uniformis, commoda, oeconomica, omnium ss. patrum, doctorum scriptorumque ecclesiasticorum sive latinorum, sive graecorum qui ab aevo apostolico ad tempora Concilii Tridentini (Anno 1545) pro latinis, et Concilii Florentini (Anno 1439) pro graecis floruerunt: Recusio chronologica. Omnium quae existitere monumentorum catholicae traditionis per quindecim prima ecclesiae saecula et amplius. Patrologiae latinae, tomus 31, Parisiis, 1846.

*Otalora*, véase Arze Ab-Otalora, Joannes.

(Ovidius Naso, Publius)
*Ovidio*
   *Methamorphoseos*
   Metamorpheses (latín-alemán), traducción: Hermann Breitenbach,
   Zürich: Artemis-Verlag, 1958.

*Oviedo*, véase Fernández de Oviedo.


*Pablo, don*, véase Nazareo, Pablo de.

*Padres del yermo\**
   *Collationes*

(Paulus Winfridus Diaconus)
*Paulo Diacono*
   *Historia*
   Scripta quae supersunt universa, en Bedae Vinerabilis. Opera omnia,
   Accurante et Denuo Recognoscente J.-P. Migne, Bibliothecae Cleri
   Universal, sive cursum completorum in singulos scientiae ecclesias-
   ticae ramos editore.
   Patrologiae. Cursus completus, seu Bibliotheca universalis, integra,
   uniformis, commoda, oeconomica, omnium ss. patrum, doctorum scriptorumque ecclesiasticorum sive latinorum, sive graecorum qui ab aevo
   apostolico ad tempora Concilii Tridentini (Anno 1545) pro latinis, et
   Concilii Florentini (Anno 1439) pro graecis floruerunt: Recusio chronologica. Omnium quae existitere monumentorum catholicae traditionis per quindecim prima ecclesiae saecula et amplius. Patrologiae
   latinae, tomus 95, Parisiis, 1861.

(Perez, Alonso)\*
*Alonso Perez (vecino de Mexico hijo del bachiller Alonso Perez que fue*
*uno de los conquistadores de aquella tierra y uno de los que en ella*
*tienen pueblos de encomienda de indios)*
   *Historia general de aquellas partes*

(Persius Flaccus, Aulus)
*Persio*
  *Satyra*
  Saturae (latín-inglés), en Juvenalis et Persius. The Satires of Juvenal
  and Persius, traducción: G.G. Ramsey, The Loeb Classical Library,
  tomo 1, fundada por James Loeb, LL.D. ed.: E.H. Warmington, Lon-
  dres, William Heinemann LTD, Cambridge, Mass., Harvard University
  Press, 1965.

(Petrarca, Francesco)
*Petrarca*
  *Remedios contra prospera y adversa fortuna*
  Francisci Petrarchae [...] opera que extant omnia [...] Adiecismus
  eiusdem authoris, quae Hetrusco sermone scripsit carmina [...] Haec
  quidem omnia nunc iterum [...] a mendis repurgata [...] et in tomos 4
  distincta. Basileae, H. Petri, 1554.

(Petronius Arbiter, Titus)
*Arbitror*
  Obra, traducción: M. Heseltine; en Seneca, Apocolocyntosis, traduc-
  ción: W.H.D. Rouse, The Loeb Classical Library, tomo 15, fundada
  por James Loeb, LL.D., ed.: E.H. Warmington, Londres, William
  Heinemann LTD, Cambridge, Mass., Harvard University Press, 1969.

(Philo, Judacus)
*Philo Judio*
  *De confusiones linguarum*
  *De mundi opificio*
  *De vita contemplativa*
  *Vida de moysen / De vita Mosis*
  *De vita viri civilis**
  *Legis allegoriarum*
  *libro Quod liber est quisquis virtuti studet**
  Opera en 10 vols. (griego-inglés): tomo I: De opificio mundi (On the
  Account of the World's Creation given by Moses); Legum Allegoria
  (Allegorical Interpretation of Genesis II, III); tomo IV: De Confusione
  Linguarum (On the Confusion of Tongues); tomo VI: De vita Mosis
  (Moses I and II); tomo VIII: De virtitibus (On the Virtues); tomo IX: De
  vita contemplativa (On the contemplative life or suppliants), traduc-
  ción: F.H. Colson; The Loeb Classical Library, tomos 226, 261, 289,
  341, 363, fundada por James Loeb, LL.D., ed.: E.H. Warmington,

Londres, William Heinemann LTD, Cambridge, Mass., Harvard University Press, 1958-1960, 1962, 1967.

*Philosopho, el*\*
*Ethicas*
*Matematicas*

(Philostratos, Flavius)
*Filostrato*
*Vida de Apollonio*
Vita Apollinii (griego-inglés), traducción: Frederick Cornwallis Conybeare, 2 vols., The Loeb Classical Library, tomos 16, 17, fundada por James Loeb, LL.D., ed.: E.H. Warmington, Londres, William Heinemann LTD, Cambridge, Mass., Harvard University Press, 1948, 1950.

(Pineda, Juan de / de Medina del Campo, siglo XVI)
*Pineda, frayle de San Francisco*
*trata desde la creación de Adam hasta nuestros tiempos*
Monarchia ecclesiasitica, o Historia universal del mundo, Salamanca, Juan Fernandez, 1588.

(Pizarro, Pedro, siglo XVI)\*
*Pedro Bizarro*
*Historia de Genova* (trata largamente de Colón)

(Platea, Johannes de, ?-1427)
*Juan de Platea*
*Ley jure prouisum de fabriçensibus codiçe*
Sacratissimarum legum famosissimi interpretis atque doctoris eximii. d. Joannis de Platea super tribus ultimis libris Justiniani Codicis commentaria noviter castigata et emendata. Ornataque annotationibus atque additionibus marginalibus per magistrum Joanemm de gradib' vitriusque in fine voluminis collocato (p. 71: "iure provisum fabricensis"). Lugduni, B. Trot, 1516.

*Platon* (429/428-347 a.C.)
*De Republica*
*Rrepublica*
*Dialogo Alçibiades*
*In Cratylo*
*In Timeo*

*Del Timeo*
*Dialogo timeo y criçia*
*De regno*
*De legibus*
*Dialogo de voto*
*Epistola a Dionisio*
Obras en 12 vols. (griego-inglés):
Republica, vols. V y VI, traducción: Paul Shores, The Loeb Classical Library, tomos 237, 276.
Alcibiades I and II, vol. XII, traducción: W.R.M. Lamb, The Loeb Classical Library, tomo 201.
Cratylis, vol. IV, traducción: H.N. Fowler, The Loeb Classical Library, tomo 167.
Timaeus (griego-inglés), traducción: R.G. Bury, The Loeb Classical Library, tomo 230.
Laws, en 12 libros, vols. XI y XII, traducción: R.G. Bury, The Loeb Classical Library, tomo 187.
Epistles, vols. I-III, XIII, traducción: R.G. Bury, The Loeb Classical Library, tomo 234, fundada por James Loeb, LL.D., ed.: E.H. Warmington, Londres, William Heinemann LTD, Cambridge, Mass., Harvard University Press, 1963, 1964, 1966, 1967.

(Plautus, Titus Maccius, 250-184 a.C. aprox.)
*Plauto*
M. Actii Plavti Sarsinatis comici festivissimi comoediae XX post omnes omnium editiones accurantissime recognite. Praeter reliquas commoditates, habes hic lector optime annotationes in omnes comoedias por G. Longolivm. Coloniae, apud Ioannem Gymnicum, 1538.

(Plaza de Moraza, Pedro, 1524-1564)
*Plaza*
   *De delictis*
Epitomes delictorum, causarumque criminalium, ex ivre pontificio, regio, et caesareo, Liber primus authore Do[n] Petro à Plaça a Moraça, vtriusque Iuris Doctore clarissimo, nunc primum excusus. Hvic accessit miscellaneorum quorundam tractatuum, libri Decretalium Quinti, et noni codicis, affinium titueis Elenchus. Cum Indice duplice, vino Regiarum Decisionum hic explicatorum, altero rerum selectiorum, locupletissimo. Lvgdvni, apud Sebastianum Honoratum, M.D.LX [1560].

(Plinius Secundis, Gaius, 23/24-79 d.C.)
*Plinio*
  *Natural Historia*
  Naturalis Historia, 37 libros (latín-inglés). Pliny: Natural History, tra-
  ducción: H. Rackham, 10 vols., The Loeb Classical Library, tomos
  330, 352, 353, 370, 371, 392, 393, 413, 394, 419, fundada por James
  Loeb, LL.D., ed.: E.H. Warmington, Londres, William Heinemann LTD,
  Cambridge, Mass., Harvard University Press, 1961-1967.

(Plutarch, 46-120 d.C.)
*Plutarco / Plutarcho*
  *Vida de Bruto*
  *Vida de Licurgo*
  *Vida de Mario*
  *Vida de Pompeyo*
  *Vida de L. Scylla*
  *De fortuna et virtute Alexandri*
  *Problemas*
  Obras en 11 vols. (griego-inglés).
  Vitae parallelae-Plutarch's Lives: tomo I, 1967: Lycurgus; tomo IV,
  1968: Alcibiades and Coriolanus, Lysander and Sulla; tomo V, 1961:
  Agesilaus and Pompey, Pelopidas and Marcellus; tomo VI, 1961: Dion
  and Brutus, Timoleon and Aemilius Paulus; tomo IX, 1968: Caius
  Marius; traducción: Bernadotte Perrin.
  Plutarch's Moralia: tomo IV, 1962: On the fortune or the virtue of
  Alexander, vols. I y II, De Alexandri Magni fortuna aut virtute; tra-
  ducción: Frank Cole Babbitt, The Loeb Classical Library, tomos 40,
  101, 245, 305, 306, fundada por James Loeb, LL.D., ed.: E.H. Warm-
  ington, Londres, William Heinemann LTD, Cambridge, Mass., Harvard
  University Press, 1961, 1962, 1967, 1968.

*Poliaen / Polien*, véase Polyaeni Stratagematum libri octo.

(Polidoro, Valerio, siglos XVI-XVII)
*Polidoro*
  Practica exorcistarum. Ad daemones, & maleficia de Christi fidelibus
  expellendum. In hac tertia editione, additionibus, multis studiosisime
  locupletata. Venetiis, apud R. Meieltum, 1806.

(Poliziano, Angelo)
*Policiano, Angelo*
Angelus Politianus Opera omnia, tomus 3: Opera miscellanea et epistolae, Torino, Bottega D'Erasmo, 1971.

(Polyaeni Stratagematum libri octo)
*Poliaen / Polien*
*Libro quinto*
I. Casaubonus Graece nunc primum edidit, emendavit et notis illustravit. Adjecta est etiam J. Vulteii. Latina versio (griego y latín), Lyons, apud J. Tornsesium, 1589.

(Pomponius Laetus, Julius)
*Pomponio Leto*
*el Compendio de las Historias Rromanas en la vida de Juliano emperador*
Opera Pomponii Laetia varia, Moguntiae, Schoeffer, 1521.

(Pomponius Mela)
*Pomponio Mella*
*Descripcion de Bretaña*
Pomponii Melae, De Situ orbes, libri 3, Lipsiae, Crusius, 1806-1807.

(Priscianus Caesatiensis)
*Prisciano*
De nummis, ponderibus, mensuris, numeris, lorumq[ue] notis, & de vetere computandi por digitos ratione, ab Elia Vineto Santone emendati. Parisiis, in Aedibus Ronillii, Via Iacobaea, 1565.

*Pythagoras*
Sozomena. Pythagorae Fragmenta, quae ad nostram aetatem pervenerunt..., Lipsiae, Schurer, 1603.

*pythagoricos*
Versas de ouro que vulgarmente andam en nome de Pitágoras em vulgar. Lisboa, 1988.

(Quintilianus, Marcus Fabius)
*Quintiliano*
*Institutionum oratoriarum*
*Institutionum oratorium*

848

Institutio oratoria (latín-inglés), traducción: Harold E. Butler, 4 vols., The Loeb Classical Library, tomos 124-127, fundada por James Loeb, LL.D., ed.: E.H. Warmington, Londres, William Heinemann LTD, Cambridge, Mass., Harvard University Press, 1939-1953.

*Raymundo Hermitaño, varón santo aconsejó al papa y cardenales en lugduño\**
*en el primero de clero*

*relator*, véase Díaz de Toledo.

(Ricchieri, Luigii Celio / Lodovicus Caelius Rhodoginus, 1450-1520)
*Çelio Rrodogino*
  *Lecçiones antiguas*
  *Lectionum antiquarum*
  Lodovici Caelii Rhodogini lectionvm antiqvarvm libri triginta. Recogniti ab Auctore atque ita locupletati, vt tertia plus parte auctiores sint redditis: [qui] ob omnifariam abstrusarum & recognitorum tam rerum quam vocum explicationem (quae vix vnius hominis aetas libris perpetuo insudans obseruaret merito. Cornvcopiae, seu Thesavrvs Vtrivsqve Lingvae appellandi. Postrema EDITIO, cui accesserunt Capitum & Rerum INDICES omnium locupletissimi. [Frankfurt], apud Ueredes Andreae Wecheli, Claudium Marnium, & Ioannem Aubrium, 1599.

(Rioche, Jean, siglo XVI)
*Rioche, fray Juan, franciscano*
  *Compendio de los tiempos e historias ecclesiasticas*
  Compendivm temporvm et historiarvm ecclesiasticarum ab ascensione Christi vsque ad nostra tempora, ex sacratis & probatis ecclesiasticis scriptoribus desumptum. Authore fratre Johanne Rioche... Parisiis, apud Guilielmum Iulianum, sub signo Amicitiae, propi collegium cameraciense, 1576.

*Roa, fray Antonio de\**
*una Rrelaçion muy larga que envió un frayle agustino*

(Román y Zamora, Jerónimo, Orden de San Agustín: O.S.A., 1536-1597 aprox.)
*Fray Geronimo Roman*
  *Republicas*
  *Rrepublica de las Yndias oçidentales*

*Republicas del mundo (dos grandes tomos)*
*Rrepublica christiana*
*Republica gentilica*
Repvblicas del mvndo divididas en XXVII libros ordenadas por F.
Hieronymo Roman..., Medina del Campo, F. del Canto, 1575. Esta
edición incluye entre otras cosas: "Republica christiana" y "Republica
gentilica".
Repúblicas de Indias. Idolatrías y gobierno en México y Perú antes de
la conquista, ordenadas por Fr. Jerónimo Román y Zamora, cronista
de la orden de San Agustín. Fielmente reimpresas, según la edición de
1575, con una addenda de las noticias que hay en la crónica, del mismo autor, impresa en 1569, 2 vols. Madrid, Suárez, 1897.

*Rrodogino, Çelio*, véase Ricchieri, Luigii Celio.

(Sabellico, Marco Antonio Coccio)
*Sabelico, Marcus Antonio*
De memorabilibus Factis dictisque exemplorum, libri 10, Basileae,
1533.

*Saborgano, Pedro*
*(sobre la conquista de la Ciudad de Mexico por Cortés)*
Pedro Savorgano traduxo la segunda i tercera [Carta de Cortés] en
Latín, imp. 1532. Según León Pinelo's "Epitome".

*Sagrada Scriptura*, véase Biblia Sacra.

(Sahagún, Bernardino de, O.F.M., 1499-1590)
*Fray Bernado de Sahagun (de la orden de San Francisco)*
*un Tratado de los usos y costumbres de aquellas gentes y de sus ritos*
*y ceremonias y de su manera de gobierno*
Historia general de las cosas de la Nueva España, que en doce libros y
dos volúmenes escribió el R.P. Fr. Bernardino de Sahagún, de la obser-
vancia de S. Francisco, y uno de los primeros predicadores del Santo
Evangelio en aquellas regiones. 3 vols., ed.: Carlos María de Bustaman-
te, México, 1829-1830.

(Salazar, Domingo de, O.P.)
*Fray Domingo de Salazar (orden de los predicadores)*
*De modo quem Rex hispaniarum et ejus locum tenentes habere tenean-*
*tur in Regimine indiarum* (un tratado en latín)

Tractatus circa Titulum, quem habet Hispaniarum Rex. Super indiarum Regnum et de injusto Bello. MS. en 4º, en la biblioteca del colegio de S. Buenaventura de Tlatelulco de México.

(Salazar, Estevan de)
*Fray Estevan de Salazar, monje de la Cartuxa de Portaceli*
  *Sobre el credo*
  *Sobre el Credo o Symbolo de los apostoles*
  *Una historia que escribió de aquel nuevo mundo\**
  Veynte discursos sobre el Credo, en declaración de nuestra Sancta Fe Catholica y doctrina christiana, Granada, en casa de Hugo de Mena, 1577.

(Sedeño, Juan)
  *con la Suma de justos varones en las letras en la vida de Jullio Çesar*
  Summa de varones illustres; en la qual se contienen muchos dichos, sentencias, y grandes hazañas, y cosas memorables de 224 famosos ansi emperadores como reyes y capitanes que ha avido de todas las naciones desde el principio del mundo hasta quasi en nros. tiempos por la orden del A.B.C. y las fundaciones de muchos reynos y provincias. Medina del Campo, D. Fernandez de Cordova, 1551.

(Seneca, Lucius Annaeus, 3 a.C.-65 d.C. aprox.)
*Seneca*
  *La tragedia medea*
  *Proberbios\**
  *Vida bienaventurada*
  *De consolatione ad Martiam*
  *De los scythas\**
  *Epistola a Luçilo*
  *Epistola septima*
  *Epistola 45*
  *Epistola 78*
  Obras en 9 vols. (latín-inglés): tomo II: De Vita Beata; Consolatione ad Marciam, traducción: John W. Basare; tomos IV-VI: Epistolae Morales, traducción: R.M. Gummore; tomo VIII: Medea, traducción: Frank Justus Miller, The Loeb Classical Library, tomos 62, 75-77, 254, fundada por James Loeb, LL.D., ed.: E.H. Warmington, Londres, William Heinemann LTD, Cambridge, Mass., Harvard University Press, 1917, 1920-1925, 1932, 1968.

(Sepúlveda, Juan Gines de, 1490-1573 aprox.)
*Sepulveda*
  *La sexta objeçion*
  *Rrespuesta a las doze objeçion*
  De rebus Hispaniorum gestis ad novum orbem Mexicumque. Joannis
  Genesii Sepulvedae Cordubensis Opera, cum edita, tum inedita, accu-
  rante Regia. Historiae Academia, tomo 3, Madrid, 1780.

(Servius, Honoratus Maurus)
*Servio*
  *Comento del libro de las Eneydas de Virgilio*
  Servii Grammatici. Qui feruntur in Vergilii carmina commentarii, 2
  vols., Hildesheim, Ohns, 1961.

*Siliceo*, véase Martínez Guijerro, Juan.

(Sixtus IV)*
*Sixto Quarto, el papa*
  *en la Extravagante que comienza sixtus episcopus que está en el título*
  *de previlegiis en la columna séptima versículo videlicet*

(Socratis Scholastici)
*Socrates scolastico (constantinopolitano)*
  *Historia ecclesiastica*
  Hermiae Sozomeni. Historia ecclesiastica. Henricus Valesius Graecum
  textum collatis Mss. Codicibus emendavit, latine vertit, notis illustravit.
  Accurante et Denuo Recognoscente J.-P. Migne, Bibliothecae Cleri
  Universal, sive cursum completorum in singulos scientiae ecclesiasticae ramos editore, 1 vol.
  Patrologiae. Cursus completus, seu Bibliotheca universalis, integra,
  uniformis, commoda, oeconomica, omnium ss. patrum, doctorum scriptorumque ecclesiasticorum sive latinorum, sive graecorum qui ab aevo
  apostolico ad tempora Concilii Tridentini (Anno 1545) pro latinis, et
  Concilii Florentini (Anno 1439) pro graecis floruerunt: Recusio chronologica. Omnium quae existitere monumentorum catholicae traditionis per quindecim prima ecclesiae saecula et amplius. Patrologiae
  graecae, tomus LXVII, Parisiis, excudebatur et venit apud J.-P. Migne,
  Editorum, 1864.

*Sojomeno*, véase Socratis Scholastici.

852

(Solinus, C. Julis, siglo III d.C.)
*Solino (polihistor)*
*Las cosas maravillosas del myo*
*De taprobana*
C. Julii Colini Collectanea rerum memorabilium theşaurus, nuncupatus, cum indice utilissimo. Editus studio M. Abdrae Reyheri... Gothae, Sumptibus Salominis Reyheri, 1665.

(Sonnius, François)
*Francisco Sonyo*
*Demonstrationum religionis christianae*
Ed.: François Van den Velde. Demonstrationum ex verbo dei de septem saeramentis Ecclesiae liber I [...] Auctore Francisco Sonnio... Antverpiae, Christopherus Plantinus, 1576.

*Soto, fray Domingo de (O.P., 1495-1560)*
*De Justitia et jure*
*Ad romanos*
*Tratado que hizo en favor de los pobres que andan mendigando de puerta en puerta*
*Sumario de la Apologia que hizo el obispo de Chiapa Bartolome de las Casas contra el doctor Sepulveda*
Maestro Domingo de Soto. De iustitia et iure, libri decem. De la justitia y de derecho en diez libros por el Maestro Domingo de Soto, O.P. Teólogo Real en Trento, Confesor del Emperador Carlos V, y catedrático de Teología en el convento de Dominicos y en la Universidad de Salamanca (1525-1560). Edición facsimilar de la hecha por D. de Soto en 1556, con su versión castellana correspondiente, 2 vols., eds.: P. Venancio Diego Carro, O.P. y P. Marcelino González Ordóñez, O.P., Instituto de Estudios Políticos, Sección de Teólogos Juristas, Madrid, 1967. Deliberación de la causa de los pobres, del Maestro Fray Domingo de Soto..., Vergara, Tip. del Santísimo Rosario, 1926.
In Epistolam diui Pauli ad Romanos commentarii. Eiusdem De natura & gratia, ad sanctum Concilium tridentinum Libri III. Cuim Apologia contra reuerendum episcopum Catharinum. Antverpiae, in aedib. Ioan. Steelsii, 1550.
Sumario de la apología que hizo el obispo de Chiapa Bartolomé de las Casas contra el doctor Sepúlveda, mencionado en León Pinelo's "Epitome".

(Strabo)
*Strabon / Estrabon*
  *Geographia*
  *De situ orbis*
  Geographica (griego-inglés), traducción: Horace Leonard Jones, 8
  vols., The Loeb Classical Library, tomos 196, 241, 50, 182, 223, 49,
  211, 267, fundada por James Loeb, LL.D., ed.: E.H. Warmington, Lon-
  dres, William Heinemann LTD, Cambridge, Mass., Harvard University
  Press, 1960, 1966-1969.

(Suetonius Tranquillus, Gaius)
*Suetonio*
  *en su Vida*
  Vita duodecim Caesarum (latín-inglés), traducción: John Carew Rolfe,
  2 vols., The Loeb Classical Library, tomos 31, 38, fundada por James
  Loeb, LL.D., ed.: E.H. Warmington, Londres, William Heinemann LTD,
  Cambridge, Mass., Harvard University Press, 1964, 1965.

*Suidas*
  Suidae lexicon, pars I-V, ed.: Ada Adler, Lexicographie Graeci, Sammlung wirtschaftlicher Commentare, Stuttgart, Verlag B.G. Teubner, 1971.

*Servio Sulpiçio*, véase Cicero, Marcus Tullius.

(Surius, Laurentius)
*Surio, Lorenço*
  *Historia*
  Vitae Sanctorvm. Ex Probatis Authoribus & M S.S. Codicibus.
  Coloniae Agrippinae, Joannis Krebs & Hermanni, Mylii, 1617.

(Tacitus, Cornelius)*
*Tacito, Cornelio*
  *Libro 18*
  Cornelii Taciti Historiarum (latín-inglés), The Histories of Tacitus,
  traducción: John Jackson, 4 vols., The Loeb Classical Library, tomos
  111, 249, 312, 322, fundada por James Loeb, LL.D., ed.: E.H. Warm-
  ington, Londres, William Heinemann LTD, Cambridge, Mass., Harvard
  University Press, 1962, 1963.

*Terrazas, Francisco de* (siglo XVI)
 *La conquista de Nueva España* (en metro octava rima)
 Poesías. Fragmentos del poema "Nuevo mundo y conquista", ed.: Antonio Castro Leal, Biblioteca Mexicana, número 3, México, Librería de Porrúa Hnos., 1941.

(Tertullianus, Quintus Seprimus Florentis, 200 d.C.)
*Tertulliano (orador)*
 *cuando acusó a san Pablo ante Felix presidente de Judea por los romanos*
 *De prescriptione hereticorum*
 Quinti Septimii Florentis Tertulliani, Presbyteri Carthaginensis, Opera omnia. Cum selectis praecententium editionum, Rhenaneae Nempe, Pamelianae, Rigaltianae, Parisiensium, Venetae, etc., lectionibus, variorumque commentariis. Accurante et Denuo Recognoscente J.-P. Migne, Bibliothecae Cleri Universal, sive cursum completorum in singulos scientiae ecclesiasticae ramos editore, 3 vols.
 Patrologiae. Cursus completus, seu Bibliotheca universalis, integra, uniformis, commoda, oeconomica, omnium ss. patrum, doctorum scriptorumque ecclesiasticorum sive latinorum, sive graecorum qui ab aevo apostolico ad tempora Concilii Tridentini (Anno 1545) pro latinis, et Concilii Florentini (Anno 1439) pro graecis floruerunt: Recusio chronologica. Omnium quae existitere monurnentorum catholicae traditionis per quindecim prima ecclesiae saecula et amplius. Patrologiae latinae, tomus I-III, Parisiis, apud Garnier Fratres, Editores et J.-P. Migne Successores, 1879, 1886.

(Theodoreti, Cyrensis episcopi)
*Theodoreto*
 *Historia ecclesiastica*
 *Historia tripartita*
 Historia ecclesiastica
 (Socratem, Theodoretum et Sozomenum ex Graecis Latinos redditit Epiphanius Scholasticus). Opera omnia: post recensionem Jacobi Sirmondi edidit [...] Joan. Ludov. Schulze. Accurante et Denuo Recognoscente J.-P. Migne, Bibliothecae Cleri Universal, sive cursum completorum in singulos scientiae ecclesiasticae ramos editore, 5 vols.
 Patrologiae. Cursus completus, seu Bibliotheca universalis, integra, uniformis, commoda, oeconomica, omnium ss. patrum, doctorum scriptorumque ecclesiasticorum sive latinorum, sive graecorum qui ab aevo apostolico ad tempora Concilii Tridentini (Anno 1545) pro latinis, et Concilii Florentini (Anno 1439) pro graecis floruerunt: Recusio chro-

nologica. Omnium quae existitere monumentorum catholicae traditionis per quindecim prima ecclesiae saecula et amplius. Patrologiae graecae, tomus LXXX-LXXXIV, Parisiis, excudebatur et venit apud J.-P. Migne, Editorem, 1864.

*Thomas, Santo*, véase Aquino, Thomas de.

(Tiraquellus, Andreas / André Tiraqueau, 1448-1558)
*Tiraquello / Tiraquellus, Andreas*
    *De penis temperandis*
    *Tratado De nobilitate*
    *Tratado De utroque rectractu*
    Opera omnia Andreae Tiraquelli quae hactemus extant, vols. 1-7; tomo 1: De nobilitate et iure primigeniorum; tomo 3: De utroque retractu, municipali et conventionali; tomo 7: de poenis legum ac consuetudinum, statutorumque temperandis, aut etiam remittendis: et id quibus, quotque ex causis. Ex ultima recognitione. Cum indicererum ac verborum locupletissimo, Francofurti, ex Officina Feyrabend, 1597.

*Toro, fray Gabriel de*
    *Tratado de Thesoro de misericordia de pobres*
    Thesoro de Misericordia diuina y humana [...] compuesto por fray Gabriel de Toro [...] Sobre el cuydado q[ue] tuuieron los antiguos, Hebreos, Gentiles y Christianos, de los necessitados. Con mas [*sic*] obsequias de n[uest]ra señora subtiles y muy deuotos. Todo aora nueuamente compuesto & impresso. Caragoça, Diego Hernandez, 1548.

(Tostado, Alonso / El Abulense [seudónimo], obispo de Ávila, 1404-1455)
*El Abulense*
    *Sobre San Matheo*
    Florentum sancti Mathaei. Hispaldi, Per P. Colonimsem y J. Pegniczer de Nure[m]berga atque Magnu[m] y Thoma[m], 1491. El Tostado sobre sañt [Sanct] Matheo.

*Trimegisto, Mercurio*, véase Hermes Trismegisto, Mercurius.

*Tullio*, véase Cicero, Marcus Tullius.

(Ubaldis, Baldus de, 1327?-1400)
*Abaldo*
  *Ley primera C. res inter alios acta.*
  Baldus super decretalibus. Clarissimi ivris vtrivsque lvminis Baldi
  Perusini Commentaria elegantissima, super Decretalibus nouissimè
  impressa, cum pluribus Additiamentis plurimorum excellentissimorum
  Doctorum. Cum numeris & Summariis: necnon cum Repertorio Alpha-
  betico, in calce operis per numeros & folia remissuo. Lvgdvni, apud
  Haeredes Iacobi Giuntae, 1547.

(Ulpianus, Domitius, siglo III d.C.)
*Ulpiano*
  *Juliano Juris consulto... ley segunda párrafo interdum párrafo de
  vulgari et pupillari substitutione*
  Iustiniani institutionum libri IIII. Adnotationibus ac Notis doctiss.
  Scriptorum illustrati et adancti. Quibus adivinximus Appendices loco,
  Leges XII Tab. explicatas. Ulpianii Tit. XXIX adnotatos. Caii Libros
  II Institut. Studio et Opera Joannis Crispini At. In hac postrema editione
  accesserunt in Instit. Imper. annotationes, paragraphorum argumenta,
  graduum descriptio, titulorum synopsis et methodus. Jul. Pacio I.C.
  auctore, s.l., 1579.
  Ex quibus aut iurisconsultis, aut aliis sciptoribus hae annotationes
  collectae sint. Libro II: "Institutionum iuris divi iustiani", titulus XV,
  "De vulgari substitutione"; titulus XVI, "De pupillari substitutione".

(Valla, Laurentio / Lorenzo della Valle, conocido por Lorenzo)
*Vala, Laurentio*
  *Elegancias*
  De linguae latinae elegantia libri sex, jam novissime de integro bona
  fide emaculati. Eiusdem de reciprocatione sui et suus libellus apprime
  utitis. Una cum epitomis Jodici Badii Ascensii, necnon Antonii Manci-
  nelli Lima suis quibusque capitibus adiunctis. Parisiis, apud Simonem
  Colinaeum, 1532.

(Valerius Maximus)
*Valerio Maximo*
  *Particula Alexandri pectus*
  *Particula 14*
  *De Vita et honestate clericorum*
  *De Neglecta religione*
  *De Pudicitia*

*De Varietate asuum*
*De Fortitudine, particula: ac ne Theramenis*
Dictorum factorumque memorablium exempla, 4 vols., Colonia, aprox. 1530-1566.

(Vanegas del Busto, Alejo)
*Alexo Venegas*
  *Diferençia de libros*
  *Agonia de la muerte, donde trata de la vida del hombre*
  Las Diferencias de libros q[ue] ay en el universo. Declaradas por Alexo Vanegas. Parte I [mehr ist nicht erschienen], Toledo, Ayala, 1540; Agonía del tránsito de la muerte, Toledo: Juan de Ayala, 1537.

(Varro, Marcus Terentius)
*Varron, Marco*
  *De lingua latina*
  De lingua latina, on the latin language, 2 vols., traducción: Roland Grubb Kent, The Loeb Classical Library, tomos 333, 334, fundada por James Loeb, LL.D., ed.: E.H. Warmington, Londres, William Heinemann LTD, Cambridge, Mass., Harvard University Press, 1951.

(Vegetius Renatus, Flavius, fin de siglo IV d.C.)
*Vegeçio*
  *Rre Militari*
  Flavii Vegeti Renati Epitoma rei militaris. Recensut Carolus Lang, Lipsiae, in aedibus B.G. Teubneri, 1869.

*Vejarano, Lazaro**
  *Un dialogo apologetico*

*Venegas, Alexo*, véase Vanegas del Busto, Alejo.

(Veracruz, Alonso de la, O.S.A., 1504-1584)
*Fray Alonso de la Veracruz agustino*
  *un Tratado particular de ello* [de gran religión]
  Speculum coniugiorum, Mexici, apud J. Paulum Brissensem, 1557.

*Viaje de Jerusalem*, véase Enríquez de Rivera, Padrique.

(Vergilius Maro, Publius / Virgil, 70 a.C.-19 d.C.)
*Virgilio*
  *Eloga*

*Georgicas*
*Eneidas*
Obras en 2 vols. (latín-inglés); tomo I: "Eclogae (Ecologues)", "Georgicon (Georgics)", "Aeneid" I-VI; traducción: H. Rushton Fairclough, The Loeb Classical Library, tomos 63, 64, fundada por James Loeb, LL.D., ed.: E.H. Warmington, Londres, William Heinemann LTD, Cambridge, Mass., Harvard University Press, 1966, 1967.

*Victoria, Francisco de*, véase Vitoria, Francisco de.

(Victorius, Marianus Raetinus, siglo XVI)
*Mariano Victorio*
   *Scholios*
   *In verbo Maguntiacum*
   Véase Erasmus.

(Villegas Salvago, Alonso de, 1534-1615)
*Villegas, Alonso de, licenciado*
   *Flos sanctorum en la fiesta de la anusçiacum*
   Flos sanctorum, historia general de la vida, y hechos de Jesu-Christo, Dios, y Señor Nuestro, y de todos los santos, de que reza, y haze fiesta la iglesia Catolica. Conforme al brevario romano, reformado por decreto del Santo concilio tridentino [...] Por el maestro Alonso de Villegas. Madrid, Francisco del Hierro, 1721.

*Virgilio*, véase Vergilius Maro, Publius.

(Vitoria, Francisco de, O.P., 1486-1546)
*Fray Francisco de Victoria (orden de los predicadores)*
   *De yndis ynsulanis*
   *De jure belli (2 de 7 relaciones)*
   Relecciones teológicas. Edición crítica, facsimile de códices y ediciones príncipes, variantes, versión castellana, notas e introducción por el P. Mtro. Fr. Luis G. Alonso Getino, 2 vols., Madrid, 1933. Esta edición incluye entre otras cosas: "De Indis posterior seu De Jure Belli".

Vitur, Guido.*

(Vives, Joannes Ludovicus / Juan Luis Vives)
*Luis Vives*
   *Scholios*
   *Scholios sobre el libro De Civitate Dei [de San Agustin]*

Opera in duos distincta tomos: quibus omnes ipsius lucubrationes [...] complectuntur, praetor commentarios in Agustinum de civitate dei, 2 vols., Basileae, H. Coccius, 1555.

(Volaterranus, Raphael)
*Volaterrano*
Commentariorum urbanorum, Lugduni, 1552.

(Xenokrates)
*Genocrates filósofo*
Sammlung der Fragmente, en Heinze, Richard, Xenokrates, Hildesheim, Ohns, 1965 (nueva edición de la publicación de 1892).

(Xenophanes)
*Ophanes*
7 vols., Athen, Anatoles 1904-1910.

(Ximénes, Francesch, Bischof, 1340-1409 aprox.)
*Ximenez, fray Francisco de, patriarca de Jerusalem*
*De la vida de Christo*
*del vita christi*
Vita Christi, Granada, Meinardo Ungut y Juan [Pegnitzer] de Nuremberga, 1496.

*Yllescas, Gonzalo de*, véase Illescas, Gonzalo de.

*Ysocrates*, véase Isocrates.

(Zárate, Agustín de, 1514-?)
*Agustin de Çarate*
*Historia del Peru*
Historia del descvbrimiento y conquista de las provincias del Peru, y de los successos que en ella ha auido, desde que se conquisto, hasta que el licenciado de la Gasca obispo de Siguença boluio a estos reynos: y de las casas naturales que en la dicha provincia se hallan dignas de memoria. La qual escriuia Augustin de Çarate contador de mercedes de Su Magestad, siendo contador general de cuentas en aquella provincia, y en la Tierra firme... Sevilla, Alonso Escriuano, 1577.

Zorita, Alonso de
*Suma de los tributos que se pagan a los Reyes y a otros particulares*
*[suma] de los señores y señorios*
*otra [suma] por si*
*Recopilaçion*
*Relaçion de las cosas notables de la Nueva España y de la conquista*
*y paçificaçion de ella y de la doctrina y conversion de los naturales*
*Otras de devoción todo a fin de aprovechar a los que en aquellas*
*partes residen y a los que las gobiernan...*
*Discursos de la vida humana*
"Leyes y ordenanzas rreales de las Indias del mar Oceano, por las
quales primeramente se an de librar todos los pleytos ciuiles y crimi-
nales de aquellas partes y los que por ellas no estuvierese a de librar
por las leyes y ordenanças de los rreynos de Castilla. Año de 1574".
Bernal. 1985.
"Relación de la Nueva España", publicada aquí.
"Parecer del Dr. Alonso de Zorita acerca de la doctrina y administración de los sacramentos a los naturales. Granada, 19 de marzo 1584", en
Cuevas, "Documentos inéditos del siglo XVI para la Historia de México", México, Biblioteca Porrúa 62, Editorial Porrúa, 1975; también
bajo el título "Parecer sobre la enseñanza espiritual de los indios".
Nota: "Discursos de la vida humana" no existe; "Suma de los tributos"
y "Suma de los señores" están desaparecidos. La "Suma" sin título no
se conoce. Solamente hay una respuesta de Zorita a una real cédula de
14 de septiembre de 1555: "Parecer del licenciado Çorita sobre los
diezmos", en "El parecer del virrey", 1555, ff. 9r-11v, AGI, Indif. Gen.,
leg. 2978.

# ÍNDICE ONOMÁSTICO*

* En este índice se decidió incluir una breve caracterización de los personajes que aparecen en la obra, para facilitar la identificación posterior en el contexto mismo de la *Relación*. Tales caracterizaciones siguen fielmente la información que ofrece el propio Alonso de Zorita. Puesto que en algunos casos se trata de información sustentada en el conocimiento de los humanistas del siglo XVI, en una fuente de primera mano, nos interesó conservarla.

Los nombres que aparecen entre paréntesis son las variaciones ortográficas registradas a lo largo de la *Relación*, que se han incluido para evitar confusiones al lector.

871

Lamech, *descendiente de Caín*, 292
Latantio Firmiano, véase Lactantius Firmianus, Lucius Coelius
Lavazares, Guydo de, *vio imprimir libros*, 165
Lebrixa, Antonio de, *autor de* Comentos, 217
Ledesma, Pedro de, *vecino de la ciudad de México*, 109, 236
Le Moine, Jean (Juan Monacho, Joannes Monachus), *autor de* La vida de Alejandro Magno, 413, 492, 507
León Décimo (Leo X), *papa*, 109,165, 635, 639, 642
Leví, *hijo de Jacob*, 211
Livius, Titus (Tito Livio), *historiador*, 388, 642
Loaysa, fray García de, *dominico*, 635
López, Martín, *encargado de hacer trece bergantines para Hernán Cortés*, 590, 592, 598
López, Román, *conquistador*, 599
López de Mendoza, don Yñigo (don Yñigo Lopez de Mendoça), *marqués de Santillán, padre de María de Mendoza*, 98
López de Zúñiga, Diego (Diego Lopez de Çuñiga), *capitán*, 673
Lorenzo, fray Francisco (fray Francisco Lorenço), *mártir*, 635, 665
Lucanus, Marcus Annaeus (Lucano), *autor de la* Farsalia, 158
Lucas, San, *apóstol*, 154, 387, 419, 425, 428, 642-643, 721, 776
Lucian von Samosata (Luçiano), *autor de* Dialogo Luçianus et Cynicus, 402
Lucretius Carus, Titus (Lucreçio), 154
Lúculo, *fue contra el rey Nitidates*, 446
Luis (Luys), *oyó la muerte de Cristóbal mártir*, 682
Luis, San, *fraile menor*, 665
Lutero, Martín, 633
Luys, véase Luis
Lyno, *usaba del arpa y el canto*, 292
Lyra, Nicolao de, véase Nicolaus de Lyra

Maçaçim, *señor de Culhua*, 315
Macchiavelli, Niccolo (Nicolao Machiavelo, Nicolas Machiaveli), *autor de los* Discursos sobre Tito Livio, 446, 494
Macrobius, Ambrosius Theodosius (Macrobio), *autor de* Sobre el sueño de Çipion, 292-293
Madalena, *india*, 698, 705
Magallanes, Hernando de, *conquistador*, 105, 414
Magdalena, *humilde pecadora*, 797
Magno, Alejandro, vẽase Alejandro Magno
Mago, Simón el, *personaje bíblico*, 136
Mahoma, 421
Málaga, Andrés de, *marinero mancebo*, 696, 697
Maldonado, Alonso, *licenciado, presidente de la Real Audiencia de Guatemala*, 269, 288
Maldonado, doctor Juan, *vecino de la ciudad de Sevilla*, 110
Malinche, véase Cortés, Hernán
Mançanedo, fray Bernardino, *dio licencia a Hernando Cortés como capitán*, 437
Mansilla, Juan de, *conquistador*, 594
Mañoso, fray Bartolomé, *fraile carmelita*, 566
Marçial, véase Martial, Marcus Valerius
Marçiano, véase Martianus Capella
Marco Aurelio, *guerrero*, 414
Marcos, San, *evangelista*, 171, 226, 417, 424-425
Marguesius, Andrés, *autor de* Epistola dedicatoria ad Guilfermum Pellicerum, 165
María, *profetisa*, 308
María, doña, *hija de Juan Xaramillo*, 453
María, Santa, 788, 789
Mariano, véase Victorius, Marianus Raetinus
Marina, 123, 448, 453, 468, 470, 473, 526, 563, 565

881

Esta obra se terminó de imprimir
en el mes de diciembre de 1999
en los talleres de Litoarte, S.A. de C.V.,
San Andrés Atoto 21-A, Col. Industrial Atoto,
Naucalpan, CP 53519, Estado de México,
con un tiraje de 3 000 ejemplares

Tipografía y formación, Alógrafo
Fuente: English Times 11/12

Cuidado de edición:
Dirección General de Publicaciones
Consejo Nacional para la Cultura y las Artes